高等医药院校教材
供基础、临床、预防、检验、药学等专业使用

医学化学实验

刘毅敏　主　编
赵华文　赵先英　副主编

北　京

内 容 简 介

本书由五个章节和附录组成：第一章为化学实验基本知识；第二章为化学实验常用仪器；第三章为化学实验基本操作；第四章为基础性、综合性实验，选编了45个实验；第五章为设计性实验，选编了12个设计性实验；最后为附录部分。教材中的部分实验编入了英文阅读资料。

本书打破化学二级学科的界限，将以往分割的无机化学、分析化学、物理化学和有机化学等二级学科的实验内容优化整合，按基础、综合、设计三个层次编排。在内容上力求体现"三基"（基础理论、基本知识、基本技能）和"五性"（思想性、科学性、先进性、启发性、实用性），同时注重教材体系的合理科学，旨在通过化学实验，训练学生的基本操作和基本技能，培养学生综合运用化学知识分析问题和解决问题的能力，充分激发学生的创新意识和探索精神。

本书适合高等医药院校基础临床、预防、检验等医学类和药学专业的学生使用，也可作为相关专业工作者的参考书。

图书在版编目(CIP)数据

医学化学实验 / 刘毅敏主编. —北京：科学出版社，2010.8
高等医药院校教材
ISBN 978-7-03-028688-8

Ⅰ.①医⋯ Ⅱ.①刘⋯ Ⅲ.①医用化学－化学实验－医学院校－教材 Ⅳ.①R313-33

中国版本图书馆 CIP 数据核字(2010)第 161559 号

责任编辑：谭宏宇 / 责任校对：刘珊珊
责任印制：刘　学 / 封面设计：殷　靓

出版
北京东黄城根北街16号
邮政编码：100717
http://www.sciencep.com

南京展望文化发展有限公司排版
北京京华虎彩印刷有限公司印刷
科学出版社发行　各地新华书店经销

＊

2010年9月第　一　版　开本：787×1092　1/16
2017年8月第三次印刷　印张：16 1/4
字数：367 000

定价：33.00元

医学化学实验

编委会

主　编　刘毅敏

副主编　赵华文　赵先英

编　委　（以姓氏笔画为序）

　　　　　刘　欢　刘海红　刘毅敏　杨　旭
　　　　　李兰兰　李明春　张定林　肖　湘
　　　　　武丽萍　季卫刚　周小霞　周　勉
　　　　　赵先英　赵华文　贺　建

前　言

为适应我国高等医学教育事业发展的趋势,培养适应军队国防建设发展和社会需要的高层次医学人才,力求修编一本体系结构合理、内容科学新颖的优秀医学化学实验教材,我们参考和借鉴了国内许多先进化学实验教材并结合多年的教学经验,对《医学化学实验教程》第一版(2005 年出版)的体系和内容做了较大的修改和更新。本教材可作为医学、药学和生命科学等专业学生的化学实验教材或教学参考书。

本教材共五章:第一章为化学实验基本知识,较系统地介绍了化学实验的目的要求、化学实验规则及安全知识、化学实验的误差及数据处理;第二章为化学实验常用仪器,介绍了化学实验常用的玻璃仪器、精密仪器和小型机电仪器或设备;第三章为化学实验基本操作,介绍了 17 种(类)化学实验基本操作;第四章为基础性、综合性实验,选编了 45 个基础性、综合性实验;第五章为设计性实验,选编了 12 个设计性实验;最后为附录,收录了一些化学实验常用数据表。教材中的部分实验编入了英文阅读资料。

本教材主要有以下特点:

1) 整合、精选实验内容。打破化学二级学科的界限,将无机化学、有机化学、分析化学和物理化学等二级学科的实验内容优化整合,按基础性、综合性和设计性实验编排,更有利于培养学生化学实验的基本操作、基本技能和综合实验能力。

2) 突出医学化学实验特色。在实验内容的选编上注重与基础医学、生命科学的联系和结合,为后续课程的学习和今后的发展打好基础。

3) 体现个性化学习和教学的需要。设计性实验选题广泛,在难度上也体现出较大的区分度,以满足不同兴趣和不同程度的学生需求,充分调动和激发学生的创新潜能。

4) 适用性强。整个实验选题包括了医学类和药学类的实验内容,有较大的选择性,各院校可以根据专业和教学时数,对实验内容进行取舍,以满足其教学需求。

本教材的整个修编过程都得到科学出版社和第三军医大学的大力支持和帮助,在此谨致以诚挚的谢意!

由于编者水平有限,难免有疏漏和不妥之处,敬请读者批评指正。

编　者
2010 年 5 月

目 录

前 言

第 1 章 化学实验规则及基本知识 1
 一、化学实验目的和要求 1
 二、化学实验室规则 2
 三、化学实验安全知识 3
 四、化学实验意外事故的预防及处理 4
 五、化学实验的误差及数据处理 6

第 2 章 化学实验常用仪器 10
 一、化学实验常用仪器 10
 二、化学实验常用精密仪器 16
 三、实验中常用的小型机电设备 52

第 3 章 化学实验基本操作 55
 一、常用玻璃仪器的洗涤与干燥 55
 二、常用容量仪器的洗涤与使用 57
 三、试剂及其取用 60
 四、称量 62
 五、加热和冷却 63
 六、溶解与结晶 66
 七、重结晶及过滤 68
 八、干燥和干燥剂的使用 73
 九、简单玻璃工操作 79

    十、熔点的测定及温度计校正 ··· 82

    十一、蒸馏 ··· 86

    十二、水蒸气蒸馏 ·· 89

    十三、减压蒸馏 ··· 92

    十四、简单分馏 ··· 97

    十五、萃取 ··· 101

    十六、升华 ··· 105

    十七、色谱法简介 ·· 107

第4章 基础性、综合性实验 ··· 119

    实验一 分析天平的使用 ··· 119

    实验二 凝固点降低法测定摩尔质量 ··· 120

    实验三 pH 的测定及缓冲溶液的缓冲作用 ··· 123

    实验四 醋酸解离度和解离平衡常数的测定 ·· 125

    实验五 水的净化与检验 ··· 127

    实验六 酸、碱标准溶液的配制与标定 ·· 129

    实验七 维生素 C 药片中维生素 C 含量的测定 ··· 131

    实验八 葡萄糖酸钙的含量测定 ·· 133

    实验九 碘量法测定葡萄糖 ·· 134

    实验十 天然水总硬度的测定 ··· 136

    实验十一 分光光度法测定水溶液中铁离子的含量 ······································· 138

    实验十二 分光光度法测定配合物的组成和稳定常数 ···································· 140

    实验十三 血清中葡萄糖含量的测定 ·· 142

    实验十四 肉制品中亚硝酸盐含量的测定 ·· 146

    实验十五 电位滴定法测定铜(Ⅱ)-磺基水杨酸配合物的稳定常数 ··················· 150

    实验十六 复方阿司匹林成分分析 ··· 152

    实验十七 荧光分析法测定血清中的镁 ·· 155

    实验十八 硫酸亚铁铵的制备 ··· 156

    实验十九 溶胶的制备和性质 ··· 158

    实验二十 化学反应速率和活化能的测定 ·· 160

    实验二十一 二组分气-液平衡体系 ·· 166

    实验二十二 分配系数的测定 ··· 169

    实验二十三 旋光法测定蔗糖水解反应的速率常数 ······································· 171

    实验二十四 元素性质 ·· 174

实验二十五　简单玻璃工操作 ⋯⋯⋯⋯⋯⋯⋯⋯⋯⋯⋯⋯⋯⋯⋯⋯⋯⋯⋯⋯⋯⋯⋯⋯ 178
实验二十六　熔点的测定 ⋯⋯⋯⋯⋯⋯⋯⋯⋯⋯⋯⋯⋯⋯⋯⋯⋯⋯⋯⋯⋯⋯⋯⋯⋯⋯ 179
实验二十七　蒸馏及沸点的测定 ⋯⋯⋯⋯⋯⋯⋯⋯⋯⋯⋯⋯⋯⋯⋯⋯⋯⋯⋯⋯⋯⋯⋯ 181
实验二十八　旋光度、折光率的测定 ⋯⋯⋯⋯⋯⋯⋯⋯⋯⋯⋯⋯⋯⋯⋯⋯⋯⋯⋯⋯⋯ 183
实验二十九　色谱法分离菠菜叶绿素 ⋯⋯⋯⋯⋯⋯⋯⋯⋯⋯⋯⋯⋯⋯⋯⋯⋯⋯⋯⋯⋯ 186
实验三十　柱色谱法分离荧光黄和亚甲基蓝 ⋯⋯⋯⋯⋯⋯⋯⋯⋯⋯⋯⋯⋯⋯⋯⋯⋯⋯ 189
实验三十一　乙酰苯胺的重结晶 ⋯⋯⋯⋯⋯⋯⋯⋯⋯⋯⋯⋯⋯⋯⋯⋯⋯⋯⋯⋯⋯⋯⋯ 191
实验三十二　乙酰水杨酸(阿司匹林)的制备 ⋯⋯⋯⋯⋯⋯⋯⋯⋯⋯⋯⋯⋯⋯⋯⋯⋯ 193
实验三十三　乙酸乙酯的制备 ⋯⋯⋯⋯⋯⋯⋯⋯⋯⋯⋯⋯⋯⋯⋯⋯⋯⋯⋯⋯⋯⋯⋯⋯ 195
实验三十四　甲基橙的制备 ⋯⋯⋯⋯⋯⋯⋯⋯⋯⋯⋯⋯⋯⋯⋯⋯⋯⋯⋯⋯⋯⋯⋯⋯⋯ 197
实验三十五　环己烯的制备 ⋯⋯⋯⋯⋯⋯⋯⋯⋯⋯⋯⋯⋯⋯⋯⋯⋯⋯⋯⋯⋯⋯⋯⋯⋯ 200
实验三十六　丁二酸酐的制备 ⋯⋯⋯⋯⋯⋯⋯⋯⋯⋯⋯⋯⋯⋯⋯⋯⋯⋯⋯⋯⋯⋯⋯⋯ 202
实验三十七　五乙酸α-葡萄糖酯的制备 ⋯⋯⋯⋯⋯⋯⋯⋯⋯⋯⋯⋯⋯⋯⋯⋯⋯⋯⋯ 203
实验三十八　磺胺(对-氨基苯磺酰胺)的合成 ⋯⋯⋯⋯⋯⋯⋯⋯⋯⋯⋯⋯⋯⋯⋯⋯⋯ 204
实验三十九　对乙酰氨基苯酚(扑热息痛)的制备 ⋯⋯⋯⋯⋯⋯⋯⋯⋯⋯⋯⋯⋯⋯⋯ 206
实验四十　维生素K_3的制备 ⋯⋯⋯⋯⋯⋯⋯⋯⋯⋯⋯⋯⋯⋯⋯⋯⋯⋯⋯⋯⋯⋯⋯ 207
实验四十一　盐酸普鲁卡因的制备 ⋯⋯⋯⋯⋯⋯⋯⋯⋯⋯⋯⋯⋯⋯⋯⋯⋯⋯⋯⋯⋯⋯ 209
实验四十二　从橙皮中提取柠檬烯 ⋯⋯⋯⋯⋯⋯⋯⋯⋯⋯⋯⋯⋯⋯⋯⋯⋯⋯⋯⋯⋯⋯ 211
实验四十三　从茶叶中提取咖啡因 ⋯⋯⋯⋯⋯⋯⋯⋯⋯⋯⋯⋯⋯⋯⋯⋯⋯⋯⋯⋯⋯⋯ 213
实验四十四　红辣椒色素的分离 ⋯⋯⋯⋯⋯⋯⋯⋯⋯⋯⋯⋯⋯⋯⋯⋯⋯⋯⋯⋯⋯⋯⋯ 215
实验四十五　从烟叶中提取烟碱 ⋯⋯⋯⋯⋯⋯⋯⋯⋯⋯⋯⋯⋯⋯⋯⋯⋯⋯⋯⋯⋯⋯⋯ 217

第5章　设计性实验 ⋯⋯⋯⋯⋯⋯⋯⋯⋯⋯⋯⋯⋯⋯⋯⋯⋯⋯⋯⋯⋯⋯⋯⋯⋯⋯⋯⋯⋯ 219

实验四十六　氯化钠的精制及杂质检验 ⋯⋯⋯⋯⋯⋯⋯⋯⋯⋯⋯⋯⋯⋯⋯⋯⋯⋯⋯⋯ 219
实验四十七　药用醋酸中总酸度的测定 ⋯⋯⋯⋯⋯⋯⋯⋯⋯⋯⋯⋯⋯⋯⋯⋯⋯⋯⋯⋯ 220
实验四十八　蛋壳中钙、镁总量的测定 ⋯⋯⋯⋯⋯⋯⋯⋯⋯⋯⋯⋯⋯⋯⋯⋯⋯⋯⋯⋯ 221
实验四十九　血清总胆固醇的测定 ⋯⋯⋯⋯⋯⋯⋯⋯⋯⋯⋯⋯⋯⋯⋯⋯⋯⋯⋯⋯⋯⋯ 222
实验五十　饮料中山梨酸和苯甲酸的测定 ⋯⋯⋯⋯⋯⋯⋯⋯⋯⋯⋯⋯⋯⋯⋯⋯⋯⋯⋯ 223
实验五十一　牛奶中酪蛋白和乳糖的分离及纯度测定 ⋯⋯⋯⋯⋯⋯⋯⋯⋯⋯⋯⋯⋯⋯ 224
实验五十二　尿样中苯酚含量的测定 ⋯⋯⋯⋯⋯⋯⋯⋯⋯⋯⋯⋯⋯⋯⋯⋯⋯⋯⋯⋯⋯ 225
实验五十三　未知阴离子混合液的分析 ⋯⋯⋯⋯⋯⋯⋯⋯⋯⋯⋯⋯⋯⋯⋯⋯⋯⋯⋯⋯ 226
实验五十四　从黄连中提取黄连素 ⋯⋯⋯⋯⋯⋯⋯⋯⋯⋯⋯⋯⋯⋯⋯⋯⋯⋯⋯⋯⋯⋯ 229
实验五十五　微波法从果皮中提取果胶 ⋯⋯⋯⋯⋯⋯⋯⋯⋯⋯⋯⋯⋯⋯⋯⋯⋯⋯⋯⋯ 230
实验五十六　止痛药物的制备 ⋯⋯⋯⋯⋯⋯⋯⋯⋯⋯⋯⋯⋯⋯⋯⋯⋯⋯⋯⋯⋯⋯⋯⋯ 231

  实验五十七 乙酸戊酯的制备 …………………………………………………… 232

附录 ……………………………………………………………………………… 233

 附录一 弱酸(弱碱)在水中的解离常数 ……………………………………… 233
 附录二 一些难溶化合物的溶度积(298 K) ……………………………………… 235
 附录三 一些电对的标准电极电位(298.15 K) …………………………………… 235
 附录四 不同温度下 KCl 溶液的电导率 $L_0/(10^2 \text{S} \cdot \text{m}^{-1})$ …………………… 237
 附录五 常用酸、碱 ……………………………………………………………… 238
 附录六 常用酸碱溶液密度及组成 ……………………………………………… 238
 附录七 常用缓冲溶液 …………………………………………………………… 241
 附录八 滴定分析中常用的指示剂 ……………………………………………… 244
 附录九 水的蒸气压(0~100℃) ………………………………………………… 247
 附录十 常用有机溶剂沸点、密度表(0.101 MPa) …………………………… 247
 附录十一 共沸物的组成(0.101 MPa) …………………………………………… 247
 附录十二 不同温度下水的折光率 ………………………………………………… 248

第1章

化学实验规则及基本知识

一、化学实验目的和要求

(一) 实验目的

化学是一门以实验为基础的自然科学。化学与医学有着十分密切的联系,医学化学是医科学生必修的基础课程,实验是医学化学课程中不可缺少的组成部分。通过实验:

1) 巩固和加深对化学基本概念、基本理论和基本知识的理解。

2) 学习和掌握化学实验的基本操作、基本技能和基本方法。学会独立进行化学实验、细致观察和如实记录实验现象、正确处理数据和表达实验结果的方法,并逐步提高对实验现象及实验结果进行分析判断、逻辑推理和做出正确结论的能力。

3) 学习科学研究的基本方法,培养实验综合能力,为逐步掌握科学研究方法和优良的实验综合素质打下基础。

4) 培养实事求是、认真严谨的科学态度,一丝不苟、勤奋不懈的科学品质,不断探索、勇于创新的科学精神,准确细致、整洁有序的良好习惯以及互助协作的团队精神。

(二) 要求

医学化学实验是在教师的正确引导下由学生独立完成的,因此,为了达到实验目的,提出以下基本要求:

1. 课前充分预习,写好预习报告

1) 认真阅读实验教材,查阅相关文献资料。

2) 明确实验目的,理解实验原理,熟悉实验内容、方法和步骤,记住实验注意事项,预测实验现象和结果,思考影响实验成败的关键因素。

3) 了解实验所涉及的基本操作和实验技术,有关仪器的使用方法。

4) 简明扼要地写出预习报告。重点表述简要的实验原理、实验步骤、操作要点、实验条件和实验中的注意事项,设计好记录实验现象或原始数据的表格。

5) 观看实验基本操作或仪器使用的多媒体课件。

2. 认真倾听讲解,仔细观看示教,积极参与讨论

1) 实验开始前,注意倾听实验指导教师对实验重点、要点、注意事项和成败关键的讲解。

2) 仔细观看指导教师的示范操作,仪器实用示教等。

3) 对教师组织的实验课堂讨论,应积极思考,踊跃发言。

3. 认真实验,规范操作

1) 依据实验内容和操作步骤认真实验,操作时要胆大、心细、准确和规范。

2) 集中精力,仔细观察实验现象和认真测定实验数据,并及时、详细、如实地记录。

3) 实验过程中应积极思考,手脑并用,特别是遇到疑难问题或出现异常现象,要认真分析和查找原因,提出解决的办法。

4) 注意安全、节约、环保以及实验台面整洁、有序。

4. 独立完成实验报告

1) 及时、认真、独立完成实验报告。

2) 一份满意的实验报告必须具备准确、客观、简洁、明了四个特点。

实验报告的格式一般包括以下几个方面:

(1) 实验目的和原理

简单扼要地说明进行实验的目的和原理。对实验中所采用的技术和方法,作简单扼要的表述,并阐明运用该方法和技术与完成本实验项目之间的关系。

(2) 主要仪器与试剂

(3) 实验内容或实验步骤

在充分理解操作步骤和原理的基础上,对整个实验操作过程进行概括性的描述,尽量简洁、清晰、明了,避免长篇抄录书本。如成分的分离、提取和制备,可以流程图表形式加以表达。

(4) 实验记录和数据处理

实验记录包括对实验过程中所出现的种种现象的仔细观察、对各种数据的客观记录。利用所获得的数据进行数据处理,列出公式和得出的结果。对有些项目,应根据实验目的、要求,利用获得的数据正确制作图表。

(5) 结果与讨论

结果与讨论是实验报告中最重要的一部分。首先应对实验结果的准确性进行分析确认,对实验中的误差或错误加以分析,然后综合所观察到的各种现象和数据,做出结论。在此基础上,应运用相关的理论知识及参考文献,结合实验目的和要求进行讨论。对实验中出现的新问题可提出自己的看法,并对自己的实验质量做出评价。

(刘毅敏)

二、化学实验室规则

为了保证化学实验教学安全、有序、顺利地进行,学生应遵守下列实验室规则:

1) 进入实验室前应认真预习,明确实验目的与意义,理解基本原理,了解仪器与试剂、内容和方法、注意事项等,做好预习报告。

2) 遵守实验课纪律。学生进入实验室做实验应着实验服,不得迟到、外出或早退;实验过程中保持实验室安静,不大声喧哗或嬉笑;严禁将实验室的物品带出实验室。

3) 禁止将食物带入实验室,勿在实验室进食。

4) 实验前清点仪器、试剂,如有缺损,应立即报告,由实验教师补充和更换,未经教师同意,不得拿用其他实验台上的仪器和试剂。

5) 实验中要集中精力,认真操作,仔细观察现象,积极思考问题,如实记录结果。

6) 实验过程中应保持实验室整洁,做到仪器、桌面、地面和水槽四净,废纸和火柴梗等固体废物应丢入废物缸,切不可扔在地上或水槽中;待用仪器、试剂应摆得井然有序。

7) 增强环保意识,遵守环保规定,废液应小心倒入废液桶内,有毒物质应严格放入特定容器中,需回收的物品、试剂应放入指定的回收瓶中。

8) 要有良好的实验室工作道德,爱护公物,关心他人,注意安全。公用试剂、仪器和器材应在指定地点使用,用完后及时放还原处并保持其整洁。防止试剂的浪费和相互污染,试剂应按规定量取用,取用后,应立即盖上瓶塞。实验时要爱护仪器设备,使用精密仪器时,必须严格按照操作规程进行,要谨慎细致。如发现仪器有故障,应立即停止使用,及时报告指导教师。

9) 实验完毕,将实验数据和实验记录,交教师审核,经教师允许后方可整理仪器、试剂和实验台面。

10) 学生轮流值日。值日生应负责整理公用仪器、试剂和器材,打扫实验室,清理公共实验桌面、水槽和废物缸,倒清废物,检查水、电、火源,关好门窗,最后经指导教师检查后方可离开。

(刘毅敏)

三、化学实验安全知识

安全永远是化学实验最基本的要素。化学实验中,经常会接触到易燃、易爆、有毒、有腐蚀性的化学试剂,有的化学反应还具有危险性,且经常使用水、电、燃气等,因此,必须高度重视安全问题。实验前充分了解有关安全注意事项,实验过程中严格遵守操作规程,以避免事故发生。同时,还必须学会一些自救和自护方法,若发生意外事故,应立即进行紧急处置。

1) 凡产生刺激性的、恶臭的、有毒的气体(如 Cl_2、Br_2、HF、H_2S、SO_2、NO_2 等)的实验,应在通风橱内(或通风处)进行。

2) 浓酸、浓碱具有强腐蚀性,使用时要小心,切勿溅在衣服、皮肤及眼睛上。稀释浓硫酸时,应将浓硫酸慢慢倒入水中并搅拌,而不能将水倒入浓硫酸中。

3) 有毒药品(如重铬酸钾、铅盐、砷的化合物、汞的化合物,特别是氰化物)不能进入口内或接触伤口。也不能将其随便倒入下水道,应按要求倒入指定容器内。

4) 加热试管时,不能将管口朝向自己或别人,也不能俯视正在加热的液体,以防液体溅出伤人。

5) 不允许用手直接取用固体药品。嗅闻气体时,鼻子不能直接对着瓶口或试管口,而应用手轻轻将少量气体扇向自己的鼻孔。

6) 使用酒精灯,应随用随点,不用时盖上灯罩。严禁用燃着的酒精灯点燃其他酒精灯,以免酒精流出而失火。

7) 使用易燃、易爆药品,应严格遵守操作规程,远离明火。绝对不允许擅自随意混合各种化学药品,以免发生意外事故。

8) 不可用湿手操作电器设备,以防触电。

9) 实验室内严禁吸烟、饮食。实验结束,应立即关闭水、电,洗净双手,方可离开实验室。

(刘毅敏)

四、化学实验意外事故的预防及处理

(一) 实验事故的预防

1. 防火

1) 电、气使用完毕后应立即关闭。

2) 使用酒精灯时,应随用随点,不用时盖上灯罩。不能用酒精灯倾倒点燃其他酒精灯,避免酒精溢出而发生火灾。

3) 操作或处理易挥发、易燃烧的溶剂时,应远离火源,用后将瓶盖盖紧,放在阴凉处。需加热时不能直接用明火加热,而应用回流装置并在适当的热浴中进行,切不可将易燃溶剂放在烧杯等广口容器中加热。

4) 易燃、易挥发物不得倒入废液缸内,应按要求倒入指定的回收瓶中,由有关人员专门处理。

5) 不得将燃着或带有火星的火柴梗、纸条等乱扔,也不能丢入废物缸中,以免发生危险。

2. 防爆炸

1) 常压操作时,切勿在封闭系统内进行加热或反应,并应防止仪器装置出现堵塞,否则使系统压力增加,导致爆炸。

2) 减压蒸馏时要用圆底烧瓶或吸滤瓶作接受器,不得使用一般的锥形瓶、平底烧瓶等机械强度不大的仪器,否则可能发生炸裂。

3) 切勿将易燃、易爆气体接近火源,如氢气、乙炔等气体,或乙醚、汽油等易挥发性有机溶剂,要保持室内空气畅通,防止明火和电火花而引起爆炸。

4) 小心使用易爆物质,如有机过氧化物、芳香族多硝基化合物和硝酸酯等。例如含过氧化物的乙醚蒸馏时必须先用硫酸亚铁处理以除去过氧化物,而且不能蒸干,要在通风较好的地方或通风橱内进行;干燥的重金属乙炔化物受到撞击时极易爆炸,要及时用浓盐酸或浓硝酸使其分解。

5) 对过于猛烈的反应,如卤代烷与金属钠的反应,要根据不同情况采取冷冻降温或控制加料速度等。

3. 防中毒

1) 切勿让化学品沾在皮肤上,尤其是剧毒的试剂。称量任何化学品都应使用工具,不得用手直接接触,并应特别注意防止毒品溅入口、眼、鼻等敏感部位或接触伤口。取用有腐蚀性化学品时可戴橡皮手套和防护眼镜,实验完毕要及时、认真洗手。

2) 实验室应通风良好,尽量避免吸入化学品的烟雾和蒸气。如需体会物质的气味,应用手轻拂气体,拂向自己后再嗅。处理有毒或有腐蚀性、刺激性物质时,应在通风橱中进行,防止有毒气体在实验室内扩散。

3）汞易挥发,吸入后会积累于体内引起慢性中毒。不能将温度计当作玻璃棒使用;液汞应保持在水中,一旦把汞洒落,应尽可能回收,或者用硫磺粉覆盖,使其反应生成不挥发的硫化汞。

4）不得用口尝试任何化学品,严禁在实验室内进食。

5）沾染过有毒物质的器皿应及时清洗,并采取适当方法处理以破坏或消除其毒性。

6）剧毒化学品应由专人负责收发,使用者必须遵守操作规程。有毒废液、残渣不能倒入下水道,应统一回收后由专人处理。

4．防割伤

1）玻璃管(棒)切割后,断面应在火上烧熔以消除棱角。

2）装配仪器时,应首先选定主要仪器的位置,然后按一定顺序装配仪器。仪器之间的连接必须做到位置和松紧适当,切忌使玻璃仪器的任何部分承受过度的压力或张力。

3）将玻璃管(或温度计)插入橡皮管、橡皮塞或软木塞时,应先用水或甘油润湿玻璃管插入的一端,然后一手持橡皮管、橡皮塞或软木塞,一手捏着玻璃管,用力均匀逐渐旋转插入。插入或拔出玻璃管时,手指捏住玻璃管的位置与塞子或橡皮管的距离一般为2~3 cm,不可太远。

(二) 实验事故的处理

1．着火

1）一旦发生着火事故,首先应立即关闭附近所有火源,切断电源,迅速移去着火现场周围的易燃物。

2）用石棉布、干沙或适当的灭火器材灭火。桌面或地面液体着火,若火势不大,可用淋湿的抹布、石棉布盖熄或用干沙扑灭。仪器内溶剂着火时,最好用大块石棉布盖熄,而不要用沙子,以免打碎玻璃仪器。有机溶剂着火时,在大多数情况下,严禁用水灭火。因为一般有机溶剂比水轻,若用水浇,燃着的液体将在水面上蔓延开来,反使燃烧面积更加扩大。若火势较大,应使用泡沫灭火器和二氧化碳灭火器。

3）若电器设备着火,用二氧化碳或四氯化碳灭火器灭火。切记在带电情况下不能用水和泡沫灭火器灭火,因为水能导电,易使人触电。

4）若实验者衣服着火,切勿惊慌乱跑,以免因空气的扰动而使火焰扩大。可迅速脱下衣服或用石棉布、厚外套覆盖着火处。情况危急时应就地卧倒打滚,以免火焰烧向头部。

5）若着火面积较大,在尽力扑救的同时,应及时拨打火警电话。

2．烫伤

轻度烫伤可立即用冷水冲洗或浸泡伤处,然后在烫伤处搽上苦味酸或 $KMnO_4$ 溶液,再涂上烫伤药膏等;重伤者应涂以烫伤药膏后立即送医院治疗,不要把水泡挑破。

3．玻璃割伤

如果为一般轻伤,应立即挤出污血,用消毒过的镊子取出玻璃碎片,用洁净水洗净伤口,涂上碘酒或红汞药水,再用无菌纱布包扎,也可贴上"创可贴"。若伤口较大、较深或流血不止时,应用无菌纱布压迫包扎,然后立即送医院治疗。

4．试剂灼伤

酸:立即用大量水洗,再以3%~5%碳酸氢钠溶液洗,最后用水洗。严重时要消毒,拭干后涂烫伤药膏。

碱：立即用大量水洗,再以1‰~2%硼酸液洗,最后用水洗。严重时同上处理。

溴：立即用大量水洗,再用酒精擦至无溴液存在为止,然后涂上甘油或烫伤药膏。

钠：可见的小块用镊子移去,其余与碱灼伤处理相同。

眼睛被试剂灼伤：应立即用大量水冲洗,快速送医院治疗,不允许用其他试剂进行中和。

5. 中毒

1) 溅入口中尚未咽下者应立即吐出,再用大量水冲洗口腔；若已吞下,应根据毒性物质性质给予解毒剂,并立即送医院。

2) 腐蚀性毒物。对于强酸,先饮大量水,然后服用氢氧化铝膏、鸡蛋白；对于强碱,也应先饮大量水,然后服用醋、酸果汁、鸡蛋白。不论酸或碱中毒皆要再灌注牛奶,不要服呕吐剂。

3) 刺激剂及神经性毒物。先给牛奶或鸡蛋白使之立即冲淡和缓解,再用一大匙硫酸镁(约30 g)溶于一杯水中催吐。有时也可用手指伸入喉部促使呕吐,然后立即送医院。

4) 吸入气体中毒。将中毒者移至室外有新鲜空气的地方,解开衣服纽扣并使其嗅闻解毒剂蒸气。若吸入少量氯气或溴者,可用碳酸氢钠溶液漱口。

6. 触电

立即切断电源,并尽快用绝缘物将触电者与电器隔离,必要时再进行人工呼吸并迅速送医院救治。

(刘毅敏)

五、化学实验的误差及数据处理

(一) 误差产生的原因与减免

物理量的测量值不可能与真实值绝对一致,二者之间的差值称为误差。在定量分析中产生误差的原因很多,根据其性质和来源的不同,误差可分为三类,即系统误差、偶然误差和过失误差。

1. 系统误差

系统误差也称可测误差,是由于分析测量过程中某些固定的因素造成的,它对测量结果的影响比较固定,其大小有一定规律性,在重复测量时,会重复出现。产生系统误差的主要原因有：实验方法不完善；所用的仪器准确度差；试剂不纯以及操作不当等。系统误差可以通过改进实验方法、校正仪器、提高试剂纯度、做空白实验和对照试验等方法加以校正,使之尽可能减小。

2. 偶然误差

偶然误差也称随机误差,是由于分析测量过程某些难以预料的偶然因素引起的,如测量时环境温度、湿度、气压的微小波动和仪器性能的微小改变等。由于偶然误差的原因难以确定,似乎无规律性可寻,但如果多次测量,可以发现偶然误差遵从正态分布,即大小相近的正负误差出现的机会相等,小误差出现的概率大,大误差出现的概率很小。因此,增加测量次数可使偶然误差的算数平均值趋于零。

一般,在消除了系统误差的前提下,可用多次测量结果的平均值代替真实值。

3. 过失误差

过失误差是一种与事实明显不符的误差。它是由于工作粗心大意引起的,如加错试剂、用错样品、试样损失、读错数据、计算错误等。过失误差无规律可循,但只要加强责任心,工作认真细致即可避免。

(二) 准确度与精密度

1. 准确度与误差

准确度是指测量值与真实值之间偏离的程度,常用误差的大小来衡量。误差越小,测量结果的准确度越高。

误差分为绝对误差和相对误差。绝对误差是指测量值与真实值之间的差值;相对误差指绝对误差与真实值的百分比。即

$$绝对误差 = 测量值 - 真实值$$

$$相对误差 = \frac{绝对误差}{真实值} \times 100\%$$

绝对误差与被测量的大小无关,而相对误差却与被测量的大小有关。一般来说,若被测的量越大,相对误差越小。一般用相对误差来反映测定值与真实值之间的偏离程度比用绝对误差更为合理。

2. 精密度与偏差

精密度是指多次平行测量结果的相互接近的程度,是保证准确度的前提,常用偏差的大小来衡量。偏差越小,测量结果的精密度越高,重现性越好。

通常被测量结果的真实值很难准确知道,因此,一般用多次重复测量结果的平均值代替真实值。某单次测量结果与平均值之差称为绝对偏差,即

$$绝对偏差 = 某单次测定值 - 平均值$$

在实际工作中,还可用绝对平均偏差($\bar{d}$)和相对平均偏差($\overline{d_r}$)来表示分析结果的精密度。

$$\bar{d} = \frac{|d_1| + |d_2| + \cdots + |d_n|}{n}$$

$$\overline{d_r} = \frac{\bar{d}}{\bar{x}} \times 100\%$$

(三) 有效数字

1. 有效数字位数的确定

分析测试中,在记录测定数据时,测定值所表示的准确程度应与测试时所用的测量仪器的精度相一致。通常测定时,一般可估计到测量仪器最小刻度的十分位,在记录测定数据时,只应保留一位不确定数字,其余数字都应是准确的,此时所记录的数字为有效数字。

记录和报告的测定结果只应包含有效数字,对有效数字的位数不能任意增删。

化学实验中常用仪器的精度与实测数据有效数字位数的关系列于表 1-1 中。

表 1-1 常用仪器的精度与实测值有效数字位数

仪器名称	仪器精度	测量值	有效数字位数	错误记录
托盘天平	0.1 g	12.3 g	3	12.30 g
电光天平	0.000 1 g	12.345 6 g	6	12.345 g
10 mL 量筒	0.1 mL	7.2 mL	2	7 mL
100 mL 量筒	1 mL	72 mL	2	72.5 mL
滴定管	0.01 mL	23.00 mL	4	23.0 mL
移液管	0.01 mL	25.00 mL	4	25 mL
容量瓶	0.01 mL	50.00 mL	4	50 mL

任意超出或低于仪器精度的数字都是不恰当的。例如上述电光天平的读数为 12.345 6 g,既不能读作 12.345 g,也不能读作 12.345 67 g,因为前者降低了实验的精确度,后者则夸大了实验的精确度。

关于有效数字位数的确定,还应注意以下几点:

1) 数字"0"在数据中具有双重意义。若作为普通数字使用,它就是有效数字;若它只起定位作用,就不是有效数字。例如在分析天平上称得重铬酸钾的质量为 0.075 8 g,此数据具有三位有效数字,数字前面的"0"只起定位作用,不是有效数字。又如某盐酸溶液的浓度(0.210 0 mol·L^{-1})准确到小数点第三位,第四位可能有±1 的误差,所以这两个"0"是有效数字,数据 0.210 0 具有四位有效数字。

2) 改变单位并不改变有效数字的位数,如滴定管读数 12.34 mL,若该读数改用升为单位,则是 0.012 34 L,这时前面的两个零只起定位作用,不是有效数字,0.012 34 L 与 12.34 mL 一样都是四位有效数字。当需要在数的末尾加"0"作定位作用时,最好采用指数形式表示,否则有效数字的位数含混不清。例如,质量为 25.08 g 若以毫克为单位,则可表示为 2.508×10^4 mg;若表示为 25 080 mg,就易误解为五位有效数字。

3) 对数的有效数字位数,仅由小数部分的位数决定,首数(整数部分)只起定位作用,不是有效数字。例如 pH=2.38 的有效数字为二位,而不是三位。

2. 有效数字的运算规则

在分析测定过程中,往往要经过几个不同的测量环节,例如先用差减法称取试样,经过处理后进行滴定。在此过程中最少要取四次数据,但这四个数据的有效数字位数不一定完全相等,在进行运算时,应按照下列计算规则,合理地取舍各数字的有效数字的位数,确保运算结果的正确。

1) 记录数据时,只保留一位有效数字。当拟舍弃的数字大于等于 6 时进位,而当尾数恰为 5 时,则看保留的末位数是奇数还是偶数,是奇数时就将 5 进位,是偶数时,则将 5 舍弃。总之,使保留下来的末位数是偶数,即"四舍六入五留双"。根据此原则,如将 4.175 和 4.165 修约成 3 位有效数字,则分别为 4.18 和 4.16。同时,对原始数据只能做一次修约。如将 3.746 9 修约为 2 位有效数字,只能一次修约为 3.7,而不能先修约为 3.75 再进而修约为 3.8。对于需要进行计算才能得出的结果应该先计算后修约。

2) 进行加减运算时,运算所得结果的有效数字位数与小数点后位数最少者相同。例如 1.237 9+12.46=13.697 9 应取 13.70。

3) 进行乘除运算时,运算所得结果的有效数字位数与有效数字位数最少者相同。例如 1.23×0.012=0.014 76 应取 0.015。进行数字乘方和开方时,保留原来的有效数字位数。

4) 在对数运算中,所得对数有效数字的位数与真数的有效数字位数相同。如,$[H^+]$=$4.0×10^{-3}$ mol·L^{-1},pH 应为 2.40。

(赵先英)

第2章

化学实验常用仪器

一、化学实验常用仪器

仪器	规格	用途	注意事项
容量瓶 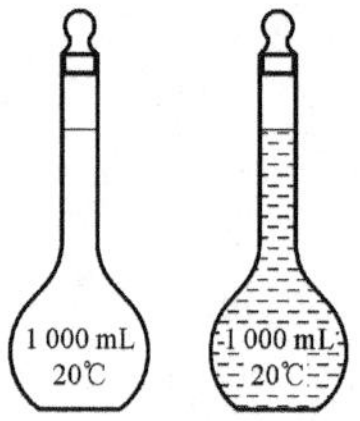	玻璃质,用容量(mL)表示,常用有25、50、100、250等	配制准确浓度的溶液	1. 瓶塞与瓶是配套的,不能互换 2. 不能加热及量取热的液体 3. 不能作试剂瓶储存试剂 4. 不能在其中溶解固体 5. 在严格实验中应进行校准
滴定管 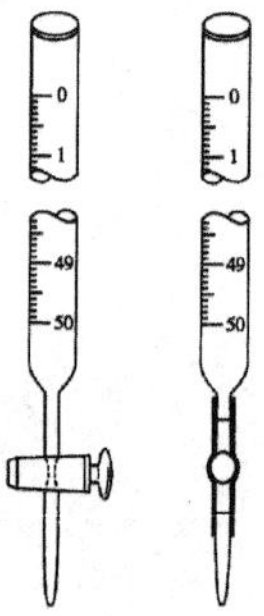	玻璃质,分酸式(具有玻璃活塞)和碱式(具有乳胶管连接的玻璃尖嘴)两种,有无色和棕色两种,用容量(mL)表示,常用有25、50等	用于溶液的滴定	1. 碱式滴定管盛放碱性溶液,酸式滴定管盛放酸性及氧化性溶液,二者不能互换使用 2. 见光易分解的滴定液应用棕色滴定管 3. 使用前应洗净,检查是否漏水和活塞是否转动灵活
移液管、吸量管 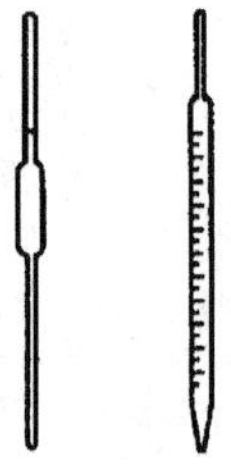	以所量的最大体积表示 移液管:如100 mL、50 mL、25 mL等 吸量管:如10 mL、5 mL、1 mL等	用于精确量取一定体积的液体	不能加热,使用前洗涤干净,用待吸取液润洗

续 表

仪　器	规　格	用　途	注意事项
量筒 	以所量的最大体积表示，如：10 mL、100 mL、1000 mL 等	用于量取一定体积的液体	不能加热，不能在量筒中进行化学反应或配制溶液
称量瓶 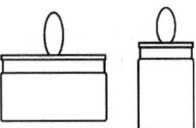	分高型、矮型，规格以外径（mm）×瓶高（mm）表示	分析天平准确称取一定量固体药品时用	1. 不能加热 2. 盖与瓶磨口配套，不能互换
三角漏斗 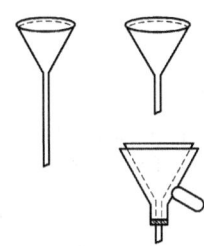	玻璃质或搪瓷质，分长颈和短颈漏斗两种。热过滤时在短颈漏斗外套上铜制外套以便加热 　　规格以漏斗直径（mm）表示，有 30、40、60、100、120 等	用于过滤及倾注液体。长颈漏斗主要用于定量分析中的过滤	1. 不能用火直接加热 2. 过滤时选用适当的滤纸。滤纸的折叠要得当
分液漏斗和滴液漏斗 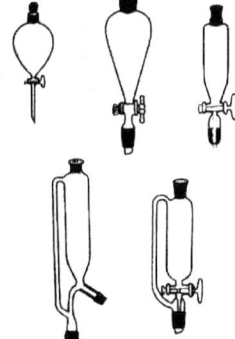	玻璃质。规格以容量(mL)和漏斗的形状（球形、梨形、筒形等）表示。如 100 mL 球形分液漏斗、60 mL 筒形滴液漏斗	1. 分液漏斗用于液体的分离、洗涤和萃取 2. 滴液漏斗用于反应体系中滴加液体 3. 恒压漏斗主要用于向有压力存在的反应体系中滴加液体，或滴加易挥发、刺激性大的液体	1. 不能加热 2. 漏斗的上口塞子及活塞都是磨口配套的，应系好，避免滑出打碎 3. 使用前应检查是否漏液和活塞是否转动灵活 4. 萃取时，振荡初期应多次放气，避免因压力过大，顶开塞子而漏液
布氏漏斗和抽滤瓶 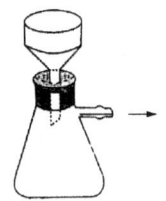	布氏漏斗为瓷质，规格以直径（mm）表示，有 50、60、80 等。抽滤瓶为玻璃质，规格以容量（mL）表示，有 50、100、250、500 等	二者配套使用，用于减压过滤	1. 不能直接加热 2. 滤纸要略小于漏斗的内径并盖住漏斗内的小孔 3. 漏斗大小与要过滤的晶体或沉淀的量应相适应

续　表

仪　器	规　格	用　途	注意事项
表面皿 	玻璃质。规格以直径(mm)表示，有 45、65、75、90 等	盖在烧杯上，防止液体溅出或灰尘落入；自然晾干少量晶体、承放器皿烘干用或称量等用途	1. 不能直接用火加热 2. 作盖用时直径应略大于被盖容器
点滴板 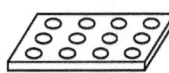	玻璃或瓷质，瓷质的分黑釉和白釉两种。规格以穴数表示，有 6、9、12 穴等	用于点滴反应，观察沉淀的生成和颜色变化	1. 不能加热 2. 加入试剂的量不宜多于穴的容量 3. 白色沉淀用黑色板，有色沉淀或者溶液用白色板
漏斗架 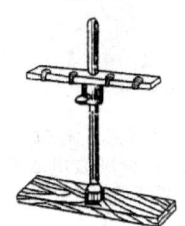	木制品，有螺丝可固定于支架上，并可上下调节高度	常压过滤时盛放漏斗用	注意要固定牢固，避免过滤过程中漏斗滑下
三脚架 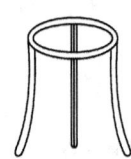	铁制品，有大小高矮之分	酒精灯加热时放置较大或较重的加热容器，作仪器的支架物	使用时挑选相应的高度，使之与灯配合进行加热
石棉网 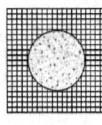	用铁丝编成铁丝网，中间涂有石棉。以铁丝状边长(cm)表示	加热时垫在烧杯、烧瓶等受热仪器与热源之间，使之受热均匀，避免局部高温	1. 石棉脱落的不能使用 2. 不能卷折，以免石棉脱落 3. 不能与水接触，遇水后石棉脱落、铁丝锈蚀
研钵 	由瓷、玻璃、玛瑙或金属制成。规格以口径大小表示	研碎固体物质或混合固体物质。视固体的性质和硬度选用不同材质的研钵	1. 不能用火直接加热 2. 研碎固体物质时，只能碾压，不能用力舂 3. 易爆物质只能轻轻压碎，不能研磨 4. 固体物质的量不能超过研钵容积的 1/3
坩埚 	有瓷、石英、铁、镍、铂、玛瑙等多种材质。规格以容量(mL)表示，有 50、40、30 等	用于灼烧固体。随固体性质不同而选用不同材质的坩埚	1. 灼烧时放在泥三角上直接用火烧，或放入高温炉中煅烧 2. 热的坩埚置于石棉网上、搪瓷盘内。稍冷后，移入干燥器中存放 3. 灼热的坩埚不能骤冷

续　表

仪　器	规　格	用　途	注意事项
坩埚夹 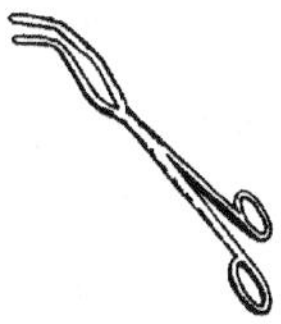	铁或铜合金,表面常镀镍、铬。有大小、长短的不同	夹持坩埚,亦可用于夹取热的蒸发皿	1. 用前必须将坩埚钳洗净 2. 使用前后,应将坩埚钳尖部朝上放置于桌面或石棉网(温度很高时) 3. 夹取灼热的坩埚时,钳尖需预热,以免坩埚局部骤冷而破裂
试管架 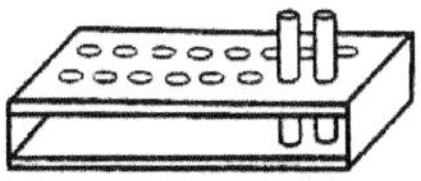	有木制、铝制和塑料制品,具有不同的形状和大小	放置试管	加热后未冷却的试管应用试管夹夹住悬放在试管架上
试管刷 	以大小或用途表示,如试管刷、烧杯刷等	洗刷玻璃器皿	注意毛刷头部应有竖毛,防止铁丝露出擦破仪器
试管夹 	有木制、竹制和金属制品。形状也各有不同	夹持试管	1. 试管夹应夹试管上半部分 2. 防止烧损或锈蚀 3. 一定要从试管底部套上和取下试管夹 4. 当试管夹夹持试管时,不许用拇指按夹的活动部位,以免试管脱落
药匙(药勺) 	由牛角、塑料或金属制成。具有不同的形状和大小	取固体试剂用。根据所取试剂的量选用药匙两端的大匙或小匙	1. 保持药匙的干净,避免沾污试剂 2. 不能取灼热药品
铁架台 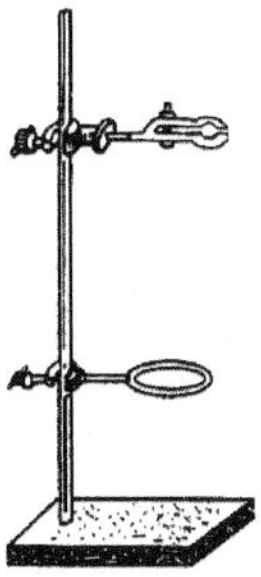	铁制品	用于固定或放置反应容器(如烧杯、冷凝管等);铁环还可代替漏斗架使用	1. 使用时仪器和铁架的重心应落在铁架台底座的中央,防止重心不稳而倾倒 2. 用铁夹夹持仪器时,应以仪器不能转动或脱落为宜,不能过紧或过松
洗瓶 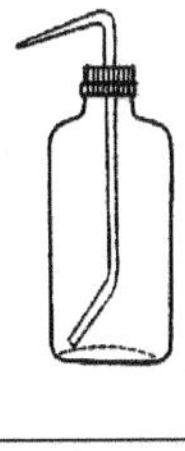	分塑料和玻璃的,现多数用塑料洗瓶。规格以容量(mL)表示,常用 500 mL 的	盛装去离子水或蒸馏水,洗涤仪器	1. 不能加热 2. 瓶塞不能漏气,否则吹不出水

13

续 表

仪 器	规 格	用 途	注意事项
水浴锅 	铜或铝制品	用于较低温度的间接加热(水浴),也可用于粗略控温实验	1. 根据需要选择 2. 经常添加水,以防锅内水烧干 3. 用完后应将锅内剩水倒出并擦干水浴锅保存
圆底烧瓶 	标准磨口规格为:14、19、24、29口等(指磨口最大端内径的mm数,以下同)	用于反应、回流、加热和蒸馏等操作	较少用直火加热,一般使用外浴为热源
三口烧瓶 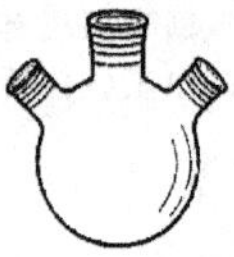	一般中间的磨口为19、24、29口,两边的磨口对应的为14、19、24口	多用于反应,三口可分别安装温度计、机械搅拌、冷凝装置或滴液漏斗等	较少用直火加热,一般使用外浴为热源
球形冷凝器 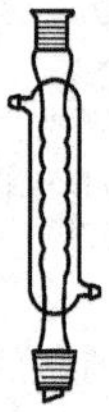	一般磨口多为14、19口	用于反应回流	1. 冷凝器通水后很重,所以宜将夹子夹在冷凝管中心处,以免翻倒。注意夹子不宜夹得过紧 2. 通水时,切忌水开得太大、太猛
直形冷凝器 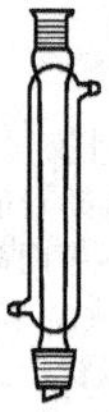	一般磨口为19口	用于蒸馏	用于沸点在140℃以下的液体的冷凝
空气冷凝器 	一般磨口为19口	用于蒸馏	用于沸点在140℃以上的液体的冷凝
蒸馏弯头 	一般磨口为19口	用于常压蒸馏,替代蒸馏头	多用于固定沸点的溶剂蒸馏或低沸点溶剂的蒸馏

续 表

仪 器	规 格	用 途	注 意 事 项
蒸馏头 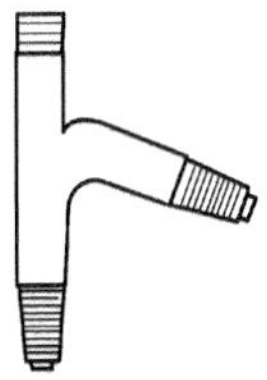	两个外磨口,一个内磨口,口径大小有多种搭配。可根据需要选择	用于常压或减压蒸馏	可用于需测定沸点的液体蒸馏
克氏蒸馏头 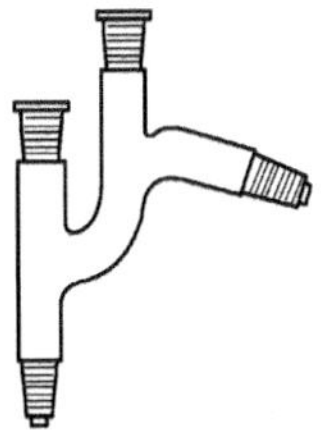	两个外磨口,两个内磨口,口径大小有多种搭配。可根据需要选择	用于减压蒸馏	直管上磨口插通气套管、蒸馏毛细管,另一内磨口插温度计
尾接管 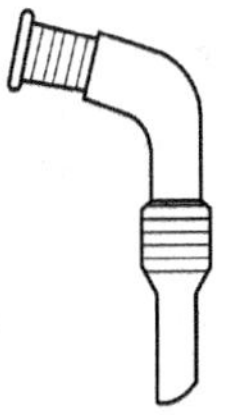	一般磨口为14、19口	用于常压蒸馏	与冷凝管、蒸馏头配套使用
真空尾接管 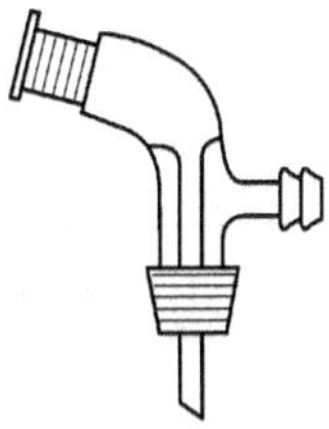	一般磨口为14、19口	用于常压、减压蒸馏	与冷凝管、蒸馏头、克氏蒸馏头配套使用;右侧管可以接减压装置,也可通大气
刺形分馏柱 	一般磨口为14、19口	用于常压或减压蒸馏	下端接蒸馏瓶,上端接蒸馏头或克氏蒸馏头
温度计套管 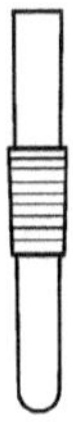	一般磨口为14、19口	用于套接温度计,用于反应测温或蒸馏	根据反应瓶或蒸馏头口径的大小选择磨口大小

15

续 表

仪　器	规　格	用　途	注意事项
接头/变口 	一般变换口径为 24/29、19/29、19/24、14/19几种	用于连接不同口径的磨口仪器	根据实际需要选择合适的接头
磨口塞 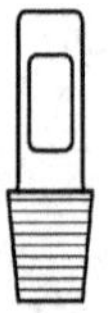	一般有 14、19、24、29 口几种口径	用于磨口瓶的塞堵	根据实际需要选择合适口径的塞子
干燥管 	有磨口与非磨口两种,一般磨口为 14、19 口	内装干燥剂,用于干燥气体或用于无水反应装置	非磨口干燥管通过乳胶管与真空尾接管相连,用于无水溶剂的蒸馏;也可插入橡皮塞,塞于试剂瓶上,用于金属钠对溶剂的干燥等。磨口干燥管分为直型、弯型和 U 型三种,可根据实际用途选择。注意干燥剂的装填并及时更换
磨口锥形瓶 	一般有 14、19、24、29 口几种口径	用于储存液体、混合液体及少量液体的加热。也可替代烧瓶作为反应瓶使用	不能用于减压蒸馏

（李明春）

二、化学实验常用精密仪器

（一）天平

　　称量是化学实验基本操作技能之一,主要工具为各种不同精度的天平。在实验过程中,可根据对称量准确度的不同要求,选用不同类型的天平。实验室常用的天平有托盘天平、电光分析天平和电子天平等。

　　1. 托盘天平

　　托盘天平(图 2-1)用于精确度不高的称量。一般能称准至 0.1 g。在称量前,首先检查托盘天平的指针是否在刻度尺上中间的位置(称为"零点")。若不在中间时,可调节两端的平衡螺丝,使指针停在零点处。称量物体时,将被称量物品放在左盘上,右盘加砝码。通常,5 g 以上的砝码,是装在砝码盒内的,5 g 以下的砝码是通过移动游标尺上的游码来添加的。当砝码加减到指针停在刻度尺中间,即表示两边质量相等(称为"停点")。停点和零点之间允许偏差 1 小格以内。这时,右盘上砝码的克数加上游码在游标尺上所指的克数便是被称量物品的质量。

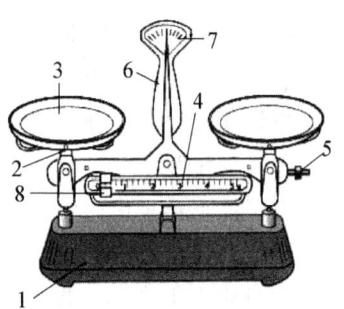

图 2-1 托盘天平

1. 底座;2. 称盘架;3. 称盘;
4. 标尺;5. 平衡螺丝;6. 指针;
7. 分度盘;8. 游码

托盘天平应注意保持干净,被称物品一般不能直接放在盘上称量,而应放在称量瓶、洁净干燥的表面皿、烧杯或称量纸中进行称量。一旦称盘沾上化学品,应立即擦净。称量完毕应将砝码放回盒中并将游码复原到零刻度处。

2. 电光分析天平

电光分析天平是十分精确的称量工具,是根据杠杆原理设计的。常用的是万分之一克(即可称准至 0.1 mg)的等臂天平,目前普遍采用的是双盘电光天平。现以 TG-328A 型为例,说明其构造和使用。

【仪器构造】

TG-328A 型全自动电光天平的基本构造可分为天平梁、水平泡、空气阻尼器、称盘、升降枢、天平箱、光学投影装置和机械加砝装置等八大部分。如图 2-2 所示。

(1) 天平梁

天平梁是用特殊的铝合金制成的。梁上装有三个三棱柱形的玛瑙刀口,中间有一个支点刀,刀口向下,由固定在支柱上的玛瑙刀承(即玛瑙平板)所支撑。左右两边各有一个承重刀,刀口向上,在刀口上方各悬一个嵌有玛瑙刀承的吊耳。这三个刀口的棱边应互相平行并在同一水平面上,同时要求两承重刀口到支点刀口的距离(即天平臂长)相等。

三个刀口的锋利程度对天平的灵敏度有很大影响。刀口越锋利,和刀口相接触的刀承越平滑,它们之间的摩擦越小,天平的灵敏度也就越高。经长期使用后,由于摩擦,刀口逐渐变钝,灵敏度就逐渐降低。因此,要保持天平的灵敏度应注意保护刀口的锋利,尽量减少刀口的磨损。

(2) 升降枢

升降枢是起放天平梁、吊耳、托盘等的总旋钮,它是天平的制动系统。使用天平时,顺时针转动升降枢,支架下降,天平梁落下,刀口和刀承互相接触,天平开始摆动,称为"启动"天平。此时,如果天平受到振动或碰撞,刀口特别容易磨损。"休止"天平时,逆时

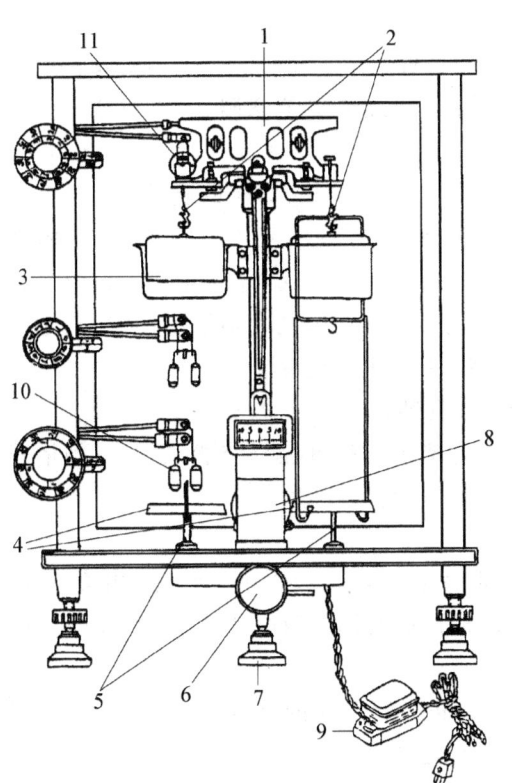

图 2-2 TG-328A 型分析天平

1. 天平梁;2. 挂钩;3. 空气阻尼器;4. 称盘;
5. 盘托;6. 升降枢;7. 避震垫脚;8. 光学投影装置;
9. 变压器;10. 克砝码;11. 环形毫克砝码

针转动升降枢,支架上升,把天平梁托住。此时,刀口和刀承间有小缝隙,不再接触,可以避免磨损。为了减少刀口和刀承的磨损,切不可碰触未休止的天平。无论启动或休止天平均应轻缓地、匀速地转动升降枢,以保护天平。

(3) 空气阻尼器

空气阻尼器是由两个大小不同的圆筒组成,大的外筒固定在天平支柱的托架上,小的内筒则挂在吊耳的挂钩上。两个圆筒间有一定的缝隙。缝隙要保持均匀,使天平摆动时内筒能自由上下浮动。称量时,阻尼器的内筒上下浮动,由于筒内空气阻力的作用,使天平较快地停止摆动,缩短了称量时间。

(4) 称盘(或称天平盘)

天平左右有两个称盘挂在吊耳的挂钩上。称量时右盘上放称量的物体,左盘上放砝码。

(5) 天平箱

为了保护天平,防止灰尘、湿气或有害气体的侵入,使称量时减少外界的影响,如温度变化、空气流动和人的呼吸等,分析天平都安装在镶有玻璃的天平箱内。天平箱的前面有一个可以向上开启的门,供装配、调整和修理天平时用,称量时不准打开。右侧有一个玻璃门,供取、放称量物用,但是在读取天平的零点、停点时,推门必须关好。

(6) 水平泡

水平泡位于天平立柱上,用来检查天平的水平位置。天平箱下装有三只脚,脚下有脚垫。后面一只固定不动,前面两只装有可以调节高低的升降螺丝,用它来调节天平的水平位置。

(7) 光学投影装置

在横梁指针的下端固定有一个透明的小标尺,可读出 10 mg 以下的质量,即 0~10 mg。标尺上刻有 10 个大格,数字从 1~10,每大格相当于 1 mg,每大格又分 10 小格,每小格相当于 0.1 mg。标尺随指针左右摆动。标尺上的刻度很细小,必须通过光学投影装置(图 2-3)放大才能看清。

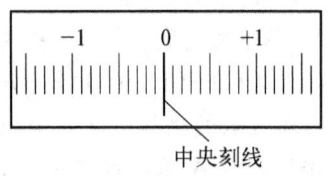

图 2-3 标尺在投影屏上

(8) 机械加码装置

天平箱外左侧装有机械加码装置,通过三挡增减砝码的指示旋钮来变换自 0.01~199.99 g 砝码以内所需重量值。

【天平的零点及停点】

天平在不载重的情况下,处于平衡状态时,中央刻线与投影屏上"0"线相重合,叫做"零点"。在载重情况下,天平处于平衡状态时的中央刻线位置称为"平衡点",即"停点"。

【天平的灵敏度】

一般分析天平的灵敏度是指在多加 1 mg 砝码所引起的指针偏斜的程度,以格·mg^{-1}表示。实际上常用"感量"来表示灵敏度,感量是使天平平衡位置在标牌上产生一个分度的变化所需要的重量(mg 数)。单位是 mg·格$^{-1}$。它等于灵敏度的倒数,即

$$感量 = \frac{1}{灵敏度}$$

例如,某分析天平灵敏度为 10 格·mg^{-1},则感量为:

$$\frac{1}{10} = 0.1 \text{ mg} \cdot 格^{-1}$$

即增减 0.1 mg 时,平衡点偏移 1 格。这就是所谓的"万分之一"分析天平。天平的灵敏度一般要求在 2~4 格·mg^{-1}。天平载重时灵敏度稍有降低。

测定电光分析天平灵敏度的方法:在调节天平零点后,将一校准过的 10 mg 砝码放在左盘上,开启天平,标尺显示 9.9~10.1 mg,即感量为 0.1 mg·格$^{-1}$。

天平的灵敏度可以通过重心螺丝的位置来调节。螺丝向上旋,灵敏度增大;向下旋,灵敏度降低。

【读数方法】

称量时,被称物放在天平右盘,砝码放在左盘。透明标尺的刻度左为正,右为负。天平平衡后读数盘位置如图 2-4 所示:

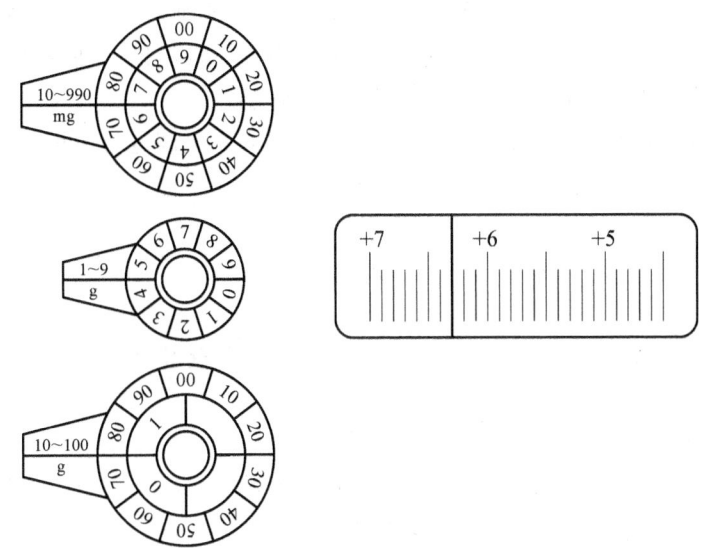

图 2-4 读数方法示例

则所称量物品的质量为:

第三读数盘	内圈盘指示克的百位数:	100.000 0 g
	外圈盘指标克的十位数:	80.000 0 g
第二读数盘	指示克数:	5.000 0 g
第一读数盘	内圈盘指示毫克的百位数:	0.700 0 g
	外圈盘指示毫克的十位数:	0.080 0 g
＋	光幕投影上 10 毫克以下的读数:	0.006 3 g
	被称物体的重量＝	185.786 3 g

【使用方法】

分析天平是精密仪器,使用时要认真、仔细,要预先熟悉使用方法,否则容易出错,使得称量结果不准确或损坏天平部件。

(1) 准备

取下防尘罩,叠平后放在天平箱上面。检查天平各部件位置是否正常,是否水平,称盘是否洁净,硅胶(干燥剂)容器是否靠住称盘,圈码指数盘是否在"0"位,圈码有无脱位,吊耳是否错位等。

(2) 调节零点

接通电源,打开升降枢,此时在投影屏上可以看到标尺的投影在移动。当标尺稳定后,如果屏幕中央的刻线与标尺上的"0"线不重合,可拨动微调零点拨杆,移动屏幕的位置,使屏幕中刻线恰好与标尺中的"0"线重合,即调定零点。如果屏幕移到尽头仍调不到零点,则需关闭天平,调节横梁上的平衡螺丝,再开启天平继续拨动调零拨杆,直到调定零点,然后关闭天平,准备称量。称量过程中,注意平衡螺丝、拨杆位置不可移动。

(3) 称量

将欲称物体先在托盘天平上粗称其质量,然后将物体放到天平右盘中心,根据粗称的数据在天平左盘上加砝码至克位。半开天平,观察标尺移动方向或指针的倾斜方向(若是砝码过重,则标尺的投影向右移、指针向左倾斜)来判断所加砝码是否合适及如何调整。克组砝码调定后,再依次调定百毫克组及十毫克组圈码,每次可从中间量(500 mg、50 mg)开始调节。十毫克圈码调定后,完全开启天平,准备读数。

调整砝码的顺序是:由大到小,依次调定。砝码未完全调定时不可完全开启天平,以免横梁过度倾斜,以至于造成错位或吊耳脱落!

(4) 读数

砝码调定后,全开天平,待标尺停稳后即可读数。

(5) 复原

称量、记录完毕,关闭天平,取出被称物,将圈码指数盘退回到"0"位,拔下电源,盖上防尘罩。

【注意事项】

1) 天平的灵敏度主要取决于天平横梁上的三个玛瑙刀口,特别是中间的支点刀。因此,称量时始终要注意保护天平刀口。为此要求:

① 增减砝码或取放被称物时,必须先使天平休止,不能在天平未休止的情况下进行上述操作,这是保护天平刀口的关键。

② 启动升降枢时,必须缓慢均匀,避免天平摆动过剧。

2) 天平载重不能超过天平的最大负荷,称量前要先粗称。

3) 切勿用手直接接触天平的各个部件,在使用机械加码旋钮时,要轻轻地逐格旋动,避免环码脱落。

4) 为了减少称量误差,做同一实验时,所有称量都应使用同一架天平。

5) 不能在天平上称量过冷、过热的物品;不能在天平上直接称取化学试剂,应放在洁净的器皿中称量;取放称量器皿时要保持其洁净,防止沾污天平。

6) 称量时不能开启天平前门,取放物品时可打开右边侧门,在开启升降枢前,一定要关好侧门,以防气流影响读数的准确性。

7) 称量完毕后,休止天平,取出被称物,将环码指数盘拨回零位,切断电源,请指导教师检查后,套上天平罩。在使用记录本上登记使用情况。

8) 在称量过程中如发现天平有不正常情况或发生故障,应立即报告指导教师,修复后再继续使用。

3. 电子天平

电子天平(图 2-5)是集精确、稳定、多功能及自动化于一体的天平,大多可称准 0.1 g~

0.1 mg,能满足实验室质量分析要求。通常能精确称量到 0.1 mg 的电子天平称为电子分析天平(图 2-6)。电子天平一般采用单片微处理机控制,其测量原理如图 2-7 所示。有些电子分析天平具有标准的信号输出口,可直接连接打印机、计算机等设备来扩展天平的使用,使称量分析更加现代化。

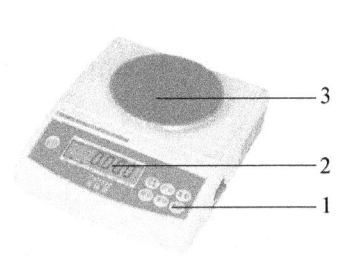

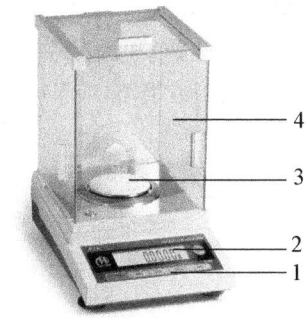

图 2-5 YP601N 型电子天平　　　　图 2-6 ALC 型电子分析天平

1. 操作键；2. 显示屏；3. 称盘；4. 防风罩

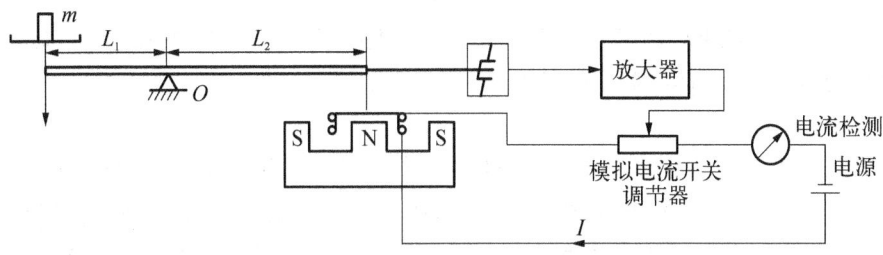

图 2-7 电子天平测量原理示意图

【使用方法】

电子天平称量快速、准确,操作方便。电子天平的品牌及型号很多,不同品牌的电子天平在外形设计和功能等方面有所不同,其操作存在差异,但基本使用规程大同小异。本教材以赛多利斯公司生产的 ALC 型电子分析天平为例,介绍其使用:

1) 调整水平调节螺丝,使天平后部的水平仪内空气泡位于圆环中央。

2) 接通电源,预热约 10 min,按 on/off 键开机,天平自检,显示回零时,即可开始称量。

3) 将称量容器置于称盘上,屏幕自动显示容器重量,按 ZERO 键调零(去皮)。

4) 往称量容器中加入样品,再次置于称盘上称量,待显示屏左下方"。"符号消失,读数稳定,所示数值即为样品净重,记录结果。

5) 称量结束,按 on/off 键至显示屏出现"OFF"字样,关闭天平,关好天平拉门,断开电源,盖上防尘罩,并做好使用登记。

【注意事项】

1) 称量范围越小、精度越高的电子天平,对天平室的环境要求越高,天平室的基本要求是防尘、防震、防过大的温度波动和气流影响,精度高的天平最好在恒温室中使用。

2) 电子天平安装之后,使用之前必须进行校准。较长时间不使用时,应每隔一段时间通电一次,保持电子元件干燥。校准及维护由实验室工作人员负责完成。

3) 电子天平自重较小,容易被碰移位,导致水平改变,影响称量的准确性。因此在使用时动作要轻缓,并时常检查天平是否水平。

4) 称量时,应注意克服影响天平读数的各种因素,如空气流动、温度波动、容器或样品不够干燥、开门及放置称量物时动作过重等。

5) 称量物不可直接放在天平称盘上称量。

6) 称量样品切忌超过量程。

7) 保持天平整洁,如药品撒落应及时清理。

8) 若发现故障或损坏,应及时报告指导教师。使用后,注意做好使用登记,便于维护。

(肖　湘　周　勉)

(二) 酸度计

酸度计是实验室用来测量溶液 pH 的常用仪器,除测量溶液的酸度外,还可以测量电池电动势。实验室酸度计虽然型号较多、结构各异,但它们的基本原理相同。

【基本原理】

不同类型的酸度计都是由测量电极、参比电极和精密电位计三部分组成。两个电极插入待测溶液组成电池,参比电极作为标准电极提供标准电极电势,测量电极的电极电势随待测溶液中 H^+ 浓度的改变而改变。因此,当溶液中 H^+ 的浓度变化时,电池电动势就会发生相应变化,从而指示溶液的 pH。

1. 参比电极

最常用的参比电极是甘汞电极,它是由金属汞、甘汞(Hg_2Cl_2)和一定浓度的 KCl 溶液(如饱和 KCl 溶液)组成。其构造如图 2-8 所示,内玻璃管中封接一根铂丝插入纯汞中,下置一层甘汞和汞的糊状物,外玻璃管中装入一定浓度的 KCl 溶液。电极下端与被测溶液接触部分用多孔玻璃砂芯隔开,但离子能自由传递。其电极反应是

$$Hg_2Cl_2 + 2e \longrightarrow 2Hg + 2Cl^-$$

在 25℃ 时,

$$\varphi_{甘汞} = \varphi^{\theta}_{甘汞} - 0.059\,161 \lg a(Cl^-)$$

$\varphi^{\theta}_{甘汞}$ 在一定温度下为一定值,所以甘汞电极的电极电位决定于 Cl^- 的活度值 $a(Cl^-)$,与溶液的 pH 无关。

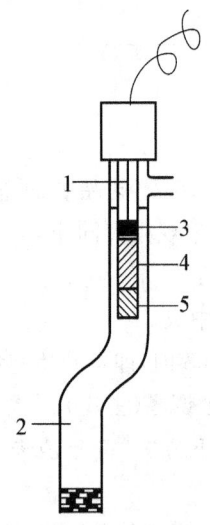

图 2-8　甘汞电极

1. 铂丝;2. KCl 溶液;3. 汞;4. 汞与甘汞混合的糊状物;5. 多孔物质

2. 玻璃电极

酸度计中的测量电极一般使用玻璃电极,其结构如图 2-9 所示,其主要部分是下端的玻璃球泡,它是由特殊的敏感玻璃薄膜构成(膜厚约 0.1 mm),对 H^+ 有敏感作用。在玻璃球内装有 $0.1\,mol \cdot L^{-1}$ HCl 作为内参比溶液,溶液中插入一支 Ag-AgCl 电极作为内参比电极。将玻璃电极插入待测溶液中,便组成下列电极:

Ag ｜ AgCl(s) ｜ HCl($0.1\,mol \cdot L^{-1}$) ｜ 玻璃膜 ｜ 待测溶液

玻璃薄膜把两个不同 H^+ 浓度溶液隔开,在玻璃-溶液的接触界面之间产生一定的电势差。由于玻璃电极中内参比电极的电势是恒定的。所以,在玻璃-溶液接触界面之间所形成的电势差只与待测溶液的 pH 有关。

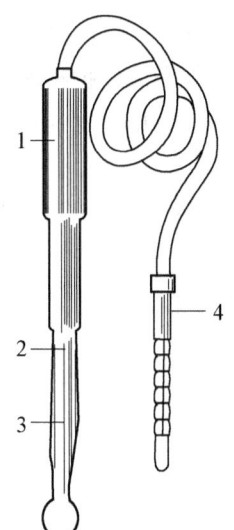
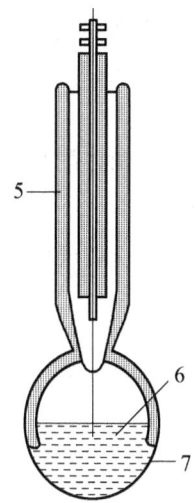

图 2-9 玻璃电极

1. 电极帽;2. 内参比电极;3. pH 已知的缓冲溶液;4. 电极插头;5. 高阻玻璃;6. 内参比溶液;7. 玻璃膜

$$\varphi_{玻璃} = \varphi_{玻璃}^{\theta} - 2.303\frac{RT}{F}\text{pH} \qquad (2-1)$$

式中,R——气体常数(8.314 J·K^{-1}·mol^{-1});

T——热力学温度(K);

F——法拉第常数(96 490 J·V^{-1});

$\varphi_{玻璃}^{\theta}$——玻璃电极的标准电极电势(V)。

在 25℃时

$$\varphi_{玻璃} = \varphi_{玻璃}^{\theta} - 0.059\,16\text{pH} \qquad (2-2)$$

玻璃膜只有浸泡在溶液中才能显示测量电极的作用,未吸湿的玻璃膜不能影响 pH 的变化。所以在使用玻璃电极前一定要在蒸馏水中浸泡 24 h 以上。每次测量完毕后仍需把它浸泡在蒸馏水中。若长期不用,玻璃电极可放回原盒内。

玻璃电极使用方便,可以测定有色、浑浊或胶态溶液的 pH。测定 pH 时,不受溶液中氧化剂或还原剂的影响,所用试液量较少,不会对试液造成破坏。但是,玻璃电极下端的玻璃球泡非常薄,容易破损,使用时要特别小心,切忌与硬物接触。尽量避免在强碱溶液中使用玻璃电极,如欲使用,操作必须迅速,测后立即用蒸馏水冲洗干净,并浸泡于蒸馏水中。

3. 复合电极

由于玻璃电极的易破损性,近年来又研制了一种新的电极——复合电极,它是集指示电极和参比电极于一体的复合体,结构如图 2-10 所示。复合电极通

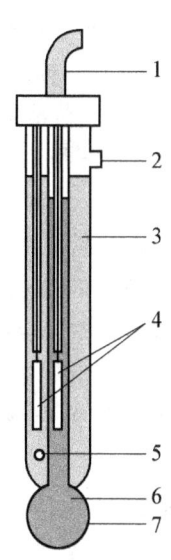

图 2-10 复合电极

1. 电极导线;2. 填充孔;3. KCl 和 AgCl 饱和溶液;4. 敷有 AgCl 的 Ag 丝;5. 通向外部溶液的多孔隔膜;6. 内参比电解质溶液;7. H$^+$-敏感玻璃膜

常由玻璃电极和 AgCl－Ag 参比电极,或玻璃电极-甘汞电极组合而成。电极外套将玻璃电极和参比电极包裹在一起并固定,敏感的玻璃泡位于外套的保护栅内,参比电极的补充液由外套上端小孔加入。复合电极的优点在于使用方便,测量稳定,不易破损。

【测量原理】

测定溶液的 pH 是将测量电极(玻璃电极)与参比电极(饱和甘汞电极)同时浸入待测溶液中组成电池。

(一) 玻璃电极 | 待测 pH 溶液 || 饱和甘汞电极(＋)

电池电动势 E 为

$$E = \varphi_{甘汞} - \varphi_{玻璃} = \varphi_{甘汞} - (\varphi_{玻璃}^{\theta} + \frac{2.303RT}{F}pH) \quad (2-3)$$

25℃时,饱和甘汞电极的电极电势为一定值,令 $K_E = \varphi_{甘汞} - \varphi_{玻璃}^{\theta}$

$$E = K_E + \frac{2.303RT}{F}pH \quad (2-4)$$

由于式中有两个未知数 E 和 pH,需先将玻璃电极和饱和甘汞电极插入已知准确 pH(pH＝pH_s)的标准缓冲溶液中进行测定,测得的电池电动势为

$$E_s = K_E + \frac{2.303RT}{F}pH_s \quad (2-5)$$

将式(2-4)和式(2-5)合并,消去 K_E,即可得到待测溶液的 pH 为

$$pH = pH_s + \frac{(E-E_s)F}{2.303RT} \quad (2-6)$$

式 2-6 中,pH_s——标准缓冲溶液的 pH;

E_s——标准缓冲溶液与电极组成的电池电动势;

E——待测溶液与电极组成的电池电动势;

T——测定时的温度;

pH——待测溶液的 pH。

酸度计就是借用上述原理来测定待测溶液的 pH。在实际测量过程中,并不需要先分别测定 E 和 E_s,再通过式(2-6)计算待测溶液的 pH。而是先将参比电极和指示电极插入标准缓冲溶液中组成原电池,测定此电池的电动势并转换成 pH,通过调整仪器的电阻参数使仪器的测量值与标准缓冲溶液的 pH 一致,这一过程称为定位(也称 pH 校正),再用待测溶液代替标准缓冲溶液在酸度计上直接测量,仪表显示的 pH 即为待测溶液的 pH。

【使用方法】

以 pHs-25 型酸度计为例简单介绍其使用方法。pHs-25 型酸度计是利用复合电极对被测溶液中不同的酸度产生的直流电势,通过前置 pH 放大器输到 A/D 转换器,以达到 pH 数字显示目的。仪器结构示意图如图 2-11 所示。

1. 使用前的准备。把复合电极插头插在仪器的电极插座上,电极下端玻璃球泡较薄,避免将其碰坏。

2. 开启电源,预热 20 min。

3. 定位

1) 根据缓冲溶液温度,将温度补偿器置于相应位置,按下分挡开关置于 pH 位置。

2) 当电极的转换系数已知时,可将斜率补偿直接置于相应位置。使用与被测溶液 pH 相近的标准溶液一次定位后即可进行测量。

3) 在电极插入溶液后,要得到稳定读数,总有一段滞后时间。电极在建立充分平衡后,才能得到稳定读数,平衡时间因各支电极的性能而异。

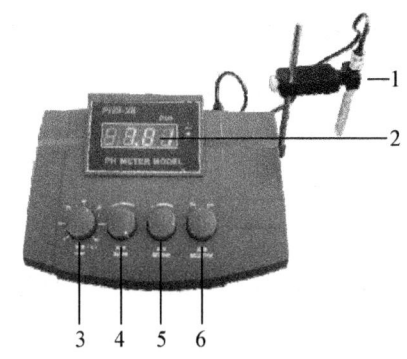

图 2-11 pHs-25 型酸度计

1. 复合电极;2. 液晶数字显示屏;
3. 温度补偿;4. 斜率补偿;5. 定位调节;6. pH—mV 分挡开关

4. 未知溶液 pH 的测定方法

1) 经过定位的仪器即可用来测定未知液的 pH。测定时须将温度补偿器调到被测液温度的相应位置。

2) 用蒸馏水清洗电极并用滤纸将水滴吸干。然后将电极插入被测溶液,仪器所显示的稳定读数即为该溶液的 pH。

【注意事项】

1) 电极在测量前必须用标准缓冲溶液进行定位校准,为取得更正确的结果,标准缓冲溶液的 pH 要可靠,而且其 pH 愈接近被测溶液愈好。

2) 电极取下保护帽后应注意,在保护栅内的敏感玻璃泡不可与硬物接触,任何破损和擦毛都会使电极失效。

3) 测量完毕,不用时应将电极保护帽套上,帽内应放少量补充液,以保持电极球泡的湿润。

4) 复合电极的内参比补充液为 3 mol·L^{-1} 氯化钾溶液,补充液可以从上端小孔加入。

5) 电极的引出端,必须保持清洁和干燥,绝对防止输出两端短路,否则将导致测量结果失准或失效。

6) 电极应与输入阻抗较高的酸度计($\geqslant 10^{12}$ Ω)配套,能使其保持良好的特性。

7) 应避免电极长期浸在蒸馏水、蛋白质溶液和酸性氟化物溶液中,并防止和有机硅油脂接触。

8) 电极经长期使用后,如发现梯度略有降低,则可把电极下端浸泡在 4% HF(氢氟酸)中 3~5 s,用蒸馏水洗净,然后在氯化钾溶液中浸泡,使之复新。

(肖 湘 周 勉)

(三) 电导率仪

电导率仪是实验室用来测量液体或溶液电导率的仪器,所使用的电导电极有光亮铂电极和铂黑电极,光亮铂电极适用于低周测量,铂黑电极适用于高周测量。

【测量原理】

在电解质溶液中,带电离子在电场的作用下,产生移动而传递电荷,因此具有导电作用。其导电能力的强弱称为电导 L,单位是西门子,以符号 S 表示。由于电导是电阻的倒数,因此测量电导大小,可用两个电极插入溶液中,测出两极间的电阻 R 即可。据

欧姆定律,温度一定时,电阻 R 与电极的间距 $l(m)$ 成正比,与电极的横截面积 $A(m^2)$ 成反比。即

$$R = \rho \frac{l}{A} \tag{2-7}$$

对于一个给定的电极而言,电极面积 A 与间距 l 都是固定不变的,故 $\frac{l}{A}$ 是个常数,称电极常数,以 K 表示,故式(2-7)写成

$$L = \frac{1}{R} = \frac{1}{\rho K} \tag{2-8}$$

$\frac{1}{\rho}$ 称电导率,以 L_0 表示,由式(2-8)知其单位是 $S \cdot m^{-1}$。因此,式(2-8)变为

$$L = \frac{L_0}{K} \quad L_0 = KL \tag{2-9}$$

在实际应用中因这个单位太大而通常采用 $\mu S \cdot cm^{-1}$ 或 $mS \cdot cm^{-1}$ 作为单位。

对电解质溶液而言,它的电导不仅与温度有关,还与溶液的浓度有关。因此,通常用摩尔电导这个量值来衡量电解质溶液的导电能力。

溶液的摩尔电导是指把含有 1 mol 的电解质溶液置于相距为 1 m 的两个电极之间的电导,常用 Λ 表示。若摩尔浓度 $c = 1 \text{ mol} \cdot L^{-1}$,则含有 1 mol 电解质溶液的体积为 1L 或 10^{-3} m^3;若摩尔浓度 $c = 2 \text{ mol} \cdot L^{-1}$,则含有 1 mol 电解质溶液的体积为 1/2 L 或 $1/2 \times 10^{-3} \text{ m}^3$;若摩尔浓度为 $c \text{ mol} \cdot L^{-1}$,则含有 1 mol 电解质溶液的体积为 $1/c$ L 或 $1/c \times 10^{-3} \text{ m}^3$。此时

$$\Lambda = L_0(S \cdot m^{-1}) \times V(m^3 \cdot mol^{-1}) \tag{2-10}$$

即

$$\Lambda = L_0 \times \frac{10^{-3}}{c} \tag{2-11}$$

式中,Λ——电解质溶液的摩尔电导($S \cdot m^2 \cdot mol^{-1}$);

V——1 mol 电解质溶液所占的体积($m^3 \cdot mol^{-1}$);

L_0——电解质溶液的电导率($S \cdot m^{-1}$);

c——电解质的摩尔浓度($mol \cdot L^{-1}$)。

根据电离学说,弱电解质的解离度 α 随溶液的稀释而增大,当溶液无限稀释时,弱电解质全部电离,$\alpha \to 1$。在一定的浓度下,溶液的摩尔电导与离子的真实浓度成正比,因而也与解离度 α 成正比,所以弱电解质的解离度 α 应等于溶液在浓度 c 时的摩尔电导(Λ)和溶液在无限稀释时的摩尔电导(称为极限摩尔电导,常用 Λ_0 表示)之比,即

$$\alpha = \frac{\Lambda}{\Lambda_0} \tag{2-12}$$

将式(2-12)代入 $K_a = \frac{c\alpha^2}{1-\alpha}$ 得:

$$K_a = \frac{c\Lambda^2}{\Lambda_0(\Lambda_0 - \Lambda)} \tag{2-13}$$

K_a 值即可通过式(2-13)由实验测得。

精密的电阻测量通常采用电桥法。其精度一般可达 0.000 1 Ω 以上。图 2-12 是常用的交流平衡电桥的示意图,其中 R_x 为电导池两电极间的电阻,R_1、R_2、R_3 在精密测量中均为交流电阻箱(或高频电阻箱)。显然,当电桥被调整到平衡点时,桥路中电阻应符合下列关系

$$\frac{R_1}{R_x} = \frac{R_2}{R_3} \quad (2-14)$$

严格地说,交流电桥的平衡,应该是四个臂上阻抗的平衡,对交流电来说,电导池的两个电极相当于一个电容器。因此须在 R_1 并联一个可变电容器 C,以实现阻抗平衡。在交流平衡电桥中,D 为示零器,S_c 为音频振荡器电源。

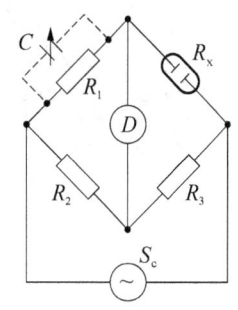

图 2-12 常用交流电桥电路图

由式(2-14)可求得溶液的电导 L

$$L = \frac{1}{R_x} = \frac{R_2}{R_1 \cdot R_3} \quad (2-15)$$

L 值必须换算成电导率(L_0)才能通过式(2-11)求得摩尔电导(Λ)。由式(2-9)可知

$$L_0 = \frac{l}{A} L = KL \quad (2-16)$$

为了防止极化,通常将铂电极镀上一层铂黑。因此,电极的真实面积 A 无法直接测量,通常将已知电导率的电解质溶液(如在 25℃时,0.010 00 mol·L^{-1} 标准 KCl 溶液的电导率 $L_0 = 0.141 06$ S·m^{-1})注入电导池中,然后测定其电导 L,即可根据式(2-16)算得该电导池常数 K(m^{-1})。

当电导池常数 K 确定后,就可用该电导池测定某一浓度 c 的弱电解质溶液的电导 L,再用式(2-16)算出 L_0,如 c 为已知,则将 c、L_0 值代入式(2-11)算得该浓度下弱电解质溶液的摩尔电导(Λ)。因此,只要知道无限稀释时弱电解质溶液的极限摩尔电导(Λ_0),就可以应用式(2-13)算得弱电解质的解离平衡常数 K_a。

现在实验室中常用电导率仪测定溶液的电导率,省去了繁琐的计算过程,可以直接从仪器的显示屏上读出溶液的电导率。

在这里 Λ_0 的确定是一个重要问题,对于强电解质溶液,可测定其在不同浓度下的摩尔电导再外推而求得。但对于弱电解质溶液则不能用外推法,通常是将该弱电解质正、负两种离子的摩尔电导加和计算而得:$\Lambda_0 = \Lambda_0^+ + \Lambda_0^-$。

【使用方法】

以 DDS-11A 型电导率仪为例简单介绍其使用方法,仪器外形结构见图 2-13。

1. 插接电源线,打开电源开关,并预热 10 min。

2. 用温度计测出被测液的温度后,将"温度"钮置于相应位置上。根据所测溶液电导率数值的大小,选择适当的量程。

3. 电导池常数的测定

1) 用标准 KCl 溶液润洗电导池及铂电极,在电导池中装入标准 KCl 溶液,将铂电极浸入溶液,使液面超过电极 1~2 cm,电极插头插入电极插座。

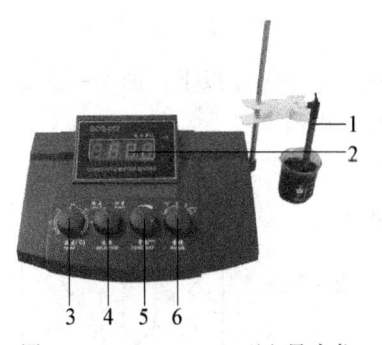

图 2-13　DDS-11A 型电导率仪
1. 电导电极；2. 液晶数字显示屏；
3. 温度选择旋钮；4. "校正-测量"
开关；5. 常数旋钮；6. 量程选择

2)"校正-测量"开关扳向"测量",调节"常数"旋钮显示当前温度下标准 KCl 电导率。

3)打回"校正"挡,所显示数字为实际测得电导池常数。"常数"旋钮在后面的任何测定中都不能再调动。

4)取出电极,将电导池中的溶液倒掉,用蒸馏水把电导池和铂电极冲洗干净后备用。

4. 待测液的测定

用待测溶液润洗电导池和铂电极,装好溶液,插入电极,接通被测溶液,打"测量"挡,稳定后显示数字即为该溶液电导率。

5. 电导率的单位换算

如屏幕显示读数 0.400,量程旋钮位于"2 mS·cm^{-1}"处。则电导率应为:

$$0.400(mS·cm^{-1}) = 0.400 \times 10^{-3}(S·cm^{-1}) = 0.0400(S·m^{-1})$$

【注意事项】

1)防止湿气、腐蚀性气体进入机内。电极的引线及插座应保持干燥,否则将影响测量结果。

2)电导池必须清洁,无其他离子沾污。

3)使用电极时要特别小心,以免打破。

4)"常数"旋钮已定好后就不能再移动。如不小心移动了旋钮,应重新按照测定"电导池常数"的程序确定其位置。

5)如果显示屏首位为"1",后三位数字熄灭,表明被测值超出量程范围,可扳在高一挡量程来测量。如读数很小,为提高测量精度,可扳在低一挡的量程挡。注意:在测量过程中每切换量程一次都必须校准一次,否则会造成测量误差。

6)铂电极用后,放在蒸馏水中浸泡,以免干燥后难以洗除被铂黑所吸附的杂质,并且避免干燥的电极浸入溶液时,表面不易完全浸润,产生小气泡,使表面发生改变,影响测量结果。

（肖　湘　周　勉）

(四) 电泳仪

【基本原理】

所谓电泳,是指带电粒子在电场中的运动,不同物质由于所带电荷及分子量的不同,因此在电场中运动速度不同,根据这一特征,应用电泳法便可以对不同物质进行定性或定量分析,或将一定混合物进行组分分析或单个组分提取制备,这在临床检验或实验研究中具有极其重要的意义。电泳仪正是基于上述原理设计制造的。以 DYJ 系列电泳仪为例,DYJ 电泳仪是通过界面移动法来测定溶胶粒子在电场作用下,发生定向运动,通过测定胶粒的电泳速度可计算出 ξ 电位。

【仪器结构】

仪器主要装置包括高压稳压电源、U 形电泳玻璃仪、铂电极等,其中 WYJ-G 型高压稳压电源如图 2-14 所示。

【使用方法】

1）用洗液和蒸馏水把 U 形电泳仪洗干净，然后取出活塞，烘干。在活塞上涂凡士林。

2）拧紧 U 形电泳仪下端的活塞，用滴管顺着侧管管壁加入已纯化好的溶胶（注意：若发现有气泡逸出，可慢慢旋开活塞放出气泡，但切勿使溶胶流过活塞，气泡放出后立即关闭活塞）。再从 U 形电泳仪的上口加入适量的辅助液（注意：辅助液要适量，过多会影响电泳距离的测量，过少则会使溶胶与电极相接触），将两电极分别插入 U 形电泳仪的辅助液中。

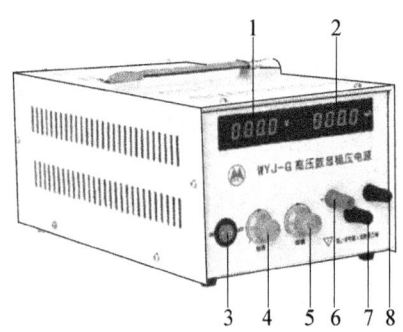

图 2-14　WYJ-G 型高压稳压电源

1. 电压显示窗口；2. 电流显示窗口；3. 电源开关；4. 粗调旋钮；5. 细调旋钮；6. 正极接线柱；7. 接地接线柱；8. 负极接线柱

3）缓慢打开活塞（动作过大会搅混液面），使溶胶慢慢上升至适当高度，关闭活塞并记录液面的高度。

4）将高压稳压电源的粗、细调节旋钮逆时针旋到底。

5）按"＋"、"－"极性将输出线与负载相接，输出线枪式迭插座插入铂电极枪式迭插座尾。

6）按示意图接好线路，开启电源，将电压调节在 50 V。同时开始计时，一定时间后观察记录溶胶泳动方向及界面高度，计算界面差，测出两极间距离。

7）实验结束后，先将高压稳压电源的粗调旋钮逆时针旋到底，再将细调旋钮逆时针旋到底。注意粗调旋钮的调节速度不应过快。

8）关断电源，断开高压稳压电源的负载。

【注意事项】

1）高压危险，在使用过程中，必须接好负载后再打开电源。

2）在调节粗调旋钮时，一定要等电压、电流稳定后，再调节下一挡。

3）输出线插入接线柱应牢固、可靠，不得有松动，以免高压打火。

4）在调节过程中，若电压、电流不变化，是由于保护电路工作，形成死机，此时应关闭电源再重新按步骤操作。

5）不得将两输出线短接。

6）若负载需接地，可将负载接地线与仪器面板黑接线柱（⏊）相连。

（肖　湘　周　勉）

（五）凝固点测定仪

凝固点测定仪是专门用来测定液体化合物或溶液凝固点的仪器。包括冰点仪及温度温差仪两部分，以 SWC-LG 型冰点仪和 SWC-II$_D$ 精密数字温度温差仪为例介绍凝固点测定仪的结构和使用。

【仪器结构】

凝固点测定仪的结构如图 2-15 所示。

数字温度温差仪功能键简介：

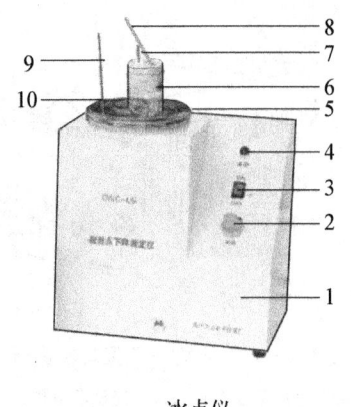
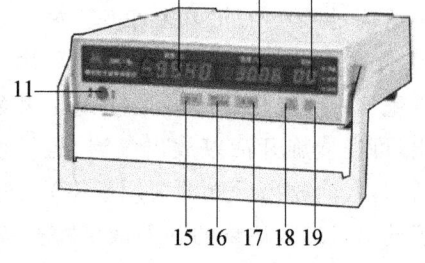

冰点仪　　　　　　　　　　　温度温差仪

图 2-15　凝固点测定仪

1. 机箱；2. 调速旋钮；3. 电源开关；4. 电源指示灯；5. 冰浴槽(保温筒)；6. 凝固点测定管；7. 温度传感器；8. 手动搅拌器(样品)；9. 手动搅拌器；10. 空气套管；11. 电源开关；12. 温差显示屏；13. 温度显示屏；14. 定时显示屏；15. 锁定键；16. 测量-保持键；17. 采零键；18. 增时键；19. 减时键

定时窗口——显示设定的读数时间间隔。

测量指示灯——灯亮表明仪表处于测量工作状态。

保持指示灯——灯亮表明仪表处于读数保持状态。

锁定键及锁定指示灯——锁定选择的基温。按下此键，基温自动选择和"采零"都不起作用，直至重新开机。灯亮表明仪表处于基温锁定状态。

测量/保持键——记录读数时，可按下该键，使仪器处于保持状态(此时，"保持"指示灯亮)。读数完毕，再按下该键，即可转换到"测量"状态，进行跟踪测量。

采零键——用以消除仪表当时的温差值，使温差显示窗口显示"0.000"。

增时键、减时键——按下增、减键，设定所需的报时间隔(应大于 5 s，定时读数才会起作用)。设定完后，定时显示将进行倒计时，当一个计数周期完毕时，蜂鸣器鸣叫且读数保持约 2 s，"保持"指示灯亮，此时可观察和记录数据。消除报警，只需将定时读数设置小于 5 s 即可。

【使用方法】

1) 将传感器插头插入温度温差仪后面板上的传感器接口(槽口对准)。将电源接入温度温差仪后面板上的电源插座，打开电源开关，数码管显示实测温度。

2) 在冰浴槽中加入碎冰、自来水和食盐，并用冰浴槽中的手动搅拌器搅拌，将冰浴槽温度调至使其低于蒸馏水凝固点温度 2~3℃，停止搅拌，将空气套管放入左端口。将电源接入冰点仪后面板上的电源插座。打开电源开关电源指示灯亮。

3) 准确移取 25.00 mL 蒸馏水放入洗净烘干的凝固点测定管中，并放入搅拌子。将温度传感器插入橡胶塞中，然后将橡胶塞塞入凝固点测定管，一定要塞紧。(注意：传感器插入凝固点测定管时应在与管壁平行的中央位置，插入深度以温度传感器顶端离搅拌子以上 5 mm 为佳)

4) 将凝固点测定管插入冰浴槽右边端口中，调节调速旋钮至适当的位置，观察温度温差仪上的温度显示值，直至温度显示值稳定不变，此即为纯溶剂样品初测凝固点。

5）取出凝固点测定管，用掌心握住加热，待凝固点测定管内结冰完全融化后，将凝固点测定管插入冰浴槽右边端口中。当温差降至高于初测凝固点 0.7℃时，迅速将凝固点测定管取出，擦干，插入空气套管中，调节调速旋钮缓慢搅拌使温度均匀下降。当温度低于初测凝固点时，及时调整调速旋钮，加速搅拌，使固体析出，温度开始上升时，调整调速旋钮，继续缓慢搅拌。直至温度回升到不再变化，持续 60 s，此时显示值即为蒸馏水（纯溶剂）的凝固点。

6）重复步骤 5 再做两次。

7）溶液凝固点的测定。做完纯溶剂凝固点测定后，取出凝固点测定管，使管中冰完全融化后放入已准确称量的溶质，待其完全溶解后，重复步骤 4，先初测溶液的凝固点，再重复步骤 5，做三次。

（肖　湘　周　勉）

（六）分光光度计

分光光度法是利用物质所特有的吸收光谱来鉴别物质或测定其含量的分析检测技术，广泛应用于化学、生物及医学等领域，如对糖、蛋白质、核酸、酶等的快速定量检测。该方法所用到的分光光度计就是利用物质对单色光的选择性吸收来对物质进行定性和定量分析。

【基本原理】

当一束单色光通过均匀的溶液时，光的一部分被吸收，一部分透过溶液。如果入射光的强度为 I_0，透过光的强度为 I_t，则 I_t 与 I_0 的比值称为透光率，用 T 表示，T 的负对数称为吸光度，用 A 表示。

$$T = \frac{I_t}{I_0} \tag{2-17}$$

$$A = -\lg T = \lg \frac{I_0}{I_t} \tag{2-18}$$

根据 Lambert-Beer 定律，吸光度 A 与溶液浓度 c 和液层厚度 b 之间的关系为

$$A = \varepsilon b c \tag{2-19}$$

式中，ε 为摩尔吸光系数。当入射光波长、吸光系数和液层厚度不变时，吸光度 A 只随溶液浓度的变化而变化。因此把透过溶液的光经过测光系统中的光电转换器，将光能转变为电能，就可以在测光系统的指示器上显示出相应的吸光度。

使不同波长的单色光分别透过某一有色溶液，并测定其不同波长时的吸光度 A，以波长为横坐标，吸光度为纵坐标，即可绘出一条吸收曲线。不同物质的吸收曲线各不相同，用已知纯物质的吸收曲线和样品的吸收曲线相对照，即可推测出样品。另一方面，测定一系列不同浓度的某一纯物质溶液的吸光度，可绘出吸光度-浓度的工作曲线，再测得含有该物质的溶液的吸光度后，即可确定其物质含量。

按工作波长范围分类，分光光度计可分为红外分光光度计（测定波长范围大于 760 nm）、可见分光光度计（测定波长范围为 400～760 nm）和紫外分光光度计（测定波长范围为 200～400 nm）。可见，紫外分光光度计主要应用于无机物和有机物含量的测定，红外分光

光度计主要用于结构分析。下面分别介绍721E可见分光光度计和TU1901紫外可见分光光度计的使用方法。

1. 721E可见分光光度计

【仪器构造】

721E可见分光光度计的内部结构主要由光源、单色光器、光量调节器、样品室、光电管暗盒等组成。测定波长范围为340~1 000 nm。外形结构如图2-16所示。

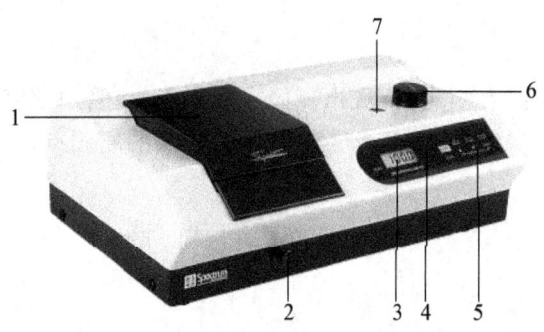

图2-16 721E可见分光光度计外形结构图

1. 样品室；2. 比色皿拉杆架；3. 液晶数字显示屏；4. 测试方式显示灯；5. 操作面板；6. 波长调节；7. 波长观察窗

【使用方法】

1) 打开电源开关,使仪器预热20 min。

2) 打开样品室盖,将分别盛有参比溶液和样品溶液的比色皿插入比色皿槽中,盖上样品室盖。

3) 用"波长设置"旋钮将波长设置在分析波长位置上。

4) 拉动拉杆,将"调零透射比"位置置于光路中。

5) 按"0％T"键调透射比为零(在T方式下)。

6) 拉动拉杆,将参比溶液置于光路中,按"100％T"调100％透射比。

7) 按"方式键"(MODE)将测试方式设置为吸光度方式。

8) 将样品溶液推入光路中,显示器所显示的即是样品的吸光度值。

【注意事项】

1) 在接通电源前应检查仪器是否接地,是否放在干燥平稳的工作台上。

2) 往比色皿中装溶液时,必须用该溶液润洗3~4次,以保证溶液浓度不发生变化。

3) 保护比色皿的透光面。拿取比色皿只能双指捏住毛玻璃面;装入溶液后要用吸水纸吸干外壁水珠后方能放进比色皿架中,使用完毕应洗干净(不能用碱或强氧化剂洗涤)。

4) 不得将溶液洒落在暗箱内,若洒落应立即擦拭干净,以免腐蚀仪器。

5) 改变波长,必须再次调透射比为零。

6) 仪器使用完后应在暗箱内放置干燥剂袋,并用仪器罩罩住整台仪器。

2. TU1901紫外可见分光光度计

【仪器构造】

TU1901紫外可见分光光度计(图2-17)是双光束带有数字显示的仪器,测定波长范围为190~900 nm,并配有专用微机,用于编制操作程序、数据处理和光谱测量等功能。仪器主要分两部分：分光光度计主机和微机操作打印系统。

【使用方法】

1) 首先打开计算机的电源开关,进入Windows操作环境。确

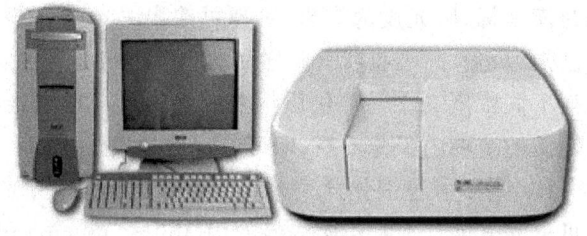

图2-17 TU1901紫外可见分光光度计

认样品室中无挡光物,打开主机电源开关,进入紫外控制程序,出现初始化工作画面,计算机将对仪器进行自检并初始化,仪器预热 15～30 min。

2)为了保证仪器在整个波段范围内基线的平直度及光度准确度,每次测量前需进行基线校正或自动校零。

3)当样品侧插入黑挡块时,透过率应为 0,如有误差需进行暗电流校正。选择扫描参数的波长范围为所用波长,插入黑挡块后进行暗电流校正并存储数据。

4)仪器有 4 个工作模式,分别为:

光谱测量——测量样品的光谱曲线,对应"应用"菜单的"光谱测量"项;

光度测量——测量样品相应波长的光度值,对应"应用"菜单的"光度测量"项;

定量测定——测量并计算样品的浓度,对应"应用"菜单的"定量测定"项;

时间扫描——记录样品相应波长吸光度或透光率的时间变化曲线,对应"应用"菜单的"时间扫描"项。

5)将测量数据存盘,退出应用程序。

6)先关闭仪器主机电源,正确退出 Windows 并关闭计算机电源,最后关闭其他设备电源。

(肖 湘 周 勉)

(七)荧光光度计

荧光光度计(图 2-18)是用于扫描荧光标记物所发出的荧光光谱的一种仪器,它能提供激发光谱、发射光谱、荧光强度、量子产率、荧光寿命、荧光偏振等许多物理参数。通过对这些参数的测定,便可以实现对某些物质的定性定量分析。荧光分光光度计的激发波长扫描范围一般是 190～650 nm,发射波长扫描范围是 200～800 nm。

荧光光谱法具有灵敏度高、选择性强、用样量少、方法简便、工作曲线线形范围宽等优点,可以广泛应用于生命科学、医学、药学、有机和无机化学等领域。

图 2-18 LS-55 型荧光光度计

【基本原理】

物质的基态分子受一激发光源的照射,被激发至激发态后,在返回基态时,可以产生波长与入射相同或更长的荧光。通过测定物质分子产生的荧光光谱或强度进行分析的方法称为荧光分析。荧光分析可应用于物质的定性及定量,由于物质结构不同,所能吸收的紫外光波长不同,在返回基态时,所发射的荧光波长也不同,利用这个性质可以定性鉴别物质。对于同种物质,其产生的荧光强度在一定范围内与该物质的浓度呈线性关系,利用这个性质可进行定量分析。

荧光法的主要特点是灵敏度高,检出限为 10^{-7}～10^{-9} g·mL^{-1},比紫外可见分光光度法高 10～10^3 倍。荧光法的选择性强,能吸收光的物质并不一定产生荧光,且不同物质由于结构不同,虽吸收同一波长的光,产生的荧光波长也不同。此外,还有用样量少、操作简便等优点。荧光法的缺点是,由于许多物质不发射荧光,因此,其应用范围有限。

【仪器基本结构】

由高压汞灯或氙灯发出的紫外光和蓝紫光经滤光片照射到样品池中,激发样品中的荧光物质发出荧光,荧光经过滤过和反射后,被光电倍增管所接受,然后以图或数字的形式显示出来。基本结构和原理如图 2-19 所示,光源与检测器成直角方式安排。

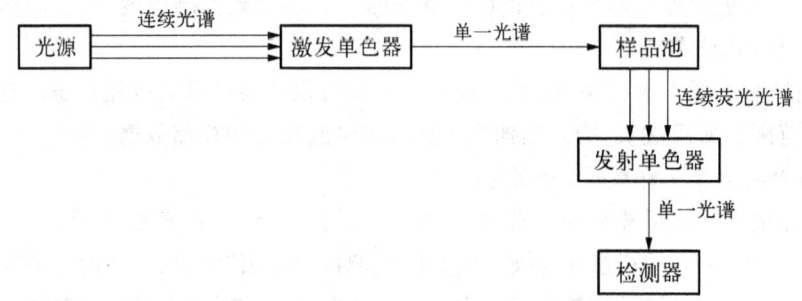

图 2-19　荧光光度计基本结构和原理

1. 光源

为高压汞蒸气灯或氙弧灯,后者能发射出强度较大的连续光谱,且在 300~400 nm 范围内强度几乎相等,故较常用。

2. 激发单色器

置于光源和样品池之间的装置为激发单色器或第一单色器,其作用是筛选出特定的激发光谱。

3. 发射单色器

置于样品池和检测器之间的装置为发射单色器或第二单色器,常采用光栅,筛选出特定的发射光谱。

4. 样品池

通常由石英池(液体样品用)或固体样品架(粉末或片状样品)组成。测量液体时,光源与检测器成直角安排;测量固体时,光源与检测器成锐角安排。

5. 检测器

一般用光电管或光电倍增管作检测器,可将光信号放大并转为电信号。

【操作步骤】

现以 LS-55 型荧光光度计为例,简述仪器的操作步骤,型号不同则步骤略有不同,具体参见相应仪器的使用说明。

1. 打开仪器、电脑及相应软件;

2. 在红色的"Luminescence Mode"中选"fluor(荧光)",即可选定荧光测定模式。通过点击右上角的红色数字"1(氙灯开)"或"0(氙灯关)",即可控制光源的开关;

3. 设定仪器参数,包括激发光和发射光的起止波长、狭缝宽度等;

4. 扫描。扫描有三种方式,分别为:① 预扫描,用以找出未知样品的最适宜激发波长;② 单个单色器扫描,可单独进行激发光或发射光的光谱扫描;③ 同步扫描,两个单色器以一定的波长间距同步转动进行扫描,同步扫描又可分为"固定波长差"和"固定能量差"两种形式。

5. 其他模式。该仪器提供了几种检测模式,可根据不同情况进行选择。① 时间驱动模式,可在固定波长上记录一定时间内的样品荧光强度变化;② 强度/浓度模式,可给出荧光强度与被测物质浓度间的关系;③ 波长编程扫描模式,可在一系列不同的激发和发射波长下来测定样品的荧光强度。

6. 测定完毕后,关闭应用软件、仪器及电脑。

(武丽萍)

(八) 折光仪

折光率是有机化合物最重要的物理常数之一,它能精确而方便地测定出来。作为液体物质纯度的标准,它比沸点更为可靠。通过折光率的测量,可以测定溶液的组成、判断有机化合物的纯度及鉴定未知化合物等。测定液体化合物折光率常使用阿贝折光仪。

【基本原理】

光在不同介质中的传播速度是不同的,当光从一个介质射入另一个介质,它的传播方向与两个介质的界面不垂直时,光在界面处的传播方向会发生改变,这种现象称为光的折射。根据折射定律,温度一定时,波长一定的单色光,从介质 A 进入介质 B 时,如图 2-20 所示,入射角 α 和折射角 β 的正弦之比与这两个介质的折光率 N(介质 A 的)与 n(介质 B 的)成反比,即

$$\frac{\sin\alpha}{\sin\beta} = \frac{n}{N} \qquad (2-20)$$

若介质 A 是真空,则定其 $N=1$,于是

$$n = \frac{\sin\alpha}{\sin\beta} \qquad (2-21)$$

所以一个介质的折光率,就是光线从真空进入这个介质时的入射角和折射角的正弦之比。这种折光率称为该介质的绝对折光率。通常测定的折光率,都是以空气作为比较的标准。

物质的折光率不但与它的结构和光线波长有关,而且也受温度、压力等因素的影响。所以折光率的表示须注明所用的光线和测定时的温度,常用 n_D^t 表示。D 是以钠灯的 D 线(2 893 Å)作光源,t 是与折光率相对应的温度。例如 n_D^{20} 表示 20℃时,该介质对钠灯 D 线的折光率。由于通常

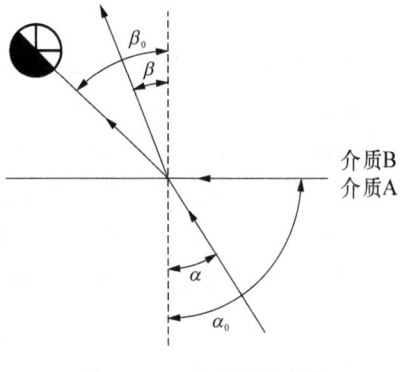

图 2-20 光的折射现象

大气压的变化对折光率的影响不显著,所以只在很精密的工作中,才考虑压力的影响。

一般地说,当温度增高 1℃ 时,液体有机化合物的折光率就减小 $3.5\times10^{-4}\sim5.5\times10^{-4}$。某些液体,特别是测折光率的温度与其沸点相近时,其温度系数可达 7×10^{-4}。在实际工作中,往往把某一温度下测定的折光率换算成另一温度下的折光率。为了便于计算,一般采用 4×10^{-4} 为温度变化常数。这个粗略计算,所得的数值可能略有误差,但却有参考价值。

【基本构造】

由图 2-20 可知。当光由介质 A 进入介质 B,如果介质 A 对于介质 B 是疏物质,即

$n_A < n_B$,则折射角 β 必小于入射角 α,当入射角 α 为 $90°$ 时,$\sin\alpha = 1$,这时折射角达到最大值,称为临界角,用 β_0 表示。很明显,在一定波长与一定条件下,β_0 也是一个常数,它与折光率的关系是:

$$n = 1/\sin\beta_0 \qquad (2-22)$$

可见通过测定临界角 β_0,就可以得到折光率,这就是通常所用阿贝折光仪的基本光学原理。阿贝折光仪的结构见图 2-21。

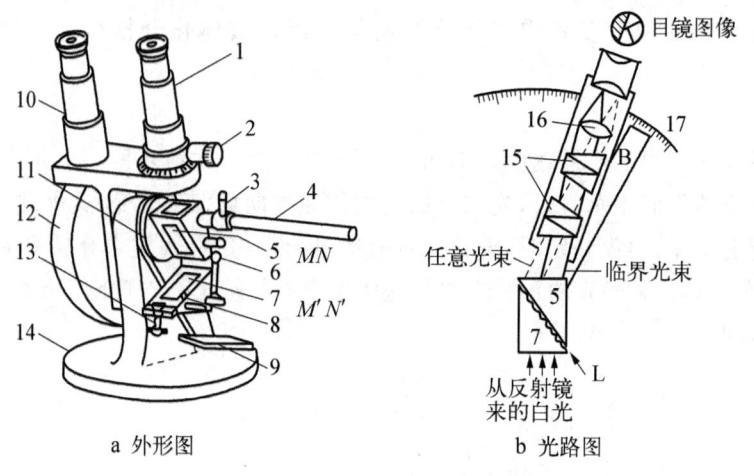

a 外形图　　　　b 光路图

图 2-21　阿贝折光仪的外形图和光路图

1. 测量目镜;2. 消色补偿器;3. 循环恒温水接头;4. 温度计;5. 测量棱镜;6. 铰链;7. 辅助棱镜;8. 加样品孔;9. 反光镜;10. 读数目镜;11. 转轴;12. 刻度盘罩;13. 折射棱镜锁紧扳手;14. 底座;15. 消色散棱镜;16. 目镜;17. 刻度盘

为了测定 β_0 值,阿贝折光仪采用了"半明半暗"的方法,就是让单光由 $0\sim90°$ 的所有角度从介质 A 射入介质 B,这时介质 B 中临界角以内的整个区域均有光线通过,因而是明亮的;而临界角以外的全部区域没有光线通过,因而是暗的,明暗两区域的界线十分清楚。如果在介质 B 的上方用一目镜观测,就可看见一个界线十分清晰的半明半暗的像。

介质不同,临界角也就不同,目镜中明暗两区的界线位置也不一样。如果在目镜中刻上一"十"字交叉线,改变介质 B 与目镜的相对位置,使每次明暗两区的界线总是与"十"字交叉线的交点重合,通过测定其相对位置(角度),并经换算,便可得到折光率。而阿贝折光仪的标尺上所刻的读数即是换算后的折光率,故可直接读出(如图 2-22)。同时阿贝折光仪有消色散装置,故可直接使用日光,其测得的数字与钠光线所测得的一样。这些都是阿贝折光仪的优点所在。

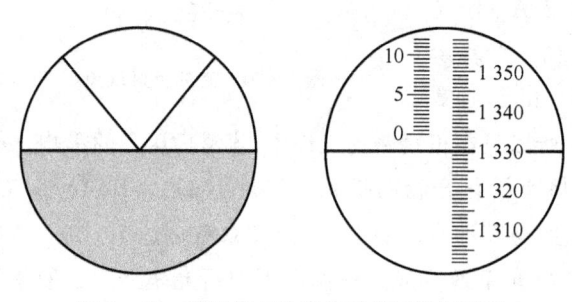

图 2-22　折射仪在临界角时的目镜视野图

【使用方法】

将折光仪与恒温槽相连接,装好温度计,恒定在所需温度下。打开棱镜,上下镜面分别用沾有少量丙酮(或乙醇、乙醚)的擦镜纸擦拭干净,晾干。

1. 读数的校正

为保证测定时仪器的准确性,对折射仪读数要进行校正。方法是将2~3滴蒸馏水滴在磨砂棱镜面上,合上两棱镜,调节反光镜使两镜筒内视场明亮。旋转棱镜转动手轮,使在目镜中观察到明暗分界线。转动消色补偿器,使明暗界线清晰。再转动棱镜使界线恰好通过十字交叉点。记录读数与温度,重复两次。将测得蒸馏水的平均折射率与纯水的标准值比较,可求得仪器的校正值。

2. 样品的测量

1）将2~3滴待测液体滴在已洗净、晾干的磨砂玻璃棱镜面上,合上两棱镜使液体均匀无气泡。若测定易挥发样品,可用滴管将待测液从加样品孔处滴入。

2）调节反光镜,使两镜筒视场明亮。

3）旋转棱镜转动手轮,使在目镜中观察到明暗分界线。若出现色散光带,可调节消色补偿器,使明暗清晰。然后旋转棱镜转动手轮,使明暗分界线恰好通过目镜中十字交叉点,记录从镜筒中读取的折光率数值,读至小数点后第四位,同时记录温度。重复测量2~3次,取平均值,并加以校正(加上或减去仪器的校正值),即为样品的折光率。

使用折光仪应注意下列几点：

1）阿贝折光仪的量程从1.300 0至1.700 0,精密度为±0.000 1;测量时应注意保温套温度是否正确。如欲测准至±0.000 1,测温度应控制在±0.1℃范围内。

2）仪器在使用或储藏时,均不应曝于日光中,不用时应用黑布罩住。

3）折光仪的棱镜必须注意保护,不能在镜面上造成刻痕。滴加液体时,滴管的末端切不可触及棱镜。

4）在每次滴加样品前应洗净镜面;在使用完毕后,也应用丙酮或95%乙醇洗净镜面,待晾干后再关闭上棱镜。

5）对棱镜玻璃、保温套金属及其间的胶合剂有腐蚀或溶解作用的液体,均应避免使用。最后还应当指出,阿贝折光仪不能在较高温下使用;对于易挥发或易吸水样品测量有些困难;另外对样品的纯度要求也较高。

（肖　湘　周　勉）

（九）旋光仪

旋光度是指光学活性物质使偏振光的振动平面旋转的角度。旋光度的测定对于研究具有光学活性分子的构型及确定某些反应机理具有重要的作用。在给定的实验条件下,将测得的旋光度通过换算,即可得知光学活性物质特征的物理常数比旋光度,后者对鉴定旋光性化合物是不可缺少的,并且可计算出旋光性化合物的光学纯度。

目前所使用的旋光仪主要有目视旋光仪和自动旋光仪两种。

1. 目视旋光仪

【基本原理】

从有机化学有关立体化学的学习中我们已经得知,化合物可以分为两类：一类能使偏光振动平面旋转一定的角度,即有旋光性,称为旋光物质或光学活性物质。另一类则没有旋光性。旋光分子具有实物与其镜像不能重叠的特点,即"手性"(chirality),大多数生物碱和生物体内大部分有机分子都是具有光活性的。

定量测定溶液或液体旋光程度的仪器称为旋光仪,其工作原理见图2-23。常用的旋光仪主要由光源、起偏镜、样品管和检偏镜几部分组成。光源为炽热的钠光灯。起偏镜是由两块光学透明的方解石黏合而成的,也称尼科尔棱镜,其作用是使自然光通过后产生所需要的平面偏振光。尼科尔棱镜的作用就像一个栅栏,普通光是在所有平面振动的电磁波,通过棱镜时只有在与棱镜晶轴平行的平面上振动的光才能通过。这种只在一个平面振动的光叫作平面偏振光,简称偏光。样品管装待测的旋光性液体或溶液,其长度有1 dm和2 dm等几种,对旋光度较小或溶液浓度较稀的样品,最好采用2 dm长的样品管。当偏光通过盛有旋光物质的样品管后,因物质的旋光性使偏光不能通过第二个棱镜(检偏镜),必须将检偏镜旋转一定角度后才能通过,因此要调节检偏镜进行观测。由装在检偏镜上的标尺盘上移动的角度,可指示出检偏镜转动角度,即为该物质在此浓度的旋光度。使偏振光平面向右旋转(顺时针方向)的旋光性物质叫作右旋体,向左旋转(反时针方向)的叫左旋体。

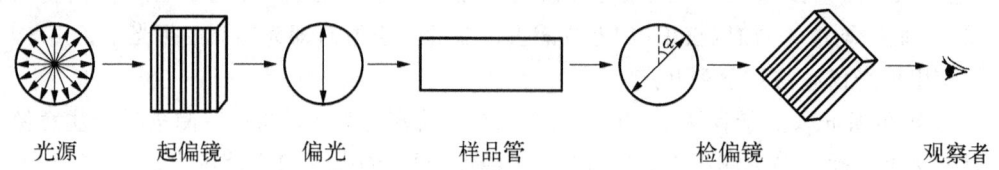

图2-23 旋光仪工作原理

物质的旋光度与测定时所用溶液的浓度、样品管长度、温度、所用光源的波长及溶剂的性质等因素有关。因此,常用比旋光度$[\alpha]_\lambda^t$来表示物质的旋光性。当光源、温度和溶剂固定时,$[\alpha]_\lambda^t$等于单位长度、单位浓度物质的旋光度(α)。像沸点、熔点一样,比旋光度是一个只与分子结构有关的表征旋光性物质的特征常数。溶液的比旋光度与旋光度的关系为:

$$[\alpha]_\lambda^t = \frac{\alpha}{c \cdot l} \tag{2-23}$$

式中,$[\alpha]_\lambda^t$——旋光性物质在t℃、光源波长为λ时的比旋光度;

α——标尺盘转动角度的读数,即旋光度;

l——旋光管的长度,单位以分米(dm)表示;

c——溶液浓度,以1 mL溶液所含溶质的质量表示。

如测定的旋光活性物质为纯液体,比旋光度可由下式求出:

$$[\alpha]_\lambda^t = \frac{\alpha}{d \cdot l} \tag{2-24}$$

式中,d——纯液体的密度($g \cdot cm^{-3}$)。

表示比旋光度时通常还需标明测定时所用的溶剂。

为了准确判断旋光度的大小,测定时通常在视野中分出三分视场(图2-24)。若检偏镜的偏振面与起偏镜偏振面平行时,可观察到图2-24a所示(当中较暗,两旁明亮);当检偏镜的偏振面与通过棱镜的光的偏振面平行时,我们通过目镜可观察到图2-24c所示(当中明亮,两旁较暗);只有当检偏镜的偏振面处于1/2(半暗角)的角度时,视场内明暗相等,如图2-24c所示,这一位置作为零度,使标尺上0°对准刻度盘0°。

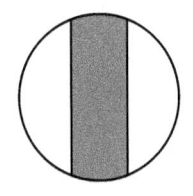 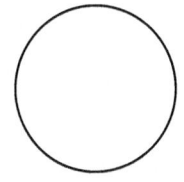 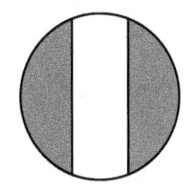

a 大于(或)小于零度视场　　　b 零度视场　　　c 小于(或)大于零度视场

图 2-24　三分视场

测定时,调节视场内明暗相等,以使观察结果准确。一般在测定时选取较小的半暗角,由于人的眼睛对弱照度的变化比较敏感,视野的照度随半暗角的减小而变弱,所以在测定中通常选几度到十几度的结果。

【使用方法】

1) 接通电源 5 min 后钠光灯发光正常,即可开始测定。

2) 校正仪器零点。即在旋光管未放进样品时和充满蒸馏水或待测样品的溶剂时,观察零度视场是否一致,如不一致说明零点有误差,应在测量读数中减去或加上这一偏差值。

3) 测试。根据需要选择长度适宜的样品管,充满待测液,旋好螺丝盖帽使之不漏水,螺帽不宜过紧,过紧使玻盖引起应力,影响读数。将旋光管拭净,放入旋光仪内。旋转刻度盘转动手轮,所得读数与零点之间的差值即为试样的旋光度。一般应测定几次,取其平均值为测定结果。测定时要准确称量 0.1～0.5 g 样品,选择适当溶剂在容量瓶中配制溶液;如因样品导致溶液不清亮时需用定性滤纸加以过滤。

4) 计算比旋光度及光学纯度。测得旋光度并换算为比旋光度后,按下式求出样品的光学纯度(op)。光学纯度的定义是:旋光性产物的比旋光度除以光学纯试样在相同条件下的比旋光度。

$$op = \frac{[\alpha]_{D\text{观测值}}^{t}}{[\alpha]_{D\text{理论值}}^{t}} \times 100\% \tag{2-25}$$

2. 自动旋光仪

自动旋光仪采用光电自动平衡原理进行旋光测量,测量结果由数字显示。具有灵敏度高、没有人差、读数方便等特点。对目视旋光仪难以分析的低旋光度样品也能适用。

【仪器结构】

自动旋光仪外形如图 2-25。

【使用方法】

1) 将仪器电源插头插入 220 V 交流电源,并将接地线可靠接地。

2) 向上打开电源开关,钠光灯在交流工作状态下起辉,经 5 min 钠光灯激活后,钠光灯才发光稳定。

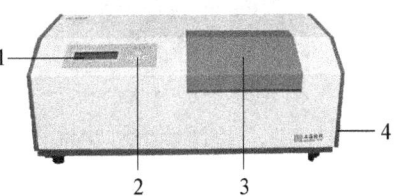

图 2-25　WZZ-2B 型自动旋光仪

1. 液晶数字显示屏;2. 操作按键;
3. 样品室;4. 电源开关和光源开关

3) 向上打开光源开关,仪器预热 20 min(若光源开关扳上后,钠光灯熄灭,则再将光源开关上下重复扳动 1 次到 2 次,使钠光灯在直流下点亮,为正常)。

4) 按"测量"键,这时液晶屏应有数字显示。注意:开机后"测量"键只需按一次,如果误按该键,则仪器停止测量,液晶屏无显示。可再次按"测量"键,液晶屏重新显示,此时需重新校零(若液晶屏已有数字显示,则不需按"测量"键)。

5) 将装有蒸馏水或其他空白溶剂的试管放入样品室,盖上箱盖,待示数稳定后,按"清零"键。

6) 取出试管。将待测样品注入试管,按相同的位置和方向放入样品室内,盖好箱盖,仪器将显示出该样品的旋光度,此时指示灯"1"点亮。

7) 按"复测"键一次,指示灯"2"点亮,表示仪器显示第一次复测结果,再次按"复测"键,指示灯"3"亮,表示仪器显示第二次复测结果。按"123"键,可切换显示各次测量的旋光度值。按"平均"键,显示平均值,指示灯"AV"点亮。

8) 如样品超过测量范围,仪器在±45°处来回振荡。此时,取出试管,仪器即自动转回零位。此时可将试液稀释一倍再测。

9) 仪器使用完毕后,应依次关闭光源、电源开关。

(肖 湘 周 勉)

(十) 微机熔点仪

【基本原理】

熔点是物质的特征常数,熔点测定是鉴别物质的一种基本手段,也是物质纯度检测的一种重要方法。因此,熔点仪(图 2-26)在化工、医药研究中具有重要地位,是生产合成有机化合物、药物、染料、香料等物质的必备仪器。

本仪器采用光电方式自动检测熔化曲线的变化。物质在固态时反射光线,在熔融状态时透射光线,因此,在熔化过程中随着温度的升高物质会产生透光度的跃变。图 2-27 是典型的熔化曲线,图中 a 点所对应的温度 T_a 称为初熔点,b 点所对应的温度 T_b 称为终熔点或全熔点,T_a 到 T_b 的温度范围称为熔程。当温度达到初熔点和终熔点时,仪器自动显示初熔温度及终熔温度。

图 2-26 WRS-2A/2 型微机熔点仪

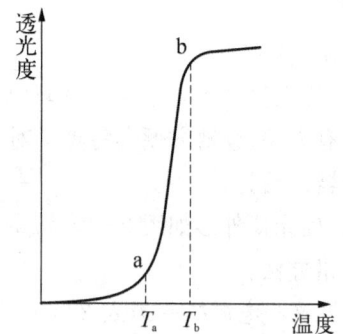

图 2-27 典型的熔化曲线

【仪器基本结构】

微机熔点仪基本结构如图 2-28 所示,主要由液晶显示屏、样品插口、复位键和操作键盘组成。

1. 液晶显示屏

可以显示的数据包括预设起始温度、当前温度、升温速度、熔化曲线、几次测量的初熔

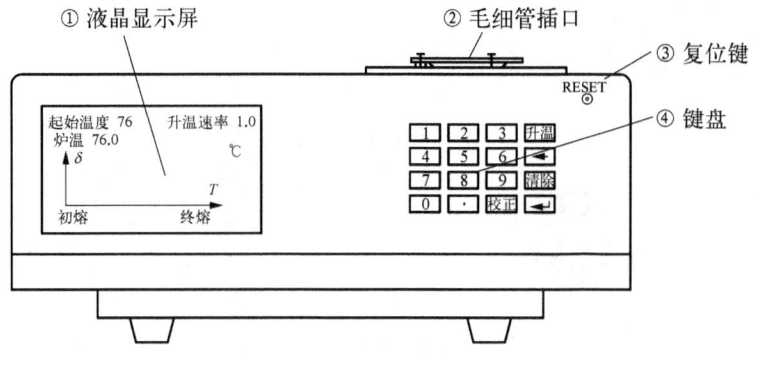

图 2-28 微机熔点仪结构图

平均温度和终熔平均温度。

2．样品插口

样品装在配套大小的毛细管中，然后将毛细管插入样品插口。

3．复位键

若仪器出现死机或需要刷新界面可以按下面板右上角的 RESET 键。

4．操作键盘

通过键盘可以设置相关参数，也可以清除已测定的曲线和对仪器温度进行校正。

【操作步骤】

现以 WRS-2A/2 型微机熔点仪为例，简述仪器的操作步骤，型号不同则步骤略有不同，具体参见相应仪器的使用说明。

1．开启电源开关，稳定 20 min。

2．光标停在"起始温度"第一位数字上，可通过键盘修改起始温度，并按"↲"键确认，若起始温度不需修改可直接按"↲"键，此时光标跳至"升温速率"第一位数字；通过键盘输入升温速率，按"↲"键确认，亦可直接按"↲"键，默认当前的升温速率。

3．当实际炉温达到预设起始温度并稳定后，可插入样品毛细管，按升温键，操作提示显示"↑"，此时仪器将按照预先设定的工作参数对样品进行测量。

4．当到达初熔点时，显示初熔温度，当到达终熔点时，显示终熔温度，同时，显示熔化曲线。

5．若需重复测量，则插入新的样品毛细管，直接按升温键进行测定，仪器可同时显示三条熔化曲线；若要清除某条曲线，可在测量结束后按"清除"键，此时，仪器显示"1 2 3 C"，按下相应的数字键即可清除该曲线。

6．若要测量另一新样品，则重新输入起始温度和升温速率，然后进行测量，原先的曲线将自动清除。

（武丽萍）

（十一）气相色谱仪

【基本原理】

在色谱中用气相作为流动相的是气相色谱（gas chromatograph，简称 GC），气相色谱

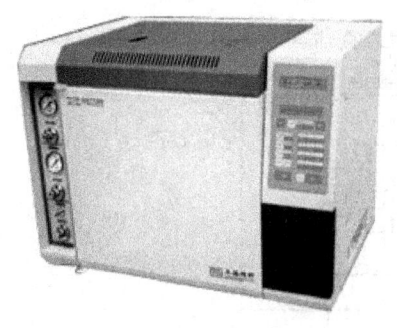

图 2-29 GC112A 型气相色谱仪

仪外观如图 2-29 所示。根据固定相的状态不同，气相色谱又可以分为气-固色谱和气-液色谱两种。气-液色谱的固定相是吸附在小颗粒固体表面的高沸点液体，通常将这种固体称为载体；而把吸附在载体表面上的高沸点液体称为固定液。由于被分析样品中各组分在固定液中溶解度不同，从而将混合物样品分离。气-固色谱的固定相是固体吸附剂如硅胶、氧化铝和分子筛等，主要利用不同组分在固定相表面吸附能力的差别而达到分离的目的。由于气-液色谱中固定液的种类繁多，因此它的应用范围比气-固色谱更为广泛。

气相色谱是近几十年来迅速发展起来的一种新技术，它已广泛地应用于石油工业、有机合成、生物化学和环境监测中，特别适用于多组分混合物的分离，具有分离效率和灵敏度高及速度快的优点。但是对于不易挥发或对热不稳定的化合物，以及具有腐蚀性物质的分离还有其局限性。

常用的气相色谱仪是由气流控制系统、温度控制系统、进样系统、色谱柱、检测器和信号记录系统等部件组成（图 2-30）。

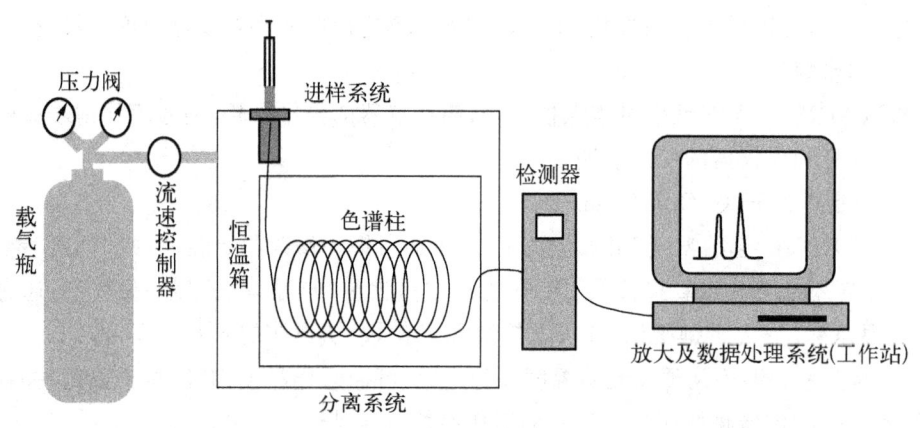

图 2-30 气相色谱流程图

在测量时先将载气调节到所需流速，把进样室、色谱柱和检测器调节到操作温度，待仪器稳定后，用微量注射器进样，瞬间汽化后的样品随载气进入色谱柱进行分离。分离后的单组分依次先后进入检测器，检测器的作用是将分离的每个组分按其浓度大小定量地转换成电信号，经放大后，在记录仪上记录下来。记录的色谱图纵坐标表示信号大小，横坐标表示时间。在相同的分析条件下，每一个组分的出峰时间都保持不变，因此可以进行定性分析；样品中每一个组分的含量与峰面积成正比，因此根据峰面积的大小就可以进行定量分析。

【仪器基本结构】

从上面的介绍中，我们可以清楚地看出，色谱柱、检测器和记录仪是气相色谱仪的主要组成部分。下面分别对色谱柱和检测器进行简单的讨论。

1. 色谱柱

最常用的色谱柱是玻璃管或金属管（内径 3～6 mm，长 1～3 m），将其弯成 U 形或螺旋形，在柱中装满表面涂有固定液的载体。另一种毛细管色谱柱，它是内径 0.5～2 mm 的玻璃毛细管，内壁涂以固定液，长度可达几十米，用于复杂样品的快速分析，一些常用毛细管色谱柱列于表 2-1。

表 2-1 气相色谱法中常用毛细管色谱柱

固定相	组 成	极性	类似品牌	应 用
SE-30 OV-1 OV-101	二甲基硅氧烷	非极性	DB-1、HP-1、CP-Sil5CB、SPB-1、007-1、Rtx-1、BP-1……	烃类、胺类、酚类、农药、PCBs、挥发油、硫化物等
SE-54 SE-52	5%苯基,1%乙烯基甲基硅氧烷	非极性	DB-5、HP-5、CPSil 8CB、SPB-5、Rtx-5、Bp-5……	药物、芳烃类、酚、酯、生物碱、卤代烃
OV-1701	7%氰甲基,7%苯基甲基硅氧烷	中等极性	DB-170、BP-10、HP-1701、CPSil 19CB、Rtx-1701、SPB-1701……	药物、农药、除草剂、TMS糖
OV-17	50%苯基甲基硅氧烷	中等极性	DB-17、HP-50、SP2250、CP-Sil 19、Rtx-50、SPB-50……	药物、农药、甾类等
PEG-20M	聚乙二醇 20M	极性	DB-WAX、HP-Wax、Carbowax SUPELCOWAX10、CPWAX52CB……	醇类、酯类、醛类、溶剂、单芳、精油等
FFAP	聚乙二醇 20M 对苯二甲酸的反应产物	极性	DB-FFAP、HP-FFAP、Nukol、SP-1000……	醇、酸、酯、醛、腈
XE-60	25%氰乙基甲基硅氧烷	中等极性		酯、硝基化合物
OV-225	25%氰乙基,25%苯基甲基硅氧烷	中等极性	DB-225、HP-225、SP-2330、SPB-225、CP-SIL43CB……	脂肪酸酯、PUFA、糖醇
OV-210	50%三氟丙基硅氧烷	极性	DB210、Rtx200……	极性化合物、有机氯化物
OV-275	10%三氟丙基硅氧烷	强极性	DB210、SP2401、Rtx200……	极性化合物

色谱柱分离效能的高低，首先在于固定液的选择。各组分在固定液中的溶解性取决于它们之间的作用力，包括氢键的作用，偶极-偶极作用或络合作用等。一般地，固定液的结构、性质、极性要与被分离的组分相似或相近。因此，对非极性组分一般选择非极性的角鲨烷、阿匹松（Apiezon）等固定液。非极性固定液与非极性组分之间的作用力弱，组分一般按沸点顺序分离，即低沸点组分首先流出。如样品是极性和非极性物质的混合物，在沸点相同时，极性物质先流出。对于中等极性的样品，选择中等极性的固定液，如邻苯二甲酸二壬酯，组分基本上按沸点顺序分离，而沸点相同时极性物质后流出。含有强极性基团的组分一般选用强极性的固定液，β,β'-氧二丙腈等，组分主要按极性顺序分离，非极性物质首先流出。而对于能形成氢键的组分，例如一甲胺、二甲胺和三甲胺的混合物，在用三乙胺作固定液的色谱柱中，按形成氢键的能力大小分离，三甲胺（不生成氢键）最先流出，最后流出的是一甲胺，刚好与沸点顺序相反。固定液的选择除考虑结构、性质和极性以外，它还必须具备热稳定性好，蒸气压低，在操作温度下为液体等条件。目前固定液的种类很多，现将一些常用的固定液列于表 2-2 中。

表 2-2　气相色谱法中常用固定液

固定液	英文名或缩写	最高使用温度℃	溶剂	分离对象
角鲨烷	Squalene	140	乙醚	分离一般烃类和非极性化合物
阿匹松 LM	Apiezon LM	240～300 270～300	苯、氯仿	高沸点极性物质
甲基硅橡胶	SE-30	300	氯仿＋丁醇	高沸点,弱极性化合物应用很广
甲基苯基硅油	DC-701 OV-17	350 160	丙酮	高沸点非极性和弱极性化合物,有机农药等
硅油 (I)-(V)	Silicone (I)-(V)	150～250	乙醚	热稳定性好,一般应用
邻苯二甲酸二丁酯 邻苯二甲酸二壬酯	Di-n-butyl Phthalate DOP	100 130	甲醇、乙醚	烃、醇、酮、酸和酯等各类有机化合物
聚己二酸乙二醇酯	PEGA	200(270)	氯仿	醇、酮、酯及饱和脂肪烃类
有机皂土-34	Bentone-34	180(203)	苯	分离醇、酚、芳烃和芳香族异构体
β,β'-氧二丙腈	β,β'-Oxydipropionitrle	100		分离芳烃及低级含氧化合物
聚乙二醇 300 600 1000 1500 4000 6000 20000	PEG300 600 1000 1500 4000 6000 20000	600～225	乙醇、氯仿、丙酮	氢键型固定液,分离极性物质醇、醛、酮和脂肪酸酯,根据样品沸点不同选用相对分子质量不同的 PEG

色谱柱中的载体一般要求表面积大,颗粒均匀,机械强度好,这样使固定液在载体表面形成均匀液膜。与此同时,载体通常还需用酸洗、碱洗、釉化或硅烷化等处理来进行纯化,使载体呈惰性。表 2-3 中列出目前国内常用载体。

表 2-3　气相色谱法中常用载体

载体代号		特　点	用　途
红色硅藻土型	6201 201 202	未加助溶剂,含少量 Fe_2O_3,比表面 $4.0\ m^2 \cdot g^{-1}$,平均孔径为 $1\ \mu m$,柱效较高,强度较好,但活性中心较多	分离非极性和弱极性物质,不宜高温使用
	釉化载体 301 302	性能介于红色载体和白色载体之间	一般应用
白色硅藻土型	101 102 103 104	加助溶剂,含少量 Na_2O 和 K_2O,比表面 $1.0\ m^2 \cdot g^{-1}$,平均孔径 $8～9\ \mu m$,柱效较低,强度较小,但活性中心少	分析极性物质,能高温使用。其硅烷化载体可分析氢键型物质

续 表

载体代号		特　　　点	用　　　途
非硅藻土型	701 702	聚四氟乙烯载体，高温下使用	分析含氟、极性和有腐蚀性化合物
	玻璃球载体	比表面 0.02 m² · g⁻¹	低温分离高沸点物质
	GDX		分析二氧化碳、甲烷、乙烯、丙烯和水分

2. 检测器

气相色谱中应用的检测器种类很多，常用的有以下几种：

(1) 热导检测器(TCD)

热导池的基本结构如图 2-31 所示，是由不锈钢或铜壳体装上一对钨丝组成，这两根钨丝长短、粗细应相同，电阻也应相同，即 R_1 等于 R_2。在 R_1 一边通入载气作为"参比臂"，R_2 一边通入由色谱柱出来的载气为"测量臂"，这种热导池称双臂热导池。R_1 和 R_2 与固定电阻 R_3 和 R_4 连接成惠斯顿电桥如图 2-32 所示。当由色谱柱出来的载气中没有分离的组分流出时，电桥是平衡的，$R_1/R_2=R_4/R_3$，A、B 两点没有信号输出。当分离的样品组分逐一进入测量臂时，由于组分的热导系数和载气不同，使臂内灼热钨丝的散热条件发生了变化，因而引起钨丝电阻的改变，这样使电桥的平衡破坏，在 A、B 两点就有电信号输出。

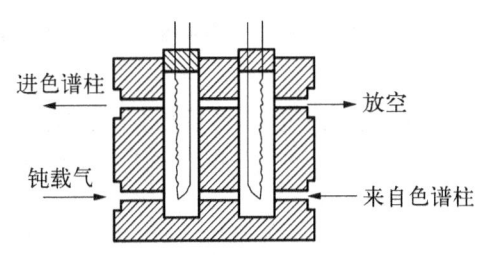

图 2-31　热导池基本结构

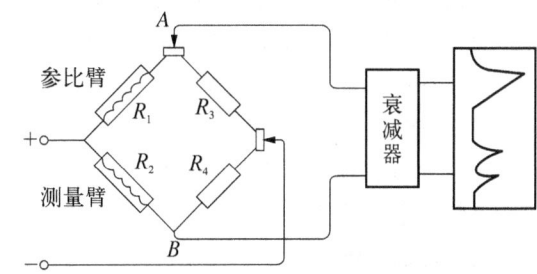

图 2-32　惠斯顿电桥线路

在用热导池作为检测器的气相色谱中，通常用氮气或氢气作载气。实验证明，氢气的灵敏度比氮气高，有时也用灵敏度很高的氦气。

(2) 氢火焰电离检测器(FID)

它主要是一个离子室，离子室以氢火焰作为能源，在氢火焰附近设有收集极与发射极，在两极之间加有 150 V 到 350 V 的电压，形成一直流电(图 2-33)。当样品组分从色谱柱流出后，由载气携带，与氢气汇合，然后从喷口流出，并与进入离子室的空气相遇，在燃烧着的氢火焰高温作用下，样品组分被电离，形成正离子和电子(电离的程度和组分的性质与火焰的温度有关)。在直流电场的作用下，正离子和电子各向极性相反的电极运动，

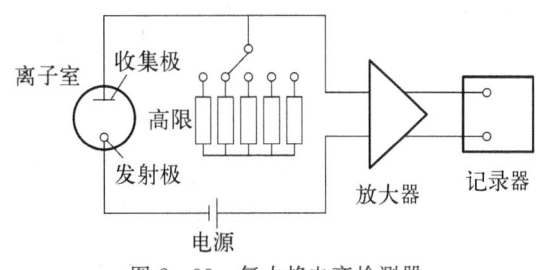

图 2-33　氢火焰电离检测器

从而产生微电流信号,利用微电流放大器测定离子流的强度。最后由记录仪记录,从记录纸上画出的色谱流出曲线,便可知道未知样品的组分及各组分在样品中的含量。

这种检测器是利用有机化合物在氢火焰中的化学电离进行检测的,故称氢火焰电离检测器。氢火焰检测器灵敏度比热导池高得多。

(3) 电子捕获检测器(ECD)

这是一种高选择性、高灵敏度的检测器,尤其是对电负性强的组分灵敏度极高,但对一般组分,如烃类等,信号却极小。因此常用来测定含卤、硫、氮、磷的有机化合物,多环芳香族化合物和金属有机化合物等,特别适用于这些物质的痕量分析。我国生产的 103 型、SP-2306 型等型号的色谱仪中都有这种检测器。

这种检测器是利用载气分子在电离室中被 β 射线电离而在电极之间形成一定的基始电流。当电负性物质分子进入电离室时,自由电子会被此物质分子捕获而使基始电流降低,产生信号。

【操作步骤】

现以 GC112A 型气相色谱仪为例,简述仪器的操作步骤,型号不同则步骤略有不同,具体参见相应仪器的使用说明。

1. 通载气,打开氮气钢瓶至一定输出压力;
2. 打开仪器电源,启动仪器;
3. 设定温度,依次输入柱箱、进样器及检测器的温度,输入时注意各部件温度范围,温度设置好后按"起始"键,温度逐渐升高至设定值;
4. 当准备灯亮时,打开氢气和空气气体钢瓶及净化器开关,同时打开电脑和工作站,点火;
5. 当基线温度稳定后进样,观察出峰;
6. 测定完毕后,关机顺序为:① 关闭氢气和空气净化器;② 降低温度,把柱温降至 50℃;③ 关闭仪器电源;④ 关闭氢气和空气钢瓶;⑤ 30 min 后关闭氮气钢瓶和电脑工作站。

【气相色谱分析】

1. 定性分析

利用保留值进行定性分析是气相色谱中最方便最常用的方法。图 2-34 为三组分混合物的气相色谱图。当每一组分从柱中洗脱出来时,在色谱图上就出现一个峰。当空气随试样进去后,由于空气挥发性高,它就和载气一样,最先通过色谱柱,故第一峰为空气峰。

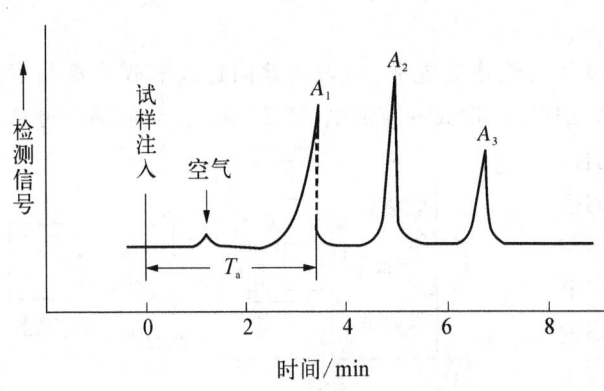

图 2-34 三组分混合物的气相色谱图

从试样注入到出现信号的最高点时所经过的时间称为某一组分的保留时间,例如图中 A_1 组分的保留时间用 T_a 表示,为 3.6 min。在色谱条件相同的条件下,一个化合物的保留时间是一个特定常数,无论这个化合物是以纯的组分或以混合物注入,这个值不变。因而,保留时间可用于化合物的定性鉴定。

利用保留时间鉴定未知物

时,由于许多有机物有相同的沸点,许多在特定的色谱条件下具有相同的保留时间,因而不能完全肯定它们为同一化合物。为了准确地鉴定未知物,必须至少用两种以上极性不同的固定液进行分析,如果未知物和已知物都有相同的保留时间,说明是同一化合物,如果在两种固定液的情况下都只出现一个峰,通常可认为该物质是单一的。如果未知物和已知物在相同的色谱条件下,在任意一种柱上保留时间不同(±3%),则可认为是不同的化合物。

2. 定量分析

色谱分析也是定量分析少量挥发物的有力工具。在一定范围内色谱峰高(h)或峰面积(A)与分析试样组分的含量呈线性关系,即

$$h_i f_i = m_i \text{ 或 } A_i f_i = c_i \tag{2-26}$$

h_i代表i组分的峰高,A_i为i组分的峰面积,f_i为校正因子(或比例因子),m_i、c_i为i组分的含量或浓度。所以要进行色谱定量分析,首先要准确地测出峰高或峰面积,并知道校正因子,才能把峰面积换算成该物质的浓度或含量。较先进的色谱仪均配有电子积分仪,可把色谱图上各组分的峰面积和保留值记录下来。

峰面积的测定方法有几种,其中最简便的是峰高乘以半峰宽(图2-35)。

图2-35中,h代表峰高;$\Delta t_{1/2}$为峰高一半处的宽度,即半峰宽。这样测定的峰面积为实际峰面积的0.94,但在做相对计算时不影响定量结果。

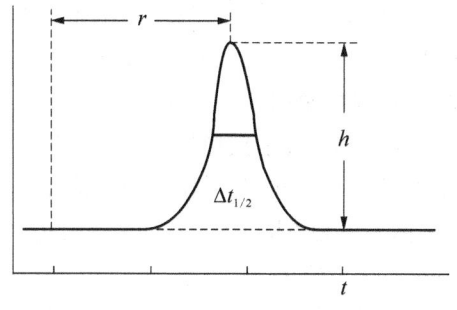

图2-35 峰面积的测量

由于试样中各组分的性质差别较大,因而检测器对同样数量不同种类化合物的相对指示信号有差异,因而定量分析时引入校正因子f_i。由于绝对校正因子不易测定,实际工作中多采用相对校正因子f_i'。

$$f_i' = \frac{f_i}{f_s} = \frac{A_s c_i}{A_i c_s} \tag{2-27}$$

只要知道待测物质与基准物质的浓度(c_i、c_s),分别测定相应的峰面积,即可求出相对校正因子。

归一法是先测定样品各组分的峰面积和相对校正因子,然后按下式计算各组分的百分含量:

$$x\% = \frac{A_i f_i'}{A_1 f_1' + A_2 f_2' + A_3 f_3' + \cdots} \times 100\% \tag{2-28}$$

式中,A_1、A_2和A_3分别为样品各组分的峰面积;f_1'、f_2'和f_3'分别为各组分的相对校正因子。

(武丽萍)

(十二)高效液相色谱仪

【基本原理】

液相色谱法开始阶段是用大直径的玻璃管柱在室温和常压下用液位差输送流动相,

称为经典液相色谱法,此方法柱效低、时间长。高效液相色谱法(high performance liquid chromatography,HPLC)是在经典液相色谱法的基础上,引用气相色谱理论而迅速发展起来的,它采用了高效新型固定相、高压输液泵输送流动相以及在线检测技术,具有分离速度快,分离效能高,仪器自动化程度高等特点。它与经典液相色谱法的区别是填料颗粒小而均匀,小颗粒具有高柱效,但会引起高阻力,需用高压输送流动相,故又称高压液相色谱法(high pressure liquid chromatography,HPLC)。又因分析速度快而称为高速液相色谱法(high speed liquid chromatography,HSLP)。

图 2-36　LC-20 型高效液相色谱仪

近年来高效液相色谱仪已成为发展较快、普及程度较高的分析仪器。广泛应用于化学化工、有机合成、医药卫生、生命科学等领域。

高效液相色谱的分离系统由固定相和流动相组成,固定相可以是吸附剂、化学键合固定相、离子交换树脂和多孔性凝胶等,流动相是各种溶剂。被分离的混合物由流动相推动进入色谱柱,根据各组分在固定相及流动相的作用差异进行分离,这种作用包括吸附能力、分配系数、离子交换作用或分子尺寸大小等。液相色谱法的实质是根据被分离物与流动相及固定相分子间的作用力不同而进行分离,作用力的大小决定出峰时间。

高效液相色谱仪(图 2-36)主要由高压输液系统、进样系统、分离系统和检测系统构成,部件包括:储液瓶、输液泵、进样器、色谱柱、检测器、信号输出与处理装置等,其工作流程如图 2-37 所示。分析前,选择适当的色谱柱和流动相,开泵,冲洗柱子,待柱子平衡且基线平稳后进样,流动相把试样带入色谱柱进行分离,分离后的组分依次流入检测器,检测器把组分浓度转变成电信号,经过放大,用记录仪记录得到色谱图。

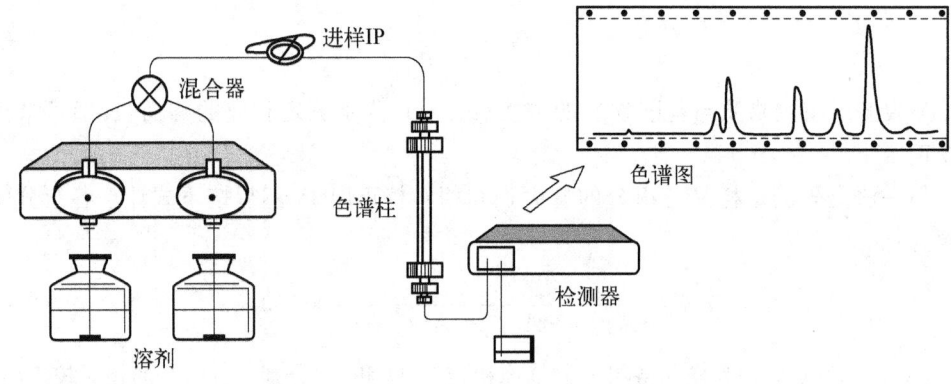

图 2-37　高效液相色谱仪流程

【仪器基本结构】

1. 储液瓶

高效液相色谱的流动相必须放置在惰性材料容器中,比如玻璃、不锈钢或氟塑料的储液瓶中。储液瓶一定要严密,防止溶剂挥发引起流动相组成的改变,同时也防止空气中的氧气和二氧化碳溶入流动相。储液瓶要经常清洗，以除去瓶底部的杂质沉淀和可能生长的微生物。

2. 高压输液泵

高压输液泵是高效液相色谱仪的关键部件，高压泵通常要求耐 40~60 MPa 高压，泵的性能直接影响整个高效液相色谱仪的质量和分析结果的可靠性。为了延长泵的使用寿命，在操作中要注意：

1）防止任何固体进入泵体，要经常清洗输液泵的滤液器。

2）不能让含有缓冲液的流动相长时间在泵中存留，在使用完含有缓冲液的流动相后，要用纯水充分冲洗泵体，然后再逐步换成适合色谱柱和泵的溶剂。

3）在使用高效液相色谱仪时，要注意储液瓶中所剩流动相的量，不要让空泵运转。

4）注意设定高效液相色谱仪的最高限压，以保护输液泵。

5）流动相要脱气。

3. 进样器

进样器是把样品送入色谱柱的装置。高效液相色谱仪的进样器一般采用的是手动进样阀或自动进样装置。其中进样阀常用六通进样阀，是仪器的标准配置，见图 2-38。它是用平头微量注射器（必须选用专用的平头微量注射器，以防止损伤进样阀的内表面，造成漏液）吸取大于定量环体积的样品量，在图 2-38a 取样状态时，注入储样定量环中；进样时，转动进样阀至图 2-38b 进样状态，储样定量环的样品被流动相带入色谱柱。所进样品的体积是由储样定量环所决定的。因此与 GC 相比，进样的准确性与重复性都更好。在进行大量样品的常规分析时，我们往往需要选用自动进样装置，习称自动进样器。自动进样器可以通过仪器自动控制进样过程，有些自动进样器还带有温控系统，可以通过自动进样器的操作完成衍生化等反应。

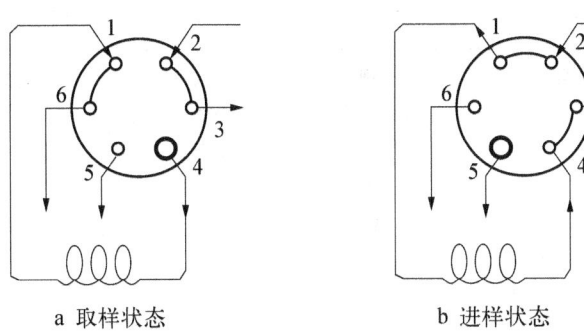

a 取样状态　　　　　　　　b 进样状态

图 2-38　六通阀进样器

1,4. 定量环；2. 流动相入口；3. 色谱柱入口；5,6. 排液口

4. 色谱柱

色谱柱是实现分离的核心部件，要求柱效高，柱容量大和性能稳定。最常用的分析型色谱柱的内径是 2~5 mm，柱长一般为 10~30 cm，内部为抛光不锈钢管柱，填料通常是 5 μm 和 10 μm 粒径的球形颗粒。

常用色谱柱固定相主要为化学键合相，其中反相键合相色谱法最常用的为十八烷基（octadecylsilyl，ODS 或 C_{18}）键合相；正相键合相色谱法最常用的为氰基与氨基键合相。

色谱柱的正确使用和维护十分重要,否则会使柱效降低,影响分离效果,缩短柱子使用寿命。通常需要注意以下问题:

1) 避免压力和温度的剧烈变化,防止压力太大和流速太高;

2) 注意选择与固定相适宜的流动相,以免破坏色谱柱;

3) 避免将基质复杂的样品,尤其是生物样品直接注入色谱柱内。必要时,要对样品进行预处理或使用保护柱;

4) 根据色谱柱的不同种类,经常选用强溶剂冲洗色谱柱,清除保留在柱内的杂质。清洗时,要注意所用溶剂的极性要逐渐改变,并且绝对禁止缓冲液留在柱内静止过夜;

5) 脱机保存色谱柱时,应先将柱内充满乙腈或甲醇,拧紧柱接头。

5. 检测器

高效液相色谱常用的检测器种类有紫外检测器、电化学检测器(其中安培检测器应用最广泛)、荧光检测器、激光荧光检测器、化学发光检测器、蒸发光散射检测器、质谱检测器和示差折光检测器等,各检测器性能比较见表2-4。其中最常用的为紫外检测器,目前新型仪器多采用二极管阵列检测器,它可以进行全波段检测。紫外检测器是高效液相色谱中应用最广泛的检测器,它灵敏度高,噪声低,线性范围宽;但是它只能检测有紫外吸收的物质。

6. 信号输出与处理系统

早期的高效液相色谱仪通常只配有简单的记录仪,随着色谱过程画出流出-时间曲线,然后靠手工测量峰高、保留时间、计算峰面积。而现在的高效液相色谱仪配备了计算机,依靠计算机强大的软件支持,可以控制仪器的操作,采集并分析所得数据,使得高效液相色谱仪的操作更快速、简便、准确、精密、完全实现了液相色谱的在线分析。

表2-4 常用高效液相色谱检测器性能比较

	紫外吸收	荧光	安培	质谱	蒸发光散射
信号	吸光度	荧光强度	电流	离子流强度	散射光强度
噪声	10^{-5}	10^{-3}	10^{-9}		
线性范围	10^5	10^4	10^5	宽	
选择性	有	有	有	无	无
流速影响	无	无	有	无	
温度影响	小	小	大		小
检测限/(g/mL)	10^{-10}	10^{-13}	10^{-13}	$<10^{-9}$	10^{-9}
池体积/μL	2~10	<7	<1		
梯度洗脱	适宜	适宜	不宜	适宜	适宜
窄径柱	难	难	适宜	适宜	适宜
对样品破坏	无	无	无	有	无

【操作技术】

1. 洗脱操作

(1) 洗脱方式

高效液相色谱洗脱方式可以分为恒组成溶剂洗脱和梯度洗脱。

1) 恒组成溶剂洗脱要求在同一个分析周期内流动相组成保持恒定,这种洗脱方式仅适用于组分数目较少、性质差别不大的样品。

2）梯度洗脱技术是用在分析组分数目多、性质差异较大的复杂样品情况下。不同的高效液相色谱仪所采用的梯度方式不同，主要可分为高压和低压梯度两种洗脱装置。高压二元梯度洗脱是由两个输液泵分别各吸取一种溶剂，加压后再混合，混合的比例由两个泵的速度决定。低压梯度洗脱是用比例阀将多种溶液按比例混合后，再加压输送至色谱柱。

（2）洗脱操作注意事项

在进行梯度洗脱时，由于是多种溶剂混合，而且根据程序设计组成在不断地变化，因此要特别注意以下问题：

1）溶剂的互溶性：不相混溶的溶剂不能用作梯度洗脱的流动相。特别是当有机溶剂和缓冲液混合时还有可能析出盐的晶体，尤其使用磷酸盐缓冲液时要特别小心，因为析出的盐会损害仪器的密封性和色谱柱。

2）溶剂纯度：为了保证良好的重现性，梯度洗脱所用的溶剂纯度要比恒组成洗脱所用的溶剂纯度更高。另外溶剂要彻底脱气，以防止溶剂混合时产生气泡。

3）再生处理：每次一个色谱周期的梯度洗脱完成后，必须对色谱柱进行再生处理，使其恢复到初始状态。一般需让10～30倍柱体积的初始流动相流经色谱柱，使固定相与流动相达到完全平衡。

2. 流动相的选择

在高效液相色谱法中，可供选择的溶剂种类较多，而且流动相的种类和配比十分影响分离效果，所以流动相的选择与处理是高效液相色谱法中非常重要的一个环节。所以，特别需要注意以下一些问题：

1）流动相不能与固定相发生化学反应，不能有腐蚀作用，对样品有较适宜的溶解度，必须与检测器相适应，黏度要小。

2）为了防止固体微粒进入泵体磨损柱塞、密封环、缸体和单向阀，流动相最好在玻璃容器内蒸馏，以除去所用溶剂中的固体微粒。例如水，必须是全玻璃系统二次蒸馏水，即所说的双蒸水。比较常用的方法是用 $0.2~\mu m$ 或 $0.45~\mu m$ 的滤膜过滤，且过滤有机溶剂要用有机膜，而过滤水要用水膜，两者不能混用。

3）高效液相色谱法所用的流动相必须预先除去其中的空气，即进行脱气。

高效液相色谱常用流动相的溶剂主要有：水、甲醇、正己烷、环己烷、乙腈、正戊烷、苯、甲苯、二氯甲烷、氯仿、乙醇、乙醚、正丙醇、四氢呋喃、乙酸乙酯、丙酮、异丙醇。

3. 流动相脱气

流动相中如有气体存在会产生以下不良结果：① 影响流量的稳定性；② 如果气泡量较大，泵就无法正常工作；③ 直接影响检测结果，气泡进入检测池，引起光吸收或电信号的变化，使基线突然跳动，影响对组分的分析并使噪声增大；④ 溶解在流动相中的氧还可能与样品，甚至固定相或流动相发生反应。

在使用前先对流动相进行脱气。常用的脱气法有超声波震荡脱气法、通氦脱气法、抽真空法和加热法。其中超声波震荡脱气法处理最为常用，10～20 min 的超声波处理能满足脱气要求。脱气处理可以在溶剂混合之前进行，也可以先将混合溶剂配制好后，再脱气，但要注意脱气的方法和时间要恒定，否则流动相的组成会发生变化，影响色谱效果。具体使用的方法，要根据实际情况来选择。

4. 样品处理

高效液相色谱法分析对象广,主要用于复杂混合物的分离、定性与定量分析。它只要求样品能够制成溶液,而不需要样品气化,因此对于挥发性低、热稳定性差、分子量大的高分子化合物以及离子性化合物的分离分析极为有利。在进样前要尽可能地纯化样品,防止过多杂质污染色谱柱。收集到的样品一般采用旋转蒸发除去挥发性溶剂,再适当地冻干。如果是生物样品,要尽可能地除去干扰待测物的各种蛋白质等杂质。溶解样品的溶剂,一般采用流动相本身,也可用与流动相不同的溶剂,但应尽量选择容易溶于流动相的溶剂,以便进样后与流动相快速混合,且溶剂峰不能干扰样品的色谱峰。

【操作步骤】

现以 LC-20 型液相色谱仪和 LC Solution 操作软件为例,简述仪器的操作步骤,型号不同则步骤略有不同,具体参见相应仪器的使用说明。

1. 打开电脑、仪器及相应操作软件;

2. 把各流动相放入溶剂瓶内,打开 Purge 阀,系统开始排气,直至整个流路无气泡,关闭;

3. 基线扫描。先设定方法,包括检测时间、洗脱模式、流速、流动相比例、检测波长、柱温等,设置好后保存并下载方法,然后点击 plot,系统开始扫描基线;

4. 进样。基线平稳后便可以进样,如用自动进样器,则需编辑样品参数,包括样品名称、所需方法文件名及路径、数据文件名、样品瓶号、样品盘号、进样量等;

5. 仪器扫描出峰,采集信号;

6. 数据处理。双击数据打开或在后处理 postrun 中打开图谱,点击 wizard 设定所需参数后保存,打印数据报告,报告包括样品名称、色谱图、峰高、峰面积、样品浓度等信息;

7. 关机。关机前,用 100% 超纯水冲洗系统 30 min,再用适当有机溶剂冲洗系统 30 min,最后关泵,关闭软件、仪器电源及电脑。

(武丽萍)

三、实验中常用的小型机电设备

(一) 玻璃仪器气流烘干器

玻璃仪器气流烘干器(外形结构如图 2-39 所示)在一定温度范围内(40~120℃)可调,能选择理想温度,是实验室干燥玻璃仪器的理想设备,具有快速、节能、无水渍、使用方便、维修简单等优点。

玻璃仪器气流烘干器配置直径不同的粗、中、细三种干燥管,风管采用活节头,粗细可互换,备有风堵,不放满时可将余下风洞堵塞。具有冷热风开关,干燥好的玻璃仪器就可用冷风迅速冷却,便于取拿不致灼手。使用时将刷净的玻璃仪器倒置其上,经过过滤的洁净热风被送到玻璃仪器的内壁,5~10 min 即可干燥。

图 2-39 玻璃仪器气流烘干器

使用方法:

1) 使用时将电源插头插入 220 V 交流电源,打开定时器上的开关,指示灯亮,按需要调好定时器上的时间,仪器即进入工作状态。

2）将需烘干器皿的水滴沥干,管口朝下插入支架内烘干。

3）调节恒温开关来控制箱内温度。

4）干燥好后通冷风使玻璃仪器快速冷却。

(二) 电加热套

电加热套是用玻璃纤维包裹电热丝织成帽状的加热器,最高加热温度可达 400℃ 左右,是实验室常用的一种简便、安全的加热装置。加热温度可用自带的简易调压旋钮调节或较大功率调压变压器控制。电热套的容积一般与烧瓶的容积相匹配,有 50 mL、250 mL、1 000 mL 等多种规格。

电热套常用做回流加热的热源。加热和蒸馏易燃有机物时,由于它不是明火,因此具有不易引起着火的优点,热效率也高。若用它进行蒸馏或减压蒸馏时,随着蒸馏的进行,瓶内物质逐渐减少,就会使瓶壁过热,造成蒸馏物被烤焦的现象。若选用稍大一号的电热套,在蒸馏过程中,不断降低垫电热套的升降台的高度,会减少烤焦现象。

(三) 电动搅拌器

电动搅拌器(或小马达连调压变压器,外形结构如图 2-40 所示)常用于搅拌两相溶液使其均匀混合。在有机化学实验中用于油水等溶液或固液反应中。不适用于过黏的胶状溶液。搅拌器动力采用直流串激式和伺服式电机,具有变压、整流、无级调速等功能,安装在有沉重底座的垂直铁棒上,可任意调节高度与角度。电机的转轴下方有一卡头,可以卡住玻璃质或金属质的搅拌转轴。电机的转速由调节开关调节。

电动搅拌器使用注意事项:卡头要牢固地卡住搅拌转轴;搅拌旋转时要稳定、匀速、不摇动;搅拌速度应从低转速开始慢慢增加;若超负荷使用,很易发热而烧毁;使用时必须接上地线;平时应注意经常保持清洁干燥、防潮、防腐蚀;轴承应经常加油保持润滑。

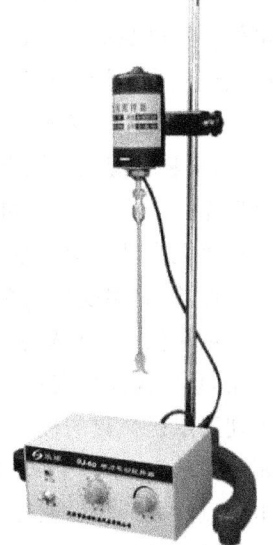

图 2-40 电动搅拌器

(四) 磁力搅拌器

磁力搅拌器(外形结构如图 2-41 所示)在化学实验中应用广泛,如电位滴定、pH 测定等。磁力搅拌器通常具有加热、控温、电磁搅拌、定时和调速等功能,适用于加热或加热搅拌同时进行的黏稠度不是很大的液体或者固液混合物。磁力搅拌器由一根以玻璃或塑料密封的软铁(叫搅拌子)和一个可旋转的磁铁组成。将磁棒投入盛有欲搅拌的反应物容器中,将容器置于内有旋转磁场的搅拌器托盘上,接通电源,由于内部磁铁旋转,使磁场发生变化,容器内磁棒亦随之旋转,达到搅拌的目的。

磁力搅拌器使用注意事项:

1）使用前,先将转速调节至最小,再接通电源。

2）使用过程中调节至适当转速。转速过高，搅拌子转速跟不上转动，将导致转速不均匀；调节速度过慢，可能引起不匀速。

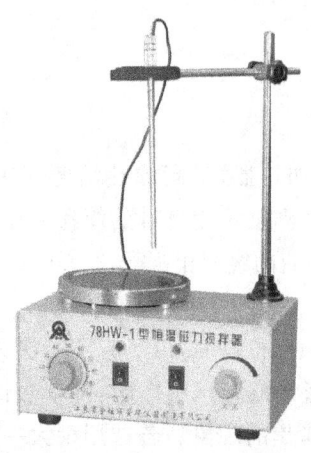
图2-41　磁力搅拌器

图2-42　烘箱

（五）烘箱

烘箱（外形结构如图2-42所示）也称干燥箱，是利用电热丝隔层加热，是实验室常用的公用设备。烘箱最高工作温度一般为300℃，有特小型、小型、中型和大型等几种规格，可供各种试品进行烘焙、干燥、热处理及其他加热。实验室常用来干燥玻璃仪器或烘干无腐蚀性、加热时不分解的物品。

烘箱的使用说明：水平安放在干燥、防振动的地方，然后接上电源后，即可开启加热开关，再将控温数字调至一定程度（视烘箱型号而定），此时烘箱内即开始升温，红色指示灯发亮。若有鼓风机，可开启鼓风机开关，使鼓风机工作。当温度升至工作温度时，在指示灯明灭交替处即为恒温定点。一般干燥玻璃仪器时应先沥干，无水滴下时才放入烘箱，升温加热，将温度控制在100～120℃左右。

烘箱使用注意事项：挥发性易燃物或用酒精、丙酮淋洗过的玻璃仪器切勿立即放入烘箱内，以免发生爆炸；往烘箱里放玻璃仪器时应自上而下依次放入，以免残留的水滴流下使下层已烘热的玻璃仪器炸裂；取出烘干后的仪器时，应用干布衬手，防止烫伤，取出后不能碰水，以防炸裂；取出后的热玻璃器皿，若任其自行冷却，则器壁常会凝上水汽，可用电吹风吹入冷风助其冷却的方式减少壁上凝聚的水汽；烘箱内外应经常保持清洁。

（李明春）

第 3 章

化学实验基本操作

一、常用玻璃仪器的洗涤与干燥

(一) 玻璃仪器的洗涤

1. 洗涤方法

一般是先用适当的洗涤液浸泡或刷洗后,用自来水冲净,此时器皿应透明并无肉眼可见的污物,内壁不挂水珠,否则应再次用洗涤液浸泡或刷洗,然后用蒸馏水淋洗内壁三次,以除掉残留的自来水。洗涤后的器皿应置于洁净处备用。

2. 常用洗涤剂

(1) 铬酸洗液

铬酸洗液是含有饱和 $K_2Cr_2O_7$ 的浓硫酸溶液。将 50 g 工业级的 $K_2Cr_2O_7$ 缓慢地加入 1 L 热硫酸(工业级)中,充分搅拌使之溶解完全,冷却后转入细口瓶中备用。铬酸洗液具有强氧化性和强酸性,适于洗涤无机物和部分有机物,加热(70～80℃)后使用效果最好,但要注意温度过高容易造成由软质玻璃材料制造的器皿发生破裂。使用铬酸洗液时还应注意以下几点:

1) 由于六价铬有毒,大量使用会污染环境,所以,凡是能够用其他洗涤剂洗涤的仪器,都不要用铬酸洗液。在本书的实验中,铬酸洗液只用于容量瓶、移液管、吸量管和滴定管的洗涤。

2) 使用时应尽量去掉仪器内的水,避免将水引入洗液(稀释后会降低洗涤效果)。过度稀释的洗液可在通风柜中加热,蒸掉大部分水分后继续使用。

3) 洗液要循环使用,用后倒回原瓶并随时盖严。当洗液由棕红色变为绿色(Cr^{3+} 色)时,即已失效。当出现红色晶体(CrO_3)时,说明 $K_2Cr_2O_7$ 浓度已减小,洗涤效果亦降低。

4) 铬酸洗液具有强腐蚀性,使用时要小心,要避免洒到手上、衣服上、实验台上以及地上,一旦洒出应立即用水稀释并擦拭干净。另外,仪器中有残留的氯化物时,应除掉后再加入铬酸洗液,否则会产生有毒的挥发性物质。

(2) 合成洗涤剂

这类洗涤剂主要是洗衣粉、洗涤灵、洗洁精等,一般的器皿都可以用它们洗涤,可有效地洗去油污及某些有机化合物。洗涤时,在器皿中加入少量的洗涤剂和水,然后用毛刷反复刷洗,再用水冲洗干净。

(3) 盐酸-乙醇溶液

将化学纯的盐酸和乙醇按 1∶2 的体积比进行混合。此洗涤液主要用于洗涤被染色的吸收池、比色管、吸量管等。洗涤时最好是将器皿在此液中浸泡一定时间,然后再用水冲洗。

(4) 盐酸

化学纯的盐酸与水以 1∶1 的体积比进行混合(亦可加入少量草酸),此液为还原性强酸洗涤剂,可洗去多种金属氧化物及金属离子。

(5) 氢氧化钠-乙醇溶液

将 120 g NaOH 溶于 150 mL 水中,再用 95% 的乙醇稀释至 1 L。此液主要用于洗去油污及某些有机物。用它洗涤精密玻璃量器时,不可长时间浸泡,以避免腐蚀玻璃,影响量器精度。

(6) 硝酸-氢氟酸溶液

将 50 mL 氢氟酸、100 mL 硝酸、350 mL 水相混合,储于塑料瓶中盖紧。这种洗液能有效地去除器皿表面的金属离子,较脏的器皿应先用其他的洗涤剂及自来水清洗后再用此液洗一遍。这种洗涤剂对玻璃、石英器皿洗涤效果好,但同时会对器皿表面产生腐蚀。因此,精密量器、小容量吸量管、标准磨口、活塞、玻璃砂板漏斗、吸收池及光学玻璃等都不宜使用这种洗涤液。这种洗涤液对人体亦有强烈腐蚀性,操作时要戴橡胶手套。

应该指出的是,所有的洗涤剂用完排入下水道都将不同程度地污染环境,因此,凡能循环使用的洗涤剂均应反复利用,不能循环使用的则应尽量减少用量。上述几种洗涤剂,一般都可循环使用数次。

(二) 干燥

玻璃仪器洗净后,可选用自然晾干、酒精灯烤干、电吹风吹干或电烘箱烘干等多种方式干燥。

1. 晾干

不急用的、要求一般干燥的仪器,可将其洗净后倒置在干净的实验柜内或仪器架上,任其自然晾干。

2. 烤干

烧杯、蒸发皿等可以放在石棉网上用小火烤干。试管可直接在酒精灯的火焰上烤干,但试管口应稍向下倾斜,从底部烤起,无水珠时再把试管口向上,以便把水汽赶净。

3. 吹干

急用干燥的仪器或不能用烘干方法干燥的仪器可以吹干。方法是先倒出水分,再用电吹风吹干。先冷风吹 1~2 min,再热风吹至干燥,最后再冷风吹干。

4. 烘干

实验室常用电热鼓风干燥箱干燥玻璃仪器或烘干无腐蚀性、加热时不分解的化学品,温度可以控制在 50~300℃。挥发性易燃物或以酒精、丙酮淋洗过的玻璃仪器切勿放入烘箱内,否则会发生爆炸。带有磨砂口玻璃塞的仪器,必须取出活塞后,才能放入烘箱。禁止将腐蚀性的物品放入烘箱内。

(三) 干燥器的使用

干燥器是保持小型物品干燥的仪器,它是由厚质玻璃制成的,上面是一个磨口边的盖子(盖子的磨口边上一般涂有凡士林),器内的底部放有干燥的氯化钙或变色硅胶等干燥剂,干燥剂的上面放一个带孔的圆形瓷盘,以盛放需干燥或保持干燥的物品。

操作时,用左手扶住干燥器的底部,右手沿水平方向移动盖子,即可将干燥器打开(图3-1)。

盖子打开后,要把它翻过来放在桌子上(不要使涂有凡士林的磨口边触及桌面)。放入或取出物品后,必须将盖子盖好,此时也应把盖子往水平方向推移,使盖子的磨口边与干燥器口吻合。

搬动干燥器时,必须用两手的大拇指将盖子按住,以防盖子滑落而打碎(图3-2)。

图 3-1 打开干燥器的方法

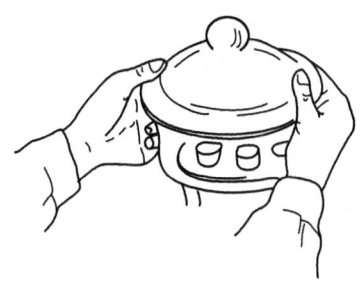
图 3-2 搬移干燥器的方法

使用干燥器应注意下列事项:

1) 干燥器应保持清洁,不得存放很潮湿的物品。温度很高的物体必须冷却至接近于室温后,方可放入干燥器内。否则,器内空气受热膨胀,可能将盖子冲开,即使能盖好,也往往因冷却后,器内空气压力降低,致使盖子很难打开。

2) 干燥器只在用时打开,东西取出或放入后,应立即盖上,以免干燥剂受潮。

3) 放在底部的干燥剂,不能高于底部的 1/2 处,以防沾污被干燥的物品。

4) 应经常观察干燥剂是否失效,否则应换新的干燥剂。

长期不使用后(尤其在冬天),磨口的凡士林因凝固而难以打开,可以用热湿的毛巾温热一下或用电吹风热风吹干燥器的边缘,使凡士林融化,再打开盖子。

(肖 湘)

二、常用容量仪器的洗涤与使用

(一) 滴定管及滴定操作

1. 滴定管

滴定管是滴定分析时用来精确量度液体体积的量器。常用滴定管的容量限度一般为 25 mL 或 50 mL,刻度从上而下,最小刻度为 0.1 mL,可读准至 0.01 mL。滴定管分为酸式滴定管和碱式滴定管两种类型,酸式滴定管具有玻璃活塞开关;碱式滴定管是在下端连有软橡皮管(管内置一玻璃珠,以控制溶液的流速),橡皮管的下端连有尖嘴玻璃管。

酸式滴定管可用来盛酸、氧化剂及 EDTA 等溶液,但不能用来盛碱溶液,因碱能腐蚀玻璃活塞,影响活塞转动。碱式滴定管可用来盛碱,但不能用来盛能与橡皮起作用的溶液,如 $KMnO_4$、I_2、$AgNO_3$ 溶液等。

(1) 洗涤

滴定管可用自来水冲洗。如有油垢,酸式滴定管可倒入铬酸洗液浸泡,油垢严重,可倒入温热的洗液浸泡一段时间再洗。每次加入约 10 mL,将滴定管平持,并不断转动,直至洗液布满全管为止。碱式滴定管则要拔去橡皮管,接上一小段塞有玻璃珠的橡皮管,倒入洗液浸洗,再用水冲洗,最后用少量蒸馏水淋洗三次。洗净的滴定管,其内壁应完全被水润湿而不挂水珠。

(2) 查漏

一支洗涤干净的滴定管,使用前要检查是否漏水。将滴定管装满水,夹在滴定管架上,观察 2 min,看是否有水滴滴下或缝隙是否渗水。酸式滴定管还需将活塞转动 180°,再观察 2 min,仍无水滴滴下及渗出,表明滴定管不漏水。

酸式滴定管漏水需重新涂凡士林。涂法如下:先将活塞取下,用滤纸或纱布擦干活塞及活塞槽,然后在活塞的两端涂上一层薄薄的凡士林,不要涂到中间有孔处,以免凡士林堵住活塞孔。把活塞水平插入活塞槽内,并转动活塞,直到从外面观察全部透明为止。涂完后,检查一下是否漏水。碱式滴定管漏水可将橡皮管中的玻璃珠略微移动位置。这样处理后仍然漏水,则需更换玻璃珠或橡皮管。

(3) 润洗

为了使加入滴定管的溶液浓度不被滴定管内残留的水所稀释,须先用待加入溶液润洗滴定管 2~3 次,每次注入约 10 mL 待加入溶液,将滴定管平持,慢慢转动,使溶液润遍全管。打开滴定管的活塞,使润洗液从管口下端流出。在洗涤带有玻璃活塞的酸式滴定管时,还须注意用手托住活塞部分(或用橡皮圈圈牢活塞),以防止活塞脱落而打碎。如此润洗过的滴定管即可加入溶液,加入溶液时要直接从试剂瓶注入滴定管,最好不要再经过其他仪器。

(4) 排气

可加入标准溶液至 0.00 刻度以上,检查活塞附近及橡皮管内有无气泡,如有气泡应予排除。如果是酸式滴定管,用双手拿住滴定管,使其成约 30°的倾斜,打开活塞使溶液冲出,将气泡排除。如果是碱式滴定管,则将玻璃珠上部的橡皮管弯曲向上,捏玻璃珠两侧使气泡随溶液流出而排掉(图 3-3)。

(5) 装液

气泡排除后,液面应在 0.00 刻度处或略低于 0.00 刻度,如仍在此刻度以上,需调节至刻度处或以下。

(6) 读数

滴定管读数时,滴定管应处于垂直位置,注入溶液或放出溶液后需等 1~2 s 方可读数。对于无色液体或浅色溶液,读数时,视线应与弯月面下缘的最低点保持在同一水平面上。否则,由于眼睛的位置不同会得到

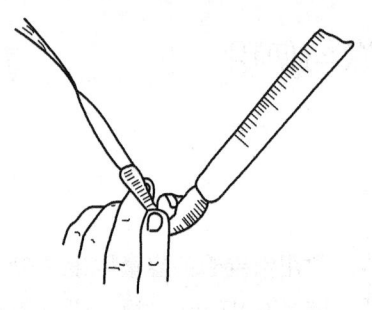

图 3-3 碱式滴定管排气泡

不同的读数(图3-4a);有的滴定管刻度背面有一"蓝线",无色溶液装在这种滴定管中于弯月面处折射出上、下两条蓝线有一交点,读数时,视线应与此点在同一水平上(图3-4b);如为有色溶液,应使视线与液面两侧的最高点相切。为了使读数清晰,也可在滴定管后衬一张纸片为背景,形成较深颜色的弯月面,读取弯月面下缘的最低点(图3-4c)。需注意的是,初读与终读应用同一标准。

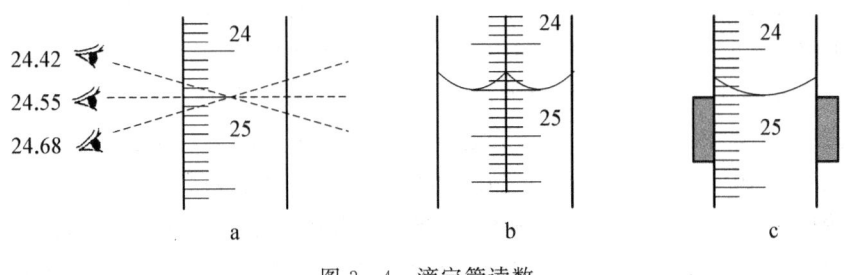

图3-4 滴定管读数

此外,为了便于读数和计算,并消除因上下刻度不均而引起的误差,每次滴定时最好均从0.00或从接近0.00的某一刻度开始。读数必须准确到小数点后两位。

2. 滴定操作

滴定开始前,先把悬挂在滴定管尖端的液滴除去。滴定时,左手操纵活塞(或挤捏玻璃珠),右手的大拇指、食指和中指拿住锥形瓶颈(瓶口应接近滴定管尖端,滴定管下端伸入瓶口约1 cm),按圆周摇动锥形瓶,不要振摇。边滴边摇,两手协同配合,使溶液混合均匀。

酸式滴定管左手控制滴定管活塞的方法:左手从活塞左方向右方伸出,大拇指在管前活塞柄中央处,食指及中指在管后活塞柄上、下两端处控制住活塞,手心握空,旋转活塞的同时稍稍向内(左方)用力,以使活塞与活塞槽保持密合,防止活塞松动。必须学会慢慢地旋开活塞以控制溶液的流速。使用具磨口玻璃塞的锥形瓶(或碘量瓶)进行滴定时,玻璃塞应夹在右手(即拿锥形瓶的手)中指与无名指之间(图3-5)。

使用碱式滴定管时,不要挤压玻璃珠下半部分,因为这样在放手时,易使空气进入而形成气泡。

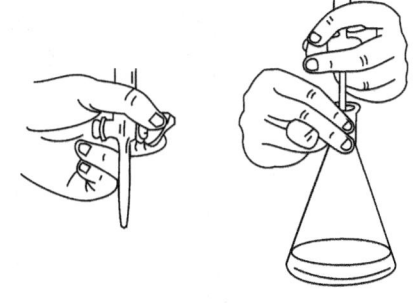

图3-5 滴定操作

开始滴定时,液滴流出的速度可以快一些,但必须成滴而不能成线状流出,滴定速度一般控制在3~4滴/s,注意观察锥形瓶中颜色的变化。当接近终点时,颜色变化较快,这时就应逐滴加入,最后应控制液滴悬在滴定管下端而不落下,用锥形瓶的内壁把液滴靠下来(这时加入的是半滴溶液),用洗瓶冲洗锥形瓶的内壁停靠位置,摇匀。如此重复操作直到颜色变化30 s内不消失为止,即可认为到达滴定终点。滴定完毕,倒去管内剩余的溶液,洗涤后再用蒸馏水冲洗数次,倒立夹在滴定管架上,便于下次使用。

(二) 移液管与吸量管

移液管与吸量管均用于准确移取一定体积的液体。移液管是中间有一膨大部分(称为球部)的玻璃管。球部上下为较细的管颈,下部管尖端为出口,管颈口部刻有一标线,球部标刻有体积和温度,当吸取溶液至弯月面与标线相切后,让溶液自然放出,此时所放出溶液的体积即等于管上所标的体积。常用的有 20 mL、25 mL 等规格。

吸量管是具有分刻度的玻璃管,常用的有 1 mL、2 mL、5 mL、10 mL 等规格。

移液管和吸量管的洗涤除按一般玻璃仪器洗涤外(即铬酸洗液浸洗、自来水冲洗、蒸馏水润洗),吸取前还必须用所取溶液润洗 2~3 次,确保所取溶液浓度不变。

使用移液管时,右手的大拇指和中指夹持住管颈标线上方,将管尖插入待取溶液液面之下(不可太深,以免管的外壁黏附的溶液太多;也不能太浅,防止空气突然吸入管中;更不能把管尖搁在盛液容器底面上,因为这样不仅不易吸上来,且易碰损管尖),左手拿洗耳球,先把洗耳球内空气压出,然后把洗耳球的尖端插入移液管口,慢慢松开左手,使溶液吸入管内(图 3-6a)。当液面升高到刻度以上时,移去洗耳球,立即用右手的食指按住管口(图 3-6b),使管中液体不致流出。将已吸满液体的移液管提高到与眼睛在同一水平线上(左手拿着盛溶液的器皿跟着上升),再将移液管提离液面,管的末端仍靠在器皿的内壁上,略微放松食指,不断转动移液管,使液面缓慢平稳下降,直到溶液的弯月面与所需体积的刻度标线相切时,立即停止转动,用食指压紧管口,取出移液管,插入承接溶液的器皿中,管的末端靠在器皿内壁上。此时移液管应垂直,承接的器皿稍稍倾斜,松开食指,让管内溶液自然地全部沿器壁流下(图 3-6c),再等待 10~15 s 后,取出移液管即可。残留管尖的溶液不必用洗耳球或嘴吹出,因移液管的容量只计算自由流出液体的体积,刻制标线时已把残留在管内的液滴考虑在内了(图 3-6d)。一些专用的刻度吸管,标有"吹"字,则属例外,残留液体需吹入承接容器合并。吸量管的使用方法相同。

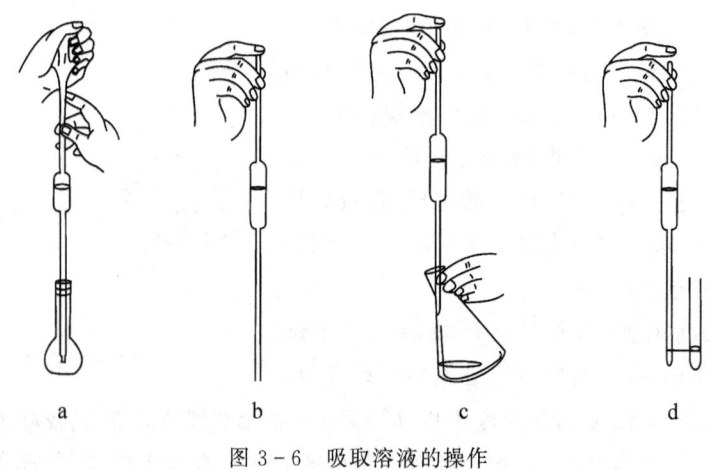

a   b   c   d

图 3-6 吸取溶液的操作

(肖 湘)

三、试剂及其取用

(一)化学试剂的规格

关于化学试剂规格的划分,各国不一致。我国常用试剂等级的划分参阅表 3-1。

表 3-1 我国化学试剂等级

纯度等级	一级试剂（优级纯）	二级试剂（分析纯）	三级试剂（化学纯）	四级试剂（实验试剂）
英文代号	G. R. Guarantee Reagent	A. R. Analytical Reagent	C. P. Chemical Pure	L. R. Laboratory Reagent
标签颜色	绿色	红色	蓝色	黄色
应用范围	用作基准物质，主要用于精密分析及科研工作	用于一般科学研究和分析实验	用于一般定性实验，或要求不高的分析检验	用于一般的实验和要求不高的科学实验

除上述四个等级外，还根据特殊需要而定出相应的纯度规格，如供光谱分析用的光谱纯，供核试验及其分析用的核纯等。不同的试剂，具有不同的纯度标准。总的说来，优级纯试剂杂质含量最低，实验试剂杂质含量较高。选用适当等级的试剂应根据实际工作的需要，既要满足工作要求，又要避免浪费。

（二）试剂的取用

1. 固体试剂取用法

1) 取用固体试剂一般用药匙。多为牛角制或不锈钢制，药匙必须干净且应专匙专用。

2) 试剂取用后，要立即盖严瓶塞，并将试剂瓶放回原处。

3) 要求取一定量的固体试剂时，可把固体放在纸上或表面皿上，根据要求在台秤或天平上称量。具有腐蚀或易潮解的固体不能放在纸上，应放在表面皿或其他玻璃容器内进行称量。称量固体试剂时，多取的试剂（特别是纯度较高的试剂）不能倒回原试剂瓶，可放入回收瓶中。

4) 固体颗粒较大时，应在干净的研钵中研碎。研钵中所盛固体量不得超过研钵容积的 1/3。

2. 液体试剂取用法

1) 从细口试剂瓶中取用试剂的方法。取下瓶塞，把它仰放在实验台上（如果瓶塞顶不是扁平的，可用食指和中指将瓶塞夹住或放在清洁的表面皿上，绝对不可将它横置于桌上），用左手拿住容器（如试管、量筒等），右手握住试剂瓶，让试剂瓶的标签向着手心，倒出所需量的试剂，如图 3-7 所示。倒完后应将试剂瓶口在容器上靠一下，再使瓶子竖直，以避免液滴沿外壁流下。

将液体从试剂瓶中倒入烧杯时，亦可用右手握试剂瓶，左手拿玻璃棒，使棒的下端斜靠在烧杯内壁上，将瓶口靠在玻璃棒上，使液体沿着玻璃棒往下流，如图 3-8 所示。

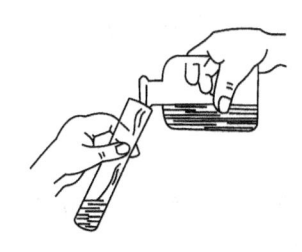

图 3-7 往试管中倾倒液体试剂

图 3-8 往烧杯中倒入液体试剂

2）从滴瓶中取用少量试剂的方法。使用时提起滴管，使管口离开液面，用手指捏紧滴管上部的橡皮头排去空气，再把滴管伸入试剂瓶中吸取试剂。往试管中滴加试剂时，只能把滴管尖头放在管口上方滴加，如图3-9所示，严禁将滴管伸入试管内。一支滴瓶上的滴管不能用来移取其他试剂瓶中的试剂，也不能用实验者的滴管伸入试剂瓶中去吸取试剂，以免污染试剂。

3）定量取用液体试剂时，根据要求可使用量筒或移液管。

（肖　湘）

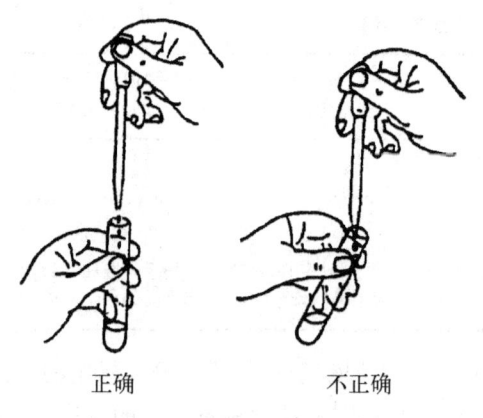

正确　　　　　不正确

图3-9　往试管滴加液体

四、称　　量

称量是化学实验中非常重要的基本操作之一。根据称量的精度要求不同，可选用不同类型的天平；根据所称量样品的性质及状态不同，可选用不同的称量方法及盛装器皿。

（一）称量方法

常用的称量方法有以下三种：

1. 直接称量法（直接法）

天平零点调定后，将被称物直接放在称量盘上，所得读数即被称物的质量，这种称量方法即直接称量法。该方法适用于称量干燥洁净的器皿、棒状或块状的金属等。称量时注意，不能用手直接取放被称物，而采取戴棉布手套、垫纸条、用镊子或钳子等适宜方法。

2. 差减称量法（差减法）

该法称出样品的质量不要求是固定的数值，而只要求在一定范围（±10％）内即可。称量样品时，预先将适量被称样品置于一洁净干燥的专用容器（称量瓶或小滴瓶）中，准确称后，转移出欲称量的样品置于其他实验器皿中，再次准确称量，两次称量读数之差，即所称取样品的质量。如此重复操作，可连续称取若干份样品。此法适用于一般的颗粒状、粉状及液体样品的称取。由于专用的称量容器都有磨口瓶塞，所以，特别适用于较易吸潮、氧化、挥发或容易和空气中二氧化碳发生反应的试样的称量。

3. 固定重量称量法（增量法）

直接用标准物质配制标准溶液时，有时需要配成一定精确浓度的溶液，这就要求所称取物质的质量必须是一定的，例如配制 100 mL 含钙 1.000 mg·mL^{-1} 的标准溶液，必须准确称取 0.249 7 g $CaCO_3$ 基准试剂。称量方法是：准确称量一洁净干燥的盛装容器，读数后再适当调整砝码，直至天平读数正好增加了 0.249 7 g，然后在容器中小心加入 $CaCO_3$ 粉末，直至天平再次平衡。这种称量法的操作必须十分仔细，尤其当所加样品量接近指定质量时，要小心地将盛有样品的药匙伸入称量器皿中心上方 2～3 cm 处，右手握药匙使之略微倾斜，左手轻轻抖动右手手腕，使样品缓慢地抖入器皿中。称量时若所取样品量超出指定量,只能重新操作,而不能将超出的样品倒回原试剂瓶。此法适用于不易吸潮的颗粒状(最小颗粒应小于 0.1 mg)或粉末状样品的称量。

(二) 常用称量器皿

1. 称量瓶

称量瓶是差减法称量粉末状、颗粒状样品最常用的器皿。用前要洗净烘干或自然晾干,称量时不可直接用手取放,而要用纸条套住瓶身中部,用手捏紧纸条进行操作(图 3-10),这样可避免手汗和体温的影响。用差减法称量时的具体操作如下:先将称量瓶放在台秤上粗称,然后将瓶盖打开放在同一秤盘上,根据所需样品量(应略多一点)加砝码或移动游码,用药匙缓慢加入样品至台秤平衡。盖上瓶盖,拿到分析天平上准确称量并记录读数。取出称量瓶,在盛接样品的容器上方打开瓶盖并用瓶盖轻轻敲击瓶口的上沿,使样品缓缓倒入接收容器内(图 3-11)。估计倒出的样品已满足称量要求时,再边敲击瓶口边将瓶身扶正,盖上瓶盖后方可离开容器的上方,再次准确称量。两次称量的差值即倒出样品的质量,如果一次倒出的样品量不到所需量,可再次倾倒样品,直到移出的样品质量满足要求。

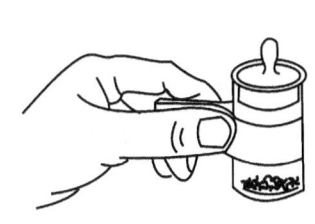 

图 3-10 称量瓶取用示意图　　图 3-11 倾倒样品操作示意图　　图 3-12 滴瓶

在敲出样品的过程中,要保证样品没有损失,边敲边观察样品的转移量,切不可在还没盖上瓶盖时就将瓶身和瓶盖都离开接收容器上方,因为瓶口边沿处可能沾有样品,容易损失。务必在敲回样品并盖上瓶塞后才能离开容器。

2. 小滴瓶

小滴瓶是差减法称量性质稳定、不易挥发的液体样品最常用的器皿,见图 3-12。用差减法称量时的具体操作步骤与使用称量瓶类似,只是在转移液体时,直接用胶头滴管滴出即可。

(武丽萍)

五、加热和冷却

温度是决定化学反应速率以及反应发生方向的重要因素。有些化学反应在室温下反应缓慢甚至不能正向进行,加热操作是加快反应的有效手段;相反,有些反应会剧烈地进行并伴随有大量的热量放出,或是反应产物不稳定易分解,这时就需要冷却降温。另外,蒸馏和重结晶等基本操作也要用到加热或冷却操作。因此,加热和冷却是化学实验中常用的操作手段。

(一) 加热操作

化学实验室中常用的加热器具有煤气灯、酒精灯、酒精喷灯、水浴锅、电加热套、磁力搅拌加热器、电炉和马弗炉等,加热时可以使用的玻璃器皿有烧杯、烧瓶、试管、蒸发皿和坩埚等,常用的加热方式有直接加热和间接加热两种,根据具体情况可选择不同的加热方式。

1. 直接加热

对于在较高温度下不易分解,不易燃烧的液体和固体可以采用直接加热的方式。直接加热就是将盛放被加热物的器皿直接放在热源上加热。加热前应将器皿外的水擦干,加热时避免骤冷或骤热,加热后不能与潮湿的物体接触。

(1) 液体的直接加热

1) 在试管中加热液体　　少量的液体可装在试管中加热,液体量不能超过试管容量的 1/3。加热前将试管外壁擦干,加热时用试管夹夹住试管的中上部,试管口朝上倾斜,先上下移动使试管预热,然后加热液体的中上部,再慢慢下移至底部,然后不时上下移动,使管壁受热均匀(图 3-13)。注意移动过程中管口不能朝向他人,加热后试管不能放在过冷或潮湿的地方,以免管壁炸裂。

2) 在烧杯或烧瓶中加热液体　　如果需要加热的液体较多,可选用烧杯、烧瓶等玻璃器皿。用烧杯时,所加液体量一般不超过其容量的一半,用烧瓶则不能超过 1/3。为使受热均匀,须将容器放在石棉网上加热(图 3-14)。同时,用烧杯加热还需不时搅拌,用烧瓶时则要放几粒沸石。

图 3-13　试管加热液体示意图

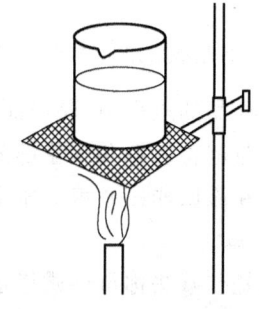
图 3-14　烧杯加热液体示意图

3) 在蒸发皿中加热液体　　如果需要把溶液蒸发浓缩,则需将溶液置于蒸发皿中,在铁圈或泥三角上直接加热。蒸发皿内所盛放的液体量不应超过其容量的 2/3,当溶液加热煮沸后,改用小火慢慢加热,加热过程中应不断搅拌,防止暴沸或溶液飞溅。

(2) 固体的直接加热

1) 在试管中加热固体　　少量固体置于试管中加热时,常用铁夹将其固定在铁架台上,且试管口稍微向下倾斜,避免凝结在管壁的水珠倒流入灼热的试管底部,使试管炸裂。试管中的固体样品不得超过其容积的 1/3,块状或颗粒状固体一般先要研细,并尽量平铺于试管内。加热时,先预热试管,再集中加热固体。

2) 在蒸发皿中加热固体　　若加热的固体相对较多,且加热温度不需要太高时,也可选用蒸发皿进行加热。在加热过程中需注意不断充分搅拌,使固体受热均匀,防止四处飞溅。

3) 固体物质的灼烧　　当固体物质需要高温灼烧时,先把固体放在坩埚中烘烧,然后用氧化焰灼烧或在马弗炉中高温煅烧。加热停止后须待坩埚稍冷,然后用预热过的坩埚钳进行夹取,并将其转移至干燥器内冷却。

2. 间接加热

当被加热的物体需要受热均匀且温度要求恒定在一定的范围内时,可以根据所需温度采用水浴、油浴、沙浴或空气浴等来进行加热。

(1) 水浴

当需要加热的温度在100℃以下时,常采用水浴。水浴可用恒温水浴锅,它具有容量大,控温好等优点。有时为了方便也可以用大烧杯代替水浴锅。加热时,将容器内受热器皿完全浸入水浴中,但不能触及水浴底部,一般浴面应高于器皿内液面。若要长时间加热,为避免烧干,应及时补充适量的水,也可采用附有自动添水或自带循环水装置的水浴。

(2) 油浴

受热温度在100~250℃范围内可用油浴,油浴所能达到的最高温度取决于所用油的种类。液体石蜡可加热到200℃,高温不易分解,但易燃;甘油可加热到140~150℃,温度过高易分解;硅油可加热到250℃,透明度好,性质稳定,是非常理想的浴液,但价格昂贵。实验中可根据具体情况选择不同的油浴。

使用油浴时,为保证安全,油量不能过多,且避免用明火直接加热。加热完毕后,取出浴液中的器皿,并在浴液上空悬置片刻,待油滴完后,用纸或干布擦干再进行下一步操作。

(3) 沙浴

加热温度须达到数百度以上时往往使用沙浴。将干燥的细沙装在铁盘中,将加热器皿半埋入沙中,在铁盘下加热,沙中的器皿就会间接受热。由于沙传热慢而散热快,所以容器底部的沙层可稍薄些,使其更易受热,而容器四周可用较厚的沙层,使其不易散热。尽管如此,由于其温度上升慢而散热快,且不易控制,所以使用较少。

(4) 空气浴

沸点在80℃以上的液体均可采用空气浴加热。空气浴就是利用空气间接加热,最简单的空气浴可按如下方法制得:取内空铁罐一只,罐口边缘剪光后,在罐的底部打数行小孔。另将圆形石棉片(直径略小于罐的直径)放入罐中,使其盖在小孔上,罐的周围用石棉布包裹。另取直径略大于罐口的石棉板一块(厚约2~4 mm),在其中挖一个洞,洞的直径接近于蒸馏瓶或其他容器颈部的直径,然后对切为二,加热时用以盖住罐口。使用时,将此空气浴放置在铁三脚架上加热即可。注意蒸馏瓶或其他容器在罐中切勿触及罐底(图3-15)。

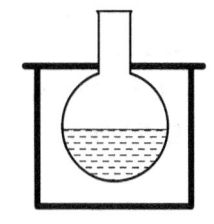

图3-15　空气浴装置示意图

此外,当物质需要高温加热时,也可以使用熔融的盐,如等质量的硝酸钠和硝酸钾混合物在218℃熔化,在700℃以下是稳定的。含有40%亚硝酸钠、7%硝酸钠和53%硝酸钾的混合物在142℃熔化,使用范围在150~500℃。必须注意若熔融的盐触及皮肤,会引起严重的烧伤,所以在使用时,应当倍加小心,并尽可能防止溢出或飞溅。

(二) 冷却操作

实验中有些反应，其中间体在室温下是不够稳定的，必须在低温下进行，如重氮化反应等；有些为放热反应，常产生大量的热，使反应难以控制，并引起易挥发化合物的损失，或导致有机物的分解或增加副反应，为了及时消除过剩的热量，也需要冷却。此外，在化合物的分离提纯过程中，为了降低固体化合物在溶剂中的溶解度，使晶体易于析出，也要用到冷却操作。常用的冷却方式有以下几种：

1) 自然冷却　　将需冷却的物质置于空气中，让其自然冷却至室温。这种方法往往比较慢。

2) 冷水冷却　　加热后或者放热反应发生后需要将被冷却物冷至室温时，最简单的方法就是将其浸入冷水中冷却，或直接用自来水淋洗容器外壁冷却。

3) 冰水浴冷却　　将冰和水混合，可得到冰水浴，其温度可降至0℃。将装有被冷却物的容器置于冰水浴中，搅拌加速冷却。由于冰水混合物能和器壁接触得更好，它冷却的效果要比单用冰为好。

4) 冰盐浴冷却　　若需要0℃以下温度时，可在冰水浴中加入盐制成冰盐浴。冰盐浴所能达到的温度由冰盐的比例和盐的种类决定，常用冰盐浴及其可达到的温度见表3-2。

表3-2　常用制冷剂及其达到的温度

致冷剂	温度	致冷剂	温度
30份 NH_4Cl+100份水	−3℃	125份 $CaCl_2 \cdot 6H_2O$+100份碎冰	−40℃
4份 $CaCl_2 \cdot 6H_2O$+100份碎冰	−9℃	150份 $CaCl_2 \cdot 6H_2O$+100份碎冰	−49℃
29 g NH_4Cl+18 g KNO_3+冰水	−10℃	5份 $CaCl_2 \cdot 6H_2O$+4份冰块	−55℃
100份 NH_4NO_3+100份水	−12℃	干冰+二氯乙烯	−60℃
75 g NH_4SCN+15 g KNO_3+冰水	−20℃	干冰+乙醇	−72℃
1份 NaCl+3份冰水	−23℃	干冰+乙醚	−77℃
100份 NH_4NO_3+100份 $NaNO_3$+冰水	−35℃	干冰+丙酮	−78℃

5) 其他冷却方式　　将干冰与适当的有机溶剂混合，可得到更低的温度，见表3-2。液氨和液氮可分别冷至−33℃和−188℃。

为了保持制冷剂的效力，通常将其盛放在保温瓶（也叫杜瓦瓶）或其他绝热较好的容器中。应当注意，温度若低于−38℃时，则不能使用水银温度计，因为低于−38.87℃时，水银就会凝固。对于较低的温度，常常使用内装有机液体（如甲苯，可达−90℃；正戊烷，−130℃）的低温温度计。为了方便读数，往往向液体内加放少许颜料。但由于有机液体传热较差和黏度较大，这种温度计达到平衡所需的时间较长。

（武丽萍）

六、溶解与结晶

(一) 溶解

一种物质（溶质）分散于另一种物质（溶剂）中成为溶液的过程称为溶解，如食盐或蔗糖溶解于水而形成水溶液的过程。当两种液体物质互溶时,一般把质量大的物质称为溶剂;若其中一种物质是水,习惯性地将水称为溶剂。如果不指明溶剂,通常是指水。

物质溶解于水,通常经过两个过程:一种是溶质分子(或离子)的扩散过程,这种属于物理过程,需要吸收热量;另一种是溶质分子(或离子)和水分子作用,形成水合分子(或水合离子)的过程,这种属于化学过程,要放出热量。当放出的热量大于吸收的热量时,溶液温度就会升高,如浓硫酸和氢氧化钠的溶解;当放出的热量小于吸收的热量时,溶液温度就会降低,如硝酸铵的溶解;当放出的热量等于吸收的热量时,溶液温度不变,如盐和蔗糖的溶解。

一些溶质溶解后,会改变原有溶剂的性质。如氯化钠溶解在水中,电离为自由移动的钠离子与氯离子,故形成的溶液具有导电性,而纯水不导电;乙二醇溶解在水中,可降低水的凝固点。

达到(化学)平衡的溶液便不能溶解更多的溶质(其他溶质除外),我们称之为已达到饱和,相应的溶液称为饱和溶液。在特殊条件下,溶液中溶解的溶质会比正常情况多,这时便形成过饱和溶液。一定温度下,某物质在 100 g 溶剂中达到饱和状态时所溶解的质量,就是该物质在这种溶剂中的溶解度,用 S 表示。溶解度并不是一个恒定的值,一种溶质在溶剂中的溶解度由它们的分子间作用力、温度、溶解过程中所伴随的熵的变化以及其他物质的存在及多少所决定的,有时还与气压或气体溶质的分压有关。因此,一种物质的溶解度最好能够表述成:"在某温度,某气压下,某物质在某物质中的溶解度为……",如无特别指明,则通常指标准状态。

溶剂通常分为两大类:极性溶剂和非极性溶剂。溶剂种类与物质溶解性遵循"相似相溶原理",即极性溶剂能够溶解极性的离子化合物以及能离解的共价化合物,而非极性溶剂则只能够溶解非极性的共价化合物。例如食盐是一种离子化合物,它能溶于水,却不能溶于乙醇。

(二) 结晶

晶体从饱和溶液中析出的过程称为结晶。通常可采用两种方法使溶液达到饱和而析出晶体,一种是蒸发溶剂,另一种是冷却溶液。前者适用于溶解度随温度变化不大的物质,后者适用于溶解度随温度变化很大的物质。也可以将两种方法结合使用。

析出晶体的大小与操作条件有关。若将滤液在冷水浴中迅速冷却并剧烈搅动或将饱和溶液放入冰箱内骤冷时,可得到颗粒较小的晶体,小晶体包含杂质较少,但其表面积较大,吸附于表面的杂质较多。若希望得到均匀而较大的晶体颗粒时,可将滤液(如在滤液中已析出晶体,可加热使之溶解)在室温下静置使之缓慢冷却,这样得到的晶体往往比较纯净。

有时由于滤液中有焦油状物质或胶状物存在,或因形成过饱和溶液而使晶体不易析出。在这种情况下,可用玻璃棒摩擦器皿内壁以形成粗糙面,使溶质分子呈定向排列而析出晶体,这样的结晶过程较在平滑面上更为迅速和容易;或者投入晶种(同一物质的晶体,若无此物质的晶体,可用玻璃棒蘸一些溶液,稍干后即会析出晶体),以提供定型晶核,使晶体迅速生长析出。

若被纯化的物质呈现油状析出,油状物质长时间静置或足够冷却虽也可以固化,但这样的固体往往含有较多杂质(杂质在油状物中溶解度常较在溶剂中的溶解度大,且析出的固体中还会包含一部分母液),纯度不高,用溶剂大量稀释,虽可防止油状物生成,但也将使结晶产物大量损失。这时可先将析出油状物的溶液加热重新溶解,然后慢慢冷却,当油状物开始析出时便剧烈搅拌混合物,使之在均匀分散的状况下固化,这样包含的母液就大大减少,从而提高纯度。但最好还是重新选择溶剂,使之能得到更好的晶形。

(武丽萍)

七、重结晶及过滤

通过化学反应制备得到的产物往往需要纯化,例如有机反应过程中常伴有副反应的发生,产物中常夹杂一些副反应产物、没有反应的原料及催化剂等。而纯化产物的一种有效方法就是重结晶,其一般操作过程如下:

1) 将不纯的固体混合物在溶剂的沸点或接近于沸点的温度下溶解在溶剂中,制成近饱和浓溶液,若固体混合物的熔点较溶剂沸点低,则应制成在熔点温度以下的饱和溶液。
2) 若溶液含有色杂质,可加适量活性炭煮沸脱色。
3) 趁热过滤该溶液以除去其中不溶性杂质及活性炭。
4) 将滤液冷却,使晶体从过饱和溶液中析出,而可溶性杂质仍留在母液中。
5) 再次过滤,将母液和晶体分开,洗涤晶体以除去表面吸附的母液。
6) 干燥晶体,鉴定其纯度,如测定熔点。若纯度仍不符合要求,可重复以上操作。

上述过程可表示如图3-16:

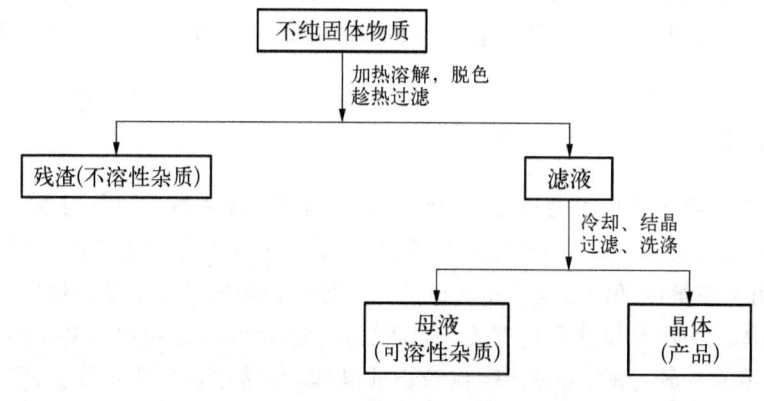

图3-16 重结晶流程图

(一) 基本原理

固体物质在溶剂中的溶解度与温度有密切关系。大多数固体物质在溶剂中的溶解度随温度的升高而增大。若把固体溶解在热的溶剂中达到饱和,冷却时由于溶解度降低而析出晶体。利用溶剂对被提纯物质及杂质的溶解度不同,可以使被提纯物质从过饱和溶液中析出,而让杂质全部或大部分仍留在溶液中(若在溶剂中的溶解度极小,则配成饱和溶液后被过滤除去),从而达到提纯目的。重结晶一般适用于杂质含量小于5%的固体物质的提纯。

假设一固体混合物由 9.5 g 被提纯物质 A 和 0.5 g 杂质 B 组成,选择一溶剂进行重结晶,室温时 A、B 在此溶剂中的溶解度分别为 S_A 和 S_B,通常存在着下列情况。

1) 杂质较易溶解($S_B > S_A$),设室温下 $S_B = 2.5$ g,$S_A = 0.5$ g,如果 A 在此沸腾溶剂中的溶解度为 9.5 g,则使用 100 mL 溶剂即可使混合物在沸腾时全溶。将此滤液冷却至室温时可析出 A 9 g(不考虑操作上的损失)而 B 仍留在母液中。A 损失很少,产物的回收率达到 94%。如果 A 在此沸腾溶剂中的溶解度更大,假设为 47.5 g,则只要使用 20 mL 溶剂即可使混合物在沸腾时全溶,这时滤液可以析出 A 9.4 g,B 仍可留在母液中,产物回收率可高达 99%。由此可见,如果杂质在低温时的溶解度大而产物在低温时的溶解度小,或溶剂对产物的溶解性能随温度变化很大,这两方面都有利于提高回收率。

2) 杂质较难溶解($S_B < S_A$),设在室温下 $S_B = 0.5$ g,$S_A = 2.5$ g,A 在沸腾溶液中的溶解度仍为 9.5 g,则在 100 mL 溶剂重结晶后的母液中含有 2.5 g A 和 0.5 g(即全部)B,析出晶体 A 7 g,产物的回收率为 74%。但这时,即使 A 在沸腾溶剂中的溶解度更大,使用的溶剂也不能再少了,否则杂质 B 也会部分地析出,就须再次重结晶。如果混合物中的杂质含量很多,则重结晶的溶剂量就要增加,或者重结晶的次数要增加,致使操作过程长,回收率极大地降低。

3) 两者溶解度相等($S_B = S_A$),设在室温下皆为 2.5 g,若也用 100 mL 溶剂重结晶,仍可得到纯 A 7 g。但如果这时杂质含量很多,则用重结晶分离产物就比较困难。在 A 和 B 含量相等时,重结晶法就不能用来分离产物了。

从上述讨论中可以看出,在任何情况下,杂质的含量过多都是不利的(杂质太多还能影响结晶速度,甚至妨碍结晶的生成)。一般重结晶只适用于纯化杂质含量在 5% 以下的固体有机混合物,所以将反应粗产物直接进行重结晶是不适宜的,必须先采用其他方法例如萃取、水蒸气蒸馏、减压蒸馏等初步提纯,然后再用重结晶提纯。

(二) 溶剂的选择

在进行重结晶时,选择理想的溶剂是一个关键,理想的溶剂必须具备下列条件:
1) 不与被提纯物质发生化学反应。
2) 在较高温度时能溶解多量的被提纯物;而在室温或更低温度时,只能溶解很少量的该种物质。
3) 对杂质的溶解度非常大或非常小(前一种情况是使杂质留在母液中不随提纯物晶体一同析出;后一种情况是使杂质在热过滤时被滤去)。
4) 容易挥发(溶剂的沸点较低),易结晶分离除去。
5) 能给出较好的结晶。
6) 无毒或毒性很小,便于操作。
表 3-3 中列出了几种常用的重结晶溶剂。

选择溶剂时可查阅化学手册或文献资料中的溶解度,根据"相似相溶原理"选择。在几种溶剂同样都合适时,则应根据结晶的回收率、操作的难易、溶剂的毒性、易燃性和价格等来选择。如果没有充足的资料,可以根据实验方法来确定。具体方法为:取 0.1 g 需重结晶的固体粉末于一小试管中,用滴管逐滴加入溶剂,并不断振荡。若加入的溶剂量达 1 mL 仍未见全溶,可小心加热混合物至沸腾(必须严防溶剂着火)。若此物质在 1 mL 冷的或温热的溶剂中已全溶，则此溶剂不适用。如果该物质不溶于 1 mL 沸腾溶剂中，则继续加热，并分批加入溶剂，每次加入 0.5 mL 并加热使其沸腾，若加入溶剂量达到 4 mL，而物质仍然不能全溶，则必须寻求其他溶剂。如果该物质能溶解在 1～4 mL 沸腾的溶剂中，则将试管进行冷却，观察结晶析出情况，如果结晶不能自行析出，可用玻璃棒摩擦溶液液面下的试管壁，或再辅以冰水冷却，使结晶析出。若结晶仍不能析出，则此溶剂也不适用。如果结晶能正常析出，要注意析出的量，在几个溶剂用同法比较后，可以选用结晶收率最好的溶剂来进行重结晶。

表 3 - 3 常用的重结晶溶剂

溶 剂	沸点/℃	冰点/℃	相对密度	与水的混溶性	易燃性
水	100	0	1.0	+	0
甲 醇	64.96	<0	0.7914^{20}	+	+
95％乙醇	78.10	<0	0.804	+	++
冰醋酸	117.90	16.7	1.05	+	+
丙 酮	56.20	<0	0.79	+	+++
乙 醚	34.51	<0	0.71	−	++++
石油醚	30～60	<0	0.64	−	++++
乙酸乙酯	77.06	<0	0.90	−	++
苯	80.10	5	0.88	−	++++
环己烷	80.70	6.5	0.778	−	++++
氯 仿	61.70	<0	1.48	−	0
四氯化碳	76.54	<0	1.59	−	0

当一种物质在一些溶剂中的溶解度太大，而在另一些溶剂中的溶解度又太小，不能选择到一种合适的溶剂时，常使用混合溶剂可得到满意的结果。所谓混合溶剂，就是把对此物质溶解度很大的和溶解度很小的能互溶的两种溶剂(例如水和乙醇)混合起来，这样可获得新的溶解性能良好的溶剂。用混合溶剂进行重结晶时，可先将待纯化物质在接近优良溶剂的沸点时溶于优良溶剂中(在此溶液中极易溶解)。若有不溶物，趁热滤去；若有色，则用适量(如 1％～2％)活性炭煮沸脱色后趁热过滤。于此热溶液中小心地加入热的不良溶剂(物质在此溶剂中溶解度很小)，直至所出现的浑浊不再消失为止，再加入少量优良溶剂或稍热使之恰好透明。然后将混合物冷却至室温，使结晶从溶液中析出。有时也可将两种溶剂先行混合，如 1∶1 的乙醇和水，则其操作和使用单一溶剂时相同。常用的混合溶剂如下：

乙醇-水；乙醚-甲醇；乙酸-水；乙醚-丙酮；丙酮-水；乙醚-石油醚；吡啶-水；苯-石油醚。

(三) 实验操作

1. 溶解

根据上述溶剂的选择原则选择合适的溶剂，并根据所用溶剂的沸点及可燃性选择合适的加热方式。当两者都确定后，通常将待结晶物质置于锥形瓶中，加入较需要量(根据查得的溶解度数据或溶解度实验方法所得的结果估计得到)稍少的适宜溶剂，加热到微微沸腾一段时间后,若未完全溶解,可再次逐渐添加溶剂,每次加入后均需再加热使溶剂沸腾,直至物质完全溶解(要注意判断是否有不溶性杂质存在,以免误加过多的溶剂)。要使重结晶得到的产品纯度和回收率高,溶剂的用量是关键。虽然从减少溶解损失来考虑,溶剂应尽可能避免过量,但这样在过滤时会引起很大的麻烦和损失,特别是当待结晶物质的溶解度随温度变化很大时更是如此。因为在操作时,会因挥发而减少溶剂,或因降低温度而使溶液变为过饱和而析出沉淀。因而要根据这两方面的损失来权衡溶剂的用量,一般可比需要量多加 20% 左右的溶剂。

使用有机溶剂时,为了避免溶剂挥发及可燃溶剂着火或有毒溶剂中毒,应在锥形瓶上安装回流冷凝装置,添加溶剂可由冷凝管的上端加入。

2. 脱色

若溶液中含有色杂质,则可以加入适量活性炭脱色。在重结晶时,杂质虽可溶于沸腾的溶剂中,但当冷却析出结晶时,部分杂质又会被结晶吸附,使产物带色,有时在溶液中存在着某些树脂状物质或不溶性杂质的均匀悬浮体,使得溶液有些浑浊,常常不能用一般的过滤方法除去。而活性炭可吸附有色杂质、树脂状物质以及均匀分散的杂质。如果在溶液中加入少量的活性炭,并煮沸 5~10 min(要注意活性炭不能加到已沸腾的溶液中,以免溶液暴沸而自容器冲出)。趁热过滤除去活性炭,冷却溶液便能得到较好的结晶。活性炭在水溶液中进行的脱色效果较好,它也可在任何有机溶剂中使用,但在烃类等非极性溶剂中效果较差。除用活性炭脱色外,也可采用硅藻土或柱色谱等来除去杂质。

活性炭由木炭、糖炭、骨炭等制成。常含少量磷酸、钙和锌元素等。根据脱色对象不同,选用不同型号的活性炭。如要在酸性溶液中使用,最好先用盐酸处理。即将活性炭用 1:1 的盐酸煮沸 2~3 h,再用蒸馏水稀释抽滤,用热蒸馏水洗至无酸性后烘干。

使用活性炭时,量要适当,必须避免过量太多,因为它也能吸附一部分被纯化的物质。所以活性炭的用量应视杂质的多少而定,一般为干燥粗产品质量的 1%~5%。假如这些数量的活性炭不能使溶液完全脱色,则可再用 1%~5% 的活性炭重复上述操作。活性炭的用量选定后,最后一次脱色完毕,以减少操作损失。过滤时选用的滤纸要紧密,以免活性炭透过滤纸进入溶液中。

3. 趁热过滤

当溶质全部溶解并脱色后,即可趁热过滤。为了过滤得较快,可选用一颈短而粗的玻璃漏斗,这样可避免晶体在颈部析出而造成堵塞。在过滤前,要把漏斗放在烘箱中预先烘热,待过滤时才将漏斗取出放在铁架上的铁圈中,或放在盛滤液的锥形瓶上。盛滤液的锥形瓶用小火加热(图 3-17)。产生的热蒸汽可使玻璃漏斗保温。但要特别注意,在过滤易燃溶剂的溶液时,必须熄灭附近的火源。在漏斗中放一折叠滤纸(折叠方法见图 3-18)。折叠滤纸向外突出的棱边,应紧贴于漏斗壁上。在过滤即将开始前,先用少量热的溶剂湿润,以免干滤纸吸收溶液中的溶剂,使结晶析出而堵塞滤纸孔。过滤时,漏斗上应盖上表面皿(凹面向下),减少溶剂的挥发。盛滤液的容器一般用锥形瓶,只有水溶液才可收集在烧杯中!如过滤进行得很顺利,常只有很少的结晶在滤纸上析出(如果此结晶在热溶剂中溶解度很大,则可用少量热溶剂洗下,否则还是弃之为好,以免得不偿失)。若结晶较多时,必须用刮刀刮回到原来的瓶中,再加适量的溶剂溶解并过滤。滤毕后,用洁净的塞子塞住盛溶液的锥形瓶,放置冷却。

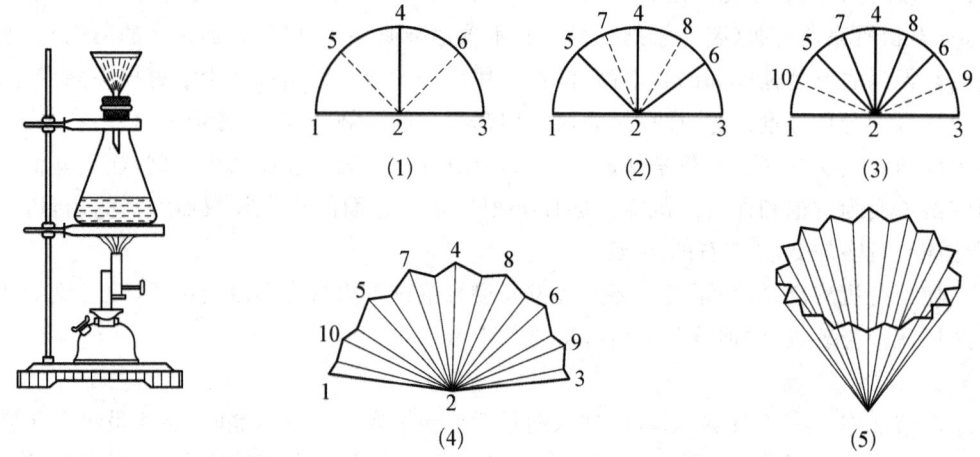

图 3-17 热滤装置示意图　　　　　图 3-18 滤纸的折叠示意图

如果溶液稍经冷却就析出结晶,或过滤的溶液较多,则最好应用热水漏斗(图 3-19)。热水漏斗要用铁夹固定好并预先烧热,在过滤易燃的有机溶剂时一定要熄灭火焰!

4. 结晶

详见本教材第三章化学实验基本操作中溶解与结晶部分。

5. 抽气过滤

为了把晶体从母液中分离出来,一般采用布氏漏斗进行抽气过滤(图 3-20)。抽滤瓶的侧管用较耐压的橡皮管和水泵相连(中间最好接一个安全瓶,再和水泵相连,以免操作不慎,使泵中的水倒流)。布氏漏斗中铺的圆形滤纸要剪的比漏斗内径略小,使紧贴于漏斗的底壁。为盖住滤孔,在抽滤前先用少量溶剂把滤纸润湿,然后打开水泵将滤纸吸紧,紧密贴于布氏漏斗底部,防止固体在抽滤时自滤纸边沿吸入瓶中。借助玻璃棒,将容器中液体和晶体分批倒入漏斗中,并用少量滤液洗出黏附于容器壁上的晶体。关闭水泵前,先将抽滤瓶与水泵间连接的橡皮管拆开,或将安全瓶上的活塞打开接通大气,以免水泵中的水倒流进入抽滤瓶中。

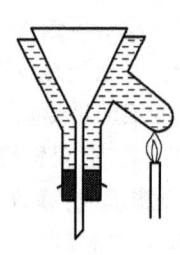
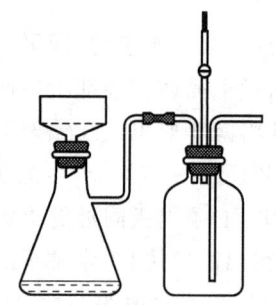

图 3-19 热水漏斗装置示意图　　　　图 3-20 抽滤装置示意图

布氏漏斗中的晶体要用同一种溶剂进行洗涤,以除去存在于晶体表面的母液,否则干燥后仍要使结晶沾污。洗涤溶剂用量应尽量少,以减少产品溶解损失。洗涤的过程是先将抽气暂时停止,在晶体上加少量溶剂。用刮刀或玻璃棒小心搅拌(不要使滤纸松动),使所有晶体润湿。静置一会儿,待晶体均匀地被浸湿后再进行抽气。为了使溶剂和结晶更好地分开,最好在进行抽气的同时用清洁的玻璃塞倒置在晶体表面上并用力挤压。一般重复洗涤 1~2 次即可。

如重结晶溶剂的沸点较高,在用原溶剂至少洗涤一次后,可改用低沸点的溶剂洗涤,使最后的结晶产物易于干燥(要注意此溶剂必须是能和第一种溶剂互溶而对晶体是不溶或微溶的)。

过滤少量晶体时,可用玻璃钉漏斗,以抽滤管代替抽滤瓶(图 3-21)。玻璃钉漏斗上的圆形滤纸应较玻璃钉的直径略大,滤纸用溶剂润湿后进行抽气并用刮刀或玻璃棒挤压使滤纸的边沿紧贴在漏斗上。

抽滤后所得的母液,如还有用处,可移置其他容器中。较大量的有机溶剂,一般应用蒸馏法回收。如母液中溶解的物质不容忽视,可将母液适当浓缩。回收一部分纯度较低的晶体,测定它的熔点,以决定是否可供直接使用,或须进一步提纯。

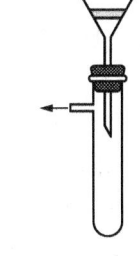

图 3-21 玻璃钉漏斗装置示意图

6. 晶体干燥

抽滤所得晶体,表面上还吸附有少量溶剂,因此尚需用适当的方法进行干燥。重结晶后的产物需要进一步鉴定和分析来检验其纯度,在鉴定和分析前晶体必须充分干燥。固体的干燥方法很多,可根据重结晶所用的溶剂及结晶的性质来选择。常用的方法有以下几种:

1) 空气晾干　将抽干的固体物质转移到表面皿上铺成薄薄的一层,再用一张滤纸覆盖,以免灰尘沾污,然后在室温下放置,一般要经过几天后才能彻底干燥。

2) 烘干　一些对热稳定的化合物,可以在低于该化合物熔点或接近溶剂沸点的温度下进行干燥。实验室中常用红外线灯或用烘箱、蒸汽浴等方式进行干燥。必须注意,由于溶剂的存在,结晶可能在较其熔点低很多的温度下就开始熔融了。因此必须十分注意控制温度并经常翻动晶体。

3) 滤纸吸干　有时晶体吸附的溶剂在过滤时很难抽干,这时可将晶体放在 2~3 层滤纸上,上面再用滤纸挤压以吸出溶剂。此法的缺点是晶体上易沾污一些滤纸纤维。

4) 置于干燥器中干燥　详见本教材第三章化学实验基本操作中干燥和干燥剂的使用部分。

(武丽萍)

八、干燥和干燥剂的使用

干燥是有机实验中重要的操作,目的是除去化合物中存在的少量水分或其他溶剂。有机化合物在进行波谱分析前以及固体有机物在测定熔点前,都必须使它完全干燥,否则将会影响结果的准确性。液体有机物在蒸馏前通常要先行干燥以除去水分,这样可以使液体沸点以前的馏分(前馏分)大大减少。另外,很多有机化学反应需要在"绝对"无水条件下进行,不但所用的原料及溶剂要干燥,而且还要防止空气中的潮气侵入反应器。因此在有机化学实验中,试剂和产品的干燥具有十分重要的意义。

(一) 干燥原理

有机化合物的干燥方法大致可分为物理法和化学法两种。

1. 物理法

物理法有加热、真空干燥、吸附、分馏、共沸蒸馏等方法。如苯中含有的少量水就可通过共沸蒸馏的方法除去;可溶于水但不形成共沸物的有机液体可用分馏的方法干燥;吸附也是经常使用的干燥方法,常用的吸附干燥剂有离子交换树脂和分子筛。离子交换树脂是一种不溶于水、酸、碱和有机物的高分子聚合物。如苯磺酸钾型阳离子交换树脂是经磺化、中和等处理的苯乙烯和二乙烯基苯的共聚物,内有很多孔隙,可以吸附水分子。如果将其加热至150℃以上,被吸附的水分子又将释出。分子筛是多水铝硅酸盐的晶体,晶体内有许多孔径大小均一的孔道和占本身体积一半左右的孔穴,它允许小的分子"躲"进去,从而达到将不同大小的分子"筛分"的目的。例如4Å型分子筛是硅铝酸钠[$NaAl(SiO_3)_2$],微孔表观直径约为4.2Å,能吸附直径4Å的分子;5Å型分子筛的是硅铝酸钙钠[$Na_2SiO_3 \cdot CaSiO_3 \cdot Al_2(SiO_3)_3$],微孔表观直径为5Å,能吸附直径为5Å的分子(水分子的直径为3Å,最小的有机分子CH_4的直径为4.9Å)。分子筛的作用原理也是物理吸附,其选择性高,干燥效果好。吸水后的分子筛可以加热至350℃以上进行解吸后重新使用。

2. 化学法

化学法是以干燥剂来进行除水,其除水作用又可分为两类:① 第一类干燥剂。能与水可逆地结合生成水合物,如氯化钙、硫酸镁等;② 第二类干燥剂。与水发生不可逆化学反应而生成一个新的化合物,如金属钠、五氧化二磷。目前实验室中应用最广泛的是第一类干燥剂,下面以无水硫酸镁为例讨论这类干燥剂的作用。

若在装有压力计的真空容器中,放置一定量的无水硫酸镁,保持室温25℃,缓慢加入水分,结果得到不同的水蒸气压力。这些结果可以用水蒸气压—组成图(图3-22)来表示。A点为起始状态,当加入水后,水蒸气压力沿AB直线上升至B点。此时开始有硫酸镁一水合物($MgSO_4 \cdot H_2O$)生成。在此体系中如再加入水,压力沿BC可保持不变,一直到无水硫酸镁全部转变为硫酸镁一水合物为止。这种转变在C点开始形成硫酸镁的二水合物($MgSO_4 \cdot 2H_2O$),此时存在着两种固相($MgSO_4 \cdot H_2O$ 和 $MgSO_4 \cdot 2H_2O$)的平衡,压力保持恒定,直至硫酸镁的一水合物全部转变为二水合物(E点)为止,依此类推,压力上升至F,开始形成硫酸镁的四水合物($MgSO_4 \cdot 4H_2O$),最后至M点全部形成了硫酸镁的七水合物($MgSO_4 \cdot 7H_2O$),如果硫酸镁的七水合物在恒温(25℃)以下抽真空渐渐移去水分,也可获得相同的曲线。这些结果可用下面的平衡式来表示:

$$MgSO_4 + H_2O \longrightarrow MgSO_4 \cdot H_2O \qquad 0.13 \text{ kPa}$$

$$MgSO_4 \cdot H_2O + H_2O \longrightarrow MgSO_4 \cdot 2H_2O \qquad 0.27 \text{ kPa}$$

$$MgSO_4 \cdot 2H_2O + 2H_2O \longrightarrow MgSO_4 \cdot 4H_2O \qquad 0.67 \text{ kPa}$$

$$MgSO_4 \cdot 4H_2O + H_2O \longrightarrow MgSO_4 \cdot 5H_2O \qquad 1.20 \text{ kPa}$$

$$MgSO_4 \cdot 5H_2O + H_2O \longrightarrow MgSO_4 \cdot 6H_2O \qquad 1.33 \text{ kPa}$$

$$MgSO_4 \cdot 6H_2O + H_2O \longrightarrow MgSO_4 \cdot 7H_2O \qquad 1.50 \text{ kPa}$$

由上式可知,所谓0.13 kPa的压力是指在25℃时硫酸镁一水合物和无水硫酸镁存在平衡时的压力,它与两者的相对量没有关系,当温度在50℃时,上述体系的平衡水蒸气压力就要上升。

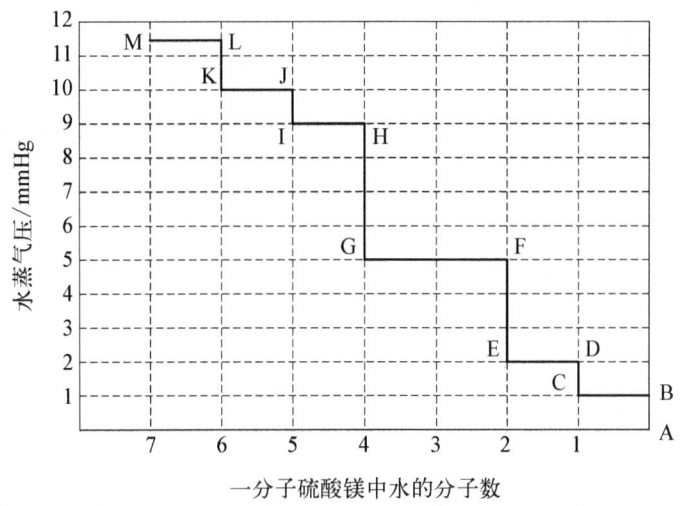

图 3-22 含有不同结晶水的硫酸镁的蒸气压图

从上面所述可以看出这类干燥剂的一些特点。假如用无水硫酸镁来干燥含水的有机液体,无论加入多少量的无水硫酸镁,在25℃时所能达到最低的蒸气压力为 0.13 kPa,也就是说不可能完全除去水分,所以蒸馏时会有沸点前的馏分。如加入的量不足,不能达到一水合物,则其蒸气压力就要比 0.13 kPa 高,而如果加入的量过多,将会使有机液体的吸附损失增多,因此萃取时一定要将水层尽可能分离除净。通常这类干燥剂变成水合物需要一定的平衡时间,所以液体有机物进行干燥时通常要放置一段时间。干燥剂吸收水分是可逆的,为了缩短生成水合物的平衡时间,干燥时常在水浴上加热,然后再在尽量低的温度放置,以提高干燥效果。温度升高时平衡蒸气压亦升高,所以液体有机物在进行蒸馏前,必须将这类干燥剂滤去。

(二) 液体的干燥

1. 干燥剂的选择原则

液体有机化合物的干燥,通常是用干燥剂直接与其接触,因而所用的干燥剂必须不与该物质发生化学反应,不溶解于该液体中。例如酸性物质不能用碱性干燥剂;而碱性物质则不能用酸性干燥剂。有的干燥剂能与某些被干燥的物质生成络合物,如氯化钙易与醇类、胺类形成络合物,因而不能用来干燥这些液体。强碱性干燥剂如氧化钙、氢氧化钠能催化某些醛类或酮类发生缩合、自动氧化等反应,也能使酯类或酰胺类发生水解反应,所以不能用来干燥这些液体。

在使用干燥剂时,还要考虑干燥剂的吸水容量和干燥效能。吸水容量是指单位重量干燥剂所能吸收的水量。干燥效能是指达到平衡时液体干燥的程度。对于形成水合物的无机盐干燥剂,常用吸水后结晶水的蒸气压来表示其干燥效能。例如,硫酸钠形成 10 个结晶水的水合物,其吸水容量达 1.25。氯化钙最多能形成 6 个结晶水的水合物,其吸水容量为 0.97。两者在 25℃时水蒸气压分别为 0.26 kPa 及 0.04 kPa。因此,硫酸钠的吸水量较大,但干燥效能弱;而氯化钙的吸水量较小但干燥效能强。所以在干燥含水量较多而又不易干燥的(含有亲水性基团)化合物时,常先用吸水量较大的干燥剂,除去大部分水分,然后再用干燥效能强的干燥剂干燥。通常第二类干燥剂的干燥效能较第一类为高,但吸水量较小,所以都是用第一类干燥剂干燥后,再用第二类干燥剂除去残留的微量水分,而且只是在需要彻底干燥的情况下才使用第二类干燥剂。

此外选择干燥剂还要考虑干燥速度和价格,常用干燥剂的性能与应用范围见表3-4。

表3-4 常用干燥剂的性能与应用范围

干燥剂	吸水作用	吸水容量	干燥效能	干燥速度	应用范围
氯化钙	形成 $CaCl_2 \cdot nH_2O$ $n=1,2,4,6$	0.97,按 $CaCl_2 \cdot 6H_2O$ 计	中等	较快,但吸水后表面为薄层液体所覆盖,放置时间要长些为宜	能与醇、酚、胺、酰胺及某些醛、酮形成络合物,不能用来干燥这些化合物。工业品中可能含氢氧化钙或氧化钙,也不能用来干燥酸类
硫酸镁	形成 $MgSO_4 \cdot nH_2O$ $n=1,2,4,5,6,7$	1.05,按 $MgSO_4 \cdot 7H_2O$ 计	较弱	较快	中性,应用范围广,可用以干燥酯、醛、酮、腈、酰胺等不能用 $CaCl_2$ 干燥的化合物
硫酸钠	$Na_2SO_4 \cdot 10H_2O$	1.25	弱	缓慢	中性,一般用于有机液体的初步干燥
硫酸钙	$2CaSO_4 \cdot H_2O$	0.06	强	快	中性,常用硫酸镁(钠)配合,做最后干燥之用
碳酸钾	$K_2CO_3 \cdot 1/2H_2O$	0.2	较弱	慢	弱碱性,用于干燥醇、酮、酯、胺及杂环等碱性化合物,不能干燥酸、酚及其他酸性化合物
氢氧化钾(钠)	溶于水	—	中等	快	强碱性,用于干燥胺、杂环等碱性化合物,不能用于干燥醇、酯、醛、酮、酸、酚等
金属钠	$Na+H_2O \rightarrow NaOH+1/2H_2$	—	强	快	限于干燥醚、烃类中痕量水分。用时切成小块或压成钠丝
氧化钙	$CaO+H_2O \rightarrow Ca(OH)_2$	—	强	较快	适于干燥低级醇类
五氧化二磷	$P_2O_5+3H_2O \rightarrow 2H_3PO_4$	—	强	快,但吸水后表面为黏浆液覆盖,操作不便	适于干燥醚、烃、卤代烃、腈等中的痕量水分。不适用于醇、酸、胺、酮等
分子筛	物理吸附	约0.25	强	快	适用于各类有机化合物的干燥

2. 干燥剂的用量

以最常用的乙醚和苯两种有机液体作为例子。室温下水在乙醚中的溶解度约为1%~1.5%,如用无水氯化钙来干燥100 mL含水的乙醚时,假定无水氯化钙全部转变成为六水合物,这时的吸水容量是0.97,即1 g无水氯化钙大约可吸去0.97 g水,因此无水氯化钙的理论用量至少要1 g。但实际上则远较1 g为多,这是因为萃取时,在乙醚层中的水分不可能完全分净,其中还有悬浮的微细水滴。另外达到高水合物需要的时间很长,往往不能达到它理论上的吸水容量。因而干燥剂的实际用量往往要超过理论用量。例如,100 mL含水乙醚常需用7.10 g无水氯化钙。水在苯中的溶解度极小(约0.05%),理论上讲只需要很小量的干燥剂。但由于上述原因,实际用量还是比较多的。干燥其他的液体有机物时,可从溶解度手册查出水在其中的溶解度(若不能查到水的溶解度,则可从它在水中的溶解度来推测,难溶于水者,水在它里面的溶解度也不会大),或根据它的结构(在极性有机物中水的溶解度较大,有机分子若能与水形成氢键,水的溶解度亦大)来估计干燥剂的用量。一般对于含亲水性基团的(如醇、醚、胺等)化合物,所用的干燥剂要过量多些。由于干燥剂也能吸附一部分液体,所以干燥剂的用量要严格控制,一般为每 10 mL 液体约 0.5~1 g。但由于液体中的水分含量不等,干燥剂的质量、颗粒大小和干燥时的温度不同等诸多原因,因此很难规定具体的数量,上述数据仅供参考。在实际操作中,干燥一定时间后,观察干燥剂的形态,若它的大部分棱角还清楚可辨,新加入的干燥剂不结块、不黏壁,摇动时旋转并悬浮($MgSO_4$ 等小晶粒干燥剂尤为明显),就表明干燥剂的量已足够了。

3. 实验操作

在干燥前应将被干燥液体中的水分尽可能分离干净,宁可损失一些有机物,不应有任何可见的水层。将该液体置于锥形瓶中,用钢勺取适量的干燥剂直接放入液体中(干燥剂颗粒大小要适宜,太大时因表面积小吸水很慢,且干燥剂内部不起作用;太小时则因表面积太大,吸附有机物就多,而且不易过滤),用软木塞塞紧,振摇片刻。如果发现干燥剂附着瓶壁,互相黏结,通常是表示干燥剂不够,应继续添加;如果在有机液体中存在较多的水分,这时常可能出现少量的水层(例如在用氧化钙干燥时),必须将此水层分去或用吸管将水层吸出,再加入一些新的干燥剂,放置一段时间(至少 0.5 h,最好放置过夜),并时时加以振摇。需注意的是,有时在干燥前,液体呈浑浊,经干燥后变为澄清,这并不一定说明它已不含水分,澄清与否和水在该化合物中的溶解度有关。将已干燥的液体通过置有折叠滤纸的漏斗直接滤入烧瓶中进行蒸馏。对于某些干燥剂,如金属钠、石灰、五氧化二磷等,由于它们和水反应后生成比较稳定的产物,可不必过滤而直接进行蒸馏。

利用分馏或二元、三元共沸混合物来除去水分,属于物理方法。对于不与水生成共沸混合物的液体有机物,例如甲醇和水的混合物,由于沸点相差较大,用精密分馏柱即可完全分开。有时利用某些有机物可与水形成共沸混合物的特性,向待干燥的有机物中加入另一有机物,利用此有机物与水形成最低共沸点的性质,在蒸馏时逐渐将水带出,从而达到干燥的目的。例如,工业上制备无水乙醇的方法之一就是将苯加到 95% 乙醇中进行共沸蒸馏。近年来在工业生产中多应用离子交换树脂脱水以制备无水乙醇。

(三) 固体的干燥

固体有机化合物的干燥也是有机实验中重要的操作。固体的干燥多用物理方法。如:

1. 空气晾干

将抽干的固体化合物转移到表面皿上摊开铺成薄薄的一层,用一张滤纸覆盖,以免灰尘沾污,然后在室温下放置,一般要经过几天才能彻底干燥。

2. 烘干

热稳定性好的化合物,可以低于该混合物熔点或接近溶剂沸点的温度下进行干燥。实验室常用红外灯或烘箱干燥。由于固体中包有溶剂,可能在较其熔点低很多的温度下就开始熔化,所以干燥时要注意控制温度并不断翻动晶体。

3. 滤纸吸干

某些情况下,晶体吸附的溶剂在过滤时很难抽干,这时可将固体放在滤纸上,上面再用滤纸挤压以吸出溶剂。

4. 置于干燥器中干燥

(1) 普通干燥器

盖与缸身之间的平面经过磨砂,在磨砂处涂以润滑脂,使之密闭。缸中有多孔瓷板,瓷板下面放置干燥剂,上面放置盛有待干燥样品的表面皿等(图3-23)。常用的干燥剂为变色硅胶,如果硅胶由蓝色变成粉红,则说明吸收水分较多,已经失效,需加热除掉水分。

(2) 真空干燥器

真空干燥器(图3-24)的干燥效率较普通干燥器好。真空干燥器上有玻璃活塞,用以抽真空,活塞下端呈弯钩状,口向上,可防止在通向大气时,因空气流入太快将固体冲散。最好另用一表面皿覆盖有样品的表面皿。在水泵抽气过程中,干燥器外围最好能用布围住,以保证安全。

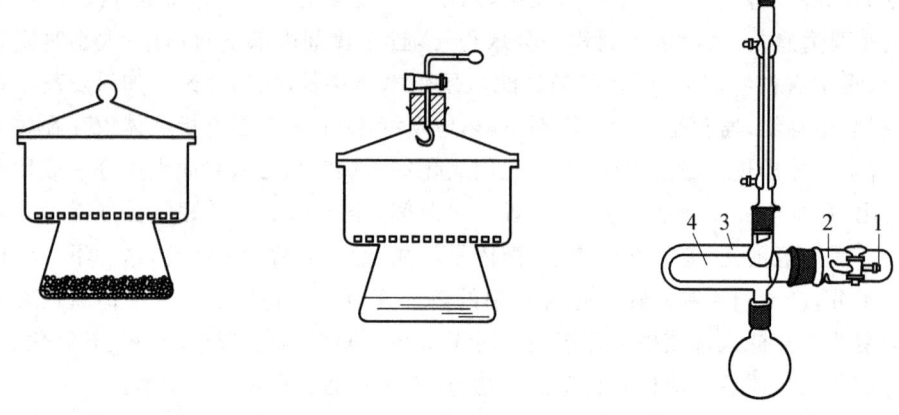

图3-23 普通干燥器　　图3-24 真空干燥器　　图3-25 真空恒温干燥器

使用的干燥剂应按样品所含的溶剂来选择。例如,五氧化二磷可吸水;生石灰可吸水或酸;无水氯化钙可吸水或醇;氢氧化钠吸收水和酸;石蜡片可吸收乙醚、氯仿、四氯化碳和苯等。有时在干燥器中同时放置两种干燥剂,如在底部放浓硫酸(在1 L浓硫酸中溶有18 g硫酸钡的溶液放在干燥器底部,如已吸收了大量水分,则硫酸钡就沉淀出来,表明已不再适用干燥而需重新更换)。另用浅的器皿盛氢氧化钠放在瓷板上,这样来吸收水和酸,效率更高。

(3) 真空恒温干燥器

真空恒温干燥器(图3-25)适用于少量物质的干燥,在2中放置五氧化二磷。将待干燥的样品置于3中,烧瓶中放置有机液体,其沸点与欲干燥温度接近,通过活塞1将仪器抽真空,加热回流烧瓶中的液体,利用蒸汽加热外套4,从而使样品在恒定温度下得到干燥。

(四) 气体的干燥

有机实验中常用气体有 N_2、O_2、H_2、Cl_2、NH_3 等,有些情况下也需对它们进行干燥。气体的干燥通常是让气体通过含有干燥剂的容器(如干燥管、干燥塔或洗气瓶)。常用的干燥剂列于表3-5中。

表 3-5 干燥气体常用的干燥剂

干 燥 剂	适 用 气 体
石灰、碱石灰、氢氧化钠、氢氧化钾	氨、胺类
无水氯化钙	氢气、氯化氢、二氧化碳、氮气、氧气、低级烷烃、醚、烯烃
五氧化二磷	氢气、氧气、二氧化碳、氮气、二氧化硫、烷烃
浓硫酸	氢气、氮气、二氧化碳、氯气、烷烃、氯化氢
溴化钙、溴化锌	溴化氢

(季卫刚)

九、简单玻璃工操作

玻璃工操作是有机化学实验中的重要操作之一。因为测熔点、薄板层析、减压蒸馏所用的毛细管、点样管,蒸馏时用的弯管,气体吸收装置,水蒸气蒸馏装置以及滴管、玻璃钉、搅拌棒等常需自己动手制作。简单玻璃工操作主要指玻璃管、玻璃棒的切割、弯曲、拉伸等操作。

(一) 玻璃管的清洗和切割

待加工的玻璃管(棒)应首先清洁和干燥。一般情况下,新购的玻璃管(棒)用自来水或蒸馏水清洗即可满足要求。制备熔点管的玻璃管则要先用洗涤剂(硝酸、盐酸等)洗涤,再用自来水,最后用蒸馏水清洗,干燥,然后进行加工。

玻璃管(棒)的切割操作要领:左手持管(棒),用锉刀或用小砂轮在欲割断的地方朝一个方向锉划 2~3 次,锉痕要深,但不可来回乱锉,否则不但锉痕多,而且易使锉刀或小砂轮变钝。然后两手握管,以大拇指顶住锉痕背面的两边,轻轻向前推,同时朝两边拉,玻璃管即可从锉痕处平整地断开(图 3-26)。也可在锉痕处涂点水,这样可以降低玻璃强度,更容易折断。为了安全,可在锉痕的两边包上布后再折,并尽可能离眼睛远些。对于较粗的玻璃管或需在玻璃管的近管端处进行截断的玻璃管可以用热切法(灼烧玻璃球切断法),即将一末端拉细的玻璃棒在煤气灯焰上加强热,软化后紧按在锉痕处,玻璃管即沿锉痕的方向裂开。若裂痕未扩展成一整圈,可以逐次用烧热的玻璃棒压触在裂痕稍前处,直至玻璃管完全断开。裂开的玻璃管边沿很锋利,必须在火中烧熔使之光滑(熔光),即将玻璃管呈 45°角在氧化焰边沿处一边烧,一边来回转动直至管口平滑为止。不可烧熔太久,以免管口缩小。

(二) 拉玻璃管

选取直径 5~6 mm 的玻璃管,将玻璃管外围用干布擦净,先用小火烘烤,将玻璃管中水汽烘干,然后再加大火焰(防止发生爆裂,每次加热玻璃管、棒时都应如此)并不断转动。一般习惯用左手握玻璃管转动,右手托住,如图 3-26b 所示。转动时玻璃管不要上下前后移动。在玻璃管略微变软时,托玻璃管的右手也要以大致相同的速度将玻璃管作同方向(同轴)转动,以免玻璃管扭曲。当玻璃管发黄变软后,即可从火焰中取出,让玻璃管呈

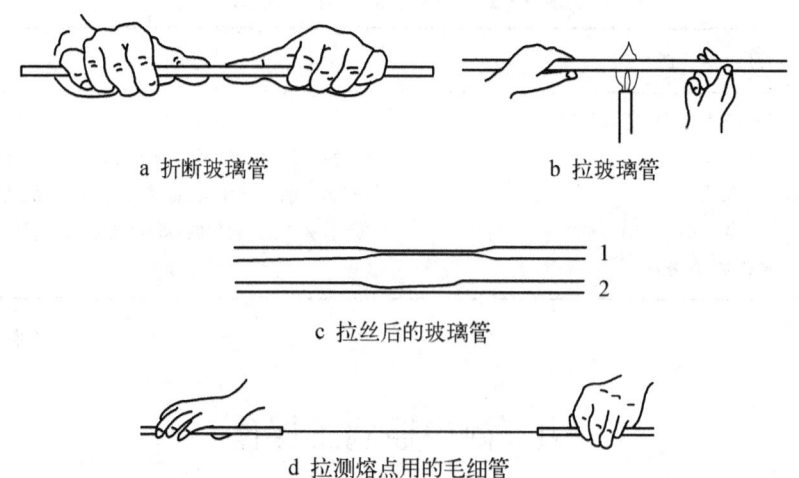

图 3-26 玻璃管的折断、拉丝和拉熔点用毛细管

倾斜,右手稍高,两手作同方向旋转,边拉边转动直至拉成合适管径。将拉好的玻璃管放在石棉网上晾冷,用砂轮在拉细处截断,在弱火焰上将两端管口烧圆,即制成两只滴管。

如果拉伸的时间、速度、力度都掌握地很好,则拉出的滴管外形美观,粗部与细部同轴(如图 3-26c 中 1 所示)。如果拉伸时不加转动,则会拉偏,粗细部不同轴(如图 3-26c 中 2 所示)。

(三) 拉制熔点管、沸点管、点样管及玻璃沸石

取一根清洁干燥的、直径为 1 cm、壁厚 1 mm 左右的玻璃管,放在灯焰上加热。先小火后大火加热,同时转动玻璃管,当烧至发黄变软时,从火中取出,趁热拉长,双手拇指与食指保持同向同速捻动,以防拉成扁管。开始拉时要慢些,然后再较快地拉长,使之成内径为 1 mm 左右的毛细管,见图 3-26d。拉长后,立刻松开一只手,另一只手提着一端,使管靠重力拉直并冷却定型。稍冷后平放在石棉布上冷却。选取直径合格的部分,用砂轮把毛细管截成长为 15 cm 左右的小段,两端都用小火封闭(封时将管呈 45°角在小火的边沿处一边转动,一边加热,制点样管时,无须封口),冷却后放置在试管内,备以后测熔点用。使用时只要将毛细管从中央割断,即得两根熔点管。

用上法拉成内径 3~4 mm 的毛细管,截成长 7~8 cm,一端用小火封闭,作为沸点管的外管。另将内径约 1 mm 的毛细管在中间部位封闭,自封闭处一端截取约 5 mm(作为沸点管内管的下端),另一端长约 8 cm,总长约 9 cm,作为内管,由此两根粗细不同的毛细管即构成沸点管(图 3-27a)。

将不合格的毛细管(或玻璃管、玻璃棒)在火焰中反复熔拉(拉长后再对叠在一起,造成空隙,保留空气)几十次后,再熔拉成 1~2 mm 粗细。冷却后截成长约 1 cm 的小段,装在小试管中,蒸馏时可作玻璃沸石用。

(四) 拉制玻璃钉

将一段玻璃棒在煤气灯焰上加热,火焰由小到大,且不断均匀转动,到发黄变软时取

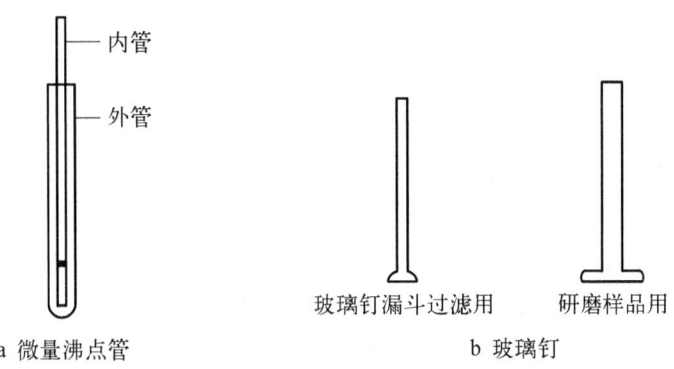

图 3-27 沸点管及玻璃钉

出,手拿玻棒中部,在石棉网上轻按一下,即成一小玻璃钉(图 3-27b),可供玻璃钉漏斗过滤时用。另取一段玻棒,将其一端在氧化焰中烧到红软后,置于石棉网上垂直用力向下压,迅速使软化部分成圆饼状,直径为 1.5 cm 左右,即成一大玻璃钉,可供研磨样品或抽滤时挤压样品用。

(五)弯玻璃管

将一段洁净干燥的玻璃管在酒精喷灯火焰上加热(玻璃管受热的长度可达 5～8 cm),一边加热,一边慢慢转动使玻璃管受热均匀。当玻璃管软化后即从火中取出,两手轻轻的向中心施力,使弯曲至所需要的角度。注意不要用力过大,否则在弯的地方玻璃管要瘪陷或纠结起来。如果玻璃管要弯成较小的角度,则需分几次弯。每次弯一定的角度,反复多次加热弯曲,每次加热的部位要稍有偏移,直到弯成所需要的角度。弯好的玻璃管,管径应该是均匀的,角的两边在同一平面上,角度符合要求。

加工后的玻璃管(棒)均应随即经退火处理,即再在弱火焰中加热一会儿,然后将玻璃管慢慢移离火焰,再放在石棉网上冷却至室温。否则,玻璃管(棒)因急速冷却,内部产生很大的应力,即使不立即开裂,过后也有破裂的可能。

(六)简单玻璃仪器的修理

实验室中经常遇到冷凝管或量筒的管口破裂,如能稍加修理都还可使用。其方法是(以量筒为例),在裂口下用三角锉绕一圈锉一深痕,再用直径为 2 mm 左右的一根细玻璃棒,在煤气灯的强火焰上烧红烧软,取出立即将之放在锉痕上,并稍用力压,玻璃管即沿锉痕的方向裂开。若裂痕未扩展成一整圈,可重复上述步骤数次,直至玻璃管完全断开。再在强火焰上把量筒口烧圆,然后将管口的适当部位在强火焰上烧软,用镊子向外一压即可成一流嘴。

也可用另一种方法切割管口。用浸有酒精的棉绳,绕在管口裂口的下面,围成一圈,用火柴点着棉绳,待棉绳刚熄灭时,趁热用玻璃管蘸水冷激棉绳处,玻璃管沿棉绳处裂开。也可用导线代替棉绳,用通电来加热导线处的玻璃管,能收到同样的效果。

(季卫刚)

十、熔点的测定及温度计校正

结晶物质加热到一定的温度时,即从固态转变为液态,此时的温度可视为该物质的熔点。严格意义上讲,熔点是物质固液两态在大气压力下成平衡时的温度。纯粹的固体有机化合物一般都有固定的熔点,即在一定压力下,固液两态之间的变化是非常敏锐的,自初熔至全熔(熔点范围称为熔程),温度不超过 0.5～1℃。如该物质含有杂质,则其熔点往往较纯粹者为低,且熔程也较长。这对于鉴定纯粹的固体有机化合物来讲具有很大价值,同时根据熔程长短又可定性地判断该化合物的纯度。

(一) 基本原理

在一定温度和压力下,若将某物质的固液两相置于一容器中,这时可能发生三种情况:固体熔化;液体固化;固液共存。我们可以从物质的蒸气压与温度的曲线图来理解在某一温度时哪一种情况占优势。图 3-28a 表示固体的蒸气压随温度升高而增大的曲线。图 3-28b 表示该液态物质的蒸气压-温度曲线。如将曲线 a 和 b 加合,即得到图 3-28c 曲线。由于固相的蒸气压随温度变化的速率较相应的液相大,最后两曲线就相交,在交叉点 M 处(只能在此温度时)固液两相可同时并存,此时的温度 T_M 即为该物质的熔点。当温度高于 T_M 时,这时固相的蒸气压已较液相的蒸气压大,因而就可使所有的固相全部转变为液相;若低于 T_M 时,则由液相转变为固相;只有当温度为 T_M 时,固液两相的蒸气压才是一致的,此时固液两相方可同时并存。这就是纯粹晶体物质之所以有固定和敏锐的熔点的原因。一旦温度超过 T_M,甚至只有几分之一度时,只要有足够的时间,固体就可全部转变为液体。所以要精确测定熔点,在接近熔点时加热速度一定要慢,温度的升高每分钟不超过 1～2℃。只有这样,才能使整个融化过程尽可能接近于两相平衡的条件。

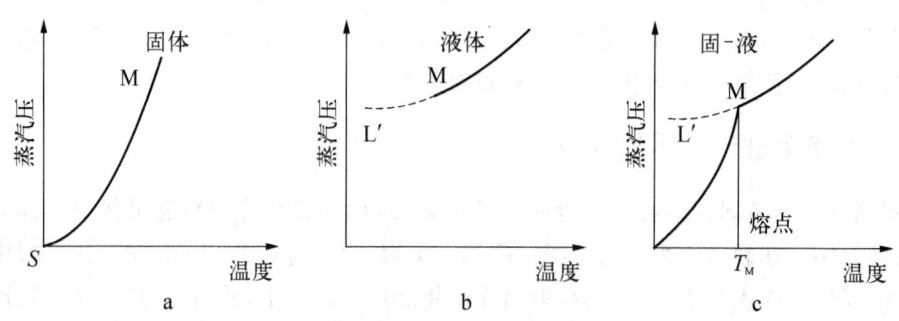

图 3-28 物质的温度与蒸气压曲线

当有杂质存在时(假定两者不成固熔体),根据拉乌尔(Raoult)定律可知,在一定的压力和温度下,在溶剂中增加溶质的物质的量,导致溶剂蒸汽分压降低(图 3-29 中 M_1L_1),因此该化合物的熔点必较纯粹者为低。举例来说,纯粹的 α-萘酚熔点为 95.5℃,在此温度时加入少量的萘(熔点 80℃),萘溶解在熔化成液体的 α-萘酚中,导致液相中 α-萘酚的蒸气压下降,α-萘酚固液两相的平衡点破坏,固相迅速地转变为液相。只有温度下降才能使固液两相重新达到平衡。从图 3-30 中可以看出,固体 α-萘酚的蒸气压和萘-α-萘酚溶液中 α-萘酚的蒸气压依它们各自的曲线下降,在 M_1 处相交,此时液相中 α-萘酚的蒸气压才能与其纯粹固相的蒸气压一致。一旦温度超过 T_{M1}（全熔点）时，即全部转变为液相，因此它的熔点较纯粹 α-萘酚的熔点低。

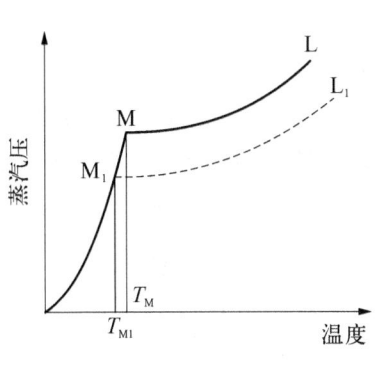

图 3-29　α-萘酚混有少量萘时的蒸气压降低图

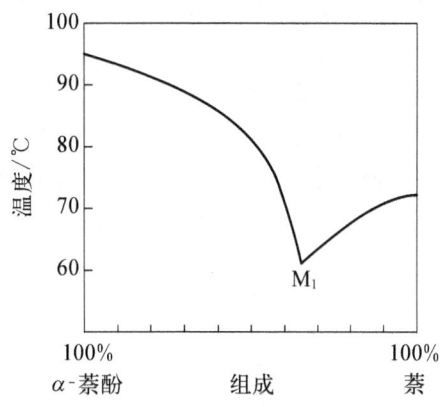

图 3-30　α-萘酚与萘的摩尔组成与熔点的关系图

现在来讨论一下在 α-萘酚中含有少量萘（设其全熔温度为 T_{M1}）的熔化情况（图 3-30）。此混合物加热到 61℃ 时即开始熔化，固相中剩下纯粹的 α-萘酚，在继续加热熔化过程中，由于纯粹 α-萘酚的不断溶入，液相的组分不断在改变，使液相中杂质（萘）的浓度相对地变得更低了，故固液平衡所需要的温度也要随着上升，当温度超过 T_{M1} 时即全部溶化。由此可知若有杂质存在，固液平衡时不是一个温度点，而是 61℃～T_{M1} 一段，其间固相和液相平衡时的相对量在改变。这说明了杂质的存在不但使初熔温度降低，还会使熔程变长。所以在测熔点时一定要记录初熔和全熔的温度。但是在实际测定熔点过程中，如杂质的含量很少时会看不到真正的初熔过程，可能观察的熔程不一定很长。

在有机化合物鉴定中，对熔点相近的物质可用混合熔点法来判断它们是否是同一种物质，即将熔点相同的两物质混合后测定熔点，如无降低现象即认为两物质相同（至少测定 3 种比例，如 1∶9，1∶1 和 9∶1）。但有时（如形成新的化合物或固熔体）两种熔点相同的不同物质混合后熔点并不降低或反而升高。尽管混合熔点的测定，会由于少数例外情况而不绝对可靠，但对于鉴定有机化合物仍有很大的实用价值。

（二）实验操作

1. 熔点管的制备

详见本书第三章基本操作（九）中的内容。

2. 样品的装填

取少许待测熔点的干燥样品（约 0.1 g），放在干净的表面皿上，用玻璃钉将它研成粉末并集成一堆。将熔点管开口端向下插入粉末中，装取少许粉末，然后取一支长约 30～40 cm 的玻璃管，垂直于一干净的表面皿上，将熔点管从玻璃管上端自由落下，使样品粉末紧密堆积在毛细管底部。为了使管内装入高约 2～3 mm 紧密结实的样品，一般需如此重复数次。一次不宜装入太多，否则不易夯实。沾于管外的粉末须拭去，以免沾污加热浴液。要测得准确的熔点，样品一定要研得极细，填充要均匀且紧密，使热量的传导迅速均匀。

对于蜡状的样品,为了解决研细及装管的困难,可选用较大口径(2 mm 左右)的熔点管。

3. 熔点浴

熔点浴的设计最重要的是要使受热均匀,便于控制和观察温度。下面介绍两种在实验室中最常用的熔点浴。

1) 提勒(Thiele)管,又称 b 形管,如图 3-31a 所示。管口装有开口软木塞,温度计插入其中,刻度面向木塞开口,其水银球位于 b 形管上下两叉管口之间,装好样品的熔点管,借少许浴液黏附于温度计下端(最好用橡胶圈套住,以免脱落),使样品的部分置于水银球中部(图 3-31c)。b 形管中装入加热液体(浴液),高度达上叉管处即可。

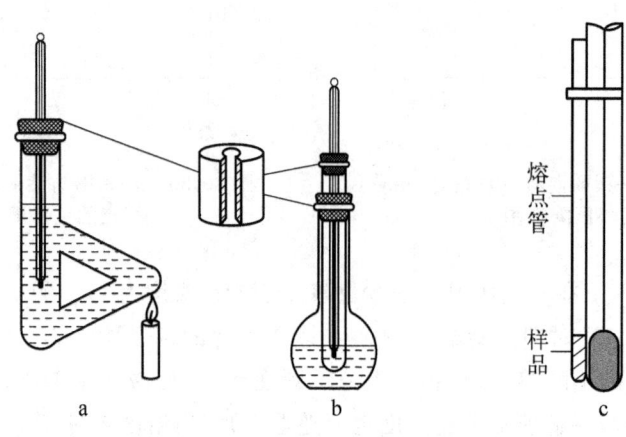

图 3-31 测熔点的装置

在图示的部位加热,受热的浴液作沿管上升运动,从而促成了整个 b 形管内浴液呈对流循环,使得温度较为均匀。

2) 双浴式,如图 3-31b 所示。将试管经开口软木塞插入 250 mL 平底(或圆底)烧瓶内,直至离瓶底约 1 cm 处,试管口也配一个开口橡皮塞或软木塞,插入温度计,其水银球应距试管底 0.5 cm。瓶内装入约占烧瓶 2/3 体积的加热液体,试管内也放一些加热液体,使在插入温度计后,其液面高度与瓶内相同。熔点管黏附于温度计水银球旁,和在 b 形管中相同。

在测定熔点时凡样品熔点在 220℃ 以下的,可采用浓硫酸作为浴液。因高温时,浓硫酸将分解放出三氧化硫及水,所以长期不用的熔点浴应先慢慢加热去掉吸入的水分,否则加热过快,就有冲出的危险。当有机物和其他杂质触及硫酸时,会使硫酸变黑,妨碍熔点的观察,此时可加入少许硝酸钾晶体共热后使之脱色。

除浓硫酸以外,亦可采用磷酸(可用于 300℃ 以下)、石蜡油或有机硅油等。如将 7 份浓硫酸钾和 3 份浓硫酸或 5.5 份浓硫酸和 4.5 份硫酸钾在通风橱中一起加热,直至固体溶解,这样的溶液可应用在 220~320℃ 的范围。若以 6 份浓硫酸和 4 份硫酸钾混合,则可使用至 365℃。但此类加热液体不适用于测定低熔点的化合物,因为它们在室温下呈半固态或固态。

4. 熔点的测定

(1) 毛细管熔点测定法

将提勒管垂直夹于铁架上,以浓硫酸或液体石蜡作为加热液体,用橡皮圈套在温度计和熔点管的上部(图3-31c)。将黏附有熔点管的温度计小心地伸入浴中。以小火在图示部位缓缓加热。开始时升温速度可以较快,到距离熔点10～15℃时,调整火焰使每分钟上升约1～2℃。愈接近熔点,升温速度应愈慢。这一方面是为了保证有充分的时间让热量由管外传至管内,以使固体熔化;另一方面因观察者不能同时观察温度计所示度数和样品的变化情况,只有缓慢加热,才能使误差减小。记下样品开始塌落并有液相(俗称出汗)产生时(初熔)和固体完全消失时(全熔)的温度计读数,即为该化合物的熔程。要注意,在初熔前是否有萎缩或软化、放出气体及其他分解现象。例如一物质在120℃时开始萎缩,在121℃时有液滴出现,在122℃时全部液化,应记录如下:熔点121～122℃,120℃时萎缩。

  熔点测定,至少要有两次重复的数据。每一次测定都必须用新的熔点管另装样品,不能将已测定过熔点的熔点管冷却,使其中的样品固化后再作第二次测定。因为有时某些物质会产生部分分解,有些会转变成具有不同熔点的其他结晶形式。测定易升华物质的熔点时,应将熔点管的开口端烧熔封闭,以免升华。

  如果要测定未知物的熔点,应先对样品粗测一次。加热速度可以稍快,知道大致的熔点范围后,待浴温冷至熔点以下约30℃左右,再取另一根装样的熔点管作精密的测定。熔点测好后,温度计的读数须对照温度计校正图进行校正。

  待熔点浴冷却后,方可将浓硫酸倒回瓶中。温度计冷却后,用废纸擦去硫酸,方可用水冲洗,否则温度计极易炸裂。

  (2) 用熔点测定仪测定熔点

  该仪器主要由电加热系统、温度计和显微镜组成。测定熔点时,样品放在两片洁净的载片玻璃之间,置于热浴中,调节显微镜高度,观察被测物质的晶形。先拧开加热旋钮,使温度快升,到温度低于熔点10～15℃时,换开微调旋钮,减慢升温速度,使每分钟上升1～2℃。其他事项同提勒管测定法。

  当要重复测定时,可将金属冷却圆板置于热浴中。热交换后的圆板,用冷水冷却。如此重复数次,使温度很快降下来。

  目前熔点测定仪已发展到微机熔点仪,其升温、降温、读数均可由微机控制,操作更为简单,控温更加精确,测定结果也更为准确。微机熔点仪的结构、测定原理和操作方法请参见本书第二章化学实验常用仪器(十)微机熔点仪。

  5. **温度计校正**

  用以上方法测定熔点时,温度计上的熔点读数与真实熔点之间常有一定的偏差。这可能是由于温度计的质量所引起。例如一般温度计中的毛细孔径不一定是很均匀的,有时刻度也不很精确。其次,温度计有全浸式和半浸式两种。全浸式温度计的刻度是在温度计的汞线全部均匀受热的情况下刻出来的,而在测熔点时仅有部分汞线受热,因而露出的汞线温度当然较全部受热时为低。另外,长期使用的温度计,玻璃也可能发生体积变形而使刻度不准。因此,若要精确测定物质的熔点,就须校正温度计。校正温度计,可选用一标准温度计与之比较,也可采用纯粹有机化合物的熔点作为校正的标准。通过此法校正的温度计上述误差可一并除去。校正时只要选择数种已知熔点的纯粹化合物的熔点作为标准,测定它们的熔点,以观察到的熔点作纵坐标,测得熔点与应有熔点的差数作横坐标,画成曲线。在任一温度时的校正值可直接从曲线中读出。

  用熔点方法校正温度计的标准样品及熔点如下,校正时可以具体选择。

水/冰	0℃
α-萘胺	50℃
二苯胺	54～55℃
对二氯苯	53.1℃
苯甲酸苄酯	71℃
萘	80.55℃
间二硝基苯	90.02℃
二苯乙二酮	95～96℃
乙酰苯胺	114.3℃
苯甲酸	122.4℃
尿素	132.7℃
二苯基羟基乙酸	151℃
水杨酸	159℃
对苯二酚	173～174℃
3,5 二硝基苯甲酸	205℃
蒽	216.2～216.4℃
酚酞	262～263℃
蒽醌	286℃（升华）

（季卫刚）

十一、蒸　馏

蒸馏是提纯液体物质和分离混合物的一种常用方法。应用这一方法，不仅可以把挥发性物质与不挥发性物质分开，把沸点不同的物质分开，还可以通过测定化合物的沸点来鉴定纯粹的液体有机化合物。

（一）基本原理

由于分子运动，液体的分子有从表面逸出的倾向，这种倾向随着温度的升高而增大。每种纯粹的液态有机物在受热情况下，蒸气压达到大气压或给定的压力（即 $P_{蒸} = P_{外}$）时，液体沸腾，这时的温度称为液体的沸点。不同物质蒸气压随温度变化情况如图 3-32 所示。

蒸馏就是将液体加热到沸腾变为蒸汽，又使蒸汽冷凝为液体的这两个过程的联合操作。很明显，蒸馏可将易挥发和不易挥发的物质分离开来，也可将沸点不同的液体混合物分离开来。但液体混合物各组分的沸点必须相差很大（至少 30% 以上）才能得到较好的分离效果。在常压下进行蒸馏时，由于大气压往往不是恰好为 0.1 MPa，因而严格说来，应对观察到的沸点加上校正值，但由于偏差一般都很小，即使大气压相差 2.7 kPa，这项校正值也不过 ±1℃ 左右，因此可以忽略不计。

例如将盛有液体的烧瓶放在石棉网上，下面用酒精灯加热，在液体底部和玻璃受热的接触面上就有蒸汽的小气泡形成。这样的小气泡（称为汽化中心）即可作为大的蒸汽气泡的核心，溶解在液体内部和以薄膜形式吸附在瓶壁上的空气有助于这种气泡的形成，玻璃的粗糙面也起促进作用。在沸点时，液体释入大量蒸汽至小气泡中。待气泡的总压力增加到足够克服由于液柱和大气压所产生的压力时，蒸汽的气泡就升逸出液面。因此，在液体中有许多小气泡或其他的汽化中心时，液体就可平稳地沸腾。如果液体中几乎不存在空气，瓶壁又非常洁净和光滑，形成气泡就非常困难。这样加热时，液体温度可能上升到超过沸点很多而不沸腾，这种现象称为"过热"。一旦有一个气泡形成，由于液体在此温度时的蒸气压已远远超过大气压和液柱压力之和，因此上升的气泡增大得非常快，甚至将液体冲溢出瓶外，这种不正常沸腾，称为"暴沸"。因而在加热前应加入助沸物以期引入汽化中心，

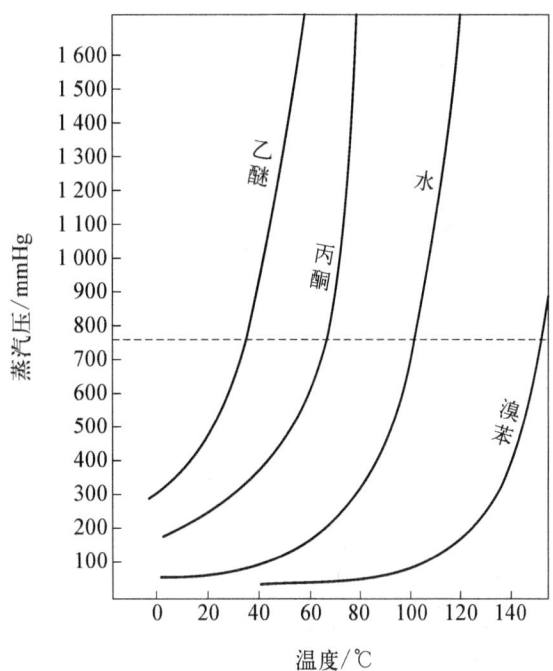

图 3-32 温度与蒸气压关系图(1 mmHg＝133 Pa)

保证沸腾平稳。助沸物一般是表面疏松多孔，吸附有空气的物体如素瓷片、沸石或玻璃沸石等。另外也可用几根一端封闭的毛细管以引入汽化中心（注意毛细管应有足够的长度，使其上端可搁在蒸馏瓶的颈部；开口的一端朝下）。在任何情况下，切忌将助沸物加至已受热接近沸腾的液体中，否则常因突然放出大量蒸汽而将大量液体从蒸馏瓶口喷出造成危险。如果加热前忘了加入助沸物，补加时必须先移去热源，待加热液体冷至沸点以下后方可加入。如果沸腾中途停止过，重新加热前应加入新的助沸物，因为起初加入的助沸物在加热时逐出了部分空气，在冷却时吸附了液体，因而可能已经失效。另外，如果采用浴液间接加热，保持浴温不要超过蒸馏液沸点 20℃，这种加热方式不但可大大减少瓶内蒸馏液中各部分之间的温差，而且可使蒸汽的气泡不单从烧瓶的底部上升，也可沿着液体的边沿上升，因而也可大大减少过热的可能。

　　纯粹的液体有机化合物在一定的压力下具有一定的沸点，但是具有固定沸点的液体不一定是纯粹的化合物，因为某些有机化合物常和其他组分形成二元或三元共沸混合物，它们也有一定的沸点。不纯物质的沸点则要取决于杂质的物理性质以及它和纯物质间的相互作用。假如杂质是不挥发的，则溶液的沸点比纯物质的沸点略有提高（但在蒸馏时，实际上测量的并不是溶液的沸点，而是逸出蒸汽与其冷凝液平衡时的温度，即是馏出液的沸点而不是瓶中蒸馏液的沸点）。若杂质是挥发性的，则蒸馏时液体沸点会逐渐上升；或者由于两种或多种物质组成了共沸点混合物，在蒸馏过程中温度可保持不变，停留在某一范围内。因此，沸点的恒定，并不一定意味着它是纯粹化合物。

(二) 实验操作

1. 蒸馏装置及安装

图 3-33 为常压蒸馏装置，由蒸馏瓶、温度计、冷凝管[1]、尾接管和接受瓶组成。蒸馏

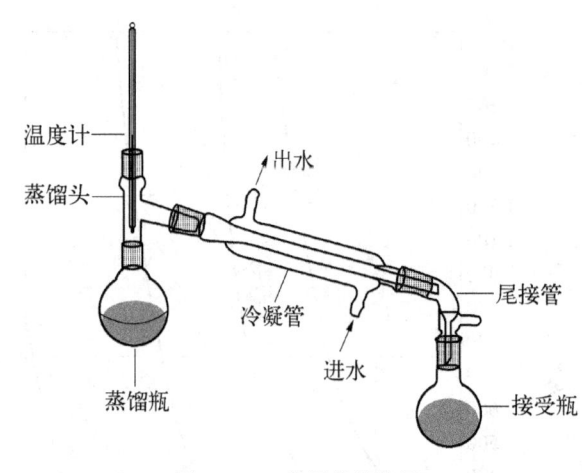

图 3-33 常压蒸馏装置

瓶与蒸馏头之间有时需借助于大小接头连接。磨口温度计可直接插入蒸馏头,普通温度计通常借助于温度计旋塞固定在蒸馏头的上口处。温度计水银球的上沿应和蒸馏头侧管的下沿在同一水平线上。冷凝水应从冷凝管的下口流入,上口流出,以保证冷凝的套管中始终充满水。用不带支管的尾接管时,尾接管与接受瓶之间不可用塞子连接,以免造成封闭体系,使体系压力过大而发生爆炸。所用仪器必须清洁干燥,规格合适。安装仪器之前,首先要根据蒸馏物的量,选择大小合适的蒸馏瓶。蒸馏物液体的体积,一般不要超过蒸馏瓶容积的 2/3,也不要少于 1/3。仪器的安装顺序一般是先从热源开始,先在铁台上放好酒精灯,再根据酒精灯火焰的高低依次安装铁圈(或三脚架)、石棉网(或水浴、油浴),然后安装蒸馏瓶。注意瓶底应距石棉网 1~2 mm,不要触及石棉网;用水浴或油浴时,瓶底应距水浴(或油浴)锅底 1~2 cm。蒸馏瓶用铁夹垂直夹好。安装冷凝管时,应先调整它的位置使其与已装好的蒸馏瓶高度相适应并与蒸馏头的侧管同轴,然后松开固定冷凝管的铁夹,使冷凝管沿此轴移动与蒸馏瓶连接。铁夹不应夹得太紧或太松,以夹住后稍用力尚能转动为宜。完好的铁夹内通常垫以橡皮等软性物质,以免夹破仪器。在冷凝管尾部通过尾接管连接受瓶(用锥形瓶或圆底烧瓶)。正式接受馏液的接受瓶应事先称重并作记录。

安装仪器顺序一般都是自下而上,从左到右。要准确端正,横平竖直。无论从正面或侧面观察,全套仪器装置的轴线都要在同一平面内。铁架应整齐地置于仪器的背面。也可将安装仪器概括为四个字,即稳、妥、端、正。稳,即稳固牢靠;妥,即妥善安装,消除一切不安全因素;端,即端正好看,同时给以美的享受;正,即正确地使用和选用仪器。

2. 蒸馏操作

(1) 加料

将待蒸馏液通过玻璃漏斗小心倒入蒸馏瓶中。要注意勿使液体从支管流出。加入几粒助沸物,塞好带温度计的塞子。再一次检查仪器的各部分连接是否紧密和妥善。

(2) 加热

用水冷凝时,先由冷凝管下口缓缓通入冷水,自上口流出引至水槽中,然后开始加热。加热时可以看见蒸馏瓶中液体逐渐沸腾,蒸汽逐渐上升,温度计的读数也略有上升。当蒸汽的顶端达到温度计水银球部位时,温度计的读数就急剧上升。这时应适当调节酒精灯的火焰(移近酒精灯位置),使加热速度略为减慢,蒸汽顶端停留在原处,使瓶颈上部和温度计受热,让水银球上液滴和蒸汽温度达到平衡。然后再稍稍加大火焰,进行蒸馏。控制加热温度,调节蒸馏速度,通常以每秒 1~2 滴为宜。在整个蒸馏过程中,应使温度计水银球上常有被冷凝的液滴。此时的温度即为液体与蒸汽平衡时的温度。温度计的读数就是液体(馏出液)的沸点。蒸馏时加热的火焰不能太大,否则会在蒸馏瓶的颈部造成过热现象,使一部分液体蒸汽直接接受到火焰的热量,这样由温度计读得的沸点会偏高;另一方面,蒸馏也不能进行太慢。否则由于温度计的水银球不能为馏出液蒸汽充分浸润而使温度计上所读得的沸点偏低或不规则。

(3) 观察沸点及收集馏液

进行蒸馏前,至少要准备两个接受瓶。因为在达到预期物质的沸点之前,沸点较低的液体先蒸出。这部分馏液称为"前馏分"或"馏头"。前馏分蒸完,温度趋于稳定后,蒸出的就是较纯的物质,这时应更换一个洁净干燥的接受瓶接受,记下这部分流体开始馏出时和最后一滴时温度计的读数,即是该馏分的沸程(沸点范围)。一般液体中或多或少地含有一些高沸点杂质,在所需要的馏分蒸出后,若再继续升高加热温度,温度计的读数会显著升高。若维持原来的加热温度,就不会再有馏液蒸出,温度会突然下降。这时就应停止蒸馏。即使杂质含量极少,也不要蒸干,以免蒸馏瓶破裂及发生其他意外事故。

蒸馏完毕,应先灭火,然后停止通水,拆下仪器。拆除仪器的顺序和装配的顺序相反,先取下接受器,然后拆下尾接管、冷凝管、蒸馏头和蒸馏瓶等。

液体的沸程常可代表它的纯度。纯粹的液体沸程一般不超过 1~2℃。对于合成实验的产品,因大部分是从混合物中采用蒸馏法提纯,由于蒸馏方法的分离能力有限,故在普通有机化学实验中收集的沸程较宽。

注:

[1] 蒸馏液体沸点在 140℃以下时,用直形冷凝管通水冷凝;沸点在 140℃以上者,用水冷凝管冷凝时,在冷凝管接头处容易爆裂,故应改用空气冷凝管(高沸点化合物用空气冷凝管已可达到冷却目的)。蒸馏易燃易吸潮的液体时,在尾接管的支管处连一干燥管,再从后者出口处接一胶管通入槽或室外,并将接受瓶在冰水浴中冷却。

(杨　旭)

十二、水蒸气蒸馏

水蒸气蒸馏操作是将水蒸气通入不溶或难溶于水但有一定挥发性的有机物质中,使该物质在低于 100℃的温度下,随着水蒸气一起蒸馏出来。水蒸气蒸馏是分离和纯化有机物的常用方法之一,尤其是反应产物中有大量树脂状杂质的情况下,效果较一般蒸馏或重结晶为好。被提纯物质应该具备下列条件:① 不溶(或几乎不溶)于水,在沸腾下长时间与水共存而不起化学变化。② 在 100℃左右时必须具有一定的蒸气压(一般不小于 1.33 kPa)。

(一) 基本原理

根据道尔顿(Dalton)分压定律,当与水不相混溶的物质与水共存时,整个体系的蒸气压力,应为各组分蒸气压之和,即

$$P = P_A + P_B$$

式中,P 代表总的蒸气压,P_A 为水的蒸气压;P_B 为与水不相混溶物质的蒸气压。当混合

物中各组分蒸气压总和等于外界大气压时,这时的温度即为它们的沸点。此沸点必定较任一个组分的沸点都低。因此,在常压下应用水蒸气蒸馏,就能在低于100℃的情况下将高沸点组分与水一起蒸出来。此法特别适用于分离那些在其沸点附近易分解的物质;也适用于从不挥发物质或不需要的树脂状物质中分离出所需的组分。蒸馏时混合物的沸点保持不变,直至其中一组分几乎完全移去(因总的蒸气压与混合物中二者间的相对量无关),温度才上升至留在瓶中液体的沸点。我们知道,混合物蒸汽中各个气体分压(P_A/P_B)之比等于它们的物质的量之比(n_A,n_B表示此两物质在一定容积的气相中的物质的量),即:

$$n_A/n_B = P_A/P_B$$

而$n_A = m_A/M_A$,$n_B = m_B/M_B$,其中m_A、m_B为各物质在一定容积中蒸汽的质量;M_A、M_B为物质A和B的相对分子质量。因此

$$m_A/m_B = \frac{M_A \cdot n_A}{M_B \cdot n_B} = \frac{M_A \cdot P_A}{M_B \cdot P_B}$$

可见,这两种物质在馏液中的相对质量(就是它们在蒸汽中的相对质量)与它们的蒸气压和相对分子质量成正比。

水具有低的相对分子质量和较大的蒸气压。它们的乘积$M_A \cdot P_A$是小的。这样就有可能用来分离较高相对分子质量和较低蒸气压的物质。以溴苯为例,它的沸点为135℃,且和水不相混溶。当和水一起加热至95.5℃时,水的蒸气压为86.1 kPa,溴苯的蒸气压为15.2 kPa,它们的总压力为0.1 mPa,于是液体就开始沸腾。水和溴苯的相对分子质量分别为18和157,代入上式:

$$\frac{m_A}{m_B} = \frac{86.1 \times 18}{15.2 \times 157} = \frac{6.5}{10}$$

亦即蒸出6.5 g水能够带出10 g溴苯。溴苯在溶液中的组分占61%。这是理论值,实际蒸出的水量要多些。主要的原因是由于进入蒸馏瓶中的水蒸气还来不及与溴苯很好混合就离开蒸馏瓶,因此带走的溴苯较少。所以在蒸馏时通入的水蒸气应尽量与被蒸出物混合均匀,即水蒸气应在被蒸出物液下导入,同时控制蒸馏速度,不能太快。

从以上例子可以看出,溴苯和水的蒸气压之比约近于1∶6,而溴苯的相对分子质量较水的大9倍,所以馏液中溴苯的含量较水多。那么是否相对分子质量越大越好呢?我们知道相对分子质量越大的物质,一般情况下其蒸气压也越低。虽然某些物质相对分子质量较水的大几十倍。但它在100℃左右时的蒸气压只有0.013 kPa或者更低。因而不能应用水蒸气蒸馏。利用水蒸气蒸馏来分离提纯物质时,要求此物质在100℃左右时的蒸气压至少在1.33 kPa左右。如果蒸气压在0.13~0.67 kPa,则其在馏液中的含量仅占1%,甚至更低。为了要使馏液中的含量增高,就要想办法提高此物质的蒸气压,也就是说要提高温度,使蒸汽的温度超过100℃,即要用过热水蒸气蒸馏。例如苯甲醛(沸点178℃),进行水蒸气蒸馏时,在97.9℃沸腾(这时P_A=93.8 kPa,P_B=7.5 kPa),馏液中苯甲醛占32.1%,假如导入133℃过热蒸汽,这时苯甲醛的蒸气压可达29.3 kPa,因而只要有72 kPa的水蒸气压,就可使体系沸腾。因此:

$$\frac{m_A}{m_B} = \frac{72 \times 18}{29.3 \times 106} = \frac{41.7}{100}$$

这样馏液中苯甲醛的含量就提高到 70.6%。

应用过热水蒸气还具有使水蒸气冷凝少的优点,这样可以省去在盛蒸馏物的容器下加热等操作。为了防止过热水蒸气冷凝,可在盛物的瓶下以油浴保持和蒸汽相同的温度。

在实验操作中,过热水蒸气可应用于 100℃时具有 0.13~0.67 kPa 的物质。例如在分离苯酚的硝化产物中,邻硝基苯酚可用一般的水蒸气蒸馏蒸出。在蒸完邻位异构体后,如果提高水蒸气温度,也可以蒸馏出对位产物。

(二) 实验操作

常用水蒸气蒸馏的简单装置如图 3-34 所示。A 是水蒸气发生器,通常盛水量以其容积的 3/4 为宜。

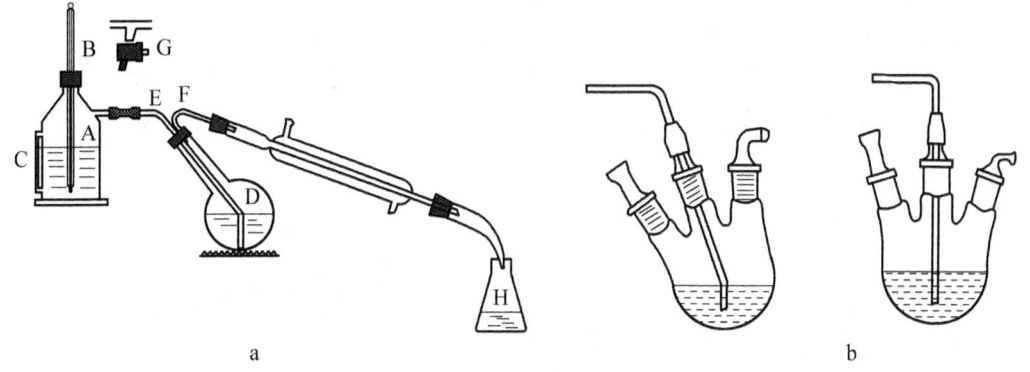

图 3-34 水蒸气蒸馏装置

如果太满,沸腾时水将冲至烧瓶。安全玻璃管 B 几乎插到发生器 A 的底部。当容器内气压太大时,水可沿着玻璃管上升,以调节内压。如果系统发生阻塞,水便会从管的上口喷出。此时应检查导管是否被阻塞。蒸馏部分通常是用 500 mL 以上的长颈圆底烧瓶。为了防止瓶中液体因跳溅而冲入冷凝管内,故将烧瓶的位置向发生器的方向倾斜 45°,瓶内液体不宜超过其容积的 1/3。蒸汽导入管 E 的末端应弯曲,使之垂直地正对瓶底中央并伸到接近瓶底。蒸汽导出管 F(弯角约 30 度)孔径最好比管 E 大一些,一端插入双孔木塞,露出约 5 mm,另一端和冷凝管连接。馏液通过尾接管进入接受器 H。接受器外围可用冷水浴冷却。

水蒸气发生器与盛物的圆底烧瓶之间应装上一个 T 形管。在 T 形管下端连一个弹簧夹,以便及时除去冷凝下来的水滴。应尽量缩短水蒸气发生器与盛物的圆底烧瓶之间的距离,以减少水汽的冷凝。

进行水蒸气蒸馏时,先将溶液(混合液或混有少量水的固体)置于 D 中,加热水蒸气发生器,直至接近沸腾后才将弹簧夹夹紧,使水蒸气均匀地进入圆底烧瓶。为了使蒸汽不致在 D 中冷凝而积聚过多,必要时可在 D 下置一石棉网,用小火加热。必须控制加热速度,使蒸汽能全部在冷凝管中冷凝下来。如果随水蒸气挥发的物质具有较高的熔点,在冷凝后易于析出固体,则应调小冷凝水的流速,使它冷凝后仍然保持液态。假如已有固体析出,并且接近阻塞时,可暂时停止冷凝水的流通,甚至需要将冷凝水暂时放去,以使物质熔融后随水流入接受器中。必须注意当冷凝管夹套中要重新通入冷却水时,要小心而缓慢,以免冷凝管因骤冷而破裂。假如冷凝管已被阻塞,应立即停止蒸馏,并设法疏通(如用玻璃棒将阻塞的晶体捅出或用电吹风的热风吹化结晶,也可在冷凝管夹套中灌以热水使之熔出)。

在蒸馏需要中断或蒸馏完毕后,一定要先打开螺旋夹使通大气,然后方可停止加热,否则 D 中的液体将会倒吸到 A 中。在蒸馏过程中,如发生安全管 B 中的水位迅速上升,则表示系统中发生了堵塞。此时应立即打开螺旋夹,然后移去热源。待排除了堵塞后再继续进行水蒸气蒸馏。

4. 水蒸气蒸馏装置

对 100℃ 左右蒸气压较低的化合物可利用过热蒸汽进行蒸馏。例如可在 T 形管 G 和烧瓶之间串联一段铜管(最好是螺旋形的)。铜管下用火焰加热,以提高蒸汽的温度。烧瓶再用油浴保温;也可用图 3-35 所示的装置来进行。其中 A 是为了除去蒸汽中冷凝下来的液滴,B 处是用几层石棉纸裹住的硬质玻璃管,下面用鱼尾灯焰加热,C 是温度计套管,内插温度计。烧瓶外用油浴或空气浴维持和蒸汽一样的温度。

少量物质的水蒸气蒸馏,可用克氏蒸馏瓶代替圆底烧瓶,装置如图 3-36a 所示。有时也可直接利用进行反应的三颈瓶来代替圆底烧瓶更为方便,装置如图 3-36b 所示。

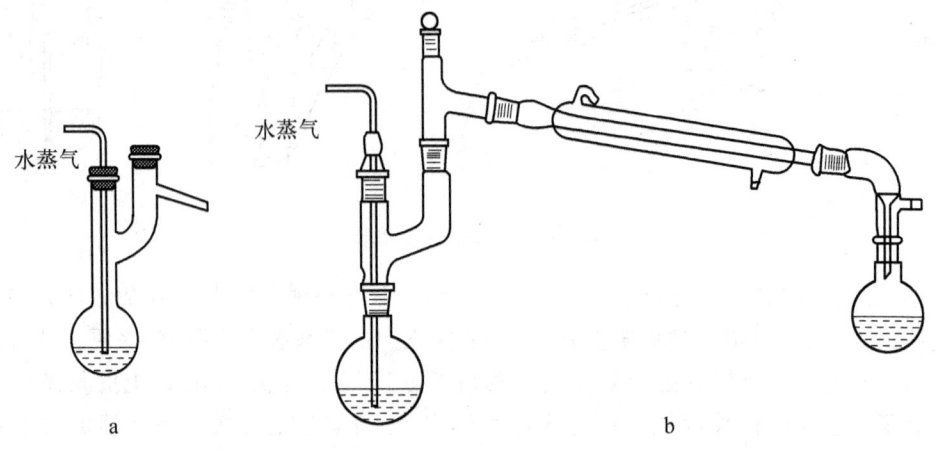

图 3-36 用克氏蒸馏瓶(头)进行少量物质的水蒸气蒸馏

(杨　旭)

十三、减压蒸馏

减压蒸馏是分离和提纯有机化合物的一种重要方法。它特别适用于那些在常压蒸馏时未达沸点即已受热分解、氧化或聚合的物质。

(一)基本原理

液体沸腾的温度是随外界压力的降低而降低的。如用真空泵连接盛有液体的容器,使液体表面上的压力降低,即可降低液体的沸点。这种在较低压力下进行蒸馏的操作称为减压蒸馏。

减压蒸馏时物质的沸点与压力有关,见前面的温度与蒸气压关系图(图3-32)。有时在文献中查不到与减压蒸馏选择的压力相应的沸点,则可根据下面一个经验曲线(图3-37),找出该物质在此压力下的沸点(近似值),如二乙基丙二酸二乙酯常压下沸点为218~220℃,欲减压至2.67 kPa,它的沸点应为多少度?我们可先在图3-37中间的直线上找出相当于218~220℃的点,将此点与右边直线上2.67 kPa处的点连成一直线,延长此直线与左边的直线相交,交点所示的温度就是2.67 kPa时二乙基丙二酸二乙酯的沸点,约为105~110℃。

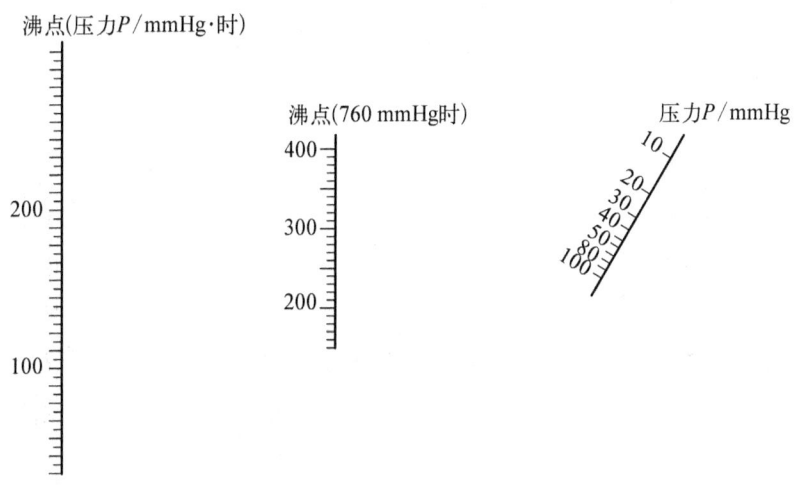

图3-37 液体在常压下的沸点与减压下的沸点的近似关系图

在给定压力下的沸点还可以近似地从下列公式求出:

$$\lg P = A + B/T$$

式中,P 为蒸气压;T 为沸点(绝对温度);A、B 为常数。如以 $\lg P$ 为纵坐标,$\dfrac{1}{T}$ 为横坐标作图,可以近似地得到一直线。因此可从两组已知的压力和温度算出 A 和 B 的数值。再将所选择的压力代入上式算出液体的沸点。

表3-6列出了一些有机化合物在常压与不同压力下的沸点。从中可以看出,当压力降低到2.67 kPa时,大多数有机物沸点比常压0.1 MPa的沸点低100~120℃左右;当减压蒸馏在1.33~3.33 kPa之间进行时,大体上压力每相差0.133 kPa,沸点约相差1℃。当要进行减压蒸馏时,预先粗略地估计出相应的沸点,对具体操作和选择合适的温度与热浴都有一定的参考价值。

表3-6 某些有机化合物在常压和不同压力下的沸点(℃)

压力/kPa	化合物 水	氯苯	苯甲醛	水杨酸乙酯	甘油	蒽
101.3	100	132	179	234	290	354
6.7	38	54	95	139	204	225
4.0	30	43	84	127	192	207

3.3	26	39	79	124	188	201
2.7	22	34.5	75	119	182	194
2.0	17.5	29	69	113	175	186
1.3	11	22	62	105	167	175
0.7	1	10	50	95	156	159

(二) 实验操作

1. 减压蒸馏的装置

图 3-38 是常用的减压蒸馏系统。整个系统可分为蒸馏、抽气(减压)以及在它们之间的保护和测压装置三部分组成。

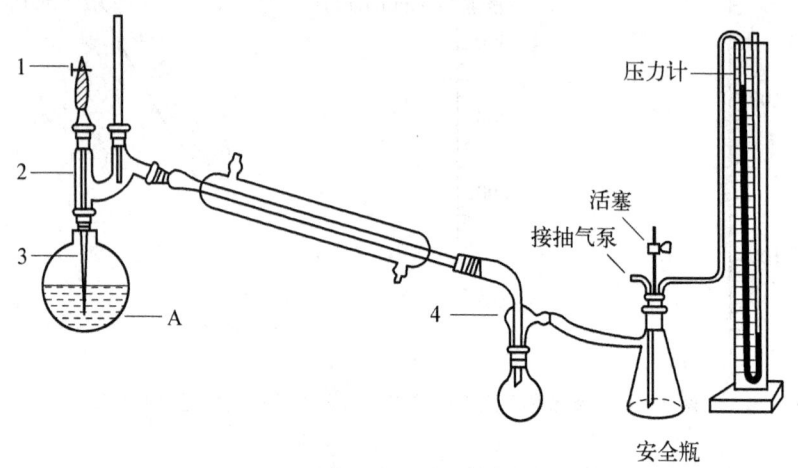

1. 螺旋夹 2. 克氏蒸馏头 3. 毛细管 4. 真空尾接管

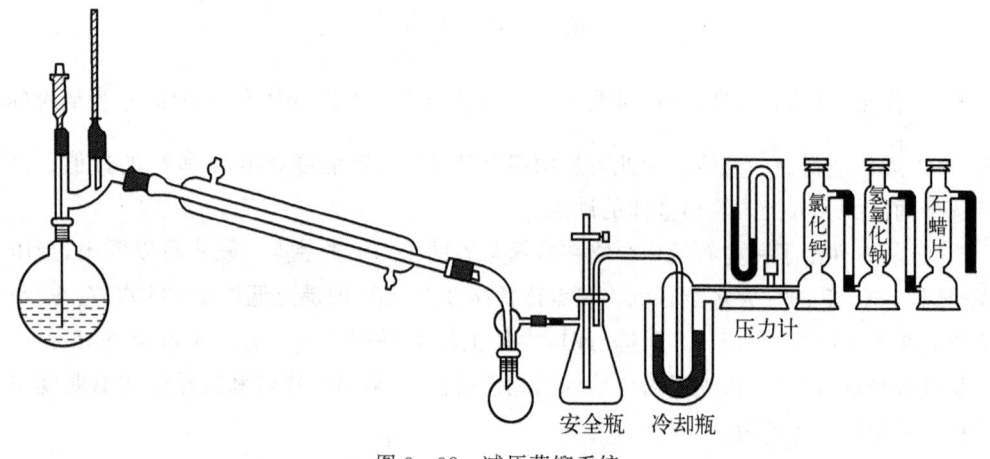

图 3-38 减压蒸馏系统

(1) 蒸馏部分

是减压蒸馏瓶,又称克氏蒸馏瓶,在磨口仪器中用克氏蒸馏头配圆底烧瓶代替,有两个颈,其目的是为了避免减压蒸馏时瓶内液体由于沸腾而冲入冷凝管中。瓶中一颈中插入温度计,另一颈中插入一根毛细管[1],其长度恰好使其下端距瓶底 1~2 mm。毛细管上端连有一段带螺旋夹的橡皮管。螺旋夹用以调节进入空气的量,使极少量的空气进入液体,呈微小气泡冒出,作为液体沸腾的汽化中心,使蒸馏平稳进行。接受器可用蒸馏瓶或抽滤瓶充任,但切不可用平底烧瓶或锥形瓶。蒸馏时若要收集不同的馏分而又中断蒸馏,则可用两尾或多尾尾接管(图3-39),多尾尾接管的几个分支管用橡皮塞和作为接受器的圆底烧瓶(或厚壁试管)连接起来。转动多尾尾接管,就可使不同的馏分进入指定的接受器中。

根据蒸出液体的沸点不同,选用合适的热浴和冷凝管。如果蒸馏的液体量不多而且沸点甚高,或是低熔点的固体,也可不用冷凝管,而将克氏瓶的支管通过尾接管直接插入接受瓶的球形部分中(图3-40)。蒸馏沸点较高的物质时,最好用石棉绳或石棉布包裹蒸馏瓶的两颈,以减少散热。控制热浴的温度,使它比液体的沸点高20~30℃左右。

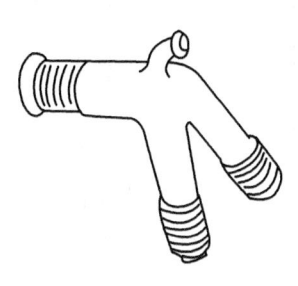
图3-39 多尾尾接管

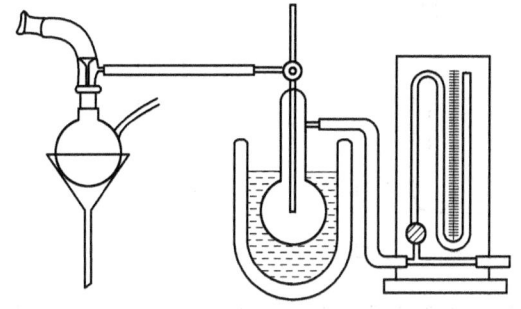
图3-40 不用冷凝管的减压蒸馏装置

(2) 抽气部分

实验室通常用水泵或油泵进行减压。

1) 简易水泵　简易水泵由玻璃和金属制成(图3-41),其效能与其构造、水压及水温有关。水泵所能达到的最低压力为当时室温下的水蒸气压。例如在水温为6~8℃时,水蒸气压为0.93~1.07 kPa;在夏天,若水温为30℃,则水蒸气压为4.2 kPa左右。不同温度下水的蒸气压见附录九。

现在有一种水循环泵代替简单的水泵,它还可提供冷凝水,这对用水不易保证的实验室更为方便、实用。

2) 油泵　油泵的效能决定于油泵的机械结构以及真空泵油的好坏(油的蒸气压须很低)。

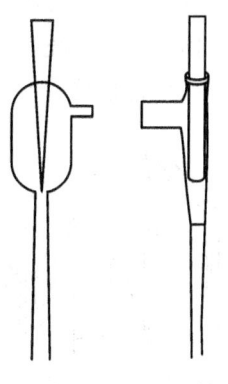
a 玻璃制　b 金属制
图3-41 简易水泵

好的油泵能抽至真空度为13.3 Pa,油泵结构较精密,工作条件要求较严。蒸馏时,如果有挥发性的有机溶剂、水或酸的蒸汽,都会损坏油泵。挥发性的有机溶剂蒸汽被油吸收后,还会增加油的蒸气压,影响真空效能。而酸性蒸汽会腐蚀油泵的机件。水蒸气凝结后与油形成浓稠的乳浊液,破坏了油泵的正常工作,因此使用时必须十分注意对油泵的保护。一般使用油泵时,系统的压力常控制在0.67~1.33 kPa之间,因为在沸腾液体表面上要获得0.67 kPa以下的压力比较困难。这是由于蒸汽从瓶内的蒸发面逸出而经过颈和支管(内径4~5 mm)时,需要有0.13~1.07 kPa的压力差,如果要获得较低的压力,可选用短颈和支管粗的克氏蒸馏瓶。

3) 保护及测压装置部分　当用油泵进行减压时,为了防止易挥发的有机溶剂、酸性物质和水汽进入油泵,必须在馏液接受器与油泵之间顺次安装冷却阱和几种吸收塔,以免污染油泵用油,腐蚀机件致使真空度降低。冷却阱的构造如图3-42所示,将它置于盛有冷却剂的广口保温瓶中,冷却剂的选择随需要而定,例如可用冰-水、冰-盐、干冰-丙酮等。后者能使温度降至-78℃。若用铝箔将干冰-丙酮的敞口部分包住,能使较长时间,十分方便。吸收塔(又称干燥塔)(图3-43)通常设2个,前一个装无水氯化钙(或硅胶),后一个装粒状氢氧化钠。有时为了吸除烃类气体,可再加一个装石蜡片的吸收塔。

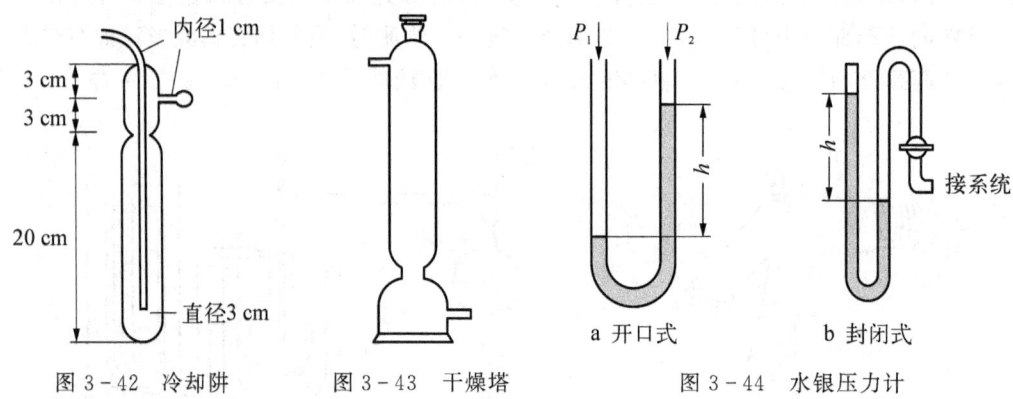

图 3-42 冷却阱　　　图 3-43 干燥塔　　　图 3-44 水银压力计

实验室通常采用水银压力计来测量减压系统的压力。图3-44a为开口式水银压力计,两臂汞柱高度之差,即为大气压力与系统中压力之差。因此蒸馏系统内的实际压力(真空度)应是大气压力减去这一压力差。封闭式水银压力计(图3-44b),两臂液面高度之差即为蒸馏系统中的真空度。测定压力时,可将管后木座上的滑动标尺的零点调整到右臂的汞柱顶端线上,这时左臂的汞柱顶端线所指示的刻度即为系统的真空度。开口式压力计较笨重,读数方式也较麻烦,但读数比较正确。封闭式的比较轻巧,读数方便,但常常因为有残留空气以致不够准确,须用开口式来校正。使用时应避免水或其他污物进入压力计内,否则将严重影响其准确度。

在泵前还应接上一个安全瓶,瓶上的两通活塞供调节系统压力(如放气)之用。减压蒸馏的整个系统必须保持密封不漏气,所以选用橡皮塞的大小及钻孔都要十分合适。所有橡皮管最好用真空橡皮管。各磨口玻璃塞部位都应仔细涂好真空脂。

在普通有机实验室里,可设计一推车(如图3-45所示)来安放油泵、保护及测压设备。车中有两层,底层放置泵和马达,上层放置其他设备。这样既能缩小安装面积又便于移动。

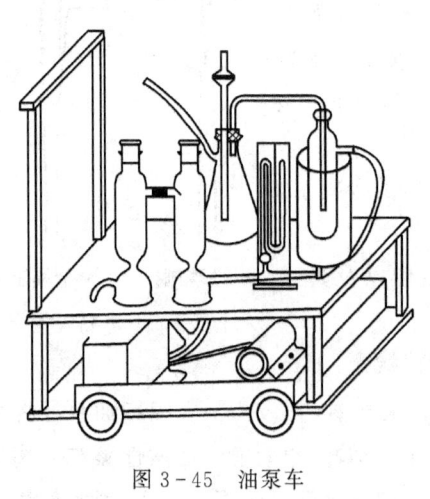

图 3-45 油泵车

2. 减压蒸馏操作

当被蒸馏物中含有低沸点的物质时,应先进行普通蒸馏,然后用水泵减压蒸去低沸点物质,最后再用油泵减压蒸馏。

在克氏蒸馏瓶中,放置待蒸馏的液体(不超过容积的1/2)。按图3-38装好仪器,旋紧毛细管上的螺旋夹,打开安全瓶上的二通活塞,然后开泵抽气(如用水泵,这时应开至最大流量)。逐渐关闭,从压力计上观察系统所能达到的真空度。如果是因为漏气(而不是因水泵、油泵本身效率的限制)而不能达到所需的真空度,可检查各部分塞子和橡皮管的连接是否紧密等。必要时可用熔融的固体石蜡密封(密封应在解除真空后才能进行)。如果超过所需的真空度,可小心地旋转活塞,慢慢地引进少量空气,以调节所需的真空度。调节螺旋夹,使液体中有连续平稳的小气泡通过(如无气泡可能因毛细管已阻塞,应予更换)。开启冷凝水,选用合适的热浴加热蒸馏。加热时,克氏瓶的圆球部位至少应用2/3浸入浴液中。在浴中放一温度计,控制浴温比待蒸馏液体的沸点约高20～30℃,使每秒钟馏出1～2滴。在整个蒸馏过程中,都要密切注意瓶颈上温度计和压力的读数,经常注意蒸馏情况,记录压力、沸点等数据。纯物质的沸点范围一般不超过1～2℃,假如起始蒸出的馏液比要收集物质的沸点低,则在蒸至接近预期的温度时需要调换接受器。此时先移去热源,取下热浴,待稍冷后,渐渐打开二通活塞,使系统与大气相通(注意:一定要慢慢地旋开活塞,使压力计中的汞柱缓缓地恢复原状。否则,汞柱急速上升,有冲破压力计的危险。为此,可将活塞的上端拉成毛细管,即可避免)。然后松开毛细管上的螺旋夹(这样可防止液体吸入毛细管)。切断油泵电源,卸下接受瓶,装上另一洁净的接受瓶,再重复前述操作:开泵抽气,调节毛细管空气流量,加热蒸馏,收集所需产物。显然,如有多尾尾接管(图3-39),则只要转动其位置即可收集不同馏分,可免去前述的繁杂操作。

要特别注意真空泵的转动方向。如果真空泵接线位置搞错,会使泵反向转动,导致水银冲出压力计,污染实验室。

蒸馏完毕或蒸馏过程中需要中断时(例如调换毛细管、接受瓶),应灭去火源,撤去热浴。待稍冷后缓缓解除真空,使系统内外压力平衡后,方可关闭油泵。否则,由于系统中的压力较低,油泵中的油就有吸入干燥塔的可能。

注:

[1] 毛细管的制法有二:可选取长度较克氏蒸馏瓶高度略长的厚壁毛细管,在其一端用火焰加热软化后抽细,拉细的程度视需要的毛细管孔而定;另法可用一玻璃管,先将其一端用火焰加热软化后拉成直径约2 mm左右的毛细管,再用小火将毛细管烧软,迅速地向两面拉伸,使成细发状,截下所需的长度即可。检查毛细管是否合适,可用小试管盛少许丙酮或乙醚,将毛细管插入其中,吹入空气,若毛细管口连续冒出微小的气泡即为合适。

(杨　旭)

十四、简 单 分 馏

应用分馏柱将几种沸点相近的混合物进行分离的方法称分馏,它在化学工业和实验室中被广泛应用。现在最精密的分馏设备已能将沸点相差仅1～2℃的混合物分开,利用蒸馏或分馏来分离混合物的原理是一样的,实际上分馏就是多次的蒸馏。

(一) 基本原理

如果将几种具有不同沸点而又可以完全互溶的液体混合物加热,当其总蒸气压等于外界压力时,就开始沸腾汽化,蒸汽中易挥发液体的成分较在原混合液中为多,这可从下面的分析中看出。为了简化,我们仅讨论混合物是二组分理想溶液的情况,所谓理想溶液即是指在这种溶液中,相同分子间的相互作用与不同分子间的相互作用是一样的,也就是各组分在混合时无热效应产生,体积没有改变。只有理想溶液才遵守拉乌尔定律。这时,溶液中每一组分的蒸气压等于此纯物质的蒸气压和它在溶液中的摩尔分数的乘积。亦即

$$p_A = p_A^0 x_A \qquad p_B = p_B^0 x_B$$

式中,$p_A^0 < p_B^0$;p_A、p_B 分别为溶液中 A 和 B 组分的分压;p_A^0、p_B^0 分别为纯 A 和纯 B 的蒸气压;x_A 和 x_B 分别为 A 和 B 在溶液中的摩尔分数。

溶液的总蒸气压:$p = p_A + p_B$

根据道尔顿分压定律,气相中每一组分的蒸气压和它的摩尔分数成正比。因此在气相中各组分蒸汽的成分为:

$$x_A^{气} = \frac{p_A}{p_A + p_B} \qquad x_B^{气} = \frac{p_B}{p_A + p_B}$$

由上式推知,组分 B 在气相和溶液中的相对浓度为

$$\frac{x_B^{气}}{x_B} = \frac{p_B}{p_A + p_B} \cdot \frac{p_B^0}{p_B} = \frac{1}{x_B + \frac{p_A^0}{p_B^0} x_A}$$

在溶液中 $x_A + x_B = 1$,所以若 $p_A^0 = p_B^0$,则 $x_b^{气}/x_b = 1$,表明这时液相的成分和气相的成分完全相同,这样的 A 和 B 就不能用蒸馏(或分馏)来分离。如果 $p_A > p_B$,$x_b^{气}/x_b > 1$,表明沸点较低的 B 在气相中的浓度较在液相中为大(在 $p_A^0 < p_B^0$ 时,也可作类似的讨论)。在将此蒸汽冷凝后得到的液体中,B 的组分比在原来的液体中多(这种气体冷凝的过程就相当于蒸馏的过程)。如果将所得的液体再进行汽化,在它的蒸汽经冷凝后的液体中,易挥发组分又将增加。如此多次重复,最终就能将这两个组分分开(凡形成共沸点混合物者不在此例)。分馏就是利用分馏柱来实现这一"多次重复"的蒸馏过程。分馏柱主要是一根长而垂直、柱身有一定形状的空管,或者在管中填以特制的填料。总的目的是要增大液相和气相接触的面积,提高分离效率。当沸腾着的混合物进入分馏柱(工业上称为精馏塔)时,因为沸点较高的组分易被冷凝,所以冷凝液中就含有较多较高沸点的物质,而蒸汽中低沸点的物质则受热气化,高沸点的仍呈液态。如此经多次的液相与气相的热交换,使得低沸点的物质不断上升,最后被蒸馏出来,高沸点的物质则不断流回到加热的容器中,从而将沸点不同的物质分离。所以在分馏时,柱内不同高度的各段,其组分是不同的。相距越远,组分的差别就越大,也就是说,在柱的动态平衡情况下,沿着分馏柱存在着组分梯度。

了解分馏原理最好是应用恒压下的沸点-组成曲线图(称为相图,表示这两组分体系中相的变化情况)。通常它是用实验测定在各温度时气液平衡状况下的气相和液相的组成,然后以横坐标表示组成,纵坐标表示温度而做出的(如果是理想溶液,则可直接由计算做出)。图 3-46 即是大气压下的苯-甲苯溶液的沸点-组成图,从图可以看出,由苯 20% 和甲苯 80% 组成的液体(L)在 102℃ 时沸腾,与此液相平衡的蒸汽(V)组成约为苯 40% 和甲苯 60%。若将此组成的蒸汽冷凝成同组成的液体(L),则此溶液成平衡的蒸汽(V_2)组成

约为苯60%和甲苯40%。显然如此继续重复，即可获得接近纯苯的气相。

在分馏过程中，有时可能得到与单纯化合物相似的混合物。它也具有固定的沸点和固定的组成。其气相和液相的组成也完全相同，因此不能用分馏法进一步分离。这种混合物称为共沸混合物（或恒沸混合物）（表3-7）。它的沸点（高于或低于其中的每一组分）称为共沸点（或恒沸点）。图3-47和图3-48分别是具有最低和最高共沸点混合物的沸点-组成曲线图。共沸混合物虽不能用分馏来进行分离，但它不同于化合物，它的组成和沸点要随压力而改变，用其他方法破坏共沸组分后再蒸馏可以得到纯粹的组分。

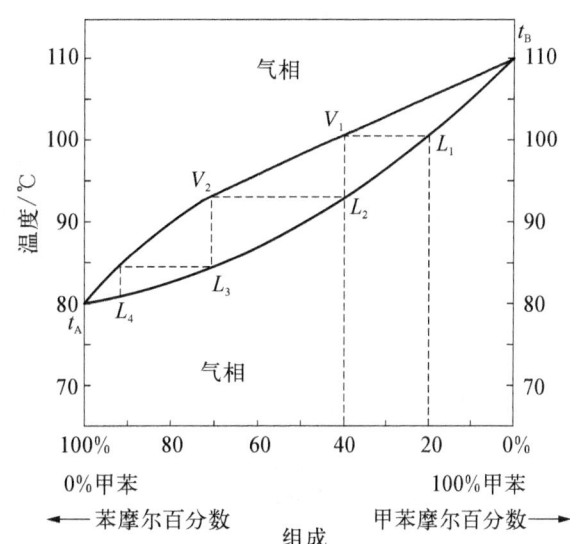

图3-46 苯-甲苯体系的沸点-组成曲线图

表3-7 几种常见的共沸混合物

组成（沸点/℃）		共沸混合物	
		沸点/℃	各组分含量/%
二元共沸混合物	水(100) 乙醇(78.5)	78.2	4.4 95.6
	水(100) 苯(80.1)	69.4	8.9 91.1
	乙醇(78.5) 苯(80.1)	67.8	32.4 67.6
	水(100) 氯化氢(−83.7)	108.6	79.8 20.2
	丙酮(56.2) 氯仿(61.2)	64.7	20.0 80.0
三元共沸混合物	水(100) 乙醇(78.5) 苯(80.1)	64.6	7.4 18.5 74.1
	水(100) 丁醇(117.7) 乙酸丁酯(126.5)	90.7	29.0 8.0 63.0

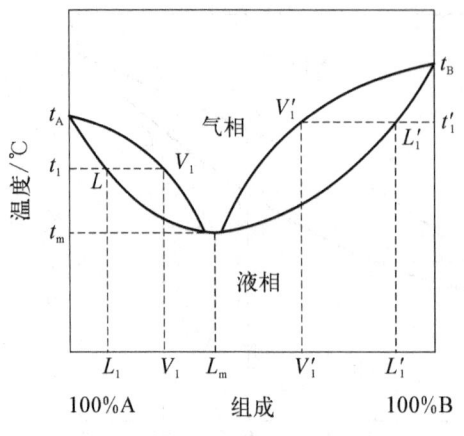 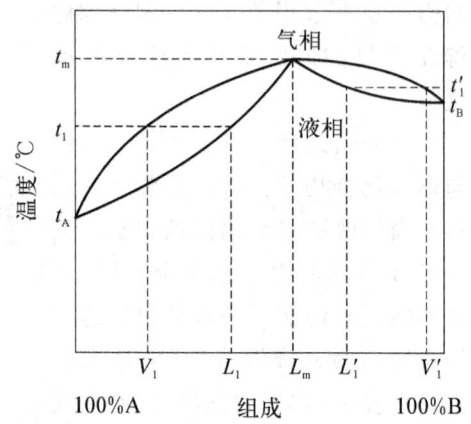

图 3-47 具有最低共沸点混合物的沸点-组成曲线图　　图 3-48 具有最高共沸点混合物的沸点-组成曲线图

(二) 简单分馏

1. 简单分馏柱

分馏柱的种类较多。普通有机化学实验中常用的有填充式分馏柱 a 和刺形分馏柱 b，又称韦氏(vigreux)分馏柱(见图 3-49)。填充式分馏柱是在柱内填上各种惰性材料，以增加表面积。填料包括玻璃珠、玻璃管、陶瓷或螺旋形、马鞍形、网状等各种形状的金属片或金属丝。它效率较高，适合于分离一些沸点差距较小的化合物。韦氏分馏柱结构简单，且较填充式黏附的液体少，缺点是较同样长度的填充柱分馏效率低，适合于分离少量且沸点差距较大的液体。若欲分离沸点相距很近的液体化合物，则必须使用精密分馏装置。

在分馏过程中，无论用哪一种柱，都应防止回流液体在柱内聚集，否则会减少液体和上升蒸汽的接触，或者上升蒸汽把液体冲入冷凝管中造成"液泛"，达不到分馏的目的。为了避免这种情况，通常在分馏柱外包扎石棉绳、石棉布等绝缘物以保持柱内温度，提高分馏效率。

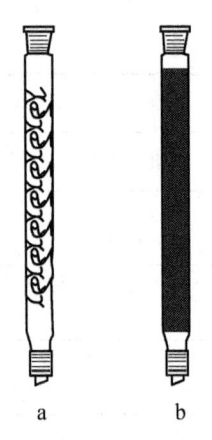

图 3-49 简单分馏柱

2. 简单分馏装置

实验室中简单的分馏装置包括热源、蒸馏器、分馏柱、冷凝管和接受器 5 个部分(图 3-50)。安装操作与蒸馏类似，自下而上，先夹住蒸馏瓶，再装上韦氏分馏柱和蒸馏头。调节夹子使分馏柱垂直，装上冷凝管并在指定的位置夹好夹子，夹子一般不宜夹得太紧，以免应力过大造成仪器缺损。连接尾接管并用橡皮筋固定，再将接受瓶与尾接管用橡皮筋固定，但切不可使橡皮筋支持太重的负荷。如接受瓶较大或分馏过程中须接受较多的蒸出液，则最好在接受瓶底垫上用铁圈支持的石棉网，以免发生意外。

3. 简单分馏操作

简单分馏操作和蒸馏大致相同，仪器装置如图 3-50，将待分馏的混合物放入圆底烧瓶中，加入沸石。柱的外围可用石棉绳包住，这样可减少柱内热量的散发，减少风和室温的影响。选用合适的热浴加热,液体沸腾后要注意调节浴温,使蒸汽慢慢升入分馏柱,约 10~15 min 后蒸汽到达柱顶(可用手摸柱壁,如若烫手表示蒸汽已达该处)。在有馏出液滴出后,调节浴温使蒸出液体的速度控制在每 2~3 s 1 滴,这样可以得到比较好的分馏效果,待低沸点组分蒸完后,再渐渐升高温度。当第二个组分蒸出时会产生沸点的迅速上升。上述情况是假定分馏体系有可能将混合物的组分进行严格的分馏。如果不是这种情况,一般则有相当大的中间馏分(除非沸点相差很大)。

要很好地进行分馏必须注意下列几点:

1) 分馏一定要缓慢进行,要控制好恒定的蒸馏速度;

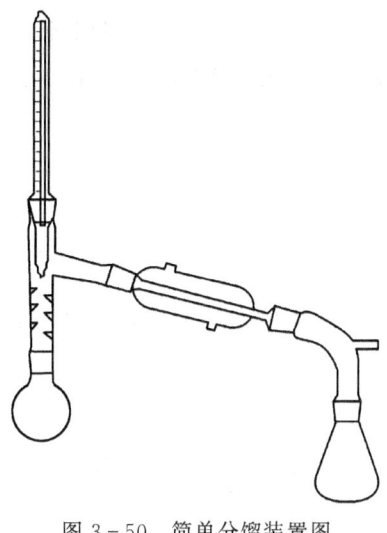

图 3-50 简单分馏装置图

2) 要使有相当量的液体自柱流回烧瓶中,即要选择合适的回流比;

3) 必须尽量减少分馏柱的热量散失和波动。

(杨 旭)

十五、萃 取

萃取是有机化学实验中用来提取或纯化有机化合物的常用操作之一。萃取的应用很多,可以从固体或液体混合物中提取所需要的物质,也可以用来洗去混合物中少量杂质。通常称前者为"萃取"(或抽提),后者为"洗涤"。随着被提取物质状态的不同,萃取可分为两种:一种是用溶剂从液体混合物中提取物质,称为液-液萃取;另一种是用溶剂从固体混合物中提取所需物质,称为液-固萃取。

(一) 基本原理

萃取是利用物质在两种互不相溶(或微溶)的溶剂中溶解度或分配比的不同来达到分离、提取或纯化目的的一种操作。其原理可用与水不互溶(或微溶)的有机溶剂从水溶剂中萃取有机化合物来说明。将含有机化合物的水溶液用有机溶剂萃取时,有机化合物就在两液相间进行分配。在一定温度下,此有机化合物在有机相中和在水相中的浓度之比为一常数,此即所谓"**分配定律**"。假如一物质在两液相 A 和 B 中的浓度分别为 c_A 和 c_B,则在一定温度下,$c_A/c_B=K$,K 是一常数,称为"**分配系数**",它可以近似地看作此物质在两溶剂中的溶解度之比。

有机物质在有机溶剂中的溶解度,一般比在水中的溶解度大,所以可以用有机溶剂将它们从水溶液中萃取出来。但是除非分配系数极大,否则用一次萃取是不可能将全部物质移入新的有机相中的。在萃取时,若在水溶液中先加入一定量的电解质(如氯化钠),利用"盐析效应",可以降低有机化合物和萃取液在水溶液中的溶解度,进而提高萃取效果。

当用一定量的溶剂从水溶液中萃取有机化合物时,多次萃取效果优于一次萃取。可以利用下列推导来说明。设在 V mL 的水中溶解 W_0 g 的物质,每次用 S mL 与水不互溶的有机溶液重复萃取。假如 W_1 g 为萃取一次后剩留在水溶液中的物质量,则在水中的浓度和在有机相中的浓度就分别为 W_1/V 和 $(W_0-W_1)/S$,两者之比等于 K,亦即

$$\frac{W_1/V}{(W_0-W_1)/S} = K$$

$$W_1 = \frac{KV}{KV+S} \cdot W_0$$

设 W_2 为第二次萃取后溶质在溶剂中的剩余量(g)

同理

$$W_2 = \frac{KV}{KV+S} \cdot W_1 = \left(\frac{KV}{KV+S}\right)^2 \cdot W_0$$

设 W_n 为经过 n 次萃取后溶质在溶剂中的剩余量(g),则

$$W_n = \left(\frac{KV}{KV+S}\right)^n \cdot W_0$$

当用一定量的溶剂萃取时,总是希望在水中剩余量越少越好。因为上式中 $KV/(KV+S)$ 一项恒小于 1,所以 n 越大,W_n 就越少,也就是说把溶剂分成几份作多次萃取比用全部量一次萃取为好。但必须注意,上面的式子只适用于几乎和水不互溶的溶剂,例如苯、四氯化碳等。对于与水有少量互溶的溶剂,如乙醚等,上面的式子只是近似的。

例如在 100 mL 水中含有 4 g 正丁酸的溶液,在 15℃ 时用 100 mL 苯来萃取时,正丁酸在水和苯中的分配系 $K=1/3$,用苯 100 mL 一次萃取后在水中的剩余量为:

$$W_1 = 4 \times \frac{\frac{1}{3} \times 100}{\frac{1}{3} \times 100 + 100} = 1(g)$$

如果用 100 mL 苯以每次 33.3 mL 萃取 3 次,则剩余量为:

$$W_3 = 4\left(\frac{\frac{1}{3} \times 100}{\frac{1}{3} \times 100 + 33.3}\right)^3 = 0.5(g)$$

从上面的计算可以知道:100 mL 苯一次萃取可以提出 3 g(75%) 的正丁酸,而分 3 次萃取可提出 3.5 g(87.5%)。所以,用同样体积的溶剂,分多次萃取比一次萃取的效率高。上面的结论也适合于从溶液中萃取出(或洗涤去)溶解的杂质。

(二) 实验操作

1. 液-液萃取

实验中用得最多的液-液萃取是从水溶液中萃取物质。常使用的萃取仪器为分液漏斗。操作时应选择容积较液体体积大 1 倍以上的分液漏斗,把活塞擦干,在离活塞孔稍远处薄薄地涂上一层润滑脂(注意切勿涂得太多或使润滑脂进入活塞孔中,以免污染萃取液),塞好活塞旋转几圈,使润滑脂均匀分布,呈透明状。一般在使用前应检查塞子与活塞

是否渗漏,确认不漏水时方可使用。将漏斗放在固定好了的铁圈中,关好活塞,将要萃取的水溶液和萃取剂(一般为溶液体积的1/3)依次自上口倒入漏斗中,塞紧塞子(注意塞子不能涂润滑脂)。取下分液漏斗,用右手手掌顶住漏斗顶塞并握住漏斗,左手握住漏斗活塞处,大拇指压紧活塞,把漏斗放平,前后摇振(图3-51a)。开始时,摇振要慢。摇振几次后,将漏斗的上口向下倾斜,下部支管指向斜上方(朝向无人处),左手仍握在活塞支管处,用拇指和食指旋开活塞,从指向斜上方的支管口释放出漏斗内的压力,也称"放气"(图3-51b)。以乙醚萃取水溶液中的物质为例,在振摇后乙醚可产生40~66.7 kPa的蒸气压,加上原来空气和水蒸气压,漏斗中的压力就大大超过了大气压。如果不及时放气,塞子就可能被顶开而出现喷液。待漏斗中过量的气体逸出后,将活塞关闭再行振摇。如此重复至放气时只有很小压力后,再剧烈振摇2~3 min,然后再将漏斗放回铁圈中静置,待两层液体完全分开后,将漏斗磨口塞上的凹槽与漏斗口颈上的小孔对准,让漏斗内外的空气相通,再将活塞缓缓旋开,下层液体自活塞放出。分液时一定要尽可能分离干净,有时在两相间可能出现一些絮状物也应同时放去。然后将上层液体从分液漏斗的上口倒出,切不可也从活塞放出,以免被残留在漏斗颈上的第一种液体所沾污。将水溶液倒回分液漏斗中,再用新的萃取剂萃取。萃取次数取决于分配系数,一般为3~5次,将所有的萃取液合并,加入过量的干燥剂干燥。然后蒸去溶剂,萃取所得的有机物视其性质可利用蒸馏、重结晶等方法纯化。

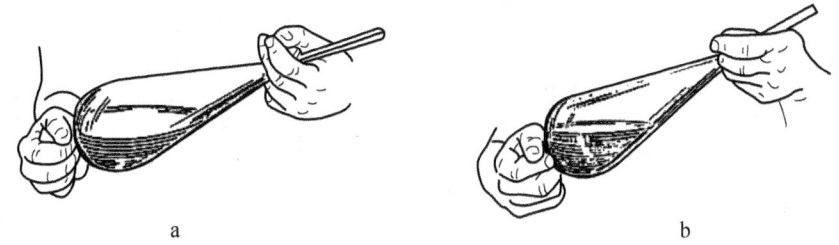

图3-51 分液漏斗的振摇

在萃取时,可利用"盐析效应",即在水溶液中先加入一定量的电解质(如氯化钠),以降低有机物在水中的溶解度,提高萃取效果。

对于利用萃取剂与被萃取物质起化学反应而从化合物中移去少量杂质或分离混合物的萃取,操作方法与上面所述相同。常用的这类萃取剂如5%氢氧化钠水溶液,5%或10%的碳酸钠、碳酸氢钠溶液、稀盐酸、稀硫酸及浓硫酸等。碱性的萃取剂可以从有机相中移出有机酸,或从溶于有机溶剂的有机化合物中除去酸性杂质(使酸性杂质形成钠盐溶于水中)。稀盐酸及稀硫酸可从混合物中萃取出有机碱性物质或用于除去碱性杂质。浓硫酸可应用于从饱和烃中除去不饱和烃,从卤代烷中除去醇及醚等。

在萃取时,特别是当溶液呈碱性时,常常会产生乳化现象,两液相界面不很清晰,很难将它们完全分开。有时由于存在少量轻质的沉淀、溶剂互溶、两液相的相对密度相差较小等原因,也可产生乳化现象。可以通过下列方法来破坏乳化现象:

1)较长时间静置。

2)若因两种溶剂(水与有机溶剂)能部分互溶而发生乳化,可以加入少量的电解质(如氯化钠),利用盐析作用加以破坏。在两相相对密度相差很小时,也可以加入食盐,以增加水相的相对密度。

3) 若因溶液碱性而产生乳化，常可加入少量稀硫酸或采用过滤等方法除去。

此外根据不同情况，还可以加入其他破坏乳化的物质如乙醇、磺化蓖麻油等。

萃取溶剂的选择要根据被萃取物质在此溶剂中的溶解度而定，同时要易于和溶质分离开，所以最好用低沸点的溶剂。一般水溶性较小的物质可用石油醚萃取；水溶性较大的可用苯或乙醚；水溶性极大的用乙酸乙酯等。第一次萃取时，使用溶剂的量常较后面几次多一些，这主要是为了补足由于它稍溶于水而引起的损失。

当有机化合物在原溶剂中比在萃取剂中更易溶解时，就必须使用大量溶剂并多次萃取。为了减少萃取溶剂的量，最好采用连续萃取，其装置有两种：一种适用于自较重的溶液中用较轻溶剂进行萃取（如用乙醚萃取水溶液）；另一种适用于自较轻的溶液中用较重溶剂进行萃取（如氯仿萃取水溶液）。它们的过程可以明显地从图3-52a、b中看出，其中图3-52c是兼具a、b功能的装置。

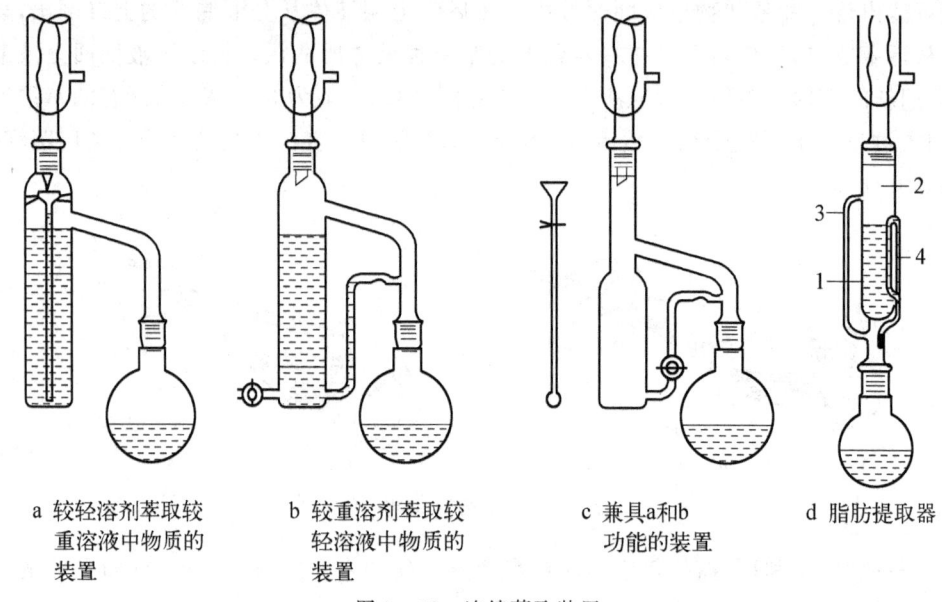

a 较轻溶剂萃取较重溶液中物质的装置　　b 较重溶剂萃取较轻溶液中物质的装置　　c 兼具a和b功能的装置　　d 脂肪提取器

图3-52　连续萃取装置

2. 液-固萃取

固体物质的萃取，通常是用长期浸出法或采用脂肪提取器（索氏提取器）萃取。前者是靠溶剂长期的浸润溶解而将固体物质中的需要物质浸出来。这种方法虽不需要任何特殊器皿，但效率不高，而且溶剂的需要量较大。

脂肪提取器（图3-52d）是利用溶剂回流及虹吸原理，使固体物质连续不断地为纯的溶剂所萃取，因而效率较高。萃取前应先将固体物质研细，以增加溶剂浸润的面积，然后将固体物质放在滤纸套1内，置于提取器2中。提取器的下端通过木塞（或磨口）和盛有溶剂的烧瓶连接，上端接冷凝管。当溶剂沸腾时，蒸气通过玻璃管3上升，被冷凝管冷凝成为液体，滴入提取器中，当溶剂液面超过虹吸管4的最高处时，即虹吸流回烧瓶，因而萃取出溶于溶剂的部分物质。就这样利用溶剂回流和虹吸作用，使固体中的可溶物质富集到烧瓶中。然后用其他方法将萃取到的物质从溶液分离出来。

（赵华文）

十六、升 华

升华是纯化固体有机化合物的方法之一。它所需的温度一般较蒸馏时低,但只有在其熔点温度以下具有相当高(高于 2.67 kPa)蒸气压的固态物质,才可用升华来提纯。利用升华可除去不挥发性杂质,或分离不同挥发度的固体混合物。升华的产品具有较高的纯度,但操作时间长,损失也较大,在实验室里只用于较少量(1~2 g)物质的纯化。

(一) 基本原理

严格说来,升华是指物质受热后不经熔融就直接转变为蒸汽,该蒸汽经冷凝又直接转变为固体的现象。然而对有机化合物的提纯来说,重要的却是使物质蒸汽不经过液态而直接转变成固态,因为这样能得到高纯度的物质。因此,在有机化学实验操作中,不管物质蒸汽是由固态直接气化,还是由液态蒸发而产生的,只要是物质从蒸汽不经过液态而直接转变成固态的过程都称之为升华。一般来说,对称性较高的固态物质,具有较高的熔点,且在熔点温度以下具有较高的蒸气压,易于用升华来提纯。

要掌握升华的原理和控制好升华操作条件,就必须研究固、液、气三相平衡(图 3-53)。图中 ST 表示固相与气相平衡时固体的蒸气压曲线,TW 是液相与气相平衡时液体蒸气压曲线,两曲线在 T 处相交,此点即为三相点。在此点,固、液、气三相可同进并存,TV 曲线表示固、液两相点平衡进的温度和压力。它指出了压力对熔点的影响并不太大。这一曲线和其他两曲线在 T 处相交。

一个物质的正常熔点是固、液两相在大气压平衡时的温度,在三相点时的压力是固、液、气三相的平衡蒸气压,所以三相点时的温度和正常的熔点有些差别。然而,这种差别非常小,通常只有几分之一度。因此在一定压力范围内,TV 曲线偏离垂直方向很小。

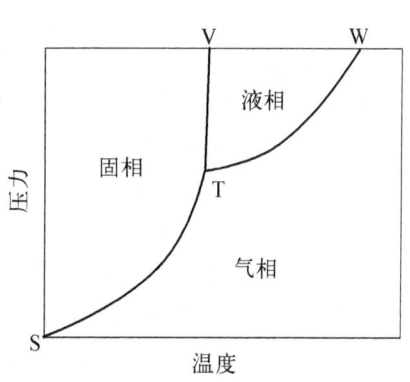

图 3-53 物质三相平衡图

在三相点以下,物质只有固、气两相。若降低温度,蒸汽不经过液态而直接变成固态;或升高温度,固态也不经过液态而直接变成蒸汽。因此一般的升华操作皆应在三相点温度以下进行。若某物质在三相点温度以下的蒸气压很高,而且气化速率很大,就非常容易从固态直接变为蒸汽;若此物质蒸气压随温度降低而下降非常显著,稍降低温度即能由蒸汽直接转变成固态,则此物质就很容易在常压下用升华方法来提纯。例如六氯乙烷(三相点温度186℃,压力 104 kPa)在 185℃时蒸气压已达 0.1 MPa,因而在低于 186℃时就可完全由固相直接挥发成蒸汽,中间不经过液态阶段。樟脑(三相点温度 179℃,压力 49.3 kPa)在 160℃时蒸气压为 29.1 kPa,即未达熔点前,已有相当高的蒸气压,只要缓缓加热,使温度维持在 179℃以下,它就可不经熔化而直接蒸发,蒸汽遇到冷的表面就凝结成为固体,这样蒸气压可始终维持在 49.3 kPa 以下,直至挥发完毕。

像樟脑这样的固体物质,它的三相点平衡蒸气压低于 0.1 MPa,如果加热很快,使蒸气压超过了三相点平衡的蒸气压,这时固体就会熔化成为液体。如继续加热至蒸气压到0.1 MPa 时,液体就开始沸腾。

有些物质在三相点时的平衡蒸气压比较低(为了方便,可以认为三相点时的温度及平衡蒸气压与熔点的温度及蒸气压相差不多),例如苯甲酸熔点 122℃,蒸气压为 0.8 kPa;萘熔点 80℃,蒸气压为 0.93 kPa。这时如果也用上述升华樟脑的办法,就不能得到满意产率的升华产物。例如萘加热到 80℃时要熔化,而其相应的蒸气压很低,当蒸气压达到 0.1 MPa 时(218℃)开始沸腾。若要使大量萘全部转变成为气态,就必须保持它的 218℃左右,但这时萘的蒸汽冷却后要转变成液态。除非达到三相点(此时的蒸气压为 0.93 kPa)时,才转变为固态。在三相点温度时,萘的蒸气压很低(萘的分压:空气分压=7∶753),因此升华的收率很低,为了提高升华的收率,对萘及其他类似情况的化合物,除可在减压下进行升华外,也可以采用一个简单有效的办法:将化合物加热至熔点以上,使具有较高的蒸气压,同时通入空气或惰性气体带出蒸汽,促使蒸发速度增快,并可降低被纯化物质的分压,使蒸汽不经过液化阶段而直接凝成为固体。

(二) 实验操作

1. 常压升华

最简单的常压升华装置如图 3-54a 所示。在蒸发皿中放置粗产物,上面覆盖一张刺有许多小孔的滤纸(最好在蒸发皿的边缘上先放置大小合适的石棉纸做成窄圈,用以支持此滤纸)。然后将大小合适的玻璃漏斗倒盖在上面,漏斗的颈部塞有玻璃毛或脱脂棉花团,以减少蒸汽逃逸。慢慢加热蒸发皿(最好能用沙浴或其他热浴),小心调节火焰,控制浴温低于被升华物质的熔点,使其慢慢升华。蒸汽通过滤纸小孔上升,冷却后凝结在滤纸上或漏斗壁上,必要时外壁可用湿布冷却。

在空气或惰性气体中进行升华的装置见图 3-54b,在锥形瓶上配有二孔塞,一孔插入玻璃管以导入空气或惰性气体;另一孔插入接液管,接液管的另一端伸入圆底烧瓶中,烧瓶口塞一些棉花或玻璃毛。当物质开始升华时,通入空气或惰性气体,带出的升华物质,遇到冷水冷却的烧瓶壁就凝结在壁上。

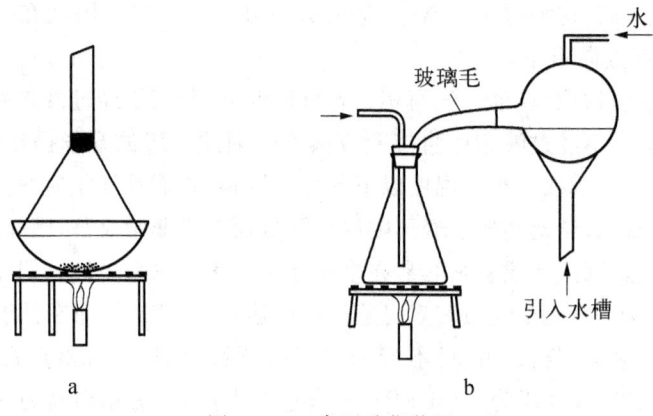

图 3-54 常压升华装置

2. 减压升华

减压升华装置如图 3-55 所示。将固体物质放入 a 中的吸滤管或 b 中的瓶内,在吸滤管中放入"指形冷凝器"(又称冷凝指),然后接通冷凝水,利用水泵或油泵减压,将吸滤管浸在水浴或油浴中加热,使之升华。冷凝后的固体将凝聚在"冷凝指"的底部。

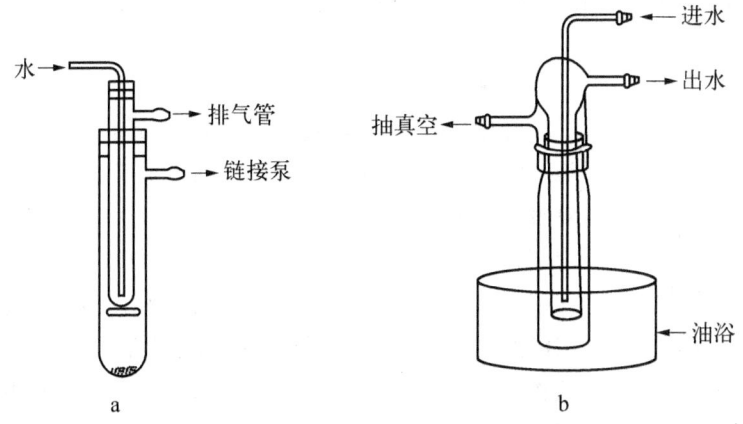

图 3-55 减压升华装置

(赵华文)

十七、色谱法简介

色谱法也称层析法,是1906年俄国植物学家 Michael Tswett 发现并命名的。他将植物色素的石油醚提取液倒入一根装有碳酸钙的玻璃管顶端,然后用石油醚淋洗,结果使不同色素得到分离,在管内显示出不同的色带,色谱一词也由此得名。但现在被分离的物质不管有色与否都能适用,因此,色谱一词早已超出原来的含义了。色谱法是分离、纯化和鉴定有机化合物的重要方法之一,具有极其广泛的用途。

色谱法的基本原理是利用混合物中各组分在某一物质中的吸附或溶解性能(即分配)的不同,或其他亲和作用性能的差异,使混合物的溶液流经该种物质,进行反复的吸附或分配等作用,从而将各组分分开。流动的混合物溶液称为流动相;固定的物质称为固定相(可以是固体或液体)。

根据组分在固定相中的作用原理不同,色谱可分为吸附色谱、分配色谱、离子交换色谱、排阻色谱等;根据操作条件的不同,又可分为柱色谱、纸色谱、薄层色谱、气相色谱及高效液相色谱等类型。现分别介绍如下。

(一) 柱色谱

柱色谱(柱上层析)可分为吸附性柱色谱和分配柱色谱两类。前者用氧化铝和硅胶作固定相。在分配柱色谱中以硅胶、硅藻土和纤维素作为支持剂,以吸收较大量的液体作固定相,而支持剂本身不起分离作用。

吸附性柱色谱通常在玻璃管中填入表面积很大、经过活化的多孔性或粉状固体吸附剂。当待分离的混合物溶液流过吸附柱时,各种成分同时被吸附在柱的上端。当洗脱剂流下时,由于不同化合物吸附能力不同,往下洗脱的速度也不同,于是形成了不同层次,即溶质在柱中自上而下按对吸附剂亲和力大小分别形成若干色带。再用溶剂洗脱时,已经分开的溶质可以从柱上分别洗出收集；或者将柱吸干，挤出后按色带分割开，再用溶剂将各色带中的溶质萃取出来。对于柱上不显色的化合物分离时，可用紫外光照射后所呈现的荧光来检查，或在用溶剂洗脱时，分别收集洗脱液，逐个加以检定。

柱色谱装置见图 3-56 所示。

1. 吸附剂

常用的吸附剂有氧化铝、硅胶、氧化镁、碳酸钙和活性炭等。吸附剂一般要经过纯化和活性处理，颗粒大小应当均匀。对吸附剂来说，粒子小，表面积大，吸附能力就高，但颗粒小时，溶剂的流速就太慢，因此应根据实际分离需要而定。供柱色谱使用的氧化铝有酸性、中性和碱性三种。酸性氧化铝是用 1% 盐酸浸泡后，用蒸馏水洗至氧化铝的悬浮液 pH 为 4.0，用于分离酸性物质；中性氧化铝的 pH 约为 7.5，用于分离中性物质；碱性氧化铝的 pH 约为 10.0，用于胺或其他碱性化合物的分离。

大多数吸附剂都能强烈地吸水，因而使吸附剂的活性降低，通常用加热方法使吸附剂活化。氧化铝随着表面含水量的不同而分成各种活性等级。活性等级的测定一般采用勃劳克曼 (Bmckmann) 标准测定法，根据氧化铝对有机染料吸附能力大小分成五个等级 (见表 3-8)，测定方法如下：准备六种有机染料，即

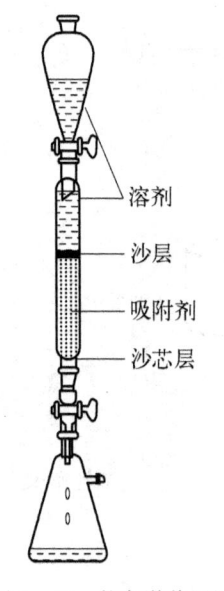

图 3-56 柱色谱装置图

甲：偶氮苯。

乙：对甲氧基偶氮苯。

丙：苏丹黄。它的系统命名为 1-苯基偶氮-2-萘酚，其化学结构为：

丁：苏丹红。它的系统命名为 1-[4-(苯基偶氮)-苯基]偶氮-2-萘酚，其化学结构为：

戊：对氨基偶氮苯。

己：对羟基偶氮苯。

从上述六种染料中分别取相邻两种各 20 mg 溶于 10 mL 的无水苯中，再用无水石油醚稀释至 50 mL，配成 5 种溶液：

溶液　　a　　　　　　甲+乙
　　　　b　　　　　　乙+丙
　　　　c　　　　　　丙+丁

| d | 丁＋戊 |
| e | 戊＋己 |

在内径 1.5 cm 的色谱柱底部放入一团脱脂棉花,将吸附剂氧化铝装填至 5 cm 高,氧化铝上面用圆形滤纸覆盖,倒入染料溶液 10 mL,待溶液液面流至滤纸时加入 20 mL 苯和石油醚混合液(体积比 1∶4)洗脱。洗脱完毕后,根据各染料的位置,由表 3-8 查出相应氧化铝活性级别。Ⅰ级活性最高,即吸附力最强;Ⅴ级吸附能力最弱。

表 3-8 氧化铝的吸附等级

等 级	Ⅰ	Ⅱ		Ⅲ		Ⅳ		Ⅴ	
溶液号数	a	a	b	b	c	c	d	d	e
色谱柱中染料位置									
上 层		乙		丙		丁		戊	己
下 层	甲	乙	乙	丙	丙	丁	丁	戊	戊
洗脱出的溶液		甲		乙		丙		丁	
氧化铝的含水量	0	3%		6%		10%		15%	

2. 溶质的结构与吸附能力的关系

化合物的吸附性与它们的极性成正比。化合物分子中含有极性较大的基团时,吸附性也较强。氧化铝对各种化合物的吸附性按以下次序递减:

酸和碱＞醇、胺、硫醇＞酯、醛、酮＞芳香族化合物＞卤代物、醚＞烯＞饱和烃

3. 溶剂

溶剂的选择是重要的一环,通常根据被分离物中各种成分的极性、溶解度和吸附剂的活性等来考虑。如有的样品在极性低的溶剂中溶解度很小,则可加入少量极性较大的溶剂,使溶液体积不致太大。色层的展开首先使用极性较小的溶剂,使最容易脱附的组分分离。然后加入不同比例的极性溶剂配成的洗脱剂,将极性较大的化合物自色谱柱中洗脱下来。常用洗脱剂的极性按如下次序递增:

己烷和石油醚＜环己烷＜四氯化碳＜三氯乙烯＜二硫化碳＜甲苯＜苯＜二氯甲烷＜氯仿＜乙醚＜乙酸乙酯＜丙酮＜丙醇＜乙醇＜甲醇＜水＜吡啶＜乙酸

所用溶剂必须纯净和干燥,否则会影响吸附剂的活性和分离效果。

吸附柱色谱的分离效果不仅依赖于吸附剂和洗脱溶剂的选择,而且与制成的色谱柱有关。一般要求柱中的吸附剂用量为被分离样品量的 30~40 倍(若需要时可增至 100 倍),柱高和直径之比一般是 7.5∶1。柱子的填装可采用湿法和干法两种。干法装柱是首先将干燥的吸附剂经漏斗,均匀地成一细流慢慢装入柱内,中间不应间断,时时轻轻敲打玻璃管,使柱装填得尽可能均匀、紧密。然后加入溶剂,使吸附剂全部润湿。湿法装柱是用洗脱剂和一定量的吸附剂调成浆状,慢慢倒入柱中,此时,应将柱的下端活塞打开,使溶剂慢慢流出,吸附剂即渐渐沉于柱底。无论采用哪种方法装柱,都不要使吸附剂有裂缝或气泡,否则影响分离效果。一般说来湿法装柱较干法紧密均匀。

（二）薄层色谱

薄层色谱(Thin Layer chmmatography)常用 TLC 表示，是近代发展起来的一种微量、快速而简单的色谱法。它兼备了柱色谱和纸色谱的优点。一方面适用于小量样品(几到几十微克，甚至 0.01 μg)的分离；另一方面若在制作薄层板时，把吸附层加厚，将样品点成一条线，则可分离多达 500 mg 的样品，因此又可用来精制样品。此法特别适用于挥发性较小或在较高温度易发生变化而不能用气相色谱分析的物质。

薄层色谱常用的有吸附色谱和分配色谱两类。一般能用硅胶或氧化铝柱色谱分开的物质也能用硅胶或氧化铝薄层色谱分开；凡能用硅藻土和纤维素作支持剂的分配柱色谱分开的物质，也可分别用硅藻土和纤维素薄层色谱展开，因此薄层色谱常用作柱色谱的先导。

薄层色谱是在洗涤干净的玻璃板(10 cm×3 cm)上均匀地涂一层吸附剂或支持剂，待干燥、活化后将样品溶液用管口平整的毛细管滴加于离薄层板一端约 1 cm 处的起点线上，晾干或吹干后置薄层板于盛有展开剂的展开槽内，浸入深度为 0.5 cm。待展开剂前沿离顶端约 1 cm 附近时，将色谱板取出，干燥后喷以显色剂，或在紫外灯下显色。

记录原点至主斑点中心及展开剂前沿的距离，计算比移值(R_f)

$$R_f = \frac{样品原点中心到斑点中心的距离}{样品原点中心到溶剂前沿的距离}$$

1. 薄层色谱用的吸附剂和支持剂

薄层吸附色谱的吸附剂最常用的是氧化铝和硅胶，分配色谱的支持剂为硅藻土和纤维素。

硅胶是无定形多孔性物质，略具酸性，适用于酸性物质的分离和分析。薄层色谱用的硅胶分为"硅胶 H"——不含黏合剂；"硅胶 G"——含煅石膏黏合剂；"硅胶 HF_{254}"——含荧光物质，可于波长 254 mm 紫外光下观察荧光；"硅胶 GF_{254}"——即含煅石膏又含荧火剂等类型。与硅胶相似，氧化铝也因含黏合剂或荧光剂而分为氧化铝 G、氧化铝 GF_{254} 及氧化铝 HF_{254}。

黏合剂除上述的煅石膏($2CaSO_4 \cdot H_2O$)外，还可用淀粉、羧甲基纤维素钠。通常将薄层板分为加黏合剂和不加黏合剂两种，加黏合剂的薄层板称为硬板，不加黏合剂的称为软板。

薄层吸附色谱和柱吸附色谱一样，化合物的吸附能力与它们的极性成正比，具有较大极性的化合物吸附较强，因而 R_f 值较小。因此利用化合物极性的不同，用硅胶或氧化铝薄层色谱可将一些结构相近的或顺、反异构体分开。

2. 薄层板的制备

薄层板制备的好坏直接影响色谱结果。薄层应尽量均匀而且厚度(0.25～1 mm)要固定，否则，在展开时溶剂前沿不齐，色谱结果也不易重复。

薄层板分为干板和湿板。湿板的制法有以下两种：

1) 平铺法　用商品或自制的薄层涂布器(见图 3-57)进行制板，它适合于科研工作中数量较大要求较高的需要。如无涂布器，可将调好的吸附剂平铺在玻璃板上，也可得到厚度均匀的薄层板。

2) 浸渍法　把两块干净玻璃片背靠背贴紧,浸入调制好的吸附剂中,取出后分开、晾干。

适合于教学实验的是一种简易平铺法。取 3 g 硅胶 G 与 6~7 mL 0.5%~1%的羧甲基纤维素的水溶液在烧杯中调成糊状物,铺在清洁干燥的载玻片上,用手轻轻在玻璃板上来回摇振,使表面均匀平滑,室温晾干后进行活化。

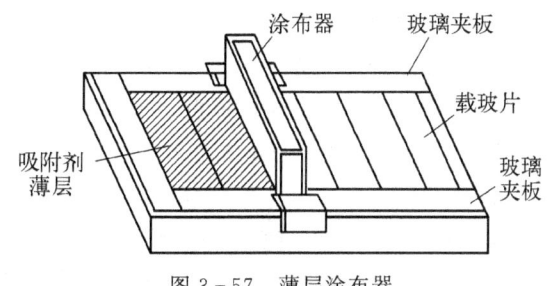

图 3-57　薄层涂布器

1. 吸附剂薄层;2. 涂布器;3. 夹玻板;
4. 玻璃板 10×3 cm;5. 夹玻板

3 g 硅胶大约可铺 7.5 cm×2.5 cm 载玻片 5~6 块。

3. 薄层板的活化

把涂好的薄层板置于室温晾干后,放在烘箱内加热活化,活化条件根据需要而定。硅胶板一般在烘箱中渐渐升温,维持 105~110℃活化 30 min。氧化铝板在 200℃烘 4 h 可得活性Ⅱ的薄层,150~160℃烘 4 h 可得活性Ⅲ~Ⅳ的薄层。薄层板的活性与含水量有关,其活性随含水量的增加而下降。

1) 氧化铝板活性测定　将偶氮苯 30 mg,对甲氧基偶氮苯、苏丹黄、苏丹红和对氨基偶氮苯各 20 mg,溶于 50 mL 无水四氯化碳中,取 0.02 mL 此溶液滴加于氧化铝薄层板上,用无水四氯化碳展开,测定各染料的位置,算出比移值,根据表 3-9 中所列的各染料的比移值确定其活性。

表 3-9　氧化铝活性与各偶氮染料比移值的关系

偶氮染料	活性级别 勃力克曼活性级的 R_f 值			
	Ⅱ	Ⅲ	Ⅳ	Ⅴ
偶氮苯	0.59	0.74	0.85	0.95
对甲氧基偶氮苯	0.16	0.49	0.69	0.89
苏丹黄	0.01	0.25	0.57	0.78
苏丹红	0.00	0.10	0.33	0.56
对氨基偶氮苯	0.00	0.03	0.08	0.19

2) 硅胶板活性的测定　取对二甲氨基偶氮苯、靛酚蓝和苏丹红三种染料各 10 mg 溶于 1 mL 氯仿中,将此混合液点于薄层上,用正己烷-乙酸乙酯(体积比 9∶1)展开。若能将两种染料分开,并且按比移值对二甲氨基偶氮苯>靛酚蓝>苏丹红,则与Ⅱ级氧化铝的活性相当。

4. 点样

通常将样品溶于低沸点溶剂(丙酮、甲醇、乙醇、氯仿、苯、乙醚和四氯化碳)配成 1%溶液,用内径小于 1 mm 管口平整的毛细管点样。点样前,先用铅笔在薄层板上距一端 1 cm 处轻轻划一横线作起始线,然后用毛细管吸取样品,在起始线上小心点样,斑点直径一般不超过 2 mm;因溶液太稀,一次点样往往不够,如需重复点样,则应待前次点样的溶剂挥发后方可重点,以防样点过大,造成拖尾、扩散等现象,影响分离效果。若在同一板上点几个样,样点间距应为 1~1.5 cm。点样结束待样点干燥后,方可进行展开。点样要轻,不可刺破薄层。

在薄层色谱中,样品的用量对物质的分离效果有很大影响,所需样品的量与显色剂的灵敏度、吸附剂的种类、薄层厚度均有关系。样品太少时,斑点不清楚,难以观察,但是样品量太多时往往出现斑点太大或拖尾现象,以致不容易分开。

5. 展开

薄层色谱展开剂的选择和柱色谱一样,主要根据样品的极性、溶解度和吸附剂的活性等因素来考虑。凡溶剂的极性越大,则对一化合物的洗脱力也越大,也就是说 R_f 值也越大。薄层色谱用的展开剂绝大多数是有机溶剂,各种溶剂极性参见柱色谱部分。薄层色谱的展开,需要在密闭容器中进行。为使溶剂蒸汽迅速达到平衡,可在展开槽内衬一滤纸。常用的展开槽有:长方形盒式和广口瓶式(图3-58a和图3-58b)。展开方式有下列几种:

1) 上升法　用于含黏合剂的色谱板,将色谱板垂直于盛有展开剂的容器中。

2) 倾斜上行法　色谱板倾斜15°角(图3-58a),适用于无黏合剂的软板。含有黏合剂的色谱板可倾斜45°～60°。

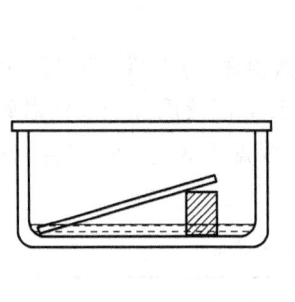
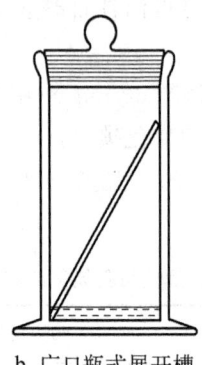
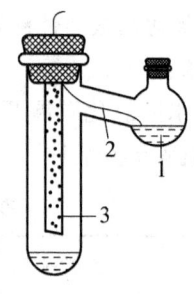

a 长方形盒式展开槽　　b 广口瓶式展开槽

图3-58　倾斜上行法展开

图3-59　下降法展开

1.溶剂;2.滤纸条;3.薄层板

3) 下降法　如图3-59所示,展开剂放在圆底烧瓶中,用滤纸或纱布等将展开剂吸到薄层板的上端,使展开剂沿板下行,这种连续展开的方法适用于 R_f 值小的化合物。

4) 双向色谱法　使用方形玻璃板铺制薄层,样品点在角上,先向一个方向展开。然后转动90°角的位置,再换另一种展开剂展开,这样,成分复杂的混合物可以得到较好的分离效果。

层析展开后各组分的斑点如图3-60所示。

6. 显色

样品展开后,如果本身带有颜色,可直接看到斑点的位置。但是,大多数有机化合物是无色的,看不到斑点,只有通过显色才能使斑点显现。常用的显色方法有:

1) 显色剂法　不同类型的化合物需要选用不同的显色剂。常用的显色剂有碘和三氯化铁水溶液等。许多有机化合物能与碘生成棕色或黄色的络合物。利用这一性质,在密闭容器中(一般用展开缸即可)放几粒碘,将展开并干燥的薄层板放入其中,稍稍加热,让碘升华,当样品与碘蒸汽反应后,薄层板上的样品点处即可显示出黄色或棕色斑点,取出薄层板用铅笔将点圈好即可。但是当色谱板上仍含有溶剂时,由于碘蒸汽亦能与溶

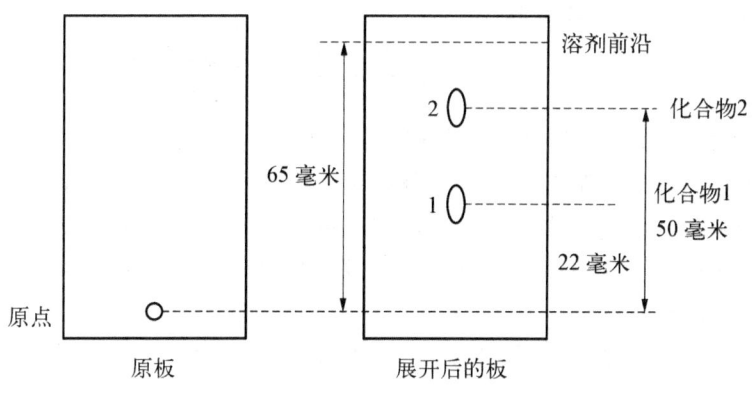

图 3-60 薄层色谱展开

剂结合,致使色谱板显淡棕色,而展开后的有机化合物则呈现较暗的斑点。色谱板自容器内取出后,呈现的斑点一般在 2～3 s 内消失,因此必须立即用铅笔标出化合物的位置。除饱和烃和卤代烃外,均可采用此方法。三氯化铁溶液可用于带有酚羟基化合物的显色。

薄层色谱还可使用腐蚀性的显色剂如浓硫酸、浓盐酸和浓磷酸等。

2) 紫外光显色法　用硅胶 GF_{254} 制成的薄层板,由于加入了荧光剂,在 254 nm 波长的紫外灯下,可观察到暗色斑点,此斑点就是样品点。

(三) 纸色谱

纸色谱(纸上层析)属于分配色谱的一种。主要用于多功能团或高级性化合物如糖、氨基酸等的分析分离。通常用特制的滤纸(如新华 1 号滤纸)作固定相的载体,固定相为水,流动相则是被水饱和的有机溶剂,通常称为展开剂。

纸色谱装置如图 3-61,其操作是先将色谱滤纸在展开溶剂的蒸汽中放置过夜,在滤纸一端 2～3 cm 处用铅笔划好起始线,然后将要分离的样品溶液用毛细管点在起始线上,待样品溶剂挥发后,将滤纸的另一端悬挂在展开槽的玻璃勾上,使滤纸下端与展开剂接触,展开剂由于毛细管作用沿纸条上升,当展开剂前沿接近滤纸上端时,将滤纸取出,记下溶剂的前沿位置,晾干。若被分离物中各组分是有色的,滤纸条上就有各种颜色的斑点显出,如图 3-62。

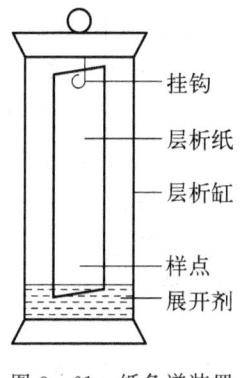

图 3-61　纸色谱装置

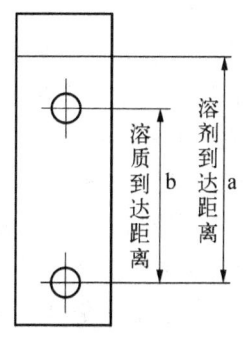

图 3-62　纸色谱展开图

按下列计算化合物的比移值(R_f)

$$R_f = \frac{溶质的最高浓度中心至原点中心距离}{溶剂前沿至原点中心距离}$$

R_f值随被分离化合物的结构、固定相与流动相的性质、温度以及纸的质量等因素而变化。当温度、滤纸等实验条件固定时,比移值就是一个特有的常数,因而可作定性分析的依据。由于影响 R_f 值的因素很多,实验数据往往与文献记载不完全相同,因此在鉴定时常常采用标准样品作对照。此法一般适用于微量有机物质(5~500 mg)的定性分析,分离出来的色点也能用比色方法定量。

纸色谱展开的方法除上述介绍的上升法外,还有下降法,如圆形纸色谱法和双向纸色谱法等。

对于分离无色的混合物时,通常将展开后的滤纸风干后,置于紫外灯下观察是否有荧光,或者是根据化合物的性质,喷上显色剂,观察斑点位置,它与 TLC 显色方法相似。

(四) 气相色谱

气相色谱(gas chromatography,GC)是色谱法的一种。以气体为流动相,以液体或固体为固定相的色谱方法就叫气相色谱法。气相色谱法(GC)有以下特点:

1) **高选择性**　　GC 能够分离和分析性质极为相近的物质,如氢的同位素、有机物的异构体。

2) **高效性**　　GC 可在较短的时间内同时分离和分析极其复杂的混合物,如用空心毛细管柱一次可以分析轻油中的 200 个组分。

3) **高灵敏性**　　由于使用了高灵敏度的检测器,可以检测 $10^{-11} \sim 10^{-13}$ 克物质,检测浓度可达到 10^{-12} 级。

4) **快速性**　　GC 一般只要几分钟到几十分钟的分析时间,某些快速分析,一秒钟甚至可以分析十几个组分。

气相色谱法由于所用的固定相不同,可以分为用固体吸附剂作固定相的气固色谱和用涂有固定液的担体作固定相的气液色谱。按色谱分离原理来分,气相色谱法亦可分为吸附色谱和分配色谱两类。在气固色谱中,固定相为吸附剂,属于吸附色谱;气液色谱属于分配色谱。按色谱操作形式来分,气相色谱属于柱色谱,根据所使用的色谱柱粗细不同,又可分为一般填充柱和毛细管柱两类。一般填充柱是将固定相装在一根玻璃或金属的管中,管内径为 2~6 mm。毛细管柱则又可分为空心毛细管柱和填充毛细管柱两种。空心毛细管柱是将固定液直接涂在内径只有 0.1~0.5 mm 的玻璃或金属毛细管的内壁上。填充毛细管柱是近几年才发展起来的,它是将某些多孔性固体颗粒装入厚壁玻管中,然后加热拉制成毛细管,一般内径为 0.25~0.5 mm。毛细管色谱的出现使色谱分离能力大大提高,对于分析复杂的有机混合物样品,如石油化工、环境污染、天然产品、生样样品、食品等方面开辟了广阔的前景,已成为色谱学科中一个独具特色的分支。

由于气-液色谱中固定液的种类繁多,因此它的应用范围比气-固色谱要更为广泛。在实际工作中,气相色谱法是以气液色谱为主。

气相色谱分析可以应用于分析气体试样,也可分析易挥发或可转化为易挥发的液体和固体,不仅可分析有机物,也可分析部分无机物。一般地说,只要沸点在 500℃ 以下,热稳定良好，相对分子质量在 400 以下的物质，原则上都可采用气相色谱法。目前气相色谱法所能分析的有机物，约占全部有机物的 15%～20%，而这些有机物恰好就是目前应用很广的那一部分，因而气相色谱法的应用是十分广泛的。

对于一个已知范围的混合物，可用气相色谱法通过保留值、相对保留值和保留指数定性，但对一个范围未知的混合物，单纯用气相色谱法定性则很困难，常需配合化学分析及其他仪器分析方法。

根据气相色谱图进行组分定量时，所用定量方法主要有归一化法，内标法和外标法三种。

1) 归一化法　　归一化法是将样品中所有组分含量之和定为 100%，计算其中某一组分含量百分数的定量方法。归一化法的优点是简便、定量结果与进样量无关(色谱柱不超载的范围内)，操作条件变化时对结果影响较小。在分析同系物且碳数比较接近的化合物时，近似认为相对校正因子相等，可以简化计算。但最好事先查对以免带来较大误差。缺点是必须所有组分在操作时间内都流出色谱柱，而且检测器对它们都产生信号，否则用归一化法误差较大。

2) 内标法　　当混合物所有组分不能全部流出色谱柱(如不气化、与固定液产生化学反应等)；或检测器不能对每个组分都产生信号；或只需要测定混合物中某几个组分的含量时，可采用内标法。准确称量样品的重量为 m 克，取一纯物质(内标物)适量，加入其中，并准确称量内标物重量为 m_s 克，混匀，进样。测量色谱图上需定量的 i 组分的峰面积 A_i 及内标物的峰面积 A_s，则 i 组分在样品 m 中所含的重量 m_i，与内标物质的重量 m_s，有下述关系：

$$\frac{m_i}{m_s} = \frac{A_i f_{m_i}}{A_s \cdot f_{m_s}}$$

其中，f_{m_i}、f_{m_s} 为组分的质量校正因子。通常定量时，多是测定 i 组分在样品中的百分含量 $c_i\%$，而

$$c_i\% = \frac{m_i}{m} \times 100\%$$

将上两式整理得：

$$c_i\% = \frac{A_i \cdot f_{m_i}}{A_s \cdot f_{m_s}} \times \frac{m_s}{m} \times 100\%$$

对内标物的要求：① 内标物是原样品中所不含有的组分，否则会使峰重叠而无法准确测量内标物的峰面积 A_s；② 内标物的保留时间应与待测组分相近，但能完全分开；③ 内标物必须是纯度合乎要求的纯物质，否则将使所得的 $c_i\%$ 不准确(若得不到纯品，用已知含量的内标物，杂质峰不干扰时，也可用，但 m_s 需校正)。内标法是具备归一化法的优点，只要被测组分与内标物产生信号即可定量，适合于药物的某些有效成分的含量测定，还特别适用于微量杂质检查。由于杂质与主要成分含量相差悬殊，无法用归一化法测定杂质含量，用内标法则很方便。加一个与杂质量相当的内标物，加大进样量突出杂质峰，测定杂质峰与内标物峰面积之比，则可求出杂质含量。缺点是样品配制比归一化法麻烦。

3) 外标法　　比较相同分析条件下纯样(标准样品)与样品中该组分色谱峰面积或

峰高,进行定量的分析方法称为外标法。也被称为定量进样校正曲线法,或定量进样法。此方法是在进样量、色谱仪器及操作等分析条件严格固定不变的情况下,先将不同含量的组分纯样等量进样,进行色谱分析,求得含量与色谱峰面积或峰高的关系,将此关系绘成定量校正曲线,而后在同样条件下分析待测样品,测量待测样品的峰高或计算峰面积,并以此在校正曲线上求出样品含量,如果标准曲线通过坐标系原点,则可按下列公式计算样品含量。

$$m_i = \frac{A_i m_s}{A_s}$$

当被测样品中各组分浓度变化不大时,例如工厂中控制分析的样品,其组成一般变化不大,可以不必做校正曲线,用单点校正法来分析。即配制一个和被测组分含量十分接近的标准样,在同一条件下定量进样分析标准样及待测样品,由两者的峰高比或峰面积比计算未知样品含量。

外标法简便易行,但标准样及被测样品的分析条件需一致。进样量准确,仪器稳定,还需经常考察定量校正曲线有无变化。

(五) 高效液相色谱

高效液相色谱(high performance liquid chromatography, HPLC)也叫高压液相色谱、高速液相色谱、高分离度液相色谱等。是在经典液相色谱法的基础上,于60年代后期引入了气相色谱理论而迅速发展起来的。它与经典液相色谱法的区别是填料颗粒小而均匀,小颗粒具有高柱效,但会引起高阻力,需用高压输送流动相,故又称高压液相色谱,又因分析速度快而称为高速液相色谱。

HPLC与经典液相色谱相比有以下优点:

速度快——通常分析一个样品在15～30 min,有些样品甚至在5 min 内即可完成。

分辨率高——可选择固定相和流动相以达到最佳分离效果。

灵敏度高——紫外检测器可达0.01 ng,荧光和电化学检测器可达0.1 pg。

色谱柱可反复使用——用一根色谱柱可分离不同的化合物。

样品量少,容易回收——样品经过色谱柱后不被破坏,可以收集单一组分或做制备。

高效液相色谱法按分离机制的不同分为液固吸附色谱法、液液分配色谱法(正相与反相)、离子交换色谱法、离子对色谱法及分子排阻色谱法。

1. 液固色谱法

使用固体吸附剂,被分离组分在色谱柱上分离原理是根据固定相对组分吸附力大小不同而分离。分离过程是一个吸附—解吸附的平衡过程。常用的吸附剂为硅胶或氧化铝,粒度5～10 μm。适用于分离分子量200～1 000的组分,大多数用于非离子型化合物,离子型化合物易产生拖尾。液固色谱法常用于分离同分异构体。

2. 液液色谱法

使用将特定的液态物质涂于担体表面,或化学键合于担体表面而形成固定相,分离原理是根据被分离的组分在流动相和固定相中溶解度不同而分离。分离过程是一个分配平衡过程。

涂布式固定相应具有良好的惰性;流动相必须预先用固定相饱和,以减少固定相从担体表面流失；温度的变化和不同批号流动相的区别常引起柱子的变化；另外在流动相中存在的固定相也使样品的分离和收集复杂化。由于涂布式固定相很难避免固定液流失，现在已很少采用。现在多采用的是化学键合固定相，如 C_{18}、C_8、氨基柱、氰基柱和苯基柱。

液液色谱法按固定相和流动相的极性不同可分为正相色谱法（NPC）和反相色谱法（RPC）。正相色谱法采用极性固定相（如聚乙二醇、氨基与腈基键合相），流动相为相对非极性的疏水性溶剂（烷烃类如正己烷、环己烷），常加入乙醇、异丙醇、四氢呋喃、三氯甲烷等以调节组分的保留时间。正相色谱常用于分离中等极性和极性较强的化合物（如酚类、胺类、羰基类及氨基酸类等）。反相色谱法一般用非极性固定相（如 C_{18}、C_8）；流动相为水或缓冲液，常加入甲醇、乙腈、异丙醇、丙酮、四氢呋喃等与水互溶的有机溶剂以调节保留时间。正相色谱与反相色谱法比较如表 3-10 所示。适用于分离非极性和极性较弱的化合物。RPC 在现代液相色谱中应用最为广泛，据统计，它占整个 HPLC 应用的 80% 左右。

随着柱填料的快速发展，反相色谱法的应用范围逐渐扩大，现已应用于某些无机样品或易解离样品的分析。为控制样品在分析过程的解离，常用缓冲液控制流动相的 pH。但需要注意的是，C_{18} 和 C_8 使用的 pH 通常为 2.5～7.5(2～8)，太高的 pH 会使硅胶溶解，太低的 pH 会使键合的烷基脱落。有报告新商品柱可在 pH 1.5～10 范围操作。

表 3-10 正相色谱法与反相色谱法比较表

	正相色谱法	反相色谱法
固定相极性	高～中	中～低
流动相极性	低～中	中～高
组分洗脱次序	极性小先洗出	极性大先洗出

3. 离子交换色谱法

离子交换色谱的固定相是离子交换树脂，常用苯乙烯与二乙烯交联形成的聚合物骨架，在表面末端芳环上接上羧基、磺酸基（称阳离子交换树脂）或季氨基（阴离子交换树脂）。被分离组分在色谱柱上分离原理是树脂上可电离离子与流动相中具有相同电荷的离子及被测组分的离子进行可逆交换，根据各离子与离子交换基团具有不同的电荷吸引力而分离。

缓冲液常用作离子交换色谱的流动相。被分离组分在离子交换柱中的保留时间除跟组分离子与树脂上的离子交换基团作用强弱有关外，它还受流动相的 pH 和离子强度影响。pH 可改变化合物的解离程度，进而影响其与固定相的作用。流动相的盐浓度大，则离子强度高，不利于样品的解离，导致样品较快流出。

离子交换色谱法主要用于分析有机酸、氨基酸、多肽及核酸。

4. 离子对色谱法

又称偶离子色谱法，是液液色谱法的分支。它是根据被测组分离子与离子对试剂离子形成中性的离子对化合物后，在非极性固定相中溶解度增大，从而使其分离效果改善。主要用于分析离子强度大的酸碱物质。

分析碱性物质常用的离子对试剂为烷基磺酸盐，如戊烷磺酸钠、辛烷磺酸钠等。另外高氯酸、三氟乙酸也可与多种碱性样品形成很强的离子对。分析酸性物质常用四丁基季铵盐,如四丁基溴化铵、四丁基铵磷酸盐。

离子对色谱法常用 ODS 柱(即 C_{18}),流动相为甲醇-水或乙腈-水,水中加入 3～10 mmol·L^{-1} 的离子对试剂,在一定的 pH 范围内进行分离。被测组分保留时间与离子对性质、浓度、流动相组成及其 pH、离子强度有关。

5. 排阻色谱法

排阻色谱的固定相是有一定孔径的多孔性填料,流动相是可以溶解样品的溶剂。小分子量的化合物可以进入孔中,滞留时间长;大分子量的化合物不能进入孔中,直接随流动相流出。它利用分子筛对分子量大小不同的各组分排阻能力的差异而完成分离。常用于分离高分子化合物,如组织提取物、多肽、蛋白质、核酸等。

HPLC 适于分析高沸点不易挥发的、受热不稳定易分解的、分子量大、不同极性的有机化合物;生物活性物质和多种天然产物;合成的和天然的高分子化合物等。涉及石油化工、食品、合成药物、生物化工产品及环境污染物的分离与分析等,约占全部有机物的 80%。其余 20% 的有机物(含永久性气体、易挥发低沸点及中等分子量的化合物)只能用 GC 分析。

用高效液相色谱进行物质定性和定量分析的方法与采用气相色谱进行定性与定量分析方法相类似。

(赵华文)

第 4 章

基础性、综合性实验

实验一　分析天平的使用

【实验目的】

1. 熟悉电光分析天平的基本构造和使用方法。
2. 了解电子天平的使用方法。
3. 掌握称量的基本操作。

【实验原理】

电光分析天平及电子天平的结构、仪器原理及使用方法见教材第二章化学实验常用仪器中的分析天平部分。

【仪器和试剂】

仪器：电光分析天平，电子天平，托盘天平，烧杯（50 mL），称量瓶

试剂：滑石粉

【实验步骤】

一、电光分析天平称量练习

1. 固定质量称量法

准确称取 0.500 0 g 滑石粉。方法如下：

1）在托盘天平上粗称小烧杯的质量。

2）在分析天平上准确称出小烧杯的质量。

3）在天平的左盘上加 500 mg 的环码。

4）用药匙将滑石粉慢慢加到小烧杯中，直至天平的平衡点与零点重合。此时称得的滑石粉即为 0.500 0 g。

2. 差减称量法

准确称取 0.3～0.4 g 滑石粉两份。方法如下：

1）取一洁净干燥的称量瓶，在托盘天平上粗称其质量。

2）在称量瓶中加入试样滑石粉约 0.8 g，在托盘天平上粗称其质量。

3）在分析天平上准确称其质量，记为 m_1。

4）取出称量瓶，按图 3-11 方法转移滑石粉试样 0.3～0.4 g 于小烧杯中，并准确称

出称量瓶和剩余试样的质量,记为 m_2。以同样方法转移试样 0.3～0.4 g 于另一烧杯中,再准确称出称量瓶和剩余试样的质量,记为 m_3。

二、电子天平称量练习——直接称量和固定质量称量练习

准确称出小烧杯的质量和 0.3～0.4 g 滑石粉:
1) 将洁净的小烧杯小心置于称量盘上,天平显示数字即为小烧杯的质量。
2) 按清零去皮键,显示的数字消失,然后出现"0.000 0"字样,小烧杯质量即被扣除。
3) 小心敲取试样于小烧杯中,直至天平显示数字在要求范围内。

上述操作重复一次。

【实验记录及结果】

表 4-1 电光分析天平差减称量法

称量瓶+样品质量/g	样品序号	倾出样品质量/g
第一次:m_1	1	$m_1 - m_2 =$
第二次:m_2		
第三次:m_3	2	$m_2 - m_3 =$

表 4-2 电子天平直接称量法和固定称量法

称量方法	称量物品	第一次/g	第二次/g
直接称量法	小烧杯		
固定称量法	滑石粉		

【思考题】
1. 在使用电光分析天平时,增减砝码或取放样品,都必须先使天平休止。为什么?
2. 做同一实验时,所有称量都应使用同一架天平。为什么?

(赵先英)

实验二　凝固点降低法测定摩尔质量

【实验目的】

1. 了解凝固点测定仪、精密数字温度温差仪的基本结构,学习凝固点测定仪、精密数字温度温差仪的使用方法。
2. 理解凝固点降低法测定摩尔质量的基本原理。
3. 掌握凝固点降低法测定摩尔质量的实验方法。

【实验原理】

物质的凝固点是指在一定外压下物质的固、液两相蒸气压相等时的温度,即固液两相平衡共存时的温度。溶液的凝固点是指在一定外压下固相溶剂与溶液平衡共存时的温度。溶液的凝固点总是低于纯溶剂的凝固点,这一现象被称为溶液的凝固点降低。

难挥发非电解质稀溶液的凝固点下降与溶液的质量摩尔浓度成正比

$$\Delta T_f = T_f^\theta - T_f = K_f b_B \tag{4-1}$$

式中，ΔT_f 为溶液的凝固点降低值；T_f^θ 为溶剂的凝固点；T_f 为溶液的凝固点；K_f 为溶剂的凝固点降低常数；b_B 为溶液的质量摩尔浓度。

若称取质量为 m_A 的溶剂和质量为 m_B 的溶质配成稀溶液，则该稀溶液的质量摩尔浓度为

$$b_B = \frac{m_B}{m_A M_B} \times 10^3 \tag{4-2}$$

式中，M_B 为溶剂的摩尔质量。将式(4-2)代入式(4-1)，整理得

$$M_B = \frac{K_f \cdot m_B}{m_A \Delta T_f} \times 10^3 \tag{4-3}$$

可见，若知溶剂的凝固点降低常数 K_f 值，通过实验测定出此稀溶液的凝固点降低值 ΔT_f，即可根据式(4-3)求出溶质的摩尔质量 M_B。

但应注意，若溶质在溶液中有解离、缔合、溶剂化和络合物生成时，则用凝固点降低法测得的摩尔质量为表观摩尔质量，式(4-3)也不再适用。

图 4-1 是水和溶液的冷却曲线图。曲线(Ⅰ)为纯水的理想冷却曲线。从 a 点处无限缓慢的冷却，在未结冰之前温度随着时间均匀下降，达到 b 点时，水开始结冰，在结冰过程中温度不再变化，曲线上出现一段平台 bc，此时水和冰平衡共存，即纯水的凝固点 T_f^θ，当水全部结成冰后，温度再下降。曲线(Ⅱ)是实验条件下的纯水冷却曲线，因为实验做不到无限慢的冷却，在温度降到 T_f^θ 时水不凝固，往往出现过冷现象，即水的温度要降到凝固点以下才析出冰，一旦冰出现，温度又回升而出现平台。曲线(Ⅲ)是溶液的理想冷却曲线，根据稀溶液的依数性，溶液的凝固点低于纯溶剂的凝固点，即 $T_f < T_f^\theta$，随着冰的

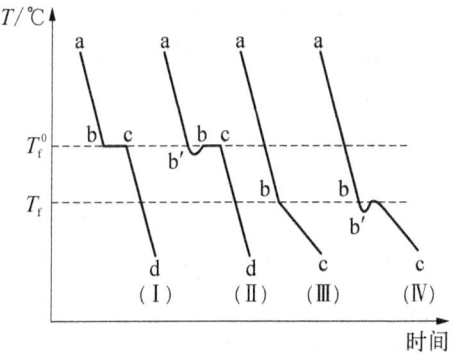

图 4-1 水和溶液的冷却曲线

析出，溶液浓度不断增大，溶液的凝固点也不断下降，所以 bc 并不是一段平台，而是一段缓慢下降的斜线。因此，溶液的凝固点是指刚有溶剂固体析出时的温度。曲线(Ⅳ)是实验条件下的溶液冷却曲线，与纯水相似，也会出现过冷现象。若实验中过冷程度不大，对实验结果无显著影响；若过冷较大，将使测定结果偏低。

测定凝固点时，将溶剂或溶液逐渐冷却，过冷后，通过加速搅拌或加入晶种，温度回升，溶剂或溶液与固体溶剂平衡共存，此时的平衡温度即为溶剂或溶液的凝固点。

【仪器和试剂】

仪器：冰点仪，精密数字温度温差仪，电子分析天平，温度计，大烧杯、移液管(25 mL)，洗耳球，烧杯(500 mL)

试剂：尿素或蔗糖(A.R.)，粗食盐

【实验步骤】

1. 安装仪器

冰点仪及精密数字温度温差仪的原理及使用方法见本教材第二章化学实验常用仪器

中的凝固点测定仪部分。检查冰点仪、精密数字温度温差仪是否正常,测定管是否洁净干燥,安装、连接仪器。

2. 制备冷冻剂

在冰浴槽内放入碎冰块和自来水(约 4/5 容量),加入适量粗食盐,搅拌,调节冰盐浴温度,使其低于被测物凝固点 2~3℃。实验过程中要经常搅拌冰水混合物,并适时补充碎冰,使冰盐浴温度保持基本不变。

3. 纯水凝固点的测定

1) 用移液管吸取 25.00 mL 蒸馏水置于洁净干燥的凝固点测定管中,同时放入洁净干燥的搅拌磁子,将温度传感器插入测定管的橡胶塞中,然后将橡胶塞塞入凝固点测定管,塞紧。传感器插入深度及位置以传感器顶端离搅拌子以上 5 mm 处。

2) 将测定管直接插入冰盐浴中,打开冰点仪开关,磁力搅拌,观察温差仪显示值,当测量管内温度低于纯水凝固点 0.2℃时,加速搅拌,打破过冷现象。温度回升时,调整旋钮继续缓慢搅拌,最后温差仪显示值稳定不变时,此即为纯溶剂蒸馏水的初测凝固点。

3) 取出测定管,用掌心握住结晶部位加热,待测定管中冰全部融化后,将测定管直接插入冰盐浴中,缓缓搅拌,当蒸馏水温度降至高于初测凝固点 0.5℃时,快速将测定管取出,擦干,插入套管中,继续搅拌,当温度低于初测凝固点 0.2℃时,加速搅拌,打破过冷现象,温度回升,缓慢搅拌,直至温度回升到不再变化,持续约 1 min,此时显示值为蒸馏水的凝固点。

重复测定一次,两次测定值的绝对平均误差不超过 0.01℃,取平均值即为蒸馏水的凝固点。

4. 尿素溶液凝固点的测定

1) 取出测定管,使测定管中冰全部融化。

2) 用电子分析天平精确称取约 1.2 g 尿素,置于测定管中,完全溶解。按测定蒸馏水凝固点的方法先后分别粗测、精测尿素溶液的凝固点。精确测定两次的测定值不得相差 0.01℃,取平均值。

【实验记录及结果】

1. 室温_____,大气压_____

2. 实验记录

将实验数据记于表 4-3 中。

3. 数据处理

根据测定的蒸馏水的凝固点和尿素溶液的凝固点,计算尿素的摩尔质量。

表 4-3 实验记录与数据处理

试样	测定次数	凝固点/℃	凝固点平均值/℃	ΔT_f 平均值/℃	溶剂的质量/g	尿素的质量/g	尿素的摩尔质量 $M_B/(\text{g}\cdot\text{mol}^{-1})$
溶剂	粗测						
	精测 1						
	精测 2						
溶液	粗测						
	精测 1						
	精测 2						

【思考题】
1. 凝固点降低法测定物质摩尔质量的公式在什么条件下才适用？
2. 为什么会产生过冷现象？过冷太甚有何弊病？如何控制过冷程度？
3. 溶质的量太多或太少对实验结果有什么影响？

（刘毅敏）

实验三　pH 的测定及缓冲溶液的缓冲作用

【实验目的】
1. 了解酸度计的基本构造及工作原理。
2. 理解缓冲溶液的作用原理。
3. 掌握缓冲溶液的配制方法，正确使用吸量管。

【实验原理】

溶液 pH 的测定，在化学和医学科研工作中经常遇到。测定溶液的 pH 除了用 pH 试纸外，也常用酸度计测定。

缓冲溶液是一种能抵抗外来少量强酸强碱或加水适当稀释的影响，而保持溶液 pH 基本不变的溶液。它常由一对共轭酸碱对组成，其中的共轭酸充当抗碱成分，而共轭碱充当抗酸成分。缓冲溶液的近似 pH 可用 Henderson-Hasselbalch 公式计算：

$$pH = pK_a + \lg \frac{[共轭碱]}{[共轭酸]} \tag{4-4}$$

在配制具有一定 pH 的缓冲溶液时，为了使所得溶液具有较好的缓冲能力，应当注意以下原则：

1) 选择适当的缓冲对，使配制缓冲溶液的 pH 在所选择的缓冲对的缓冲范围内，并尽量接近弱酸的 pK_a，以使其具有较大的缓冲容量。例如 HAc-Ac$^-$，缓冲对的有效缓冲 pH 范围是 3.75～5.75。因此，要配制 pH 在 3.75～5.75 间的缓冲溶液可选用 HAc-Ac$^-$ 缓冲对。

2) 配制的缓冲溶液还必须具有一定的总浓度（通常是在 0.05～0.2 mol·L^{-1} 之间），以使所配成的溶液具有较大的缓冲容量。同时溶液中还必须有足够的抗酸成分和抗碱成分，即采用适当的缓冲比（[共轭碱]/[共轭酸]）。

在具体配制时，为了方便起见，常采用相同浓度的共轭酸碱溶液以不同体积混合。因为在这种情况下，Henderson-Hasselbalch 公式可以写成：

$$pH = pK_a + \lg \frac{V_{碱}}{V_{酸}} \tag{4-5}$$

在配制具有一定 pH 的缓冲溶液时，若溶液的总体积是 $V_{总}$，则上式可以改写成：

$$pH = pK_a + \lg \frac{V_{碱}}{V_{总} - V_{碱}} \tag{4-6}$$

或

$$pH = pK_a + \lg \frac{V_{总} - V_{酸}}{V_{酸}} \tag{4-7}$$

根据这两个式子就可以计算出配制具有一定 pH 的缓冲溶液时所需两种溶液的体积。

【仪器和试剂】

仪器：pHs-25 型数字酸度计，pH 复合电极，烧杯（25 mL、100 mL），量筒（10 mL、20 mL），吸量管（10 mL），白色点滴板试剂：pH=4.75 标准缓冲溶液，0.2 mol·L^{-1} HAc，0.2 mol·L^{-1} NaAc，0.1 mol·L^{-1} HCl，0.1 mol·L^{-1} NaOH

【实验步骤】

1. pHs-25 型数字酸度计的构造及使用方法见教材第二章化学实验常用仪器中的酸度计部分。

2. 待测缓冲溶液的配制

用 10 mL 刻度吸量管，吸取 0.2 mol·L^{-1} 醋酸溶液 10.00 mL，放入洗净的 100 mL 烧杯中，然后再用另一支 10 mL 的刻度吸量管吸取 0.2 mol·L^{-1} 醋酸钠溶液 10.00 mL 放入上述烧杯中，并用洁净的玻璃棒搅拌混合均匀。用量筒量取蒸馏水 20 mL 加入上述烧杯中，再用玻璃棒搅拌均匀，配好后的缓冲溶液放置备用。

3. 测定项目及操作

1）用标准缓冲溶液校正仪器刻度：用滴管吸取适量标准缓冲溶液，分别润洗 pH 复合电极及 25 mL 小烧杯。将标准缓冲溶液装入上述烧杯中，按照酸度计的使用方法，用标准缓冲溶液对酸度计进行校正。

2）测定自配缓冲溶液的 pH：用滴管吸取适量自配缓冲溶液，分别润洗 pH 复合电极及 25 mL 小烧杯。将缓冲溶液装入上述烧杯中，按照酸度计的使用方法，对缓冲溶液进行测定，仪器所显示的稳定读数即为待测缓冲溶液的 pH。

3）观察缓冲溶液的缓冲作用：取三小块 pH 试纸放在洁净的白色点滴板上，然后取 3 支试管，分别加入 2 mL 蒸馏水。在一支试管中加入 2 滴 0.1 mol·L^{-1} 的 HCl 溶液，在另一支试管中加入 2 滴 0.1 mol·L^{-1} 的 NaOH 溶液，第三只试管作空白对照。摇匀后用干净的玻璃棒分别蘸取部分溶液涂抹在 pH 试纸上，与标准比色卡对照，读取 pH。

另取三小块 pH 试纸放在洁净的白色点滴板上，然后取 3 支试管，分别加入 2 mL 自己配制的缓冲溶液。在一支试管中加入 2 滴 0.1 mol·L^{-1} 的 HCl 溶液，在另一支试管中加入 2 滴 0.1 mol·L^{-1} 的 NaOH 溶液，第三只试管作空白对照。摇匀后用干净的玻璃棒分别蘸取部分溶液涂抹在 pH 试纸上，与标准比色卡对照，读取 pH。

【实验记录及结果】

1. 标准缓冲溶液的 pH _____

   自配缓冲溶液的 pH _____

2. 缓冲溶液的缓冲作用

表 4-4　缓冲溶液的缓冲作用

项　　目	pH(pH 试纸测试)	
	蒸馏水	自配缓冲溶液
空白对照		
加入 2 滴 0.1 mol·L^{-1} 的 HCl 溶液		
加入 2 滴 0.1 mol·L^{-1} 的 NaOH 溶液		

【思考题】
1. 为什么缓冲溶液具有缓冲能力？
2. 为什么缓冲溶液的理论 pH 与实测 pH 有一定误差？如何消除？

（赵先英）

实验四 醋酸解离度和解离平衡常数的测定

【实验目的】
1. 了解溶液电导、摩尔电导、电导率等概念及它们之间的关系，电导率仪的基本构造和工作原理。
2. 理解电导法测定醋酸解离平衡常数的原理，弱电解质的解离度 α 与摩尔电导、极限摩尔电导之间的关系。
3. 掌握电导法测定醋酸解离度和解离平衡常数的实验方法，电导率仪的正确使用。

【实验原理】
在一定温度下，醋酸在水溶液中解离达平衡时，其解离平衡常数 K_a 与醋酸的起始浓度 c、解离度 α 之间存在如下关系

平衡时：
$$HAc \longrightarrow H^+ + Ac^-$$
$$c(1-\alpha) \quad\quad c\alpha \quad\quad c\alpha$$

$$K_a = \frac{(c\alpha)^2}{c(1-\alpha)} = \frac{c\alpha^2}{1-\alpha} \tag{4-8}$$

电解质溶液的导电能力可以用电导来表示。电导是电阻的倒数，用 L 表示，单位为 S（西门子）。如果将电解质溶液放入两相距为 1 m、面积为 1 m² 的平行电极间，此时溶液的电导称为电导率，用 L_0 表示，单位为 S·m^{-1}，有

$$L_0 = L \frac{l}{A} \tag{4-9}$$

式中，l 为电极间距离；A 为电极的面积；l/A 为电导池常数，可以通过测定已知电导率溶液（通常用标准 KCl 溶液）的电导来测得。电导率的大小与电导池结构无关，因此，可以用电导率衡量电解质溶液导电能力的强弱。

实验发现电解质溶液的电导不仅与温度有关，而且还与溶液的浓度有关。因此，通常用摩尔电导来衡量电解质溶液的导电能力。摩尔电导即把含有 1 mol 的电解质溶液置于相距为 1 m 的两个平行电极之间所具有的电导，用 Λ 表示，单位为 S·m²·mol^{-1}。摩尔电导 Λ 与电导率 L_0 以及溶液的浓度之间符合下面的关系式

$$\Lambda = L_0 \times \frac{10^{-3}}{c} \tag{4-10}$$

根据电离学说，弱电解质的解离度 α 随溶液的稀释而增大，当溶液无限稀释时，弱电解质全部解离，$\alpha \rightarrow 1$。因此，无限稀释的摩尔电导 Λ_0（极限摩尔电导）与某一浓度下的 Λ 之差可认为是由全部解离和部分解离产生的离子数目不同而引起的，即弱电解质的解离

度 α 可表示为

$$\alpha = \frac{\Lambda}{\Lambda_0} \tag{4-11}$$

将式(4-11)代入式(4-8),得

$$K_a = \frac{c\Lambda^2}{\Lambda_0(\Lambda_0 - \Lambda)} \tag{4-12}$$

因此,只要实验测得不同浓度的醋酸溶液的电导率 L_0,由式(4-10)算出摩尔电导 Λ,将 Λ 值代入式(4-12),即可求出 K_a。

本实验用 DDS-11A 型电导率仪,仪器原理及使用方法见教材第二章化学实验常用仪器中的电导率仪部分。

【仪器和试剂】

仪器:电导率仪,铂电极,恒温水浴,移液管(25 mL),容量瓶(50 mL、100 mL),烧杯(250 mL),小试管

试剂:0.01 000 mol·L^{-1} KCl 标准溶液,0.1 mol·L^{-1} HAc

【实验步骤】

1. 配制不同浓度的 HAc 溶液

用移液管分别量取 0.1 mol·L^{-1} HAc 标准溶液 25.00 mL 于 50 mL、100 mL 容量瓶中,加入蒸馏水稀释至刻度,摇匀。

2. 测定电导池常数

蒸馏水洗涤电导池和铂电极,用少量 0.01 000 mol·L^{-1} KCl 标准溶液洗涤电导池和铂电极 3 次,然后倒入 KCl 标准溶液,使液面超过电极 1~2 cm,将电导池置于 25℃ 的恒温水浴中,恒温 5~10 min。按照电池导常数的测定程序进行测定,记下"电导池常数"。

3. 测定 HAc 溶液的电导率

倾去电导池中的 KCl 溶液,先用蒸馏水将电导池和铂电极冲洗干净,再用少量被测的 HAc 溶液洗涤 3 次,然后注入被测的 HAc 溶液,使溶液超过电极 1~2 cm。再将电导池置于 25℃ 的恒温水浴中,恒温 5~10 min,测定 HAc 溶液的电导率。按照由稀到浓的顺序测定。

【实验记录及数据处理】

1. 室温_____,电导池常数_____,Λ_0(HAc)/(S·m^2·mol^{-1})_____。

2. 数据记录

将原始数据填入表 4-5。

表 4-5 HAc 解离度和解离平衡常数测定数据表

编号	c(HAc)/(mol·L^{-1})	L_0/(S·m^{-1})	Λ/(S·m^2·mol^{-1})	α	K_a
1					
2					
3					

3. 数据处理

根据实验数据,计算出 HAc 的解离度和解离平衡常数,并填入表 4-5。

【思考题】

1. 改变所测 HAc 溶液的浓度或温度,则解离度和解离平衡常数有无变化?若有变化,会有怎样的变化?
2. 若所用浓度高的 HAc 溶液能否用此法求解离平衡常数?为什么?
3. 测定溶液的电导率的主要注意事项有哪些?

(刘毅敏)

实验五　水的净化与检验

【实验目的】

1. 了解自来水中含有的常见杂质离子及其鉴定方法。
2. 理解蒸馏法和离子交换法净化水的原理。
3. 学习蒸馏法净化水的实验方法。

【实验原理】

天然水或自来水中常含有无机和有机杂质,无机杂质有 Mg^{2+}、Ca^{2+}、SO_4^{2-}、CO_3^{2-}、Cl^- 离子及某些气体等。在医学科研及临床应用上对水质常有一定要求,常采用蒸馏法和离子交换法对水进行净化。

蒸馏是物质分离和提纯最常用的方法之一。在一定温度下,各种液体的蒸气压各不相同,即沸点有所差异。因而,可用加热方法使混合液体先后气化、冷凝而使之分离或提纯。水样在蒸馏过程中,常是沸点较低的水(溶剂)先气化而与沸点较高的杂质(溶质)分离,经蒸馏而得到净化的水称为蒸馏水。

离子交换法是基于阴、阳离子交换树脂能与其他物质的离子进行选择性的离子交换反应。水样中所含的阴、阳离子经离子交换后得到净化,这种净化后的水称为去离子水。阳离子交换树脂如聚苯乙烯磺酸钠型离子交换树脂 $RSO_3^-Na^+$ 经 HCl 转型后,可与水样中的 Na^+、Mg^{2+}、Ca^{2+} 等阳离子进行交换。例如:

$$2RSO_3H + Mg^{2+} \longrightarrow (RSO_3^-)_2Mg^{2+} + 2H^+$$

阴离子交换树脂如季铵盐型碱性阴离子交换树脂 $R\equiv N^+X^-$ 经 NaOH 转型后,可与水样中的 Cl^-、SO_4^{2-}、CO_3^{2-} 等阴离子进行交换。例如:

$$R\equiv N^+OH^- + Cl^- \longrightarrow R\equiv N^+Cl^- + OH^-$$

经阴、阳离子交换后产生的 H^+ 与 OH^- 结合又生成水

$$H^+ + OH^- \Longrightarrow H_2O$$

实际生产时,常把阳离子树脂柱与阴离子树脂柱串联起来使用,最后通过阴、阳离子混合柱进行多级离子交换。经交换而失效的阴、阳离子交换树脂可分别用稀 NaOH、稀 HCl 溶液再生。

纯水是极弱的电解质,水样中所含有的可溶性杂质常使其导电能力增大。用电导率

仪可以测定水样的电导率。根据水样的电导率大小,可估计水样的纯度。$AgNO_3$、$BaCl_2$ 溶液可分别用以检验水样中的 Cl^- 和 SO_4^{2-} 离子的存在。而铬黑 T、钙指示剂可分别用以检验 Mg^{2+}、Ca^{2+} 离子的存在。在 pH=8~11 的溶液中,铬黑 T 能与 Mg^{2+} 离子作用而显红色;在 pH>12 的溶液中,钙指示剂能与 Ca^{2+} 离子作用而显红色,在此 pH 下,Mg^{2+} 离子的存在不干涉 Ca^{2+} 离子的检验,因为这时 Mg^{2+} 离子以 $Mg(OH)_2$ 沉淀析出。

【仪器和试剂】

仪器:蒸馏装置:蒸馏瓶,蒸馏头,冷凝管,温度计套管,尾接管,接收器,温度计,电加热套

离子交换装置:碱式滴定管(50 mL),铁架,滴定管夹,T 形玻璃管,螺丝夹玻璃纤维

检测装置:DDS-11A 型电导率仪,电导电极

试剂:1 mol·L^{-1} HNO_3,2 mol·L^{-1} $NH_3·H_2O$,0.1 mol·L^{-1} $AgNO_3$,1 mol·L^{-1} $BaCl_2$,铬黑 T 指示剂,钙指示剂,水样

【实验步骤】

1. 蒸馏法净化水

1) 蒸馏装置及安装见教材第三章化学实验基本操作蒸馏部分。

2) 蒸馏 在 100 mL 的蒸馏瓶中,加入约 60 mL 的待蒸馏水样。加入 2~3 粒沸石,塞好带有温度计的塞子,接通冷凝水,然后用电加热套加热。开始时加热速度可快些,当瓶内液体开始沸腾时,温度计读数急剧上升,这时应调整加热速度,控制流出液速度,以每秒钟 1~2 滴为宜。除去前馏分后,更换一个洁净的接收瓶收集水样约 40 mL,停止加热。收集的水样留作检验。

蒸馏结束时应先关闭电源,继续通入冷凝水,待沸腾明显停止时,方可关闭水源。蒸馏瓶自然冷却后,拆出蒸馏装置,倒出剩余的水样,回收沸石。

2. 离子交换法净化水

1) 仪器的安装 按图 4-2 安装离子交换装置。在已拆除尖嘴的 3 支碱式滴定管底部塞入少量玻璃纤维,拧紧下端的螺丝夹,先各加入数毫升去离子水,再分别加入阳离子交换树脂或阴离子交换树脂或质量比为 1:1 混合的阴、阳离子交换树脂,树脂层高度在 25 cm 左右。装柱时,应尽可能使树脂紧密,不留气泡,否则必须重装。然后将套有粗橡皮管的乳胶管另一端与下一支滴定管的上端连接。

2) 离子交换 拧开高位槽螺丝夹及各交换柱间的螺丝夹,让自来水流入。调节每支交换柱底部的螺丝夹,使流出液先以每分钟 25~30 滴流速通过交换柱。开始流出的约 30 mL 水应弃去,然后重新控制流速为每分钟 15~20 滴。用烧杯分别收集水样各约 30 mL,待检验。

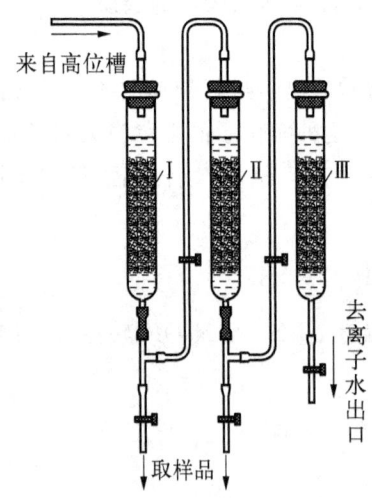

图 4-2 离子交换装置示意图
Ⅰ.阳离子交换柱;Ⅱ.阴离子交换柱;
Ⅲ.阴、阳离子混合交换柱

3. 水质的检验

对上述蒸馏后所得水样连同自来水,分别进行下列检测,并记录实验结果及现象。

1) 电导率的测定　　DDS-11A 型电导率仪的构造及使用方法见教材第二章化学实验常用仪器中的电导率仪部分。

2) Mg^{2+} 离子的检验　　取水样 1 mL,加入 1 滴 2 mol·L^{-1} 氨水溶液,再加入 2 滴铬黑 T 溶液,观察溶液颜色是否转为红色。

3) Ca^{2+} 离子的检验　　取水样 1 mL,加入 8 滴 2 mol·L^{-1} 氨水溶液,再加入 2 滴钙指示剂溶液。观察溶液颜色是否转为红色。

4) Cl^- 离子的检验　　取水 1 mL,加入 1 滴 1 mol·L^{-1} HNO_3 溶液使之酸化,然后加入 1 滴 0.1 mol·L^{-1} $AgNO_3$ 溶液。观察是否出现白色浑浊。

5) SO_4^{2-} 离子的检验　　取水样 1 mL,加入 4 滴 1 mol·L^{-1} $BaCl_2$ 溶液。观察是否出现白色浑浊。

【实验记录及结果】

1. 电导率(L_0)的测定

自来水的 L_0 _____ S·m^{-1}

蒸馏水的 L_0 _____ S·m^{-1}

2. Mg^{2+}、Ca^{2+}、Cl^- 和 SO_4^{2-} 的检验

表 4-6　Mg^{2+}、Ca^{2+}、Cl^- 和 SO_4^{2-} 的检验

检验离子 \ 样品	自来水	蒸馏水
Mg^{2+}		
Ca^{2+}		
Cl^-		
SO_4^{2-}		

【思考题】

1. 如何正确地安装和拆除蒸馏装置?
2. 对蒸馏后水样中的杂质离子进行定性鉴别时,应该如何正确操作?

(赵先英)

实验六　酸、碱标准溶液的配制与标定

【实验目的】

1. 学习盐酸和氢氧化钠溶液的配制与标定方法。
2. 熟悉甲基橙与酚酞指示剂的使用和滴定终点时颜色的变化。
3. 练习滴定操作,初步掌握确定滴定终点的方法。

【实验原理】

标准溶液是指已知准确浓度的溶液。常用的酸标准溶液是 HCl 溶液,常用的碱标准溶液是 NaOH 溶液。

由于浓 HCl 溶液易挥发,而 NaOH 晶体易吸收空气中的水分和 CO_2,因此 HCl 标准溶液和 NaOH 标准溶液只能用间接法配制,即先配制成接近所需浓度的溶液,然后再用

基准物质进行标定。也可以利用另一已知准确浓度的标准溶液滴定该溶液,再根据它们的体积比求得该溶液的准确浓度。

标定 HCl 溶液常用的基准物质是无水碳酸钠,标定反应如下

$$Na_2CO_3 + 2HCl = 2NaCl + H_2O + CO_2 \uparrow$$

化学计量点的 pH 为 3.89,可选用甲基橙作指示剂。HCl 标准溶液的浓度可用下式计算

$$c(HCl) = \frac{2\,m(Na_2CO_3)/M(Na_2CO_3)}{V(HCl)} \tag{4-13}$$

式中,$m(Na_2CO_3)$ 为 Na_2CO_3 晶体的质量;$V(HCl)$ 为标定所消耗 HCl 溶液的体积;$M(Na_2CO_3)$ 为 Na_2CO_3 的摩尔质量。

标定 NaOH 溶液常用的基准物质是邻苯二甲酸氢钾($KHC_8H_4O_4$),标定反应如下

$$\text{邻苯二甲酸氢钾} + NaOH \longrightarrow \text{邻苯二甲酸钠钾} + H_2O$$

化学计量点的 pH 约为 9.1,可用酚酞作指示剂。NaOH 标准溶液的浓度可用下式计算

$$c(NaOH) = \frac{m(KHC_8H_4O_4)/M(KHC_8H_4O_4)}{V(NaOH)} \tag{4-14}$$

式中,$c(NaOH)$ 为 NaOH 溶液的准确浓度;$m(KHC_8H_4O_4)$ 为邻苯二甲酸氢钾的质量;$M(KHC_8H_4O_4)$ 为邻苯二甲酸氢钾的摩尔质量;$V(NaOH)$ 为标定所消耗 NaOH 溶液的体积。

【仪器和试剂】

仪器:托盘天平,容量瓶(250 mL),量筒(10 mL、100 mL),试剂瓶(500 mL),移液管(25 mL),酸式滴定管(50 mL),碱式滴定管(50 mL),锥形瓶(250 mL),烧杯(100 mL)。

试剂:NaOH,Na_2CO_3,$KHC_8H_4O_4$,6 mol·L^{-1} HCl,2 g·L^{-1} 酚酞(乙醇溶液),2 g·L^{-1} 甲基橙

【实验步骤】

1. 酸碱溶液的配制

1) 0.1 mol·L^{-1} HCl 溶液的配制:用量筒取 9 mL 6 mol·L^{-1} HCl 溶液,倒入 500 mL 试剂瓶中,加水稀释至 500 mL,盖上玻璃塞,摇匀。

2) 0.1 mol·L^{-1} NaOH 溶液的配制:用托盘天平称取 2 g NaOH 晶体于烧杯中,加 40 mL 蒸馏水溶解后,倒入 500 mL 试剂瓶中,再加水稀释至 500 mL,用橡皮塞塞好瓶口,摇匀。

2. 酸碱溶液的标定

1) HCl 溶液的标定:用分析天平准确称取 1.0~1.2 g Na_2CO_3 晶体于 100 mL 烧杯中,加 40 mL 蒸馏水溶解后,定量转移至 250 mL 容量瓶中,加蒸馏水至刻度,摇匀。用移液管移取 25.00 mL Na_2CO_3 溶液于 250 mL 锥形瓶中,加 2 滴甲基橙指示剂,用 HCl 溶液滴定至溶液颜色由黄色变为橙色,即为终点。平行标定三次,按式(4-13)计算 HCl 标准溶液的准确浓度。

2) NaOH 溶液的标定:用分析天平准确称取三份 0.4~0.5 g 邻苯二甲酸氢钾晶体,分别置于三个 250 mL 锥形瓶中,加 20~30 mL 蒸馏水溶解后,各加 2 滴酚酞指示剂,用

NaOH 溶液滴定至微红色,且 30 秒内不褪色,即为终点。按式(4-14)计算 NaOH 溶液的准确浓度。

【实验记录及结果】

表 4-7 HCl 溶液的标定

次数	HCl 溶液的标定			
	$m(Na_2CO_3)/g$	$V(HCl)/mL$	$c(HCl)/(mol \cdot L^{-1})$	$\bar{c}(HCl)/(mol \cdot L^{-1})$
1				
2				
3				

表 4-8 NaOH 溶液的标定

次数	NaOH 溶液的标定			
	$m(KHC_8H_4O_4)/g$	$V(NaOH)/mL$	$c(NaOH)/(mol \cdot L^{-1})$	$\bar{c}(NaOH)/(mol \cdot L^{-1})$
1				
2				
3				

【思考题】

1. 为什么 HCl 和 NaOH 标准溶液都只能用间接法配制?
2. 使用滴定管和移液管前为什么要用欲装入或移取的标准溶液润洗 2~3 次?锥形瓶是否也要用标准溶液润洗,为什么?
3. 溶解试样或稀释试样溶液时,所加水的体积为何不需要很准确?
4. 如果基准物质未烘干,对标准溶液的标定结果有何影响?

(周小霞)

实验七 维生素 C 药片中维生素 C 含量的测定

【实验目的】

1. 理解直接碘量法测定维生素 C 含量的原理及条件。
2. 掌握碘标准溶液的配制与标定。
3. 掌握维生素 C 含量测定的实验方法。

【实验原理】

碘量法是以 I_2 的氧化性和 I^- 的还原性为基础的滴定分析方法。碘量法可分为直接碘量法和间接碘量法。直接用碘标准溶液滴定还原性物质的方法叫直接碘量法。维生素 C 又名抗坏血酸(ascorbic acid),是强还原性物质,可以用 I_2 标准溶液直接测定,反应在弱酸性溶液中进行,维生素 C 分子中的二烯醇基被 I_2 氧化成二酮基。

$$\underset{O\ OHOHH\ OH}{C-C=C-C-C-CH_2OH} + I_2 \longrightarrow \underset{O\ O\ O\ H\ OH}{C-C-C-C-C-CH_2OH} + 2HI$$

此反应进行得很完全，由于维生素 C 的还原性相当强，易被空气氧化，特别是在碱性溶液中，所以加稀 HAc 使它保持在酸性溶液中，以减少副反应。

【仪器和试剂】

仪器：酸式滴定管(50 mL)，碱式滴定管(50 mL)，移液管(20 mL)，量筒(10 mL、100 mL)，锥形瓶(250 mL)，烧杯(100 mL)

试剂：I_2，KI，0.1 mol·L^{-1} $Na_2S_2O_3$ 标准溶液，2 mol·L^{-1} HAc，淀粉指示剂，待测样品

【实验步骤】

1. 0.05 mol·L^{-1} I_2 溶液的配制

在台秤上称取 6.6 g I_2 和 10 g KI，置于研钵中，加少量蒸馏水研磨。待 I_2 全部溶解后，将溶液转入 500 mL 棕色试剂瓶中。用少量蒸馏水洗净研钵，洗涤液全部转入上述试剂瓶中，加蒸馏水稀释至 500 mL，混合均匀，置于暗处。

2. I_2 溶液的标定

将 $Na_2S_2O_3$ 标准溶液装入碱式滴定管中，用移液管吸取 20.00 mL I_2 溶液于锥形瓶中，加水到 100 mL，用 $Na_2S_2O_3$ 标准溶液滴定至浅黄色，加 2 mL 淀粉指示剂溶液，继续滴定至蓝色消失为终点。重复滴定两次，取平均值。按下式计算 I_2 标准溶液的浓度

$$c(I_2) = \frac{c(Na_2S_2O_3)V(Na_2S_2O_3)}{2V(I_2)}$$

3. 样品测定

准确称取维生素 C 样品约 0.6~0.8 g，加新煮沸后放冷的蒸馏水 50 mL 与 10 mL HAc 的混合液使样品溶解。加 2 mL 淀粉指示液，立即用碘标准溶液滴定至溶液显持续的蓝色[1]。重复测定两次。按下式计算维生素 C 的百分含量

$$维生素 C\% = \frac{c(I_2) \times V(I_2) \times \dfrac{M(C_6H_8O_6)}{1\,000}}{S(样品重)} \times 100\%$$

$$M(C_6H_8O_6) = 176.12$$

【实验记录及结果】

1. I_2 溶液的标定

表 4-9 I_2 溶液的标定

测 定 次 数	第一次	第二次	第三次
$Na_2S_2O_3$ 标准溶液最终读数/mL			
$Na_2S_2O_3$ 标准溶液最初读数/mL			
所用 $Na_2S_2O_3$ 溶液体积/mL			
I_2 溶液的浓度/(mol·L^{-1})			

2. 样品中维生素C的含量测定

表4-10 维生素含量的测定

测定次数	第一次	第二次	第三次
样品质量/g			
I_2溶液最终读数/mL			
I_2溶液最初读数/mL			
所用I_2溶液体积/mL			
维生素百分含量			

样品中维生素C的平均含量_____%。

【思考题】

1. 测定维生素C含量时,为什么要加入HAc溶液?
2. 溶解维生素C样品时,为什么要用新煮沸并放冷的蒸馏水?
3. 为什么测定维生素C含量时于滴定前加入淀粉溶液,而在I_2溶液标定时却要在$Na_2S_2O_3$标准溶液滴定至呈浅黄色时再加入淀粉溶液?

【注释】

[1] 维生素C的滴定反应多在酸性溶液(HAc、H_2SO_4、偏磷酸等)中进行,因在酸性介质中,维生素C受空气中氧的氧化速度稍慢,较为稳定。但样品溶于稀酸后,仍须立即进行滴定。

(周小霞)

实验八 葡萄糖酸钙的含量测定

【实验目的】

1. 了解配位滴定中辅助指示剂的作用原理。
2. 掌握配位滴定的基本过程。
3. 学习配位滴定法测定葡萄糖酸钙含量的实验方法。

【实验原理】

配位滴定中常用的指示剂为铬黑T,但Ca^{2+}与铬黑T在pH=10时形成的$CaIn^-$不够稳定,会使终点过早出现,从而出现滴定误差。可利用CaY^{2-}比MgY^{2-}更稳定的性质,加入少量MgY^{2-}作为辅助指示剂。当Ca^{2+}试液中加入铬黑T与MgY^{2-}的混合液后,发生下列置换反应:

$$MgY^{2-} + Ca^{2+} \longrightarrow CaY^{2-} + Mg^{2+}$$

$$Mg^{2+} + HIn^{2-} \longrightarrow MgIn^- + H^+$$

滴定过程中,EDTA先与游离Ca^{2+}配合。因此,在终点前溶液显$MgIn^-$的酒红色,最后,EDTA从$MgIn^-$中置换出铬黑T,溶液由酒红色变为纯蓝色。

$$MgIn^- + H_2Y^{2-} \longrightarrow MgY^{2-} + HIn^{2-} + H^+$$

在整个滴定过程中 MgY^{2-} 并未消耗 EDTA,而是起了辅助铬黑 T 指示终点的作用。

【仪器和试剂】

仪器：酸式滴定管(50 mL),量筒(10 mL、25 mL),锥形瓶(250 mL)

试剂：$NH_3 \cdot H_2O - NH_4Cl$ 缓冲液（pH＝10）,$MgSO_4$ 稀溶液,0.05 $mol \cdot L^{-1}$ EDTA 标准溶液,铬黑 T 指示剂,葡萄糖酸钙样品

【实验步骤】

1. 辅助指示剂的配制

在 250 mL 锥形瓶中,加入蒸馏水 20 mL,$NH_3 \cdot H_2O - NH_4Cl$ 缓冲液 20 mL,稀 $MgSO_4$ 试液 2 滴,铬黑 T 指示剂 6 滴,然后用 EDTA 标准溶液滴到溶液恰显纯蓝色。

2. 葡萄糖酸钙的含量测定

准确称取样品约 0.5 g 置于锥形瓶中,加蒸馏水 10 mL,微热使其溶解,放冷至室温,加入辅助指示剂 20 mL,用 EDTA 标准液滴定至溶液由酒红色转变为纯蓝色即为终点。按下式计算：

$$葡萄糖酸钙 \% = \frac{C_{EDTA} \times V_{EDTA} \times 448.4 \times 10^{-3}}{样品质量} \times 100\%$$

$$M\{[CH_2OH(CHOH)_4COO]_2Ca \cdot H_2O\} = 448.4$$

【实验记录及结果】

表 4－11　葡萄糖酸钙的含量测定

项目	第一次	第二次
EDTA 标准溶液的浓度/$(mol \cdot L^{-1})$		
EDTA 标准溶液最初读数/mL		
EDTA 标准溶液最终读数/mL		
用去 EDTA 标准溶液的体积/mL		
葡萄糖酸钙样品质量/g		
葡萄糖酸钙/%		

【思考题】

1. 为什么滴定要在 $NH_3 \cdot H_2O - NH_4Cl$ 缓冲介质中进行？

2. 在配制辅助指示剂 MgY^{2-} 时,要求滴定至溶液恰好显蓝色,若滴过量或量不足,对实验结果是否有影响？

（赵先英）

实验九　碘量法测定葡萄糖

【实验目的】

1. 学习碘量法的实验操作。

2. 熟悉碘价态变化的条件及其在测定葡萄糖时的应用。

【实验原理】

碘量法在有机物分析中的应用比无机物广泛。一些具有能直接氧化 I^- 或还原 I_2 官

能团的有机物或通过取代、加成、置换等反应后能与碘定量反应的有机物都可以采用直接或间接碘量法进行测定。I_2 与 NaOH 作用可生成次碘酸钠(NaIO),葡萄糖分子中的醛基能定量地被 NaIO 氧化成羧基

$$I_2 + 2OH^- \rightleftharpoons IO^- + I^- + H_2O$$

$$CH_2OH(CHOH)_4CHO + IO^- + OH^- \rightleftharpoons CH_2OH(CHOH)_4COO^- + I^- + H_2O$$

未与葡萄糖作用的 NaIO 在碱性溶液中歧化成 NaI 和 $NaIO_3$

$$3IO^- \rightleftharpoons IO_3^- + 2I^-$$

当酸化时 $NaIO_3$ 又恢复成 I_2 析出

$$IO_3^- + 5I^- + 6H^+ \rightleftharpoons 3I_2 + 3H_2O$$

因此,用 $Na_2S_2O_3$ 标准溶液滴定析出的 I_2,便可计算出葡萄糖的含量。

【仪器和试剂】

仪器:酸式滴定管(50 mL),碱式滴定管(50 mL),移液管(25 mL),锥形瓶(250 mL),容量瓶(100 mL),量筒(10 mL、25 mL、100 mL),烧杯(100 mL),表面皿

试剂:$0.1\ mol \cdot L^{-1}$ NaOH,$0.05\ mol \cdot L^{-1}\ I_2$,$0.05\ mol \cdot L^{-1}\ Na_2S_2O_3$ 标准溶液,1∶1 HCl,0.5% 淀粉,葡萄糖

【实验步骤】

1. 测定 $Na_2S_2O_3$ 标准溶液与 I_2 溶液的体积比

将 $Na_2S_2O_3$ 标准溶液装入碱式滴定管中,用移液管吸取 20.00 mL I_2 溶液于锥形瓶中,加水到 100 mL,用 $Na_2S_2O_3$ 标准溶液滴定至浅黄色,加 2 mL 淀粉溶液,继续滴定至蓝色消失为终点。重复滴定两次,取平均值。计算每毫升 I_2 溶液相当于多少毫升 $Na_2S_2O_3$ 溶液。

2. 葡萄糖含量的测定

准确称取约 0.5 g 葡萄糖($C_6H_{12}O_6 \cdot H_2O$,$M = 198.2\ g \cdot mol^{-1}$)试样于烧杯中,加少量蒸馏水溶解后定量转入 100 mL 容量瓶中,加水定容,摇匀。移出 25.00 mL 试液于锥形瓶中,加入 40.00 mL I_2 溶液,在摇动下缓慢滴加稀 NaOH 溶液[1],直至溶液变为浅黄色。盖上表面皿,放置 15 min。加入 2 mL HCl 溶液,立即用 $Na_2S_2O_3$ 标准溶液滴定至浅黄色。加 2 mL 淀粉溶液,继续滴定至蓝色消失为终点。重复滴定两次,计算试样中葡萄糖的百分含量。

【实验记录及结果】

1. $Na_2S_2O_3$ 标准溶液与 I_2 溶液的体积比

表 4-12 $Na_2S_2O_3$ 标准溶液与 I_2 溶液的体积比测定

滴 定 次 数	第一次	第二次	第三次
$Na_2S_2O_3$ 溶液最终读数/mL			
$Na_2S_2O_3$ 溶液最初读数/mL			
所用 $Na_2S_2O_3$ 溶液体积/mL			
$Na_2S_2O_3$ 标准溶液对 I_2 溶液的体积比			

2. 葡萄糖含量的测定

表 4-13 葡萄糖含量的测定

滴 定 次 数	第一次	第二次	第三次
$Na_2S_2O_3$溶液最终读数/mL			
$Na_2S_2O_3$溶液最初读数/mL			
I_2消耗的$Na_2S_2O_3$溶液/mL			
与葡萄糖作用的I_2溶液/mL			
葡萄糖的百分含量			

【思考题】

1. 配制I_2溶液时为什么要加入过量的KI？
2. 列出计算葡萄糖含量的最简式，是否需要I_2溶液的浓度值？
3. I_2溶液可否装在碱式滴定管中？为什么？

【注释】

[1] 氧化葡萄糖时，加稀NaOH溶液的速度要慢。否则，过量的IO^-还来不及和葡萄糖反应就歧化成不具氧化性的IO_3^-。可能导致葡萄糖氧化不完全。

(周小霞)

实验十 天然水总硬度的测定

【实验目的】

1. 了解水硬度的表示方法。
2. 理解EDTA法测定水的总硬度的原理和方法。
3. 理解K-B指示剂和EBT指示剂的使用条件和终点变化。
4. 掌握EDTA标准溶液的配制和标定方法。

【实验原理】

水的硬度对民用和工业用水关系极大，是水质分析的常规项目。水的硬度主要来源于水中所含的钙盐和镁盐。水硬度的表示方法很多，在我国主要采用两种表示方法：① 以度计，每升水中含10 mg CaO为1度(°)；② 用$CaCO_3$含量表示。

目前主要用EDTA滴定法测定水中钙和镁的总量，并折合成CaO或$CaCO_3$含量来确定水的总硬度。用EDTA测定钙、镁总量，通常以铬黑T(Eriochrome Black T，EBT)作指示剂，在pH≈10的氨缓冲溶液中进行。计量点前Ca^{2+}、Mg^{2+}与EBT形成紫红色络合物，滴至计量点时游离出的指示剂使溶液呈纯蓝色。

由于EBT与Mg^{2+}显色灵敏度高，与Ca^{2+}显色灵敏度低，故当水中Mg^{2+}含量较低时，使用EBT作指示剂往往得不到敏锐的终点。这时可在EDTA标定之前加入适量Mg^{2+}(计量)，或在缓冲溶液中加入一些Mg-EDTA络合物，利用置换滴定原理来提高终点变色的敏锐性。测定时，水中其他离子的干扰可采用掩蔽法消除，如Fe^{3+}、Al^{3+}可用三乙醇胺掩蔽，Cu^{2+}、Pb^{2+}、Zn^{2+}等可用KCN或Na_2S掩蔽。

【仪器和试剂】

仪器：表面皿，称量瓶，酸式滴定管(50 mL)，烧杯(100 mL、250 mL)，容量瓶(100 mL)，移液管(25 mL、50 mL)，锥形瓶(250 mL)，量筒(50 mL)

试剂：乙二胺四乙酸二钠盐(EDTA)，pH≈10 氨缓冲溶液[1]，铬黑 T(EBT)[2]，三乙醇胺(1∶2 水溶液)，1∶1 HCl 溶液，K-B 指示剂[3]，$CaCO_3$ 基准试剂

【实验步骤】

1. 0.02 mol·L^{-1} EDTA 标准溶液的配制和标定

称取 4 g 乙二胺四乙酸二钠盐(EDTA)于 250 mL 烧杯中，用水溶解后移至洗净的试剂瓶中并稀释至 500 mL，摇匀。

本实验是测定水样中 Ca^{2+}、Mg^{2+}，故选用 $CaCO_3$ 标定 EDTA，方法如下：准确称取 0.1~0.2 g 基准物 $CaCO_3$，于 100 mL 烧杯中，用少量水润湿，盖上表面皿，慢慢滴加 5~10 mL 盐酸，加热溶解。然后将溶液定量转入 100 mL 容量瓶中，用水冲洗烧杯数次，一并转入容量瓶中，用水稀释至刻度，摇匀。移取 25.00 mL 上述溶液 3 份于 250 mL 锥形瓶中，加入 20 mL pH≈10 的氨缓冲溶液，2~3 滴 K-B 指示剂，用所配制的 EDTA 溶液滴定至溶液由紫红色变为蓝绿色即为终点，计算 EDTA 的浓度及相对平均偏差。

2. 水硬度测定

取 50.00 mL 或 100.00 mL 水样，于 250 mL 锥形瓶中，加 1~2 滴盐酸酸化，煮沸数分钟以除去 CO_2，冷却后加 5 mL 三乙醇胺，5 mL pH≈10 的氨缓冲溶液，约 10 mg 铬黑 T 指示剂。用 EDTA 标准溶液滴定，溶液由紫色变成纯蓝色即为终点，计算 CaO%(mg·L^{-1})及相对平均偏差。

【实验记录及结果】

1. 用度表示

$$x(°) = \frac{c(\text{EDTA}) \cdot V(\text{EDTA}) \cdot M(\text{CaO}) \cdot 10^2}{V(\text{水样})}$$

2. 用 $CaCO_3$(mg·L^{-1})表示

$$CaCO_3 = \frac{c(\text{EDTA}) \cdot V(\text{EDTA}) \cdot M(CaCO_3) \cdot 10^3}{V(\text{水样})}$$

3. 用 CaO(mg·L^{-1})表示

$$CaO = \frac{c(\text{EDTA}) \cdot V(\text{EDTA}) \cdot M(\text{CaO}) \cdot 10^3}{V(\text{水样})}$$

【思考题】

测定水的硬度时，为什么常加入少量 Mg-EDTA？它对测定有无影响？如加 Zn-EDTA 行不行？

【注释】

[1] 称 20 g NH_4Cl 溶于水，加 100 mL 浓氨水，加 Mg-EDTA 络合物 0.4 g，用水稀释至 1 L。

[2] 1 g EBT 与 100 g NaCl 混合研细，保存备用。

[3] 0.2 g酸性铬蓝K与0.4 g茶酚绿B溶于水后,稀释至100 mL。

(周小霞)

实验十一　分光光度法测定水溶液中铁离子的含量

【实验目的】
1. 了解721E型分光光度计的基本结构与工作原理。
2. 学习分光光度法测定Fe^{3+}含量的原理和方法。
3. 掌握721E型分光光度计的使用方法。

【实验原理】
1. 分光光度法的基本原理

根据Lambert-Beer定律,当一适当波长的单色光通过溶液时,若吸光物质的种类、溶剂与溶液的温度一定,吸光度A与吸光物质的浓度c具有线性关系,其表达式为:

$$A = \varepsilon bc \tag{4-15}$$

式中,c是溶液的物质的量浓度($mol \cdot L^{-1}$);ε是摩尔吸光系数,单位为$L \cdot mol^{-1} \cdot cm^{-1}$;$b$为液层厚度,单位为cm。

若用质量浓度$\rho(g \cdot L^{-1})$代替物质的量浓度,则上述表达式又可表示为:

$$A = ab\rho \tag{4-16}$$

式中,a称为质量吸光系数,单位为$L \cdot g^{-1} \cdot cm^{-1}$。

在分光光度法中,当条件一定时,ε、a均为吸光物质的特征常数。

测定方法:

1) 标准曲线法　本法是分光光度法中最常用的方法。首先取标准品配成一系列已知浓度的标准溶液,在选定波长处(通常为λ_{max})用同样厚度的吸收池分别测定其吸光度,以吸光度为纵坐标,标准溶液浓度为横坐标作图,得到一条通过坐标原点的直线——标准曲线。然后将被测溶液置于吸收池中,在相同条件下,测量其吸光度,根据吸光度即可在标准曲线上查得其对应的含量。该方法对于经常性批量测定十分方便。采用此法时,应注意使标准溶液与被测溶液在相同条件下进行测量,且溶液的浓度应在标准曲线的线性范围内。

2) 标准对照法　首先配制一个与被测溶液浓度相近的标准溶液(其浓度用c_s表示),在λ_{max}处测出吸光度A_s,然后在相同条件下测出试样溶液的吸光度A_x,则试样溶液浓度c_s可按下式求得:

$$c_x = \frac{A_x}{A_s} \times c_s \tag{4-17}$$

此方法适用于非经常性的分析工作。

2. Fe^{3+}的显色原理

Fe^{3+}与SCN^-反应生成血红色的$[Fe(SCN)_6]^{3-}$,反应方程式如下:

$$Fe^{3+} + 6SCN^- \rightleftharpoons [Fe(SCN)_6]^{3-}$$

当增大 SCN^- 的浓度时,平衡向生成$[Fe(SCN)_6]^{3-}$的方向移动,溶液的颜色随之加深。因此在测定时,一定要维持 SCN^- 浓度大量超过与 Fe^{3+} 反应所需要的浓度,而且要每次的浓度恒定。为了防止 Fe^{3+} 的水解,在溶液中应含有一定量的 HNO_3。此外 Fe^{3+} 还能被 SCN^- 慢慢还原为 Fe^{2+},使红色变浅,所以在溶液里应含有少量过二硫酸铵$(NH_4)_2S_2O_8$,以防止 Fe^{3+} 被还原。

【仪器和试剂】

仪器:721E 型分光光度计,吸量管(2 mL、5 mL),容量瓶(50 mL)

试剂:$0.2\ mol \cdot L^{-1}\ HNO_3$,$3\%(NH_4)_2S_2O_8$,$20\%\ KSCN$,$0.05\ mg \cdot mL^{-1}$ 标准铁溶液,含 Fe^{3+} 样品溶液

【实验步骤】

1. 721E 型分光光度计的结构及使用方法见教材第二章化学实验常用仪器中的分光光度计部分。

2. 测定样品溶液中 Fe^{3+} 含量。

操作步骤:

取 6 个洁净的 50 mL 容量瓶,按照下表中的试剂与用量,用刻度吸量管分别准确吸取,加蒸馏水稀释至刻度,摇匀,即配成空白溶液、样品溶液和一系列不同浓度的标准溶液。

表 4-14 空白溶液、标准溶液和样品液的配制

容量瓶编号 项 目	空白溶液	1	2	3	4	样品溶液
标准铁溶液/mL	0.00	1.00	2.00	3.00	4.00	5.00*
$0.2\ mol \cdot L^{-1}\ HNO_3$/mL	2.00	2.00	2.00	2.00	2.00	2.00
$2.5\%(NH_4)_2S_2O_8$/滴	1	1	1	1	1	1
20%KSCN/mL	5.00	5.00	5.00	5.00	5.00	5.00
稀释后的总体积/mL	50.00	50.00	50.00	50.00	50.00	50.00
$Fe^{3+}/(mg \cdot mL^{-1})$						

* 5.00 mL 为含 Fe^{3+} 样品溶液

1) 绘制吸收曲线　　将上述配好的空白溶液和标准溶液 2 分别装入 1 cm 比色皿中,按照 721E 型分光光度计的使用方法,以空白溶液调节零点,在波长 420～540 nm 处分别测定吸光度 A。以波长 λ 为横坐标,吸光度 A 为纵坐标,绘出铁的吸收曲线,确定 λ_{max}。

2) 绘制标准曲线　　以 λ_{max} 为测量波长,在相同条件下,分别测量各标准溶液的吸光度。以吸光度为纵坐标,标准 Fe^{3+} 的浓度$(mg \cdot mL^{-1})$为横坐标,绘制出吸光度与浓度的标准曲线。

3) 测定样品溶液　　在相同条件下,测出样品溶液的吸光度。从标准曲线上查出 Fe^{3+} 含量,再换算出原未知溶液中 Fe^{3+} 的含量。

【实验记录及数据处理】

1. 绘制吸收曲线并确定 λ_{max}

表 4-15 吸收曲线的测定

λ/nm	
A	

2. 绘制标准曲线

表 4-16 标准曲线的测定

标准溶液	
A	

3. 待测样品溶液中 Fe^{3+} 含量

从标准曲线上查出样品液的 Fe^{3+} 浓度为 _____ $mg \cdot mL^{-1}$

原未知溶液中 Fe^{3+} 的含量为 _____ $mg \cdot mL^{-1}$

【思考题】

1. 在 Fe^{3+} 的显色反应时,为什么要加入过量的 KSCN 溶液?
2. 为什么参比溶液选择试剂空白而不选择蒸馏水?
3. 标准曲线法和标准对比法分别适用于何种情况?从本实验结果看,能否用标准对比法?

(赵先英)

实验十二 分光光度法测定配合物的组成和稳定常数

【实验目的】

1. 理解分光光度法测定配合物组成及稳定常数的原理。
2. 掌握测定磺基水杨酸含铁(III)的组成及稳定常数的方法。
3. 巩固分光光度计的使用。

【实验原理】

磺基水杨酸(结构如图 4-3 所示,下简写为 H_3L)可与 Fe^{3+} 形成稳定的配合物 FeL_n(略去所带电荷)。不同 pH 下所形成的配合物组成不同,其颜色也不同。在 pH<4 时,n 为 1,配合物呈紫红色;pH 在 4~10 之间时,n 为 2,配合物呈红色;pH 为 10 左右时,n 为 3,配合物呈黄色。本实验控制 pH 在 2~3 范围(通过加入 $HClO_4$ 来控制),以生成 1∶1 型配合物。

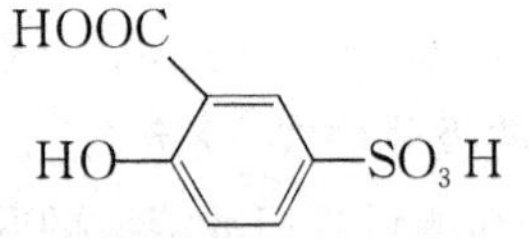

图 4-3 磺基水杨酸结构图

本实验采用分光光度法测定配合物的组成和稳定常数,方法的前提是溶液中的中心离子和配位体都无吸收,而它们所形成的配合物有吸收。在所测的溶液中,磺基水杨酸为无色,Fe^{3+} 浓度很稀,近似于无色。因此,根据 Lambert – Beer 定律,通过溶液的光被溶液所吸收的强度,在液层厚度一定时,仅正比于溶液中配合物的浓度:

$$A = \varepsilon bc \tag{4-18}$$

式中,A 为吸光度;ε 为吸光系数,当入射光波长一定时,它是吸光物质的一个特征常数;b 为液层厚度;c 为溶液中配合物的浓度。测定时,ε,b 都为定值,故 $A \propto c$。

用分光光度法测定配合物的组成及稳定常数,常用的方法有连续变化法、等摩尔系列法、平衡移动法等。本实验采用等摩尔系列法,该方法是保持溶液中金属离子的浓度($c_{Fe^{3+}}$)和配位体的浓度(c_{H_3L})之和不变,而同时改变两者的相对量,配制一系列溶液。显然,这一系列溶液中,有一些溶液中的金属离子是过量的,而另一些溶液中,配位体是过量的。在这两部分溶液中,配合物的浓度都不可能达到最大值,只有当溶液中金属离子与配位体的物质的量之比与配合物的组成一致时,配合物的浓度才能达到最大,此时溶液的吸光度也最大。如果以吸光度 A 对 Fe^{3+} 的摩尔分数 $x(Fe^{3+})$ 作图,可得到图 4-4,将两边直线部分延长,交于 B 点,B 点的吸光度 A' 最大,所以,B 点相对应的溶液组成与配合物的组成是一致的,由此可以确定配合物 FeL_n 中的 n 值。

图 4-4 中 B 点具有最大的吸光度值 A',它是假设配合物完全不解离,配合物浓度最大时溶液所具有的吸光度值。但实际上总有部分解离,真实浓度要稍小一些,实测的最大吸光度值是 E 点所对应的 A 值。所以,配合物的解离度应为

$$\alpha = (A' - A)/A' \quad (4-19)$$

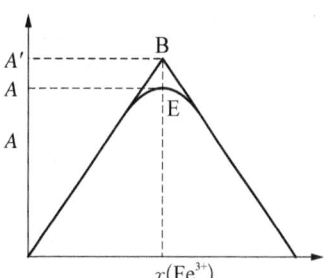

图 4-4 吸光度与溶液组成关系图

在一定温度下,对于 M 和 L 之间只形成 ML_n 配合物的体系,当达到平衡时:

$$ML_n \longrightarrow M + nL(电荷省去)$$

平衡浓度 $c(1-\alpha)$ $c\alpha$ $nc\alpha$

配合物的稳定常数为:

$$K_稳 = \frac{[ML_n]}{[M][L]^n} = \frac{c(1-\alpha)}{c\alpha \cdot (nc\alpha)^n} = \frac{1-\alpha}{n^n c^n \alpha^{n+1}} \quad (4-20)$$

c 为 B 点或 E 点所对应的 M 的浓度,α 为解离度。

【仪器和试剂】

仪器:721E 型分光光度计,烧杯(50 mL),容量瓶(100 mL),吸量管(10 mL)

试剂:$NH_4Fe(SO_4)_2 \cdot 12H_2O$,磺基水杨酸,$HClO_4$

【实验步骤】

1. 配制 $0.001 \text{ mol} \cdot L^{-1}$ Fe^{3+} 溶液

准确称取 0.482 0 g $NH_4Fe(SO_4)_2 \cdot 12H_2O$,用 $0.01 \text{ mol} \cdot L^{-1}$ $HClO_4$ 溶液溶解后转移到 100 mL 容量瓶中,并以 $0.01 \text{ mol} \cdot L^{-1}$ $HClO_4$ 溶液稀释至刻度,配成 $0.01 \text{ mol} \cdot L^{-1}$ Fe^{3+} 溶液。取 10.00 mL 该溶液,用 $0.01 \text{ mol} \cdot L^{-1}$ $HClO_4$ 溶液稀释至 100 mL,即得所需工作液。

2. 配制 $0.001 \text{ mol} \cdot L^{-1}$ H_3L 溶液

准确称取 0.254 0 g 磺基水杨酸,以 $0.01 \text{ mol} \cdot L^{-1}$ $HClO_4$ 溶液溶解后转移到 100 mL 容量瓶中,并以 $0.01 \text{ mol} \cdot L^{-1}$ $HClO_4$ 溶液稀释至刻度,配成 $0.01 \text{ mol} \cdot L^{-1}$ 磺基水杨酸溶液。取 10.00 mL 该溶液,用 $0.01 \text{ mol} \cdot L^{-1}$ $HClO_4$ 溶液稀释至 100 mL,即得所需工作液。

3. 配制系列溶液

用 3 支 10 mL 吸量管按表 4-17 所列体积数分别吸取 $0.01 \text{ mol} \cdot L^{-1}$ $HClO_4$ 溶液和

上述所配的两种溶液,分别注入 11 个 50 mL 的干燥烧杯中,摇匀。

4. 测定系列溶液的吸光度(室温下)

本实验用 721E 型分光光度计,仪器原理和使用方法见教材第二章化学实验常用仪器中的分光光度计部分。在分光光度计上测定各溶液的吸光度。测定时,选用 1 cm 比色皿,检测波长 500 nm,用蒸馏水作空白。

【实验记录及结果】

1. 将测得的各溶液的吸光度值记录在表 4-17 中。

表 4-17 数 据 记 录

溶液序号	$HClO_4$/mL	Fe^{3+}/mL	H_3L/mL	$x(Fe^{3+})$	吸光度 A
1	10	10	0		
2	10	9	1		
3	10	8	2		
4	10	7	3		
5	10	6	4		
6	10	5	5		
7	10	4	6		
8	10	3	7		
9	10	2	8		
10	10	1	9		
11	10	0	10		

2. 以吸光度 A 对 $x(Fe^{3+})$ 作图,求出磺基水杨酸合铁的组成,并计算出室温下该配合物的稳定常数。$x(Fe^{3+})$ 的计算方法为:

$$x(Fe^{3+}) = \frac{V(Fe^{3+})}{V(Fe^{3+}) + V(H_3L)} \tag{4-21}$$

【思考题】

1. 为什么溶液的酸度对配合物的生成会有影响?本实验中加入 $HClO_4$ 的目的是什么?在不同酸度下测得的配合物组成和 $K_稳$ 是否相同?

2. 使用分光光度法测定配合物组成与 $K_稳$ 的前提是什么?何谓等摩尔系列法?

3. 分光光度计如何操作?使用注意事项有哪些?

(武丽萍)

实验十三 血清中葡萄糖含量的测定

【实验目的】

1. 理解邻甲苯胺法测定血清中葡萄糖含量的原理。
2. 掌握邻甲苯胺法测定血清中葡萄糖含量的实验方法。
3. 巩固 721E 型分光光度计的使用。

【实验原理】

邻甲苯胺法测定血清中葡萄糖含量首先于 1959 年被 Hultman 所采用,是一种特异性较高的非酶测定法,辅以分光光度法,多应用于血糖及尿液中葡萄糖含量的测定。其原理是:血清中的葡萄糖在热的冰醋酸溶液中可脱水生成 5-羟甲基-2-呋喃甲醛(或称羟甲基糠醛),产物再与邻甲苯胺[1]缩合,产生蓝绿色的化合物(吸收峰在 630 nm)。反应如下:

$$HOH_2C-(CHOH)_4-CHO \longrightarrow HOH_2C\text{-furan-}CHO + 3H_2O$$

葡萄糖 → 5-羟甲基-2-呋喃甲醛

$$HOH_2C\text{-furan-}CHO + \text{邻甲苯胺} \longrightarrow \text{蓝绿色化合物} + H_2O$$

蓝绿色化合物颜色的深浅与葡萄糖的浓度成正比,以同样的方法处理标准葡萄糖溶液及血清液,在同样条件下测定吸光度,通过标准曲线,即可求得待测血清中葡萄糖的含量。

【仪器和试剂】

仪器:721E 型分光光度计,吸量管(1 mL、10 mL),容量瓶(100 mL),烧杯(150 mL、500 mL),试管

试剂:邻甲苯胺[1],10.00 mg·mL^{-1} 标准葡萄糖储备液,干血清样品[2]

【实验步骤】

1. 配制标准系列

按照下表中要求利用葡萄糖储备液配制成一系列不同浓度的葡萄糖标准溶液。

表 4-18 葡萄糖标准溶液配制

标准系列	浓 度	制 备
A	0.50 mg·mL^{-1}	取 5.00 mL 储备液稀释至 100.00 mL
B	1.00 mg·mL^{-1}	取 10.00 mL 储备液稀释至 100.00 mL
C	2.00 mg·mL^{-1}	取 20.00 mL 储备液稀释至 100.00 mL
D	3.00 mg·mL^{-1}	取 30.00 mL 储备液稀释至 100.00 mL

2. 血清中葡萄糖含量的测定

在 8 支试管中分别加入 10.00 mL 邻甲苯胺(其中 4 支为标准系列,3 支为血清试样和 1 支为空白),分别用吸量管转移 0.10 mL 标准系列、0.10 mL 血清试样和 0.10 mL H_2O 到相应的试管中,塞好玻璃塞,混匀,将试管置于沸水浴[3]中放置 7.5 min,迅速用冰水冷却 2 min,从冰水中取出,放置 5 min,以水为空白在 630 nm 处测量相应的吸光度。记录在表 4-19 中。

表 4-19 标准溶液及样品液配制

编号	1	2	3	4	5	6	7	8
样品	A	B	C	D	试样	试样	试样	H_2O
V(物质)/mL	0.10	0.10	0.10	0.10	0.10	0.10	0.10	0.10
V(邻甲苯胺)/mL	10.00	10.00	10.00	10.00	10.00	10.00	10.00	10.00

【实验记录及结果】

1. 测定吸光度(A)记录

表 4-20 标准溶液及样品液吸光度

编号	1	2	3	4	5	6	7	8
样品	A	B	C	D	试样	试样	试样	H_2O
A(吸光度)								

2. 标准曲线绘制

以标准葡萄糖溶液的吸光度对浓度作图获得标准曲线。

3. 待测血清中葡萄糖含量的测定

从标准曲线上找出样品葡萄糖的浓度为_____。换算出原血清中葡萄糖的含量为_____。

【思考题】

1. 除邻甲苯胺法外,还有哪些方法可以测定血清中葡萄糖的含量?
2. 若所测样品为新鲜血清,实验操作步骤又该如何变化?

【注释】

[1] 邻甲苯胺是一种呈微黄色的油状液体,久放后与光线或空气接触易氧化变质,初始色泽变红,最后变成棕黑色。此时必须重新蒸馏提纯方可使用。配制方法:称取硫脲 0.50 g,溶于 188 mL 冰醋酸中,再加入 12 mL 邻甲苯胺,充分混匀后置棕色试剂瓶中备用。

[2] 样品加 5.00 mL 蒸馏水溶解并混匀。

[3] 沸水浴时水面一定要超过试管内液面,否则温度不均,影响显色。

(贺 建)

【英文阅读资料】

DETERMINATION OF GLUCOSE IN BLOOD SERUM

I Purposes

1. Learn to determine glucose in blood serum.
2. Learn to use 721E Spectrophotometer.

II Principles

Several parameters in blood serum are routinely determined in clinical Labs by spectrophotometric procedures. One of these is the determination of glucose based on its reaction with primary aromatic amines in glacial acetic acid. In the procedure described here, the blue-green complex formed with o-toluidine is employed:

$$HOH_2C-(CHOH)_4-CHO + \text{o-toluidine} \rightleftharpoons HOH_2C-(CHOH)_4-CH=N-C_6H_4-CH_3$$

glucose   O-toluidine   blue-green complex

A calibration curve is prepared with standard glucose solutions, and the absorbance of the blood sample treated in exactly the same fashion as the standards is measured. From the absorbance, the glucose Level in the blood sample may then be read directly from the calibration curve.

III Apparatus and Reagents

Pipet(1 mL、10 mL), volumetric flask (100 mL), test tube, wash bottle, medicine dropper, rubber suction bulb and stirring rod.

O-toluidine (Dissolve 12 mL of o-toluidine in 188 mL of glacial acetic acid. Add 0.5 g of thio-urea. Caution: This reagent burns skin and must be washed off immediately.), glucose solution(10 g · L^{-1}), commercial dried blood serum samples (add 5 mL of H_2O to the sample).

IV Procedure

1. Preparation of calibration standards: Four standards are then prepared using the stock solution:

Preparation of calibration	standards	Concentration Preparation
A	0.5 g · L^{-1}	5 mL stock diluted to 100 mL
B	1 g · L^{-1}	10 mL stock diluted to 100 mL
C	2 g · L^{-1}	20 mL stock diluted to 100 mL
D	3 g · L^{-1}	30 mL stock diluted to 100 mL

2. Determination of glucose in blood serum.

Transfer 10 mL of o-toluidine reagent to each of 8 test tubes (4 calibration standards, 3 blood samples, and 1 blank), and cover with filter paper. Transfer 0.1 mL of calibration standards, 0.1 mL aliquots of the blood serum sample, and 0.1 mL of H_2O to the appropriate test tubes, using a Lambda pipet. Cover again with filter paper, and mix thoroughly. Place tubes in boiling water for exactly 7.5 min. Cool rapidly in ice water for 2 rain. Take out of ice water, wait 5 min, and then read absorbance at 630 nm against the blank.

Prepare a calibration curve by plotting absorbance for standards versus concentration.

Read concentration of glucose for blood samples from the calibration curve.

No	1	2	3	4	5	6	7	8
Specimen	A	B	C	D	sample	sample	sample	H_2O
V(substance)/mL	0.1	0.1	0.1	0.1	0.1	0.1	0.1	0.1
V(o-toluidine)/mL	10	10	10	10	10	10	10	10
A(absorbance)								

实验十四　肉制品中亚硝酸盐含量的测定

【实验目的】

1. 学习肉制品中亚硝酸盐含量的测定方法。
2. 巩固721E型分光光度计的使用。
3. 掌握用分光光度法测定肉制品中亚硝酸盐含量的实验操作。

【实验原理】

亚硝胺具有较强的毒性和致癌性,其本身在自然界中含量甚微,但合成亚硝胺的前身物即亚硝酸盐则广泛存在于水、土壤和食品中。这些物质在一定条件下,可于土壤、食品和动物体内合成亚硝胺。在加工肉制品时,硝酸钠和亚硝酸钠被广泛的用作发色剂和防腐剂,在某种程度上来说,使用硝酸盐并没有害,但其可以转变成有害的亚硝酸盐,而亚硝酸盐和蛋白质代谢的中间产物可以合成亚硝胺。

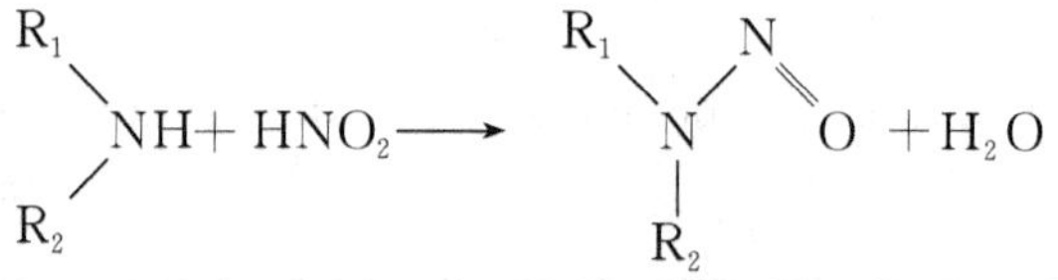

为了预防亚硝胺的致癌作用,首先应限制食品中的亚硝酸盐的含量。现在食品检验规定肉制品中亚硝酸盐的含量不得超过 $200\ \mu g \cdot mL^{-1}$,随着人们生活水平的提高,这一限量标准还会不断地减小。因此,研究食品中亚硝酸盐的含量对人的日常生活具有重要意义。

亚硝酸盐含量的测定原理为:亚硝酸根在酸性条件下与对氨基苯磺酸形成重氮盐,再与萘乙二胺作用,形成紫红色的偶氮染料。其化学反应如下:

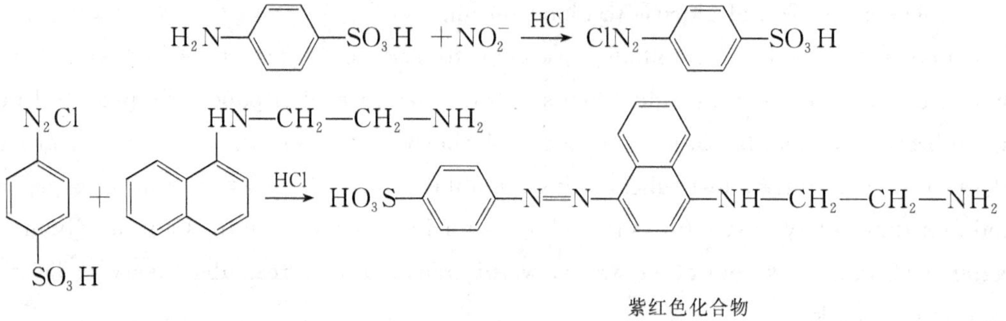

紫红色化合物

其颜色深浅与亚硝酸盐的含量成正比,因此,可采用分光光度法测定其含量。

【仪器和试剂】

仪器：721E型分光光度计，容量瓶(250 mL)，烧杯(150 mL、500 mL)，搅拌器，砂芯漏斗，量筒(10 mL、100 mL)，吸量管(1 mL、10 mL)

试剂：试样(其萃取物含$NaNO_2$大于$4\ \mu g \cdot mL^{-1}$)，NH_4Cl缓冲溶液[1]，pH试纸，饱和硫酸铝钾溶液，$100\ \mu g \cdot mL^{-1}\ NaNO_2$标准储备液，显色剂[2]

【实验步骤】

1. 肉制品的处理

在搅拌器中加20 g肉制品、70 mL热水和5 mL NH_4Cl缓冲溶液，搅碎。将混合物倒入烧杯，用热水清洗搅拌器，将清洗液与上述混合物合并。

用棉布过滤掉粗糙的不溶物，再减压过滤一次。滤液转移至500 mL烧杯中，水浴加热到80℃，用饱和的硫酸铝钾溶液调节pH在6±0.2，冷却至室温，让悬浮物凝结，再次减压过滤，将滤液定量转移到250 mL容量瓶中，用水稀释至刻度摇匀备用。

2. 亚硝酸盐含量的测定

按表4-21，将$NaNO_2$标准储备液加水稀释配制成浓度为$(4\sim20)\ \mu g \cdot mL^{-1}$的一系列标准溶液。

表4-21 $NaNO_2$标准溶液的配制

编 号	A	B	C	D	E
$V(NaNO_2)$/mL	4.00	8.00	12.00	16.00	20.00
V(总)/mL	100.00	100.00	100.00	100.00	100.00
浓度/$(\mu g \cdot mL^{-1})$	4	8	12	16	20

用吸量管分别加1.00 mL试样、标准系列和蒸馏水(空白)于10.00 mL显色剂中，充分混合，放置15 min让其显色完全。

表4-22 标准溶液及样品液配制

编 号	1	2	3	4	5	6	7
样 品	A	B	C	D	E	试样	H_2O
V(物质)/mL	1.00	1.00	1.00	1.00	1.00	1.00	1.00
V(显色剂)/mL	10.00	10.00	10.00	10.00	10.00	10.00	10.00

按表4-22顺序，以蒸馏水空白在波长为505 nm处依次测定吸光度。记录在表4-23中。

【实验记录及结果】

1. 测定吸光度(A)记录

表4-23 标准系列溶液及样品液的吸光度

编 号	1	2	3	4	5	6	7
样 品	A	B	C	D	E	试样	H_2O
A(吸光度)							

2. 标准曲线绘制

以吸光度为纵坐标,标准系列溶液浓度为横坐标作图,绘制出标准曲线。

3. 待测肉制品中亚硝酸盐含量的确定

从标准曲线上找出亚硝酸盐的浓度为_____。换算出原肉制品中亚硝酸盐含量为_____。

【思考题】

1. 肉制品中亚硝酸盐含量的测定还有哪些方法?比较优缺点。
2. 肉制品在储藏过程及蒸煮过程中,亚硝酸盐含量将如何变化?

【注释】

[1] 加 20 mL HCl 于 500 mL H_2O 中,再加 50 mL 浓氨水,加 H_2O 稀释至 1 L。

[2] 将 5 g 对氨基苯磺酸溶解在 140 mL 冰醋酸中,用 800 mL 水稀释,再加 200 mg 萘乙二胺,用水稀释至 1 L。

(贺 建)

【英文阅读资料】

DETERMINATION OF NITRITE IN MEAT

I Purposes

1. Learn to determine nitrite in meat.
2. Learn to use 721E Spectrophotometer.

II Principles

Sodium nitrite and sodium nitrate are widely used as color fixatives and preservatives in meat products. Nitrite has been linked to carcinogenic nitrosamines through its reaction with naturally, occurring amines in meat. Nitrate, at the Levels used is not hazardous but may be converted to nitrite. Present regulations allow up to 200 $\mu g \cdot mL^{-1}$ to be added to meat, but this value may be significantly reduced in the future. Therefore, determination of nitrite in meat has become an important analysis of environmental concern.

Nitrite is determined by the formation of an azodye with sulfanilic acid and N-(1-naphthyl)-ethylenediamine. The reactions are given:

III Apparatus and Reagents

Platform balance, blender, Buchner funnel, graduated cylinders (10 mL, 100 mL), pipets (1 mL, 25 mL), volumetric flask (250 mL), beakers (150 mL, 500 mL), wash bottle, medicine dropper, rubber suction bulb and stirring rod.

Samples (extracts containing >4 $\mu g \cdot mL^{-1}$ of $NaNO_2$), NH_4Cl buffer (Add 20 mL of HCl to 500 mL of H_2O, then add 50 mL of concentrated NH_3, and dilute to 1 L with H_2O), indicating pH paper, $NaNO_2$ solution (100 $\mu g \cdot mL^{-1}$), saturated solution of potassium aluminum sulfate, colorimetric reagent (Dissolve 5 g of sulfanilic acid in 140 mL of glacial acetic acid, and dilute with 800 mL of H_2O. Add 20 mg of N-(1-naphthyl)-ethylenediamine, and dilute to 1 L with H_2O).

IV Procedure

1. Preparation of meat sample

In a blender, macerate a 20 g sample of meat with 70 mL of hot distilled water and 5 mL of NH_4Cl buffer. Pour the mixture into a beaker, and rinse the blender with hot distilled water. Add the washings to the extract.

Filter the mixture through cheesecloth to remove coarse material and then, using vacuum filtration, through a Buchner funnel. Transfer the extract to a 500 mL beaker, heat to 80℃, and adjust the pH to 6 ± 0.2, using a saturated solution of potassium aluminum sulfate. Cool to room temperature, allow suspended material to coagulate, and then filter again with suction. Transfer the filtrate quantitatively to a 250 mL volumetric flask, and dilute to the mark with distilled water.

2. Determination of nitrite

Standards containing 4 to 20 $\mu g \cdot mL^{-1}$ are prepared by dilution of the stock solution with H_2O (see table 4-21). Add 1 mL of the extract sample (volumetric pipet), or standards, or blank (distilled water) to 10 mL of the colorimetric reagent, and after mixing. Let stand for 15 min to allow the color to stabilize (see table 4-22). Measure the absorbance at 505 nm against the blank. Prepare a calibration curve by plotting absorbance versus the contention of $NaNO_2$ for the standards, and then determine the concentration of $NaNO_2$ in the meat.

Table 4-24 A Series of Standard Solutions

No	A	B	C	D	E
V(stock $NaNO_2$ solution)/mL	4.00	8.00	12.00	16.00	20.00
V(total)/mL	100.00	100.00	100.00	100.00	100.00
Concentration/($\mu g \cdot mL^{-1}$)	4	8	12	16	20

Table 4-25 Determination of Nitrite

No	1	2	3	4	5	6	7
Specimen	A	B	C	D	E	sample	H_2O
V(substance)/mL	1.00	1.00	1.00	1.00	1.00	1.00	1.00
V(colorimetric reagent)/mL	10.00	10.00	10.00	10.00	10.00	10.00	10.00
A(absorbance)							

实验十五 电位滴定法测定铜(Ⅱ)-磺基水杨酸配合物的稳定常数

【实验目的】

1. 复习电位滴定分析的基本操作。
2. 理解用电位滴定法测定金属离子与弱酸性配位体形成的配合物的稳定常数的原理。
3. 学习用电位滴定法测定配合物稳定常数的实验方法。

【实验原理】

Cu^{2+}与磺基水杨酸(以H_3L表示)可分步配位生成两种配合物形式：CuL^-、CuL_2^{4-}，它们的形成常数分别为

$$K_1 = \frac{[CuL^-]}{[Cu^{2+}][L^{3-}]}$$

$$K_2 = \frac{[CuL_2^{4-}]}{[CuL^-][L^{3-}]}$$

若K_1和K_2相差较大（$K_1/K_2 \geqslant 10^{2.8}$），则当$[CuL^-]=[Cu^{2+}]$，即平均配位体数$\bar{n}$为0.5时，有

$$\lg K_1 = -\lg[L^{3-}]_{\bar{n}=0.5}$$

当$[CuL_2^{4-}]=[CuL^-]$，即平均配位体数$\bar{n}$为1.5时，有

$$\lg K_2 = -\lg[L^{3-}]_{\bar{n}=1.5}$$

若根据实验数据作$\bar{n}-\lg[L^{3-}]$曲线，可直接从图上得到$\bar{n}=0.5$、$\bar{n}=1.5$的$-\lg[L^{3-}]$值，即得$\lg K_1$和$\lg K_2$。

本实验采用pH电位滴定法测定平均配位体数$\bar{n}$，方法如下

磺基水杨酸的离解常数$pK_{a2}=2.6$，$pK_{a3}=11.6$。在酸碱滴定中，它作为二元酸被碱中和

$$H_3L + 2OH^- \rightleftharpoons HL^{2-} + 2H_2O$$

若溶液中有Cu^{2+}存在时，由于Cu^{2+}与磺基水杨酸形成配合物而使磺基水杨酸得到强化，它可以作为三元酸被碱中和

$$2H_3L + Cu^{2+} \rightleftharpoons CuL_2^{4-} + 6H^+$$

取同量磺基水杨酸两份：一份以 NaOH 标准溶液滴定得滴定曲线 1(图 4-5)；另一份中加入一定量 Cu^{2+}(Cu^{2+} 的加入量少于磺基水杨酸的量)，再用 NaOH 标准溶液滴定,得滴定曲线 2 (图 4-5)。

以下对实验数据进行处理：

1) 计算在不同 pH 下与 Cu^{2+} 配位的磺基水杨酸的浓度$[L]_{配位}$,从图 4-5 上分别读出在同一 pH 下曲线 1(无 Cu^{2+} 存在时)、曲线 2(有 Cu^{2+} 存在时)对应的 NaOH 毫升数 V_1、V_2,则 $V_1 - V_2$ 即为由于配位反应放出的酸所消耗的 NaOH 毫升数,因此可算得$[L]_{配位}$

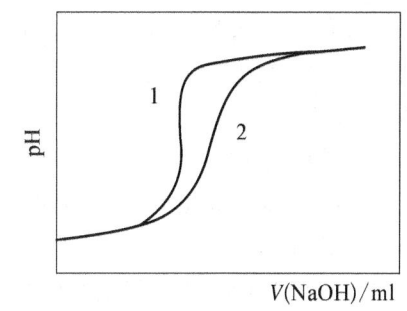

图 4-5 用 NaOH 标准溶液滴定 Cu^{2+}-磺基水杨酸配合物溶液的滴定曲线

曲线 1 为无 Cu^{2+} 存在时的滴定曲线
曲线 2 为有 Cu^{2+} 存在时的滴定曲线

$$[L]_{络合} = \frac{(V_2 - V_1) \cdot c(NaOH)}{V_总}$$

式中,$c(NaOH)$ 为 NaOH 标准溶液的浓度($mol \cdot L^{-1}$),$V_总$ 为此时溶液的总体积(mL)。

2) 按平均配位体数的定义计算不同 pH 下的 $\bar{n}$ 值

$$\bar{n} = \frac{[L]_{络合}}{c(Cu^{2+})}$$

式中,$c(Cu^{2+})$ 为此时溶液中 Cu^{2+} 的总浓度,它可由下式算得

$$c'(Cu^{2+}) = \frac{c(Cu^{2+}) \cdot V(Cu^{2+})}{V_总}$$

式中,$c(Cu^{2+})$ 为 Cu^{2+} 标准溶液的浓度($mol \cdot L^{-1}$),$V(Cu^{2+})$ 为加入的 Cu^{2+} 标准溶液的体积(mL)。

3) 计算不同 pH 下磺基水杨酸根的浓度$[L^{3-}]$

$$[L^{3-}] = \frac{c'_L - [L]_{络合}}{\alpha_{L(H)}}$$

式中,c'_L 为磺基水杨酸的总浓度,它可通过所取磺基水杨酸的起始浓度 c_L、体积 V_L 计算得到

$$c'_L = \frac{c_L \cdot V_L}{V_总}$$

$\alpha_{L(H)}$ 是磺基水杨酸的酸效应系数

$$\alpha_{L(H)} = 1 + [H^+]K_1^H + [H^+]^2 K_1^H K_2^H$$

其中,$K_1^H = 1/K_{a3}$；$K_2^H = 1/K_{a2}$。

4) 以不同 pH 下的 $\bar{n}$ 对 $-\lg[L^{3-}]$ 作图,从曲线上查出 $\bar{n}$ 为 0.5 和 1.5 时所对应的 $-\lg[L^{3-}]$ 值,即得到 $\lg K_1$ 和 $\lg K_2$。

本实验以玻璃电极与甘汞电极组成电池；用 pHs-25 数字酸度计测量滴定过程的 pH。溶液的离子强度以 $NaClO_4$ 调节为 0.1。

以 pH 电位法测定配合物形成常数的方法,适用于配位体是弱酸根(或弱碱)的情况。若配位体质子化倾向太强或配合物太稳定,则不能使用此法。配位反应速度太慢也不宜采用此法。

【仪器和试剂】

仪器:pHs-25 型酸度计,碱式滴定管 50 mL,吸量管(1 mL、5 mL、10 mL),移液管(20 mL、25 mL)

试剂:0.1 mol·L^{-1} 磺基水杨酸,0.1 mol·L^{-1} NaOH 标准溶液,0.1 mol·L^{-1} Cu^{2+} 标准溶液,0.2 mol·L^{-1} $NaClO_4$

【实验步骤】

1. 按 pHs-25 型酸度计的使用方法(见教材第二章化学实验常用仪器中酸度计部分),用 pH=6.86(20℃)的标准缓冲溶液校准 pH 计。

2. 分别准确移取 5.00 mL 磺基水杨酸溶液、20.00 mL $NaClO_4$、25.00 mL 去离子水到 100 mL 烧杯中,加入搅拌磁子,在电磁搅拌器上使溶液搅匀,测量 pH。用 50 mL 滴定管,装入 NaOH 标准溶液,进行滴定。开始时,每加 1.00 mL NaOH,测一次 pH;以后逐渐减少每次滴加的 NaOH 体积;近终点时,每滴加 0.05 mL NaOH,测定一次 pH。以 pH 对 V(NaOH)作图得曲线 1,确定磺基水杨酸的准确浓度。

3. 分别准确移取 5.00 mL 磺基水杨酸溶液、20.00 mL $NaClO_4$、10.00 mL $CuSO_4$ 标准溶液、15.00 mL 去离子水到 100 mL 烧杯中,按实验内容 2 的方法以 NaOH 标准溶液滴定。在同一图上作滴定曲线 2。

【实验记录及结果】

表 4-26 Cu^{2+}-磺基水杨酸配合物的稳定常数测定

pH	V_2-V_1	[L]络合	$\bar{n}$	lg $\alpha_{L(H)}$	$-lg[L^{3-}]$

以 $\bar{n}$ 对 $-lg[L^{3-}]$ 作图。从图上确定 lg K_1、lg K_2 的值,并与手册上查得的数据进行比较。

【思考题】

1. 为什么只有当 $K_1/K_2 \geq 10^{2.8}$ 时,才可以用本法测定 K_1 和 K_2?

2. 本实验方法为什么只适用于配位体是弱酸根(或弱碱)的情况?为什么配位体质子化倾向太强或生成的配合物太稳定,不能采用本实验方法测定稳定常数?

3. 本实验测得的稳定常数 K_1 和 K_2 是活度常数、浓度常数,或是混合常数?这些常数之间如何互相换算?

4. 为什么用 $NaClO_4$ 调节溶液的离子强度?

(贺 建)

实验十六 复方阿司匹林成分分析

【实验目的】

1. 理解紫外可见分光光度计的工作原理。

2. 掌握 TU-1901 双光束紫外可见分光光度计的使用方法。

3. 掌握用分光光度计测定多组分混合物各组分含量的分析方法。

【实验原理】

TU-1901 双光束紫外可见分光光度计工作原理见教材第二章化学实验常用仪器中的分光光度计部分。

紫外可见分光光度法是通过测定被测物质在紫外光区(200～400)nm 的特定波长处或一定波长范围内的吸光度,对该物质进行定性和定量分析的方法。

利用紫外分光光度计测定试样中某单组分含量时,其原理与一般比色分析相同:即将待测试样的纯品配成一系列标准溶液,事先绘制紫外吸收曲线,找出 λ_{max} 波长。然后在该波长下测定标准溶液的吸光度。由待测未知样品溶液的吸光度对照标准品吸光度,就可以找出相应浓度并换算出原组分含量。如需测定混合物中几个组分含量时,如果这些组分的 λ_{max} 互相不重叠,则可按程度逐一在各自不同的 λ_{max} 处分别测各组分含量。如果这些组分的 λ_{max} 有一定程度的重叠而彼此有干扰时,则用解联立方程的方法:设混合物含有 A、B、C 三个待测部分。则事先用 A、B、C 三种纯粹样品的标准溶液分别求出它们的最大吸收峰(尽可能重叠较小的峰)波长为 λ_1、λ_2 和 λ_3。在这三种波长下各求得 A、B、C 组分的比吸光系数。$K_{\lambda_1}^A$、$K_{\lambda_2}^A$、$K_{\lambda_3}^A$、$K_{\lambda_1}^B$、$K_{\lambda_2}^B$、$K_{\lambda_3}^B$、$K_{\lambda_1}^C$、$K_{\lambda_2}^C$、$K_{\lambda_3}^C$。若测得未知样品溶液在这三种波长处的吸光度 $A_{\lambda_1}^M$、$A_{\lambda_2}^M$、$A_{\lambda_3}^M$,则试样中 A、B、C、组分的浓度 c^A、c^B 及 c^C 可由下列三个联立方程求出

$$\begin{cases} A_{\lambda_1}^M = K_{\lambda_1}^A c^A + K_{\lambda_1}^B c^B + K_{\lambda_1}^C c^C & (1) \\ A_{\lambda_2}^M = K_{\lambda_2}^A c^A + K_{\lambda_2}^B c^B + K_{\lambda_2}^C c^C & (2) \\ A_{\lambda_3}^M = K_{\lambda_3}^A c^A + K_{\lambda_3}^B c^B + K_{\lambda_3}^C c^C & (3) \end{cases}$$

复方阿司匹林是含有阿司匹林、非那西丁和咖啡因的复方制剂,它们的结构式及最大吸收峰波长为

$\lambda_{max} = 277$ nm　　　　$\lambda_{max} = 250$ nm　　　　$\lambda_{max} = 275$ nm

复方制剂中各组分的含量差异较大,且由于阿司匹林和咖啡因的 λ_{max} 相互重叠,若用以上解联立方程式求它们的浓度,则误差太大。必须用化学法预先分离,本实验用氯仿萃取分离的方法;而咖啡因与非那西丁的 λ_{max} 相距远,重叠不严重,不必事先分离,可直接采用上述解联立方程式的方法求出它们的含量。

【仪器和试剂】

仪器:TU-1901 双光束紫外可见分光光度计,1 cm 石英比色皿,容量瓶(100 mL、250 mL),吸量管(1 mL),量筒(10 mL),小烧杯

试剂:10 mg·L^{-1} 标准非那西丁溶液,10 mg·L^{-1} 标准咖啡因溶液,10 mg·L^{-1} 标

准阿司匹林溶液,氯仿,4％Na_2CO_3,3 mol·L^{-1} H_2SO_4,待测样品

【实验步骤】

1. TU-1901双光束紫外可见分光光度计的构造及使用方法见教材第二章化学实验常用仪器中的分光光度计部分。

2. 阿司匹林(A)、非那西汀(P)和咖啡因(C)三种标准氯仿溶液的吸光度测定,数据记录在表4-25中。

1) 标准阿司匹林溶液的浓度为10 mg·L^{-1},在λ_{max}=277 nm下,测吸光度$A_{\lambda_1}^A$;

2) 标准非那西汀溶液的浓度为10 mg·L^{-1},在λ_{max}=250 nm下,测光密度$A_{\lambda_2}^P$;

3) 标准咖啡因溶液的浓度为10 mg·L^{-1},在λ_{max}=275 nm下,测光密度$A_{\lambda_3}^C$。

3. 样品测定

混合样品中的阿司匹林组分为羧酸,能溶于碳酸钠水溶液,而中性的非那西丁及咖啡因则不能,据此得以分离。步骤如下:将待分离的药片粉碎并溶于氯仿中,用4％的碳酸钠水溶液萃取2次,用水洗涤1次,合并水层。阿司匹林的钠盐进入水层,非那西丁及咖啡因留在氯仿中。再用氯仿洗涤水层3次,进一步提取水中残留的非那西丁及咖啡因,合并氯仿层,并过滤到250 mL容量瓶中,用氯仿稀释至刻度。取1.00 mL该液到100 mL容量瓶中,用氯仿稀释至刻度。

取此液在250 nm和275 nm测定相应的吸光度,分别为$A_{\lambda_2}^M$和$A_{\lambda_3}^M$。水层用稀硫酸酸化(pH≈2)用氯仿萃取后,将萃取液转入100 mL容量瓶,以氯仿稀释至刻度,在277 nm测其吸光度$A_{\lambda_1}^A(x)$。将数据记录在表4-27中。

【实验记录及数据处理】

1. 测定吸光度(A)的记录

表4-27 标准液及样品液吸光度

λ	$A_{\lambda_1}^A$	$A_{\lambda_2}^P$	$A_{\lambda_3}^C$	$A_{\lambda_1}^A(x)$	$A_{\lambda_2}^M$	$A_{\lambda_3}^M$
277 nm		—	—		—	—
250 nm	—		—	—		—
275 nm	—	—		—	—	

2. 标准对照法确定阿司匹林含量

阿司匹林含量:$c_A(x) = \dfrac{A_{\lambda_1}^A(x) c_A}{A_{\lambda_1}^A} = $ _____。

非那西丁和咖啡因的浓度$c^P(x)$和$c^C(x)$。可解下列联立方程求得:

$$\begin{cases} A_{\lambda_2}^M = K_{\lambda_2}^P c^P(x) + K_{\lambda_2}^C c^C(x) \\ A_{\lambda_3}^M = K_{\lambda_3}^P c^P(x) + K_{\lambda_3}^C c^C(x) \end{cases}$$

【思考题】

1. 为什么先将阿司匹林分离后才测量吸光度?
2. 该复方制剂若不加分离,如何可以进行各组分分析?

(贺 建)

实验十七　荧光分析法测定血清中的镁

【实验目的】

1. 了解荧光分析法基本原理。
2. 掌握荧光分析法实验技术。
3. 学习荧光分析法测定血清中镁的实验方法。

【实验原理】

镁与 8-羟基喹啉在 pH 6.5 的醋酸盐缓冲溶液中反应生成强荧光性配合物,而相同条件下,8-羟基喹啉本身的荧光强度很弱,实验中可将其作为空白而扣除。一般地,血液中的其他物质不干扰此测定。

镁和 8-羟基喹啉的反应如下:

$$Mg^{2+} + \text{喹啉-OH} \xrightarrow{pH=6.5} \text{配合物}$$

8-羟基喹啉与镁形成的配合物的荧光光谱见图 4-6。

【仪器和试剂】

仪器:LS-55 型荧光光度计,离心机,离心管,比色管,吸量管(1 mL、5 mL)

试剂:8-羟基喹啉乙醇溶液,20 μg·mL^{-1} 镁标准溶液,未知血清样品

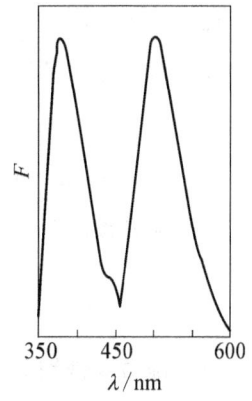

图 4-6　8-羟基喹啉与镁配合物的激发光谱和发射光谱图

【实验步骤】

1. 本实验用 LS-55 型荧光光度计,仪器原理及使用方法见教材第二章化学实验常用仪器中荧光光度计部分。

2. 测定样品溶液中 Mg^{2+} 含量

1) 于 3 个干燥试管中按下述方式配制溶液。

a. 空白溶液:分别加入 0.10 mL 去离子水和 3.90 mL 8-羟基喹啉乙醇溶液,摇匀;

b. 标准溶液:分别加入 0.10 mL Mg^{2+} 标准溶液和 3.90 mL 8-羟基喹啉乙醇溶液,摇匀;

c. 未知溶液:分别加入 0.10 mL 未知血清样和 3.90 mL 8-羟基喹啉乙醇溶液,充分振摇 2 min,在离心机上离心 10 min,转速 8 000 rpm,取上层清液作测定用。

2) 用上述 b 溶液绘制激发光谱和发射光谱。先固定发射波长为 510 nm,在 350~450 nm 范围内扫描激发光谱,确定最大激发波长 λ_{ex};再固定激发波长于 λ_{ex} 处,在 450~600 nm 范围内扫描发射光谱,确定最大发射波长 λ_{em}。

3) 在已确定的 λ_{ex} 和 λ_{em} 处分别测定 1)中 a、b、c 溶液的荧光强度 F_a、F_b、F_c。

【实验结果】

计算未知血清样品中 Mg^{2+} 含量

$$c_X = \frac{F_c - F_a}{F_b - F_a} \times c_S \tag{4-22}$$

式中,c_X 为未知血清样品中 Mg^{2+} 浓度,c_S 为标准溶液中 Mg^{2+} 浓度。

【思考题】

1. 比较 8-羟基喹啉与镁形成的配合物的激发光谱和发射光谱有何区别和联系?
2. 试从分子结构的角度分析 8-羟基喹啉及其金属配合物的荧光性质。

(武丽萍)

实验十八 硫酸亚铁铵的制备

【实验目的】

1. 了解复盐的特性,学习复盐的制备方法。
2. 巩固无机化合物制备中的基本操作。
3. 学习目视比色法检验产品质量的方法。

【实验原理】

硫酸亚铁铵为浅蓝绿色结晶,溶于水,不溶于醇,易被空气中的氧气氧化。在分析化学中,硫酸亚铁铵可用于高锰酸钾和重铬酸钾的标定。

铁溶于稀硫酸中生成硫酸亚铁,硫酸亚铁与等摩尔数的硫酸铵在水溶液中相互作用,即生成溶解度较小的浅蓝绿色硫酸亚铁铵晶体,反应式如下

$$Fe + H_2SO_4 = FeSO_4 + H_2 \uparrow$$

$$FeSO_4 + (NH_4)_2SO_4 + 6H_2O = FeSO_4 \cdot (NH_4)_2SO_4 \cdot 6H_2O$$

硫酸亚铁铵的产率可按下式计算

$$产率 = \frac{实际产量}{理论产量} \times 100\% \tag{4-23}$$

所得硫酸亚铁铵晶体中含有 SO_4^{2-}、Fe^{2+} 和 NH_4^+,还可能含有微量 Fe^{3+}。SO_4^{2-} 可用 $BaCl_2$ 溶液检验,Fe^{2+} 和 NH_4^+ 可用 $NaOH$ 溶液检验,有关反应方程式为

$$Ba^{2+} + SO_4^{2-} = BaSO_4 \downarrow$$

$$Fe^{2+} + 2OH^- = Fe(OH)_2 \downarrow$$

$$4Fe(OH)_2 + O_2 + 2H_2O = 4Fe(OH)_3 \downarrow$$

$$NH_4^+ + 2OH^- \xrightarrow{\triangle} NH_3 \uparrow + H_2O$$

产物中微量 Fe^{3+} 的检测采用目视比色法,根据 Fe^{3+} 的含量可确定产品的纯度和等级。

【仪器和试剂】

仪器:托盘天平,量筒(50 mL),布氏漏斗,抽滤瓶,真空泵,酒精灯,蒸发皿,比色管(25 mL),吸量管(5 mL、10 mL),移液管(20 mL),滤纸,烧杯(50 mL),表面皿,试管

试剂:铁屑,$(NH_4)_2SO_4$,95% 乙醇,pH 试纸,2 $mol \cdot L^{-1}$ HCl,3 $mol \cdot L^{-1}$ H_2SO_4,

2 mol·L^{-1} NaOH,1 mol·L^{-1} KSCN,10% Na$_2$CO$_3$,0.1 mol·L^{-1} BaCl$_2$,10.0 mg·L^{-1} Fe^{3+}标准溶液

【实验步骤】

1. 铁屑表面油污的去除

用托盘天平称取 2.0 g 铁屑,放在 50 mL 小烧杯中,加入 10 mL Na$_2$CO$_3$ 溶液,80~90℃水浴加热 10 min,倾析法除去碱液,然后分别用自来水和蒸馏水洗净铁屑。

2. 硫酸亚铁的制备

把洗净后的铁屑转入 100 mL 锥形瓶,加入 15 mL H$_2$SO$_4$。把装有铁屑的锥形瓶放入 60~70℃的水浴中加热,观察溶液颜色与气泡产生情况,待无气泡逸出时(约需 50 min),取出锥形瓶,结束反应[1]。

趁热减压过滤,把滤液转移至蒸发皿中。将留在小烧杯和漏斗上的残渣取出,用滤纸吸干后称重,由已参加反应的铁屑质量,计算出 FeSO$_4$ 的理论产量。

3. 硫酸亚铁铵的制备

根据 FeSO$_4$ 的理论产量,计算并称量所需(NH$_4$)$_2$SO$_4$ 晶体的质量,加到上述 FeSO$_4$ 溶液中,小火加热,搅拌,使(NH$_4$)$_2$SO$_4$ 全部溶解。停止搅拌,继续加热,蒸发浓缩至表面出现晶膜。放置,使溶液慢慢冷却,生成 FeSO$_4$·(NH$_4$)$_2$SO$_4$·6H$_2$O 晶体。冷却到室温后,减压过滤,用少量 95% 的乙醇洗晶体两次。取出晶体,用滤纸吸干,观察晶体的颜色,称重,利用式(4-24)计算硫酸亚铁铵的产率。

4. 产品检验

(1) NH$_4^+$、Fe^{2+} 和 SO$_4^{2-}$ 等离子的检验

称取 1 g 产品于小烧杯中,加蒸馏水溶解,配制成 25 mL 溶液。

取一支试管,加 5 mL 上述溶液,加 1 mL NaOH 溶液,若生成白色沉淀,加热沉淀转化为红棕色,并有氨气放出(使 pH 试纸变蓝),证明产品中存在 Fe^{2+} 和 NH$_4^+$。

取一支试管,加 2 mL 上述溶液,加 1 滴 BaCl$_2$ 溶液,若有白色沉淀生成,说明产品中有 SO$_4^{2-}$ 存在。

(2) Fe^{3+} 的限量分析

称取 1 g 产品置于 25 mL 比色管中,用 15 mL 不含氧的蒸馏水溶解,加入 2 mL HCl 溶液和 1 mL KSCN 溶液,再加蒸馏水至刻度,混匀。将所得溶液与下列 Fe^{3+} 标准溶液进行目视比色,确定试样中 Fe^{3+} 的质量浓度符合哪一级试剂规格。

取三支 25 mL 比色管,各加 2 mL HCl 溶液和 1 mL KSCN 溶液,分别加 5.00 mL、10.00 mL 和 20.00 mL Fe^{3+} 标准溶液,再加蒸馏水稀释至刻度,摇匀,备用。上述三支比色管中 Fe^{3+} 含量所对应的硫酸亚铁铵试剂的规格分别为:含 0.0500 mg Fe^{3+},符合一级品标准;含 0.100 mg Fe^{3+},符合二级品标准;含 0.200 mg Fe^{3+},符合三级品标准。

【思考题】

1. 制备硫酸亚铁和硫酸亚铁铵溶液时,为什么要保持溶液有较强的酸性?
2. 如何计算反应所需硫酸铵的质量?
3. 为什么检验产品中 Fe^{3+} 的含量时,要用不含氧气的蒸馏水?如何制备不含氧的蒸馏水?

【注释】

[1] 在溶解铁屑的过程中,会产生大量氢气及少量有毒气体(如 PH_3、H_2S 等),应注意通风。

(周小霞)

实验十九 溶胶的制备和性质

【实验目的】

1. 了解制备溶胶的几种方法。
2. 理解制备 $Fe(OH)_3$ 溶胶的原理和溶胶的基本性质。
3. 掌握用凝聚法制备溶胶的实验方法和溶胶电泳实验的方法。

【实验原理】

溶胶的分散相粒子是由许多小分子或小离子凝聚而成的,其粒子的大小在 1~100 nm 之间。

溶胶的制备可用分散法和凝聚法。分散法是将物质分散成符合胶体范畴大小质点的方法,包括机械研磨法、超声波分散法、电弧法和胶溶法等。凝聚法是把物质的分子或离子聚合成胶体大小质点的方法,包括蒸气凝聚法、变换溶剂法、化学反应法等。凝聚法通常利用一些化学反应可以实现。但凝聚法制得的溶胶中常会有一些低分子量溶质及电解质等杂质,影响溶胶的稳定性,可用渗析法使溶胶净化。

本实验采用凝聚法制备 $Fe(OH)_3$ 溶胶,原理如下

$$FeCl_3 + 3H_2O \xrightarrow{煮沸} Fe(OH)_3 + 3HCl$$

$Fe(OH)_3$ 溶胶粒子表面上的一部分 $Fe(OH)_3$ 与 HCl 作用生成 FeOCl(氯化氧铁)

$$Fe(OH)_3 + HCl \longrightarrow FeOCl + 2H_2O$$

FeOCl 再解离为 FeO^+(氧铁离子)和 Cl^-

$$FeOCl \longrightarrow FeO^+ + Cl^-$$

$Fe(OH)_3$ 胶核选择吸附与它组成相类似的 FeO^+,因而形成正溶胶。

用上述方法制备的 $Fe(OH)_3$ 溶胶中常含有较多的电解质和其他杂质,它们会影响溶胶的稳定性,因此新制的溶胶需纯化。最常用的纯化方法是渗析法,它是利用离子和某些分子能透过半透膜,而溶胶不能透过半透膜的特性,将溶胶中过量的电解质和杂质分离出来。

溶胶有三大基本特征,即高度分散性、不均匀多相性和热力学不稳定性,其光学性质、动力学性质和电学性质都与这些基本特性有关。

当一束强光通过溶胶时,胶粒对光产生散射作用,其本身便成为一个小的发光体,从侧面可以看到由胶粒散射所形成的光路,称为 Tyndall 效应。Tyndall 效应是溶胶区别于真溶液的一个基本特征。

胶粒的另一个重要的性质是带有电荷。$Fe(OH)_3$ 溶胶在外加电场作用下胶粒将向负极运动,由此可见其带正电荷。胶粒带电是胶体稳定的一个重要原因。

溶胶属热力学不稳定体系,在溶胶中加入一定量电解质,可使其电荷部分或全部被中和,因而引起溶胶聚沉。溶胶对电解质的聚沉作用非常敏感,电解质中反离子的聚沉能力随着离子价数的增加而显著增大。

若在溶胶中加入高分子溶液,高分子溶液对溶胶有保护作用。高分子溶液作为溶胶粒子的一种稳定剂在胶粒周围形成高分子保护层,从而增加了溶胶的稳定性,使胶粒不易发生聚沉,起到对溶胶的保护作用。

【仪器和试剂】

仪器:电泳装置,Tyndall 效应暗箱,超级恒温水浴,加热套,烧杯(50 mL、250 mL、500 mL),量筒(10 mL、50 mL),锥形瓶(100 mL),试管

试剂:10% $FeCl_3$,5% 火棉胶,0.1% $AgNO_3$,20% KSCN,0.35% KCl,1 mol·L^{-1} NaCl,2 mol·L^{-1} Na_2SO_4,0.5% PVA,稀 HCl

【实验步骤】

1. $Fe(OH)_3$ 溶胶的制备

在 250 mL 小烧杯中加入 95 mL 蒸馏水,加热至沸,逐滴加入 5 mL 10% $FeCl_3$ 溶液,同时不断搅拌,加完后,再煮沸约 2 min,即得 $Fe(OH)_3$ 粗溶胶,冷却待渗析。

2. 半透膜的制备

在洁净的 150 mL 锥形瓶中倒入约 10 mL 5% 的火棉胶溶液,慢慢转动锥形瓶,使火棉胶溶液均匀浸润整个锥形瓶内壁,倒出多余的火棉胶溶液,倒置锥形瓶放置一会儿,使火棉胶固化成膜,取出即成透析袋。

3. 溶胶的净化

将制备的 $Fe(OH)_3$ 溶胶注入透析袋中,小心不要让溶液污染透析袋的外面,如果外部附有溶液,用蒸馏水洗干净,将透析袋口用线系紧,置于盛有蒸馏水的 500 mL 烧杯内,50℃ 渗析 30 min,每隔 10 min 换水一次,并检查水中的 Cl^-(用 1.7% $AgNO_3$ 试剂),记录结果。

3. 溶胶的性质

(1) Tyndall 效应

取 2 支试管分别装入 1/3 体积的 $Fe(OH)_3$ 溶胶和水,于 Tyndall 效应暗箱中,对准光束,观察 Tyndall 效应,并进行对比。

(2) 电学性质

电泳仪及使用方法见教材第二章化学实验常用仪器中的电泳仪部分。电泳装置如图 4-7 所示。

关紧电泳 U 形管下端的活塞,从 U 形管的漏斗口加入约 25 mL $Fe(OH)_3$ 溶胶,打开活塞,使液面到达 U 形管刻度 5 处。由 U 形管上口加入 0.35% KCl 溶液约 10 mL,用滴管沿 U 形管壁缓慢加入,左右轮流滴加至刻度 10 处。将两个电极置于 KCl 溶液中,开启电源,将电压调节在 50 V,通电约 15 min,观察现象,记录溶胶界面高度,并计算出溶胶的界面差。

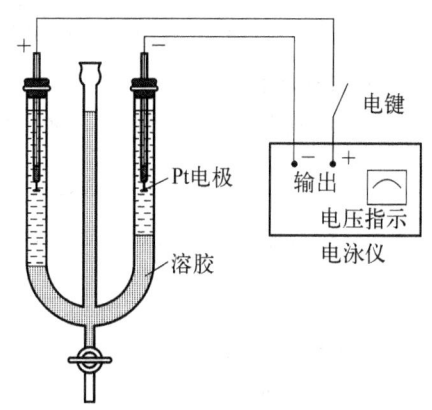

图 4-7 电泳装置

(3) 溶胶的聚沉及大分子的保护作用

在试管中加入 Fe(OH)$_3$ 溶胶 2 mL,逐滴加入 1 mol·L^{-1} NaCl 溶液,边加边摇,至试管刚出现浑浊,记录所加的滴数。用 2 mol·L^{-1} Na$_2$SO$_4$ 代替 1 mol·L^{-1} NaCl 溶液,重复上述实验,记录所加的滴数,并比较结果,解释之。

取 3 支试管,分别加入 Fe(OH)$_3$ 溶胶 1 mL,各加入 0.5%PVA 1 mL、1.5 mL、2 mL,加水至相同体积,再分别逐滴加入 1 mol·L^{-1} NaCl 溶液,边加边摇,至试管刚出现浑浊,记录所加的滴数。比较结果,解释之。

【实验记录及结果】

1. 溶胶的制备、净化的实验现象。
2. 溶胶的性质

1) Tyndall 效应的实验现象。

2) 溶胶电泳的实验现象。

3) 溶胶的聚沉。加入 1 mol·L^{-1} NaCl 溶液、2 mol·L^{-1} Na$_2$SO$_4$ 溶液的滴数。

4) 高分子溶液对溶胶的保护作用。加入 0.5%PVA 的体积和加入 1 mol·L^{-1} NaCl 溶液的滴数。

【思考题】

1. 制得的溶胶为什么要净化?加速渗析可以采取什么措施?
2. Fe(OH)$_3$ 溶胶胶粒带何种符号的电荷?为什么带这种电荷?
3. 电泳时两电极分别发生什么反应?试用写出电极反应方程式。
4. 要准确观测 Fe(OH)$_3$ 胶粒的电泳要注意哪些问题?

(刘毅敏)

实验二十 化学反应速率和活化能的测定

【实验目的】

1. 复习浓度、温度和催化剂对反应速率的影响。
2. 理解测定 (NH$_4$)$_2$S$_2$O$_8$ 氧化 KI 反应的反应速率的原理,掌握测定反应速率的实验方法。
3. 练习作图法处理实验数据,计算反应级数、反应速率常数和反应的活化能。

【实验原理】

在水溶液中,(NH$_4$)$_2$S$_2$O$_8$ 与 KI 发生如下反应

$$S_2O_8^{2-} + 3I^- = 2SO_4^{2-} + I_3^- \tag{1}$$

该反应的反应速率 v 按速率方程式可表示为

$$v = k[S_2O_8^{2-}]^m[I^-]^n$$

式中,v 为瞬时速率;k 为反应速率常数;$[S_2O_8^{2-}]$ 与 $[I^-]$ 分别为两种离子的起始浓度,$(m+n)$ 为反应级数。

实际上瞬时速率难于测定,实验测得的反应速率是在一段时间(Δt)内反应的平均速

率,由于本实验在 Δt 时间内反应物浓度变化很小,本实验近似地用平均速率代替瞬时速率。即

$$v \approx \bar{v} = -\frac{\Delta[S_2O_8^{2-}]}{\Delta t} = k[S_2O_8^{2-}]^m[I^-]^n$$

为了能测定出在一定时间(Δt)内$(NH_4)_2S_2O_8$的改变量$\Delta[S_2O_8^{2-}]$,在$(NH_4)_2S_2O_8$溶液与KI溶液混合前,先加入一定体积已知浓度的$Na_2S_2O_3$溶液和作指示剂的淀粉溶液。这样在反应(1)进行的同时,还进行如下反应

$$2S_2O_3^{2-} + I_3^- \Longrightarrow S_4O_6^{2-} + 3I^- \tag{2}$$

反应(2)比反应(1)快得多,几乎瞬间完成。由于反应(1)生成的I_3^-立即与$S_2O_3^{2-}$离子作用,生成无色的$S_4O_6^{2-}$和I^-离子。因此,在反应开始的一段时间内看不到碘与淀粉作用所显示的蓝色。但是,一旦当$Na_2S_2O_3$耗尽,由反应(1)继续生成的微量碘就迅速与淀粉作用而呈现蓝色。

由于在Δt时间内$S_2O_3^{2-}$离子全部耗尽,浓度为零,所以此时消耗的$Na_2S_2O_3$浓度$\Delta[S_2O_3^{2-}]$实际上就是反应开始的$Na_2S_2O_3$浓度。又从反应(1)和(2)可知,$\Delta[S_2O_8^{2-}]$:$\Delta[S_2O_3^{2-}]=1:2$,所以$S_2O_8^{2-}$离子在Δt时间内的浓度变化量$\Delta[S_2O_8^{2-}]$可从下式求出

$$\Delta[S_2O_8^{2-}] = \frac{\Delta[S_2O_3^{2-}]}{2} = \frac{[S_2O_3^{2-}]}{2}$$

将速率方程式 $v=k[S_2O_8^{2-}]^m[I^-]^n$ 两边取对数

$$\lg v = m\lg[S_2O_8^{2-}] + n\lg[I^-] + \lg k$$

由此可知,当$[I^-]$一定时,改变$S_2O_8^{2-}$的浓度,以$\lg v \sim \lg[S_2O_8^{2-}]$作图得一直线,其斜率为$m$,即$S_2O_8^{2-}$的反应级数。同理,当$[S_2O_8^{2-}]$一定时,改变$I^-$的浓度,以$\lg v \sim \lg[I^-]$作图也得一直线,其斜率为$n$,即$I^-$的反应级数。则该反应的总反应级数为$(m+n)$。

利用实验测得的反应速率和反应级数,按速率方程式就可以求出在一定温度下的反应速率常数k值。

根据Arrhenius方程式,反应速率常数k与反应温度T有如下关系

$$\lg k = \frac{E_a}{2.303RT} + \lg A$$

式中,E_a为活化能,R为气体常数(8.314 J·K^{-1}·mol^{-1}),T为绝对温度。测出在不同温度下的k值,以$\lg k \sim 1/T$作图可得一直线,其斜率为$-\dfrac{E_a}{2.303RT}$,从而可以求出反应的活化能E_a。

【仪器和试剂】

仪器:数显恒温水浴,温度计,秒表,锥形瓶(100 mL),量筒(10 mL),吸量管(5 mL),大试管

试剂:0.2 mol·L^{-1} $(NH_4)_2S_2O_8$,0.2 mol·L^{-1} KI,0.01 mol·L^{-1} $Na_2S_2O_3$,0.2%淀粉溶液,0.2 mol·L^{-1} KNO_3,0.2 mol·L^{-1} $(NH_4)_2SO_4$,0.1 mol·L^{-1} $Cu(NO_3)_2$

【实验步骤】

1. 浓度对化学反应速率的影响

在室温下,用量筒量取 0.2 mol·L^{-1} KI 溶液 10 mL、0.2％淀粉 2 mL 于 100 mL 锥形瓶中,用吸量管加入 0.01 mol·L^{-1} Na$_2$S$_2$O$_3$ 溶液 4.00 mL,混匀,然后再用量筒量取 0.2 mol·L^{-1}(NH$_4$)$_2$S$_2$O$_8$ 溶液 10 mL,迅速加到锥形瓶中,同时按动秒表,开始计时,并不断摇动溶液(水平旋转摇动),当溶液刚刚出现蓝色时,立即停表。记录反应时间 Δt 和室温。

同样方法按表 4-26 中 Ⅱ～Ⅴ 所列用量重复上述实验。为了使溶液的离子强度和总体积保持不变,KI 或 (NH$_4$)$_2$S$_2$O$_8$ 不足的用量,分别用 0.2 mol·L^{-1} KNO$_3$、0.2 mol·L^{-1} (NH$_4$)$_2$SO$_4$ 溶液补充。

2. 温度对化学反应速率的影响

按表 4-26 中实验Ⅳ的用量,把 KI、Na$_2$S$_2$O$_3$、KNO$_3$ 和淀粉溶液加到 100 mL 锥形瓶中,并把 (NH$_4$)$_2$S$_2$O$_8$ 溶液加入大试管中,然后将它们放入比室温高 10℃ 的恒温水浴中加热,用玻璃棒搅拌,使水温均匀,测量温度。待锥形瓶和试管中溶液的温度升到高于室温 10℃ 时,迅速将 (NH$_4$)$_2$S$_2$O$_8$ 溶液加到锥形瓶中,立即记时,并不断摇动溶液,当溶液刚出现蓝色时迅速按停秒表,记录反应时间和温度。

用同样办法,将反应物的温度加热到高于室温 20℃(或低于室温 10℃),重复上述实验,记录反应时间 Δt 和温度。

表 4-28 浓度对反应速率的影响

	实 验 编 号	Ⅰ	Ⅱ	Ⅲ	Ⅳ	Ⅴ
试剂用量/mL	0.2 mol·L^{-1} (NH$_4$)$_2$S$_2$O$_8$	10.0	5.0	2.5	10.0	10.0
	0.2 mol·L^{-1} KI	10.0	10.0	10.0	5.0	2.5
	0.01 mol·L^{-1} Na$_2$S$_2$O$_3$	4.00	4.00	4.00	4.00	4.00
	0.2％淀粉	2.0	2.0	2.0	2.0	2.0
	0.2 mol·L^{-1} KNO$_3$	—	—	—	5.0	7.5
	0.2 mol·L^{-1} (NH$_4$)$_2$SO$_4$	—	5.0	7.5	—	—
起始浓度/mol·L^{-1}	(NH$_4$)$_2$S$_2$O$_8$					
	KI					
	Na$_2$S$_2$O$_3$					
反应时间 Δt/s						
S$_2$O$_8^{2-}$ 浓度的变化 Δ[S$_2$O$_8^{2-}$]/(mol·L^{-1})						
反应速率 v/(mol·L^{-1}·s^{-1})						
lg v						
lg[S$_2$O$_8^{2-}$]						
lg[I$^-$]						
m						
n						
反应速率常数 k						

表 4-29 温度对反应速率的影响

实 验 编 号	Ⅰ	Ⅱ	Ⅲ
反应温度/℃			
反应时间 $\Delta t/\mathrm{s}$			
反应速率 $v/(\mathrm{mol \cdot L^{-1} \cdot s^{-1}})$			
反应速率常数 k			
$\lg k$			
$\frac{1}{T}/\mathrm{K}$			
$E_\mathrm{a}/(\mathrm{kJ \cdot mol^{-1}})$			

3. 催化剂对反应速率的影响

按浓度对反应速率的影响实验数据 Ⅳ 的用量,把 KI、$Na_2S_2O_3$、KNO_3 和淀粉溶液加到 100 mL 锥形瓶中,再加入 2 滴 $Cu(NO_3)_2$ 溶液,摇匀,然后迅速加入 $(NH_4)_2S_2O_8$ 溶液,摇动、记时,将此实验的反应速率与表 4-26 中实验 Ⅳ 的反应速率进行比较。

【实验记录与数据处理】

1. 反应级数和速率常数的计算

按表 4-26 记录实验数据及进行数据处理,用作图法求出反应级数 m、n,再计算出反应速率常数和反应速率常数均值 $k_{平}$,写出反应的速率方程。

2. 反应活化能的计算

按表 4-27 记录实验数据及进行数据处理,计算反应的活化能。

3. 根据实验结果,请讨论浓度、温度和催化剂对反应速率的影响。

【思考题】

1) 实验中向 KI、淀粉、$Na_2S_2O_8$ 混合液中加入 $(NH_4)_2S_2O_8$ 时为什么要迅速?

2) $Na_2S_2O_3$ 溶液的用量不同,对本实验有无影响?为什么?

3) 为什么可以由反应溶液出现蓝色的时间长短来计算反应速率?溶液出现蓝色后,反应是否终止了?

(刘毅敏)

【英文阅读资料】

DETERMINATION OF CHEMICAL REACTION RATE AND ACTIVATION ENERGY

Ⅰ Purposes

(1) Testify the influence of concentration, temperature and catalyst on the rate of chemical reactions.

(2) Learn to determine activation energy of a reaction by plotting method according to Arrhenius equation.

(3) Grasp the method of the use of a water bath with constant temperature (thermostat) and of measuring pipet.

II Principles

In an aqueous solutions, $(NH_4)_2S_2O_8$ and KI react as follows:

$$S_2O_8^{2-} + 3I^- = 2SO_4^{2-} + I_3^- \tag{1}$$

And the rate of the reaction is

$$v = k[S_2O_8^{2-}]^m[I^-]^n$$

where $m+n$ represents the order of the reaction, m and n can be determined by following experiment.

In order to determine the value of $[S_2O_8^{2-}]$ in the time interval Δt, a certain volume of $Na_2S_2O_3$ with known concentration is added together with some starch indicator to the above reaction solution, so the following reaction takes place and the main product I_3^- is consumed.

$$2S_2O_3^{2-} + I_3^- = S_4O_6^{2-} + 3I^- \tag{2}$$

Reaction (2) proceeds very fast and is accomplished almost instantaneously while reaction (1) is much slower. Since product I_3^- of reaction (1) reacts with $S_2O_3^{2-}$ and results in colorless $S_4O_6^{2-}$ and I^-, so no I_3^- can be detected by starch indicator and hence no blue color can be seen. As soon as $S_2O_3^{2-}$ is used up, I_3^- produced by the main reaction will result in a blue color.

From equations (1) and (2) we can obtain the following equation for the consumed reactants:

$$\Delta[S_2O_8^{2-}] : \Delta[S_2O_3^{2-}] = 1 : 2$$

or

$$\Delta[S_2O_8^{2-}] = \frac{\Delta[S_2O_3^{2-}]}{2} = \frac{[S_2O_3^{2-}]}{2}$$

Because in the time interval (Δt) $S_2O_3^{2-}$ is used up, so the change of concentration of $(NH_4)_2S_2O_8$ is half the initial concentration of $Na_2S_2O_3$.

$$v = -\frac{\Delta[S_2O_8^{2-}]}{\Delta t} = -\frac{[S_2O_3^{2-}]}{2\Delta t}$$

$$v = k[S_2O_8^{2-}]^m[I^-]^n$$

so

$$\lg v = m\lg[S_2O_8^{2-}] + n\lg[I^-] + \lg k$$

When keeping the concentration of I^- constant, a linear plot of versus $\lg[S_2O_8^{2-}]$ is obtained from experimental data, and the slope of the straight line is m; when keeping the concentration of $S_2O_8^{2-}$ constant, a linear plot of versus $\lg[I^-]$ is obtained from experimental data, and the slope of the straight line is n.

From Arrhenius equation

$$\lg k = \frac{E_a}{2.303RT} + \lg A$$

where E_a represents the activation energy, R is gas constant (8.314 J · K^{-1} · mol^{-1}), k is the rate constant at certain temperature, a linear plot of $\lg k$ versus $1/T$ is obtained from experimental data, and the slope of the straight line is $-\dfrac{E_a}{2.303RT}$, from which the activation energy of the reaction E_a can be calculated.

III Apparatus and Reagents

Test tube, water bath, measuring pipet (10 mL), graduated cylinders, beakers, stop watch thermometer.

0.2 mol · L^{-1} KI, 0.01 mol · L^{-1} Na$_2$S$_2$O$_3$, 0.2 mol · L^{-1} (NH$_4$)$_2$SO$_4$, 0.2 mol · L^{-1} (NH$_4$)$_2$S$_2$O$_8$, 2 g · L^{-1} starch solution, and 0.1 mol · L^{-1} Cu(NO$_3$)$_2$.

IV Procedure

(1) Concentration effects on reaction rate.

According to the volumes in the Table, for each of Test No. 1~5, add to a large test tube 0.2 mol · L^{-1} KI, 2 g · L^{-1} starch solution, 0.01 mol · L^{-1} Na$_2$S$_2$O$_3$ and 0.2 mol · L^{-1} (NH$_4$)$_2$SO$_4$ solution, and mix them thoroughly. To another small test tube add (NH$_4$)$_2$S$_2$O$_8$ solution. Transfer rapidly the solution in the small test tube into the large test tube and record the initial time. Stir continuously with a glass rod until a blue color appears and record the final time. A table is made to include all the data required as shown in Table.

(2) Temperature effects on reaction rate.

According to the method mentioned above, carry out test No. 6~7 with water bath at required temperature for 10 min. Put the large and small test tubes with reaction solutions in the water bath until the temperature is balanced. Pour the solution in the small test tube into the large one, and record the starting time immediately. Stir continuously until the solution turns into blue, record the final time. All the data are to be filled in Table accordingly.

(3) Effect of catalyst on the reaction rate.

Carry out Test No. 8 in Table according to the above method at room temperature. Another 3 drops of 0.1 mol · L^{-1} Cu(NO$_3$)$_2$ is added to the mixture in the large test tube. Record the initial time as soon as (NH$_4$)$_2$S$_2$O$_8$ is added. Stir continuously until a blue color appears. Record the final time. Compare this result with that of Test No. 1 and give your conclusion.

Effect of concentration, temperature and catalyst on the reaction rate

Test No.	1	2	3	4	5	6	7	8
Amount of reagents/mL								
$0.2\ mol \cdot L^{-1}$ KI	10	10	10	5	2.5	10	10	10
$2\ g \cdot L^{-1}$ starch	4	4	4	4	4	4	4	4
$0.01\ mol \cdot L^{-1}\ Na_2S_2O_3$	8	8	8	8	8	8	8	8
$0.2\ mol \cdot L^{-1}\ (NH_4)SO_4$	0	5	7.5	5	7.5	0	0	0*
$0.2\ mol \cdot L^{-1}\ (NH_4)_2S_2O_8$	10	5	2.5	10	10	10	10	10
Initial concentration/$(mol \cdot L^{-1})$								
$(NH_4)_2S_2O_8$								
KI								
$Na_2S_2O_3$								
Reaction time $\Delta t/s$								
Reaction rate $v/(mol \cdot L^{-1} \cdot s^{-1})$								
m								
n								
Rate constant $k/(mol \cdot L^{-1} \cdot s^{-1})$								
$\lg k$								
Reaction temperature/℃**								
$1/T$								
E_a***								

* Add another 3 drops of $0.1\ mol \cdot L^{-1}\ Cu(NO_3)_2$
** No. 1,2,3,4,5 and 8 at room temperature; No. 6,7 at room temperature adding 10℃, 20℃
*** In the literature, $E_a = 51.58\ kJ \cdot mol^{-1}$

Ⅴ Questions

(1) Why the time period when blue color appears in the solution is related to the amount of $Na_2S_2O_3$ solution? What is the effect on the experimental results if different amount of $Na_2S_2O_3$ is used for each test?

(2) Does it mean that the reaction has stopped when the reaction solution appears blue color?

(3) Why the reaction rate is not the same for various concentrations but the rate constant does not change?

实验二十一 二组分气-液平衡体系

【实验目的】
1. 掌握绘制二组分气-液平衡体系相图的基本方法。
2. 掌握用折光率确定二组分体系组成的方法。
3. 了解阿贝折射仪的原理和使用方法。

【实验原理】

把两种完全互溶的挥发性液体(组分 A 和 B)混合后,在一定的温度下,若两组分的蒸气压不同,则混合溶液的组成与其平衡气相的组成不同。因此,在恒压下将溶液蒸馏,测定馏出物(气相)和蒸馏液(液相)的组成,就能找出平衡时气、液两相的组成并绘出 $T-x$ 图。

完全互溶的双液系 $T-x$ 图可分为三类:

1) 实际溶液与拉乌尔定律的偏差不大,在 $T-x$ 图上混合液的沸点介于 A、B 两纯物质沸点之间,如图 4-8a 所示;

2) 实际溶液与拉乌尔定律有较大负偏差,在 $T-x$ 图上出现最高点,如图 4-8b 所示;

3) 实际溶液与拉乌尔定律有较大正偏差,在 $T-x$ 图上出现最低点,如图 4-8c 所示。

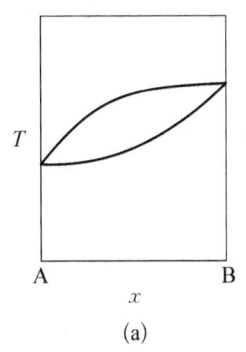 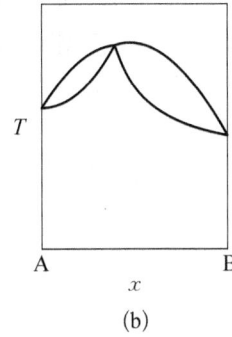 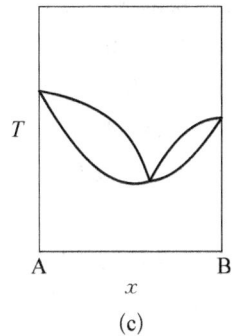

(a)　　　　　　　　(b)　　　　　　　　(c)

图 4-8　二组分气-液平衡相图

后两类溶液在最高点或最低点时气-液两相组成相同,这些点称为恒沸点,其相应的溶液称为恒沸混合物,恒沸混合物靠蒸馏无法改变其组成。

为了绘制二元液系的 $T-x$ 图,需在气液两相达到平衡后,同时测定溶液的沸点、气相和液相组成。平衡时气液两相组成可折光率测定,因为溶液的折光率与组成在一定范围内呈线性关系。

【仪器和试剂】

仪器:FDY 型沸点仪,阿贝折光仪,SWJ 型数显温度计,WLS 型数字恒流电源,吸量管(1 mL、5 mL)、移液管(25 mL)

试剂:异丙醇,环己烷,丙酮

【实验步骤】

1. 仪器安装

如图 4-9 所示,连接好 FDY 型沸点仪实验装置,温度计勿与加热丝相碰,检查各接口是否接紧。

2. 异丙醇-环己烷双液系的沸点及气-液两相组成的测定

1) 取 25.00 mL 异丙醇和 1.00 mL 环己烷置于沸点仪圆底烧瓶内,打开冷凝水,接通电源,调节粗调电压旋钮使电压从零逐渐增大至 11 V 左右,使混合液逐渐加热直至沸

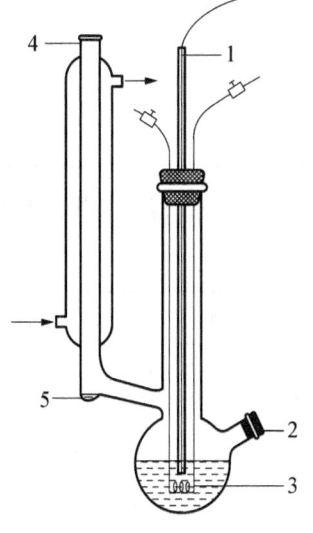

图 4-9　沸点仪

1. 数显温度计　2. 加液口
3. 电热丝　4. 冷凝管
5. 气相冷凝液

腾。最初冷凝管下端袋状部收集到的气相冷凝液不能代表平衡时气相的组成,所以,将其倾倒回沸点仪底部,反复 2～3 次。待温度恒定时,记录沸点温度,然后将电压调回到零,停止加热,充分冷却后,分别用滴管迅速取气相冷凝液和瓶底液相,测定其折光率,每份样品读数三次取平均值。

2) 在上述体系中依次加入环己烷 2.00 mL、3.00 mL、4.00 mL、5.00 mL、10.00 mL,按上述步骤分别测定各混合液的沸点及气、液相的折光率。

3) 将以上液体回收,用环己烷润洗烧瓶,然后取 25.00 mL 环己烷于圆底烧瓶内,依次加入 0.20 mL、0.30 mL、0.50 mL、1.00 mL、4.00 mL、5.00 mL 异丙醇,分别测定各混合液的沸点及气、液相的折光率。

3. 折光率-组成工作曲线的绘制

取环己烷的摩尔分数分别为 0、0.2、0.4、0.6、0.8、1.0 的环己烷-异丙醇混合液,在 25℃下,分别测定其折光率,绘制折光率-组成工作曲线。

4. 异丙醇-环己烷双液系气-液平衡相图的绘制

根据折光率-组成工作曲线,分别找出各组分气相冷凝液和液相的摩尔分数,以沸点温度为纵坐标,以摩尔分数为横坐标,绘制相图,并确定异丙醇-环己烷双液系属于何种类型。

【实验记录及结果】

1. 记录折光率,绘制工作曲线。

表 4-30　混合液的摩尔分数与折光率

环己烷的摩尔分数	n_D^{25}
0	
0.2	
0.4	
0.6	
0.8	
1.0	

2. 记录混合液沸点和折光率。

表 4-31　混合液的沸点和气相、液相折光率

组	分		1	2	3	4	5	6	7	8	9	10	11	12
混合液沸点														
气相	折光率	1												
		2												
		3												
		平均值												
	组 成													

续 表

组 分			1	2	3	4	5	6	7	8	9	10	11	12
混合液沸点														
液相	折光率	1												
		2												
		3												
		平均值												
	组 成													

3. 用坐标纸绘出 n_D^{25} 与摩尔分数的关系曲线,根据实验测定的结果,从图上查出气相冷凝液及液相的摩尔分数(如实验温度不是 25℃,近似地以温度每升高 1℃,折光率降低 $4×10^{-4}$,校正到 25℃后再在图上找出相应摩尔分数)。

4. 用以上所得数据绘制 T-x 图,注明此图属于何种类型。

【注意事项】

1. 电阻丝不能露出液面,一定要被液体浸没,否则通电加热会引起有机液体燃烧。加热电压不能太大,只要能使液体沸腾即可,过大会引起有机液体燃烧或烧断电阻丝。

2. 一定要使体系达到气、液平衡,即温度读数恒定不变再读数。

3. 只能在停止通电加热,冷却完全后才能取样分析。

4. 使用阿贝折射仪时,切勿划伤棱镜。

【思考题】

1. 沸点仪中收集气相冷凝液的袋状部的大小对结果有何影响?

2. 如何判定气-液相已达平衡状态?

3. 蒸馏时因仪器保温条件欠佳,在气相到达袋状部前,沸点较高的组成会发生部分冷凝,这样它们的 T-x 图将怎样变化?

4. 你认为本实验所用的沸点仪尚有哪些不足?如何改进?

5. 试估计哪些因素是本实验误差的主要来源?

(武丽萍)

实验二十二 分配系数的测定

【实验目的】

1. 了解苯甲酸在苯和水中的分子形态。
2. 理解测定苯甲酸在苯和水中的分配系数的原理,掌握其实验方法。
3. 巩固分液漏斗、滴定管的使用。

【实验原理】

分配定律指出,在恒温恒压下,当一种溶质溶解在两种互不相溶的溶剂中时在两相中既不发生解离,也不发生缔合,则该溶质在两相中的浓度比值为一常数

$$K = \frac{c_A}{c_B} \tag{4-24}$$

式中，c_A 为溶质在溶剂 A 中的浓度；c_B 为溶质在溶剂 B 中的浓度；K 为溶质在两相中的分配系数。严格说来，该溶质在两相中的活度比才是常数，因此，上式只适用于稀溶液。

若该溶质在溶剂 A 中不电离也不缔合，而在 B 中缔合成双分子，则分配系数应为

$$K = \frac{c_A^2}{c_B} \text{ 或 } K' = \frac{c_A}{\sqrt{c_B}} \tag{4-25}$$

由上面两个式子即可以确定苯甲酸在苯和水中的分子形态。

【仪器和试剂】

仪器：分液漏斗(125 mL)，锥形瓶(150 mL)，吸量管(2 mL、5 mL)，移液管(25 mL)，碱式滴定管(50 mL)

试剂：苯甲酸，苯，$0.05\ mol \cdot L^{-1}$ NaOH 标准溶液，酚酞指示剂

【实验步骤】

1. 取 3 个清洁干燥的 125 mL 分液漏斗标号，用移液管分别向 3 个分液漏斗中注入 25.00 mL 苯和 25.00 mL 蒸馏水(不含 CO_2)，再准确称取 0.8 g、1.2 g、1.6 g 苯甲酸分别放入 3 个分液漏斗中，在室温下多次振摇(振摇时动作激烈些，两手不要触及漏斗的盛液部分)，使苯甲酸充分溶解于两相中，1 h 后静置分层平衡。

2. 从 1 号分液漏斗中准确吸取下层液 5.00 mL 于清洁干燥的锥形瓶中(为了防止上层液进入，应先用食指按住吸量管上端管口，把管尖迅速插入下层液中，然后松开食指，小心吸取下层液)，再加入约 25 mL 蒸馏水(不含 CO_2)和 1 滴酚酞指示剂，用 NaOH 标准溶液滴定至终点。重复滴定一次，两次结果之差不超过 0.05 mL。根据滴定结果计算水层和苯层中苯甲酸的浓度。

3. 准确吸取上层液 2.00 mL 于另一只清洁干燥的锥形瓶中，同第二步方法进行滴定。

4. 同上述方法依次测定第 2、第 3 号分液漏斗中水层和苯层中苯甲酸的浓度。

5. 计算相关结果，并确定苯甲酸在苯和水中的分配系数属于哪一类，进而确定其在两相中的缔合情况。

【实验记录及结果】

1. 实验温度：_____℃，NaOH 浓度：_____ $mol \cdot L^{-1}$。
2. 将消耗的 NaOH 体积数及相关计算结果记入下表：

表 4-32　NaOH 体积数及计算结果

瓶号	下层用 NaOH /mL			上层用 NaOH /mL			c_W	c_B	$\dfrac{c_W}{c_B}$	$\dfrac{c_W^2}{c_B}$	$\dfrac{c_W}{c_B^2}$
	(1)	(2)	平均	(1)	(2)	平均					
1											
2											
3											

【思考题】
1. 测定分配系数是否要求恒温？实验中如何实现？
2. 为什么摇动分液漏斗时，不能用手接触分液漏斗的盛液部分？
3. 为什么要准确称取 0.8 g、1.2 g、1.6 g 苯甲酸？

(武丽萍)

实验二十三　旋光法测定蔗糖水解反应的速率常数

【实验目的】
1. 了解旋光仪的构造与原理。
2. 理解反应物浓度与旋光度之间的关系。
3. 掌握用旋光法测定蔗糖水解反应速率常数的实验方法。

【实验原理】

蔗糖与水发生水解反应，生成葡萄糖和果糖：

$$C_{12}H_{22}O_{11}(蔗糖) + H_2O \xrightarrow{H^+} C_6H_{12}O_6(葡萄糖) + C_6H_{12}O_6(果糖)$$

在纯水中此水解反应的速率很慢，通常需要在 H^+ 的催化作用下进行。蔗糖水解反应为二级反应，反应速率与蔗糖的浓度和水的浓度的乘积成正比。但由于水是大量的，可认为在反应过程中水的浓度基本没有改变，因此，蔗糖水解反应可看作是一级反应，其速率方程为

$$-\frac{dc_{蔗糖}}{dt} = k_1 c_{蔗糖} \tag{4-26}$$

将式(4-26)积分可得

$$\ln \frac{c_{蔗糖,0}}{c_{蔗糖}} = k_1 t \tag{4-27}$$

式中，$c_{蔗糖,0}$ 为蔗糖的初始浓度；$c_{蔗糖}$ 为时刻 t 时的蔗糖的浓度；t 为反应时间；k_1 为水解反应的速率常数。式(4-27)也可改写为

$$\ln c_{蔗糖} = -k_1 t + \ln c_{蔗糖,0} \tag{4-28}$$

由式(4-28)可知，在不同时刻 t 测定出蔗糖的浓度 $c_{蔗糖}$，以 $\ln c_{蔗糖} \sim t$ 作图，可得到一条直线，直线的斜率 $m = -k_1$，由直线斜率即可求出速率常数 k_1。

当 $c_{蔗糖} = c_{蔗糖,0}/2$ 时，$t = t_{1/2}$，由式(4-27)可求得蔗糖水解反应的半衰期

$$t_{1/2} = \frac{\ln 2}{k_1} = \frac{0.693}{k_1} \tag{4-29}$$

蔗糖及其水解产物都具有旋光性，但它们的旋光能力不同，因此可以利用系统在反应过程中旋光度的变化来度量反应的进程。

旋光性物质溶液的旋光度与旋光性物质的种类、溶液浓度、溶剂性质、液层厚度、光源的波长和温度等因素有关，当其他条件一定时，旋光度与旋光性物质的浓度成正比

$$\alpha = k_B c_B \tag{4-30}$$

式中,α 为旋光性物质溶液的旋光度,c_B 为旋光性物质的浓度,k_B 为比例系数,其值与旋光性物质的旋光能力、溶剂性质、液层厚度、光源波长及温度有关。

常用比旋光度来表示物质的旋光性。当光源、温度和溶剂固定时,比旋光度等于单位长度、单位浓度物质的旋光度。溶液的比旋光度与旋光度的关系为

$$[\alpha]_\lambda^t = \frac{\alpha}{c \cdot l} \tag{4-31}$$

式中,$[\alpha]_\lambda^t$ 表示旋光性物质在 t℃、光源波长为 λ 时的比旋光度;α 为旋光度;c 为溶液浓度(以 1 mL 溶液所含溶质的质量表示);l 为旋光管的长度(单位为 dm)。像沸点、熔点一样,比旋光度是一个只与分子结构有关的表征旋光性物质的特征常数。

在蔗糖水解反应中,反应物蔗糖为右旋体,其 $[\alpha]_D^t = +66.6°$;产物中的葡萄糖为右旋体,其 $[\alpha]_D^t = +52.5°$,但果糖为左旋体,其 $[\alpha]_D^t = -91.9°$。由于反应物和产物的旋光能力和旋光方向不完全相同,因此,随着反应的进行,反应系统的旋光度不断减小,反应至某一瞬间,系统的旋光度恰好等于零,而后就变成左旋,直至蔗糖完全转化,这时左旋角达到最大值 α_∞。

反应没开始时,蔗糖还没有发生水解,此时溶液的旋光度完全是由蔗糖产生的,溶液的初始旋光度为

$$\alpha_0 = k_{蔗糖} c_{蔗糖,0} \tag{4-32}$$

式中,α_0 为反应没开始时蔗糖溶液的旋光度。

当蔗糖完全水解($t=\infty$)时,由反应式可知葡萄糖和果糖的浓度均等于蔗糖的初始浓度 $c_{蔗糖,0}$,此时溶液的旋光度是由葡萄糖和果糖产生的,溶液的最终旋光度为

$$\alpha_\infty = k_{葡萄糖} c_{蔗糖,0} + k_{果糖} c_{蔗糖,0} = k_{产物} c_{蔗糖,0} \tag{4-33}$$

式中,$k_{产物} = k_{葡萄糖} + k_{果糖}$。

在蔗糖水解过程中,若时刻 t 时蔗糖的浓度为 $c_{蔗糖}$,由反应式可知葡萄糖和果糖的浓度均为 $c_{蔗糖,0} - c_{蔗糖}$,此时溶液的旋光度由蔗糖、葡萄糖和果糖共同产生,溶液的旋光度为

$$\begin{aligned}\alpha_t &= k_{蔗糖} c_{蔗糖} + k_{葡萄糖}(c_{蔗糖,0} - c_{蔗糖}) + k_{果糖}(c_{蔗糖,0} - c_{蔗糖}) \\ &= k_{蔗糖} c_{蔗糖} + k_{产物}(c_{蔗糖,0} - c_{蔗糖})\end{aligned} \tag{4-34}$$

由式(4-32)和式(4-33)得

$$c_{蔗糖,0} = \frac{\alpha_0 - \alpha_\infty}{k_{蔗糖} - k_{产物}} = k'(\alpha_0 - \alpha_\infty) \tag{4-35}$$

由式(4-33)和式(4-34)得

$$c_{蔗糖} = \frac{\alpha_t - \alpha_\infty}{k_{蔗糖} - k_{产物}} = k'(\alpha_t - \alpha_\infty) \tag{4-36}$$

将式(4-35)和式(4-36)代入式(4-27)得

$$\ln(\alpha_t - \alpha_\infty) = -k_1 t + \ln(\alpha_0 - \alpha_\infty) \tag{4-37}$$

由式(4-37)可知,以 $\ln(\alpha_t - \alpha_\infty) \sim t$ 作图得一直线,由直线的斜率可求出蔗糖水解反

应的速率常数 k_1，再根据式(4-29)可计算出蔗糖水解反应的半衰期。

【仪器和试剂】

仪器：自动旋光仪，旋光管(1 dm)，恒温水浴锅，电子天平，秒表，锥形瓶(150 mL)，烧杯(50 mL、500 mL)，量筒(50 mL)，冷凝管

试剂：蔗糖(A.R)，$2\ mol\cdot L^{-1}$ HCl

【实验步骤】

1. 配制溶液

用电子天平称取 6 g 蔗糖于 150 mL 锥形瓶中，加入 30 mL 蒸馏水配成溶液。

2. 旋光仪零点的校正

自动旋光仪的原理和使用方法见本教材第二章化学实验常用仪器中的旋光仪部分。

打开电源，预热 5 min，再打光源预热 20 min。将装有蒸馏水的旋光管放入旋光仪的暗室内，盖好箱盖，待显示数字稳定后，按"清零"键即可。

3. 蔗糖水解过程中旋光度的测定

用量筒量取 $2\ mol\cdot L^{-1}$ HCl 溶液 30 mL 迅速倾入蔗糖溶液中，在 HCl 溶液倒出一半时开始计时，摇匀。迅速用少量反应液荡洗旋光管两次，然后将反应液注入旋光管，旋上套盖，擦净旋光管两端玻璃片，立即放入旋光仪中，测定不同时刻 t 时的旋光度 α_t。在反应开始的 1～2 min 内测定第一个数据，反应开始前 30 min 内每间隔 5 min 测定一次，以后间隔 10 min 测定一次，连续测定 60 min。

4. α_∞ 的测定

在进行上述操作的空隙，将锥形瓶中剩余反应液置于 50～60℃ 的水浴内加热 30 min，使其快速反应，然后冷却至实验温度，测定其旋光度，读取 5 个数据，取其平均值即为 α_∞。注意水浴温度不可过高，否则将产生副反应，溶液颜色变黄。同时要避免溶液水分蒸发影响浓度，可以在锥形瓶上加一回流管，以免造成 α_∞ 值的偏差。

【实验记录与数据处理】

1. 实验数据

实验温度：_____，α_∞：_____。

表 4-33 实 验 数 据

t/min	α_t	$\alpha_t - \alpha_\infty$	$\ln(\alpha_t - \alpha_\infty)$
2			
5			
10			
15			
20			
25			
30			
40			
50			
60			

2. 以 $\ln(\alpha_t - \alpha_\infty) \sim t$ 作图，由所得直线的斜率求出速率常数 k_1。

3. 计算蔗糖水解反应的半衰期 $t_{1/2}$。

【思考题】

1. 实验中要用蒸馏水校正旋光仪的零点,那么蔗糖水解过程测定旋光度是否也必须校正零点?为什么?

2. 配制蔗糖溶液和盐酸溶液时,是将盐酸溶液加入到蔗糖溶液中去的,可否将蔗糖溶液加到盐酸溶液中,为什么?

3. 为什么配制蔗糖溶液称量蔗糖质量时可以只称量到整数位?

(刘毅敏)

实验二十四 元 素 性 质

一、卤素

【实验目的】

1. 掌握实验室中制备卤素单质的一般原理和方法。
2. 验证卤素单质、卤素离子和某些卤酸盐的主要性质。
3. 学习卤素离子的一般鉴别方法。

【实验原理】

Cl、Br 和 I 是元素周期表中ⅦA族元素,它们的价电子组态为 $ns^2 np^5$,容易得到1个电子生成卤离子。因此,卤素都是很活泼的非金属元素,其氧化值通常是 -1,但在一定条件下,也可以生成氧化值为 $+1、+3、+5、+7$ 的化合物。

Cl_2、Br_2 和 I_2 都可由氧化剂与卤化物反应而制得。卤素分子都是非极性分子,易溶于非极性溶剂中。I_2 易溶于 KI 溶液中,生成 KI_3。卤素单质都是氧化剂,它们的氧化性按 $F_2 > Cl_2 > Br_2 > I_2$ 的顺序递减。卤素离子都是还原剂,它们还原性强弱的顺序为 $I^- > Br^- > Cl^- > F^-$。卤素含氧酸及其盐都具有一定的氧化性。

Cl^-、Br^- 和 I^- 都能与 $AgNO_3$ 溶液反应,生成难溶于水和稀硝酸的不同颜色的卤化银沉淀。根据不同卤化银在氨水中溶解度不同这一性质,可以通过控制氨的浓度来分离混合卤离子。在实验中常用 $(NH_4)_2CO_3$ 溶液代替氨水,使 AgCl 沉淀溶解,与 AgBr 沉淀和 AgI 沉淀分离。

【仪器和试剂】

仪器:离心机,离心试管

试剂:I_2,KCl,KBr,KI,MnO_2,$KClO_3$,$0.1\ mol \cdot L^{-1}$ NaCl,$0.1\ mol \cdot L^{-1}$ KBr,$0.1\ mol \cdot L^{-1}$ KI,$0.1\ mol \cdot L^{-1}$ $AgNO_3$,$0.2\ mol \cdot L^{-1}$ $FeCl_3$,$3\ mol \cdot L^{-1}$ H_2SO_4,$0.05\ mol \cdot L^{-1}$ KIO_3,$6\ mol \cdot L^{-1}$ HNO_3,$12\%(NH_4)_2CO_3$,$2\ mol \cdot L^{-1}$ NaOH,碘水,溴水,氯水,$2\ g \cdot L^{-1}$ 淀粉,氯仿,蓝色石蕊试纸,醋酸铅试纸,淀粉碘化钾试纸

【实验步骤】

1. 卤素单质的制备

取三支试管,分别加少量 KCl、KBr 和 KI 晶体,向三支试管各加 2 mL H_2SO_4,再各加

少量 MnO_2 固体,用淀粉碘化钾试纸在加 KCl 的试管口检查,证明放出的气体是 Cl_2,在其余两支试管中各加几滴氯仿,观察现象,并解释实验现象。

2. Br_2 和 I_2 的溶解性

1) 取一支试管,加 5 滴溴水,沿管壁加 5 滴氯仿。观察水层和氯仿层的颜色。充分振荡试管,静置,观察水层和氯仿层颜色有何变化,试解释之。

2) 取一支试管,加少量 I_2 晶体,再加 2 mL 水并振荡。观察 I_2 在水中的溶解情况及碘水的颜色,将碘水倒入另一支试管备用。再往原试管中加 5 滴 KI 溶液,振荡,并观察现象。

3) 将实验(2)中所得碘水分装在两支试管中,一支试管加 1 滴氯仿,充分振荡,观察水层及氯仿层颜色变化;另一支试管加 1 滴淀粉溶液,观察现象。

3. Cl_2、Br_2 和 I_2 的氧化性

1) 取一支试管,加 5 滴 KBr 溶液,再加入 5 滴氯水,观察溶液颜色变化。再向试管中加 2 滴氯仿,振荡,观察现象,并解释之。

2) 取一支试管,加 5 滴 KI 溶液,再加 5 滴溴水,观察溶液颜色变化。再向试管中加 2 滴氯仿,振荡,观察现象,并解释之。

3) 取一支试管,加 3 滴 KI 溶液,再加 2 滴氯水,观察溶液颜色变化。再向试管中加 2 滴氯仿,振荡,观察现象。然后滴加氯水至氯仿层颜色消失,解释现象。

综合以上实验,说明 Cl_2、Br_2 和 I_2 的氧化性变化规律,写出有关化学反应方程式。

4. 卤素离子的还原性

1) 取三支干燥试管,分别加少量 KCl、KBr 和 KI 晶体,再各加 5 滴 H_2SO_4 溶液,观察试管中的变化,分别用蓝色石蕊试纸、淀粉碘化钾试纸(或沾有 I_2 试液的试纸)、醋酸铅试纸在试管口检验产生的气体,观察现象,写出有关反应式。

2) 取两支试管,各加 5 滴 $FeCl_3$ 溶液,分别加 5 滴 KBr 溶液和 5 滴 KI 溶液,再各加 2 滴氯仿,观察有何现象,并解释之。

综合以上实验,说明卤素离子还原性变化规律,写出有关化学反应方程式。

5. 某些卤素含氧酸盐的性质

1) 取一支试管,加 2 mL 氯水,逐滴加入 NaOH 至溶液呈弱碱性,然后在试管中加入 5 滴 KI 溶液和 2 滴氯仿,观察氯仿层的颜色变化,并解释现象。

2) 取一支试管,加少量 $KClO_3$ 固体,用 2 mL 水溶解后,再加入 10 滴 KI 溶液。把得到的溶液分装在两支试管中,在一支试管中加 H_2SO_4 溶液酸化,另一支试管留作对照,稍等片刻,观察现象,并加以解释。

3) 取一支试管,加 5 滴 KIO_3 溶液和 5 滴 KI 溶液,混匀后观察现象,并加以解释。

6. 混合溶液的分离和检出

取一支离心试管,分别加 NaCl 溶液、KBr 溶液和 KI 溶液各 3 滴,混匀后,加 2 滴 HNO_3 溶液酸化,再滴加 $AgNO_3$ 溶液至沉淀完全。离心分离卤化银沉淀,并用蒸馏水洗涤沉淀两次,每次用水 4~5 滴。往所得卤化银沉淀中加入 $(NH_4)_2CO_3$ 溶液,重悬,离心,将清液移至另一试管中,用 HNO_3 溶液酸化,如果有白色沉淀生成,表示有 Cl^- 存在。在所得沉淀中加入 5 滴水和少量锌粉,重悬,待沉淀完全变黑后,离心分离,吸取清液于另一离心试管中,滴加 2 滴 H_2SO_4 溶液和 10 滴氯仿,然后滴加氯水,边滴边振荡,并仔细观察

氯仿层颜色变化。如果氯仿层显紫红色,表示有 I^- 存在。继续滴加氯水,氯仿层紫红色消失,并显棕黄色,表示有 Br^- 存在。解释上述现象,并写出有关化学反应方程式。

【思考题】

1. 用 $AgNO_3$ 溶液鉴定卤素离子时,为什么要加少量稀 HNO_3 溶液?向未知液中加 $AgNO_3$ 溶液,如没有沉淀生成,能否证明不存在卤素离子?为什么?

2. 用电极电势说明不同氧化值的卤素含氧酸盐氧化能力的强弱顺序。"氧化值越高,氧化能力就越强"这句话对吗?为什么?

二、碱金属和碱土金属

【实验目的】

1. 掌握碱金属和碱土金属单质的主要性质。
2. 了解碱金属和碱土金属的碳酸盐和硫酸盐的溶解性。
3. 观察焰色反应,并掌握其实验方法。

【实验原理】

碱金属元素和碱土金属元素分别是周期系ⅠA族和ⅡA族元素。均为活泼金属元素,碱土金属的活泼性仅次于碱金属。钠和钾与水反应都很激烈,而镁与水反应缓慢,这是由于表面形成一层难溶于水的氢氧化镁,阻碍了金属镁与水的作用。钠能溶于汞中生成钠汞齐:

$$Na + xHg \Longrightarrow NaHg_x$$

当钠的质量分数小于1%时,钠汞齐呈液态;当钠的质量分数为1%～2.5%时,钠汞齐呈面团状;当钠的质量分数大于2.5%时,钠汞齐为银白色固体。钠汞齐与水接触时,其中汞仍保持其惰性,钠则与水作用生成氢氧化钠,并放出氢气:

$$2NaHg_x + 2H_2O \Longrightarrow 2NaOH + 2xHg\downarrow + H_2\uparrow$$

由于汞是一种不活泼金属,它减缓了钠的活泼性,所以钠汞齐要比单纯钠与水反应进行得缓慢、安全,根据这一性质,钠汞齐在有机合成上用作还原剂。

碱金属盐类一般易溶于水,仅有少数盐类难溶于水,如 $K_2Na[Co(NO_2)_6]$、$NaAc \cdot Zn(Ac)_2 \cdot 3UO_2(Ac)_2 \cdot 9H_2O$ 等;而碱土金属的硫酸盐、草酸盐、碳酸盐、铬酸盐等都为难溶盐。

金属钠易与空气中的氧气作用生成浅黄色过氧化钠,其水溶液呈碱性,且不稳定,分解产生氧气:

$$Na_2O_2 + 2H_2O \Longrightarrow 2NaOH + H_2O_2$$

$$2H_2O_2 \Longrightarrow 2H_2O + O_2\uparrow$$

碱金属和碱土金属及其挥发性的化合物在高温火焰中可发出一定波长的光,使火焰呈现特征的颜色。例如,钠呈黄色,钾、铷、铯呈紫色,锂呈红色,钙呈砖红色,锶呈洋红色,钡呈黄绿色。利用焰色反应,可鉴定碱金属和碱土金属的离子。

【仪器和试剂】

仪器:坩埚,烧杯(50 mL),镊子,漏斗,试管,酒精灯,滤纸,砂纸

试剂:Na,镁条,汞,1 mol·L^{-1} H_2SO_4,2 mol·L^{-1} HCl,2 mol·L^{-1} HAc,2 mol·

L^{-1} NaOH,2 mol·L^{-1} NH$_3$,0.1 mol·L^{-1} NaAc,0.1 mol·L^{-1} KNO$_3$,0.1 mol·L^{-1} MgCl$_2$,0.1 mol·L^{-1} CaCl$_2$,0.1 mol·L^{-1} BaCl$_2$,0.1 mol·L^{-1} K$_2$CrO$_4$,1 mol·L^{-1} Na$_2$CO$_3$,饱和(NH$_4$)$_2$C$_2$O$_4$,饱和(NH$_4$)$_2$SO$_4$,1 mol·L^{-1} Na$_2$SO$_4$,饱和 Na$_3$[Co(NO$_2$)$_6$],2 g·L^{-1}酚酞(乙醇溶液),醋酸铀酰锌,pH试纸

【实验步骤】

1. 碱金属和碱土金属的活泼性

1) 用镊子取一小块金属钠,用滤纸吸干表面煤油,放入盛水的烧杯中,观察现象,并检验反应后所得溶液的酸碱性,写出有关反应方程式。

2) 取一小段镁条,用砂纸擦去表面氧化物,放入盛水小烧杯中,观察现象,然后加热至沸,再观察现象,并检验反应后所得溶液的酸碱性,写出有关反应方程式。

通过上述实验现象比较ⅠA族元素和ⅡA族元素的活泼性。

2. 钠汞齐的生成及钠汞齐与水反应

1) 用带有钩嘴的滴管吸取1滴汞置于小坩埚中(注意切勿带进水!),再用镊子取一小块金属钠,用滤纸吸干其表面的煤油,然后放到汞上,并用玻璃棒将钠压入汞滴内。由于反应放热,可能发生闪光和响声(注意安全!)。

2) 将所得钠汞齐放入盛有少量水的烧杯中,并进行以下试验:

① 用pH试纸检验溶液的酸碱性。

② 当反应开始时立即用一漏斗倒扣在烧杯上,并用一小试管用排气法收集生成气体,取下试管,用燃烧的火柴检验生成的气体。注意钠汞齐中的钠与水反应必须完全,然后将余下的汞回收。

③ 对比钠汞齐和金属钠与水反应的异同点,写出钠汞齐与水反应的方程式。

3. 过氧化钠的生成和性质

1) 用镊子取一块绿豆大小的金属钠,用滤纸吸干其表面煤油,立即置于坩埚中加热,当钠刚开始燃烧时停止加热,观察反应现象和产物的颜色、状态,写出有关反应方程式。

2) 将上述制得的少量过氧化钠固体置于试管中,加少量水,不断搅拌,用pH试纸检验溶液的酸碱性。将溶液加热,观察是否有气体产生,并检验该气体,写出有关反应方程式,根据实验现象说明过氧化钠的性质。

4. 碱金属和碱土金属的难溶盐

(1) 钠和钾的难溶盐

1) 取一支试管,加0.5 mL NaAc溶液和0.5 mL HAc溶液,再加少量醋酸铀酰锌晶体,振荡试管,观察沉淀的颜色,写出有关反应方程式。

2) 取一支试管,加0.5 mL KNO$_3$溶液,再滴加饱和Na$_3$[Co(NO$_2$)$_6$]溶液至有沉淀生成,观察沉淀的颜色,写出有关反应方程式。

(2) 碱土金属的难溶盐

1) 取三支试管,分别加0.5 mL MgCl$_2$溶液、CaCl$_2$溶液和BaCl$_2$溶液,向三支试管中各加2滴Na$_2$SO$_4$溶液,观察有无沉淀生成。如有沉淀生成,取少量沉淀滴加饱和(NH$_4$)$_2$SO$_4$溶液,观察沉淀是否溶解,并比较MgSO$_4$、CaSO$_4$和BaSO$_4$在(NH$_4$)$_2$SO$_4$溶液中的溶解性。

2) 取三支试管,分别加0.5 mL MgCl$_2$溶液、CaCl$_2$溶液和BaCl$_2$溶液,向三支试管中

加 2 滴饱和 $(NH_4)_2C_2O_4$ 溶液,观察有无沉淀产生。若有沉淀产生,将沉淀分为两份,分别滴加 HAc 溶液和 HCl 溶液,观察沉淀是否溶解,写出有关反应方程式,并比较三种草酸盐的溶解度大小。

3) 取两支试管,分别加 0.5 mL $CaCl_2$ 溶液和 $BaCl_2$ 溶液,向两支试管滴加 K_2CrO_4 溶液,观察现象,并试验沉淀是否溶于 HAc 溶液和 HCl 溶液,写出有关反应方程式。

4) 取一支试管,加 0.5 mL $MgCl_2$ 溶液,再滴加 Na_2CO_3 溶液,观察现象。另取两支试管,分别加 0.5 mL $CaCl_2$ 溶液和 $BaCl_2$ 溶液,各滴加 Na_2CO_3 溶液,观察现象。向所得沉淀滴加 HAc 溶液,观察沉淀是否溶解。

5. 碱土金属氢氧化物的溶解度

1) 取三支试管,分别加 0.5 mL $MgCl_2$ 溶液、$CaCl_2$ 溶液和 $BaCl_2$ 溶液,各滴加 NH_3 溶液,观察有无沉淀生成。

2) 取三支试管,分别加 0.5 mL $MgCl_2$ 溶液、$CaCl_2$ 溶液、$BaCl_2$ 溶液,各滴加新配制(不含 CO_3^{2-})NaOH 溶液,观察有无沉淀生成。

根据实验结果,比较 $Mg(OH)_2$、$Ca(OH)_2$ 和 $Ba(OH)_2$ 溶解度的大小。

【思考题】
1. 为什么碱金属和碱土金属单质一般都放在煤油中保存?它们的化学活泼性如何递变?
2. 为什么 $BaCO_3$、$BaCrO_4$ 和 $BaSO_4$ 在 HAc 溶液或 HCl 溶液中的溶解情况不同?
3. 为什么说焰色是由金属离子,而不是由非金属离子产生的?

(周小霞)

实验二十五 简单玻璃工操作

【实验目的】
1. 学习实验室内一些简单的玻璃工操作。
2. 初步掌握制作简单玻璃用具的方法。

【仪器和材料】

仪器:酒精喷灯

材料:石棉网,三角锉刀,玻璃管,玻璃棒

【实验内容】

领取直径 5～6 mm、长约 70 cm 的玻管 1～2 根,直径 8～12 mm、长约 30 cm 的薄壁玻管 1～2 根,直径 2～3 mm 和 5 mm、长 50 cm 的玻棒各 1 根,经洗净烘干后完成下列制作。

1. 制作滴管

用直径 5～6 mm 的玻管制成总长度约为 15 cm 的滴管 3 根,其细端内径为 1.5 mm、长 3～4 cm。细端口须在火焰中熔光。粗端口在火焰中烧软后在石棉网上按一下,使其外缘突出,冷后装上橡皮乳头即成。

2. 拉制熔点管

用直径 8～12 mm 的薄壁玻管拉制成长约 15 cm、直径 1 mm 两端封口的毛细管 30 根,装入大试管,备用。

3. 制作玻璃钉及搅拌棒

取直径 2~3 mm、长 5~6 mm 的玻棒拉制小玻璃钉 1 只(放在小漏斗内即成玻璃钉漏斗,作抽滤少量晶体用)。

取直径 5 mm、长 5~6 cm 的玻棒 1 根,一端在火焰中烧软后在石棉网上按成大玻璃钉,作挤压或研细少量晶体用。

再用长 17~18 cm 的玻棒及 12 cm 长的玻棒各 1 根,两端在火焰中烧圆,作搅拌用。

4. 拉制玻璃弯管

制作 120°和 75°角度的玻璃弯管各 1 支。

5. 拉制玻璃沸石

取一段玻管,在火焰中反复熔拉(拉长后再对叠在一起,造成空隙,保留空气)几十次,然后拉成毛细管粗细的玻棒,截成长约 2~3 cm 玻璃段,即成玻璃沸石。共拉制数十根,装在瓶中备用(蒸馏时作助沸用,特别是当蒸馏少量物质时,它比一般沸石沾附的液体要少,并容易刮下吸附在它表面的固体物质)。

【实验指导】

1. 切割玻璃管用锉刀锉时不可来回乱锉,以免因锉痕多,玻璃管断裂不平整,同时锉刀也容易变钝。

2. 熔烧玻璃管断口使之平滑时,不应烧得太久,以免管口缩小。

3. 加工玻璃管时应先用小火烘,然后加大火焰,这样可以防止玻璃因骤热而爆裂。

4. 加工好的玻璃管如不进行退火处理,玻璃内部会因骤冷而产生很大的应力,使玻璃管断裂。即使不立即断裂,过后也可能发生断裂。

5. 注意刚烧制过的玻璃温度高且冷却慢,应小心操作,防止烫伤。烧制过的玻璃应放在石棉网上,切勿直接放在实验台面上。

【思考题】

1. 为什么在拉制玻璃弯管及毛细管时,玻璃必须均匀转动加热?

2. 在强热玻管(棒)之前,应先用小火加热。在加工完毕后,又需经小火"退火",这是为什么?

(杨　旭)

实验二十六　熔点的测定

【实验目的】

1. 了解熔点测定的常见方法。

2. 理解熔点、熔程的基本概念,熔点测定的原理。

3. 掌握影响熔点、熔程的因素,测定熔点、熔程的意义及毛细管法测定熔点的操作方法。

【实验原理】

参见第三章"十、熔点的测定及温度计校正"中的相关内容。

【仪器和试剂】

仪器:提勒管、温度计、酒精灯、毛细管

试剂:尿素、苯甲酸和未知混合样

【实验步骤】

1. 熔点管的准备

熔点测定所用毛细管的要求：内径为 0.9～1.1 mm，壁厚为 0.1～0.2 mm，长 150～200 mm，粗细均匀，两端封口，封口平整，封口处不能弯，不能鼓成小球，管壁厚薄要均匀。取用时从中间割开，并检查封口是否完好（把封口一端插入水中，毛细管内不得进水）。

2. 样品准备及填装

取绿豆大小（10～20 mg）的干燥样品，置于表面皿研成细粉末状，将其聚成一堆，将毛细管开口的一端垂直插入其中，有少量样品进入毛细管内（或样品量不够则重复上述操作几次）。再将一根长 400～500 mm 玻璃管置于另一表面皿上，把装有样品的毛细管开口朝上，样品由玻璃管中自由落下，反复数次，则紧密平整地填装在毛细管底部，所装样品高 2～3 mm。

3. 熔点测定

测定熔点最常用的仪器是提勒管，又称 b 形管，管口配有缺口的单孔软木塞，插入温度计使其水银球位于两支管中间；装入浴液，使液面略高于提勒管的支管处。将提勒管夹在铁架台上，利用溶液将装有样品的毛细管粘在温度计上（也可用橡皮圈固定）。毛细管底部应置于温度计水银球中部。样品和仪器装好后，开始加热。开始时温度上升速率为每分钟 5～6℃，加热到与所预期的熔点相差 10～15℃时改用小火，使温度每分钟上升约 1℃（对于未知物，可粗测一次，加热较快，找到大致的熔点范围后，另装一毛细管细测）。仔细观察温度和样品变化情况，待样品出现小液滴时，表示已开始熔融（始熔），至全部透明则表示完全熔融（全熔）。记录始熔和全熔的温度，二者之差为该样品的熔程。

第二次测定时，需待溶液温度降至熔点以下 30℃ 左右，更换毛细管再行加热测定。两次测定的误差不能大于±1℃。对于分解的样品（在达到熔点时，可见气泡产生或颜色变化，样品有膨胀和上升现象），可把溶液预热到距熔点 20℃ 左右，再插入样品毛细管，改用小火加热测定。若是升华的物质，装入毛细管后，可将毛细管上端封闭再行测定。

【实验内容】

1. 测定尿素的熔点。
2. 测定苯甲酸的熔点。
3. 测定未知混合样的熔点。

【实验记录及结果】

表 4-34 物 质 熔 点

样 品	测定次数	初熔温度/℃	终熔温度/℃
混合物	1 2		
苯甲酸	1 2		
尿 素	1 2		

【实验指导】

1. 样品应尽量研细,否则样品颗粒间传热不好,使熔程变长。对于吸水的样品,操作通常在红外灯下进行。

2. 常用的浴液是液体石蜡或浓硫酸。液体石蜡可加热到200~220℃,温度过高易汽化冒烟。浓硫酸可加热到250~270℃,但热的浓硫酸能引起严重灼伤,使用时须十分小心。硅油加热可达250℃以上,但价格较贵。

3. 浴液的量要适度,少了不能形成热流的循环,多了则会在受热膨胀后淹没样品毛细管。

4. 在加热过程中样品会发毛、变圆形、萎缩变形,这通常是熔融的前兆,此时务必注意控制好温度上升的速度。

【思考题】

1. 测定熔点时,若遇下列情况,将产生什么结果?

a. 熔点管壁太厚。

b. 熔点管底部未完全封闭,尚有一针孔。

c. 熔点管不洁净。

d. 样品未完全干燥或含有杂质。

e. 样品研得不细或装得不紧密。

f. 加热太快。

2. 为什么样品毛细管底部应置于温度计水银球的中部?

(杨　旭)

实验二十七　蒸馏及沸点的测定

【实验目的】

1. 了解沸点测定的意义。

2. 理解蒸馏及沸点的测定的原理。

3. 掌握通过蒸馏测定液体有机物沸点的操作方法。

【实验原理】

参见第三章"十一、蒸馏"中的相关内容。

【仪器和试剂】

仪器:蒸馏装置1套

试剂:工业乙醇

【实验步骤】

1. 仪器装置

参见第三章"十一、蒸馏"中的相关内容。

2. 工业乙醇的蒸馏

在125 mL蒸馏瓶中,放置80 mL浅黄色混浊的工业乙醇[1]。加料时用玻璃漏斗或沿着面对蒸馏瓶支管口的瓶壁将蒸馏液体小心倒入,注意勿使液体从支管流出。加入2~3粒沸石,塞好带有温度计的塞子,通入冷凝水[2],然后用水浴加热。开始时火焰可稍大些,并注意观察蒸馏瓶中的现象和温度计读数的变化。当瓶内液体开始沸腾时,蒸汽前沿逐渐上升,待蒸汽的顶端达到温度计水银球部位时,温度计的读数就急剧上升。这时应适当调小火焰(移近酒精灯位置),让水银球上的液滴和蒸汽达到平衡,然后再稍稍加大火焰,进行蒸馏。控制加热温度,调节蒸馏速度,通常以每秒1～2滴为宜。当温度计读数上升到77℃时,换一个已称量过的干燥的锥形瓶做接收器,收集77～79℃的馏分。当瓶内只剩下少量(约0.5～1 mL)液体时,若维持原来的加热速度。温度计的读数会突然下降,即可停止蒸馏。不应将瓶内液体蒸干。称量所收集馏分的质量或量其体积,并计算回收率。

3. 微量测定沸点的方法

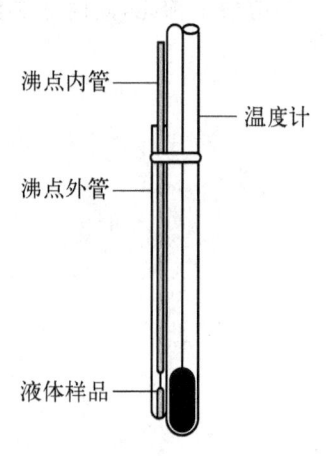

图4-10 微量测定沸点装置图

微量测定沸点可用图4-10的装置。置1～2滴液体样品于沸点管的外管中,液柱高约1 cm。再放入管内,然后将沸点管用小橡皮圈附于温度计旁,放入浴中进行加热。加热时,由于气体膨胀,内管中会有小气泡缓缓逸出,在到达该液体的沸点时,将有一连串的小气泡快速地逸出。此刻可停止加热,使浴温自行下降,气泡逸出的速度即渐渐减慢。在气泡不再冒出而液体刚要进入内管的瞬间(即最后一个气泡欲缩回至内管中时),表示毛细管内的蒸气压与外界压力相等,此时的温度即为该液体的沸点。为校正起见,待温度降下几度后再非常缓慢地加热,记下刚出现大量气泡时的温度。两次温度计数相差应该不超过1℃。

【实验记录及结果】

1. 蒸馏回收乙醇的体积。
2. 乙醇的沸点。

【实验指导】

1. 加热温度不能过快,被测液体不宜太少,液体也不能全部蒸干。
2. 不能向热的液体中加入沸石,否则会出现"暴沸"现象。
3. 蒸馏完毕,应先停止加热,稍冷却后再关闭冷凝水。

【思考题】

1. 什么叫沸点?液体的沸点和大气压有什么关系?文献上记载的某物质的沸点温度是否为你们那里的沸点温度?
2. 蒸馏时为什么蒸馏瓶所盛液体的量不应超过容积的2/3,也不应少于1/3?
3. 蒸馏时加入沸石的作用是什么?如果蒸馏前忘加沸石,是否立即将沸石加至将近沸腾的液体中?当重新进行蒸馏时,用过的沸石能否继续使用?
4. 为什么蒸馏时最好控制馏出液的速度为1～2滴/秒为宜?
5. 如果液体具有恒定的沸点,能否认为它是单纯物质?

【注释】

[1] 95%乙醇为一共沸混合物,而非纯粹物质,它具有一定的沸点和组成,不能借普通蒸馏法进行分离。

[2] 冷却水的流速以能保证蒸汽充分冷凝为宜。通常只需保持缓缓的水流即可。

(杨　旭)

实验二十八　旋光度、折光率的测定

一、折光率的测定

【实验目的】

1. 了解折光率的测量原理、意义。
2. 掌握阿贝折光仪的使用方法和注意事项。

【实验原理】

光从一种透明介质进入另一种透明介质时,由于它在两种介质中的传播速度不同,就会产生折射现象(图 4-11)。根据折射定律(Snell 定律),在确定的外界条件(如温度、压力等)下,单色光从介质 A 进入介质 B 时,入射角 α 和折射角 β 的正弦之比与这两个介质的折光率 N(介质 A 的)和 n(介质 B 的)成反比,即

$$\sin\alpha/\sin\beta = n/N$$

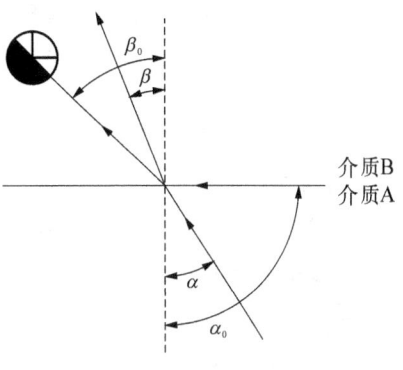

图 4-11　光的折射

若介质 A 为真空,则 $N = 1, n = \sin\alpha/\sin\beta$,此时介质 B 的折光率 n 称为绝对折光率。

通常测定折光率都是以空气作为比较标准,这是因为空气的折光率几乎等于 1,$N_{空气} = 1.00027$。

折光率在很大程度上与温度有关。对于有机液体,温度每升高 1℃,折光率大约降低 $4\times10^{-4} \sim 5\times10^{-4}$。此外,它还随着光的波长而变化(色散),所以折光率通常是对黄色钠光的谱线(D 线 $\lambda = 589$ nm)来测定的。温度和谱线的波长标记在 n 的旁边,如纯丙酮的折光率表示为:$n_D^{20} = 1.8591$ 表示在 20℃时,该介质对钠灯 D 线的折射率为 1.8591。

折光率与浓度有关,故折射法亦被用来测定溶液的浓度,用作纯度试验和用以检查分离过程。如果二种液体混合时体积不发生变化,则该二元混合物的折光率与组分的浓度(单位体积的百分数)呈线性关系;若体积有所增减,折光率与浓度的关系就会偏离直线,此时则须就精确测定的浓度作出校正曲线才行。

【仪器和试剂】

仪器:阿贝折射仪

试剂:蒸馏水,无水乙醇

【实验步骤】

1. 测量蒸馏水的折光率。(阿贝折光仪的操作方法和注意事项详见第二章"(八)折光仪"部分和"(九)旋光仪"中相关内容)。

2. 测量无水乙醇的折光率。

【实验记录及结果】

表 4-35 物质折光率

样品	折光率				
	n_1	n_2	n_3	n_4	n_5
蒸馏水					
无水乙醇					

【实验指导】

1) 要注意保护棱镜,不能在镜面造成划痕。滴加液体时,滴管的末端不可触及棱镜。

2) 在每次滴加样品前应洗净镜面。使用完毕后,也应用丙酮或 95% 乙醇洗净镜面,待晾干后再闭上棱镜。

3) 对棱镜玻璃、保温套金属及其间胶合剂有腐蚀或溶解作用的液体,均应避免使用。

4) 仪器在使用或贮藏时,均不应暴露于阳光中,不用时用黑布罩住。

二、旋光度的测定

【实验目的】

1. 了解旋光仪的基本原理及测定旋光性物质旋光度的意义。
2. 掌握旋光仪的使用方法。

【实验原理】

一个光学活性化合物具有使平面偏振光旋转的能力,其旋光性可用旋光度表示。如果旋光性物质为纯液体,比旋光度用下式表示:

$$[\alpha]_D^t = \frac{\alpha}{l \cdot d}, \text{如果为溶剂,则} [\alpha]_D^t = \frac{\alpha}{l \cdot c}$$

式中,$[\alpha]_D^t$ 是指某一光学活性物质在 t℃时,在钠光谱中 D 线(589 nm)下的旋光度;α 为在旋光仪中直接观察到的旋转角;l 为盛液管的长度(以 dm 为单位);d 为被测液体的密度 $(g \cdot mL^{-1})$;c 为被测物质的质量浓度$(g \cdot mL^{-1})$。

本实验所使用的旋光仪的工作原理详见第二章"(九)旋光仪"部分。

从光源射的光线,经起偏镜成为平面偏振光。通过检偏镜及物、目镜组可以观察到所示的三种情况,如图 4-12 所示。转动检偏镜,只有读数在零度时视场中三部分亮度一致。

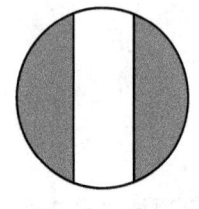
大于(或)小于零度视场

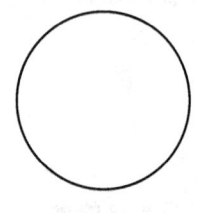
零度视场

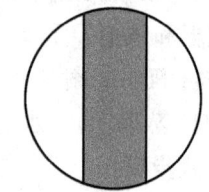
小于或大于零度的视场

图 4-12 三分视场

当放进待测溶液的盛液管后,由于溶液具旋光性,使平面偏振光旋转了一个角度,零度视场便发生了变化。转动检偏镜一定角度,使再次出现亮度一致的视场。这个转角就是溶液旋光度,它的数值可通过放大镜从度盘上读出。

旋光性物质有左旋和右旋的区别。所谓右旋物质是指检偏镜沿顺时针旋转能使三分视场中亮度一致的物质,以"+"表示;而左旋物质是指检偏镜沿逆时针旋转能使三分视场中亮度一致的物质,以"-"表示。

测得溶液旋光度后,就可以求出物质的比旋光度。根据比旋光度的大小,就能确定该物质的纯度和含量了。

【仪器和试剂】

仪器:WXG-4旋光仪;分析天平;容量瓶(100 mL、50 mL);吸量管(10 mL)

试剂:0.4000 g·mL^{-1}L 蔗糖溶液,未知浓度的蔗糖溶液

【实验步骤】

1. 溶液的配制

1) 0.4000 g·mL^{-1} 的蔗糖溶液的配制:在分析天平上称取 40.00 g 蔗糖,先用少量蒸馏水溶解后,定量转移到 100 mL 容量瓶中,加水至刻度,摇匀。

2) 0.04000 g·mL^{-1} 的蔗糖溶液的配制:准确移取 5.00 mL 0.4000 g·mL^{-1} 的蔗糖溶液,定量转移到 50 mL 容量瓶中,加水至刻度,摇匀。

3) 0.06000 g·mL^{-1} 的蔗糖溶液的配制:准确移取 7.50 mL 0.4000 g·mL^{-1} 的蔗糖溶液,定量转移到 50 mL 容量瓶中,加水至刻度,摇匀。

4) 0.08000 g·mL^{-1} 的蔗糖溶液的配制:准确移取 10.00 mL 0.4000 g·mL^{-1} 的蔗糖溶液,定量转移到 50 mL 容量瓶中,加水至刻度,摇匀。

5) 0.1000 g·mL^{-1} 的蔗糖溶液的配制:准确移取 12.50 mL 0.4000 g·mL^{-1} 的蔗糖溶液,定量转移到 50 mL 容量瓶中,加水至刻度,摇匀。

6) 未知浓度的蔗糖溶液的配制:移取所提供的未知浓度的蔗糖溶液 10.00 mL 稀释成 50.00 mL,摇匀。

2. 装待测液

盛液管有 1 dm、2 dm、2.2 dm 等几种规格。选取 1 dm 盛液管,先用蒸馏水洗干净,再盛入少量待测液洗 2~3 次,然后注满待测液,不留空气泡,旋上已装好玻盖片和橡皮垫的金属螺帽以不漏水为限度。但不要旋得太紧。用软布擦干液滴及盛液管两端残液,放好备用。

3. 旋光仪零点的校正

开启电源开关,约 5 min 后钠光灯发光正常,就可以开始工作。将装满蒸馏水的盛液管放入旋光仪中,旋转视度调节螺旋,直到三分视场变得清晰,达到聚焦为止。旋动刻度盘手轮,直到三分视场亮度一致,并使游标尺上的 0 线置于刻度盘 0 度左右,重复 3 次,记录刻度盘读数,取平均值。如果仪器正常,此数即为零点。

4. 旋光度的测定

换放待测样品的盛液管,此时三分视野的亮度出现差异。旋转检偏镜,使三分视场的亮度一致。记录刻度盘读数准确至小数点后两位,此读数与零点之间的差值即为该物质的旋光度。重复两次,取平均值,然后再以同样步骤测定其他各样品。

【实验记录及结果】

表 4-36　不同浓度蔗糖溶液旋光度

$c/\text{g}\cdot\text{mL}^{-1}$	l/dm	$\alpha/°$				$\bar{\alpha}/°$
		α_1	α_2	α_3	$\bar{\alpha}$/未知液	
0.040 00	1					
	2					
	2.2					
0.060 00	1					
	2					
	2.2					
0.080 00	1					
	2					
	2.2					
0.100 0	1					
	2					
	2.2					

【实验指导】

1. 蔗糖的比旋光度的计算　　将质量浓度为 0.040 00 g·mL^{-1}、0.060 00 g·mL^{-1}、0.080 00 g·mL^{-1} 和 0.100 0 g·mL^{-1} 的蔗糖溶液所测得的旋光度值对质量浓度 c 作图，所得的直线斜率即为蔗糖的比旋光度 $[\alpha]_D^t$。

2. 蔗糖浓度的计算　　根据实际测定的未知浓度蔗糖的旋光度值以及上述由实验测定的蔗糖的比旋光度值即可计算出该蔗糖的浓度。

【思考题】

1. 在测量旋光度的过程中，可能有哪些主要的误差来源？
2. 盛液管的膨大部分起什么作用？

（杨　旭）

实验二十九　色谱法分离菠菜叶绿素

【实验目的】

1. 学习植物色素的提取方法。
2. 掌握柱色谱分离植物色素及薄层色谱检测柱效的方法。

【实验原理】

植物绿叶中含有多种天然色素，最常见的有胡萝卜素、叶绿素和叶黄素等，其结构为：

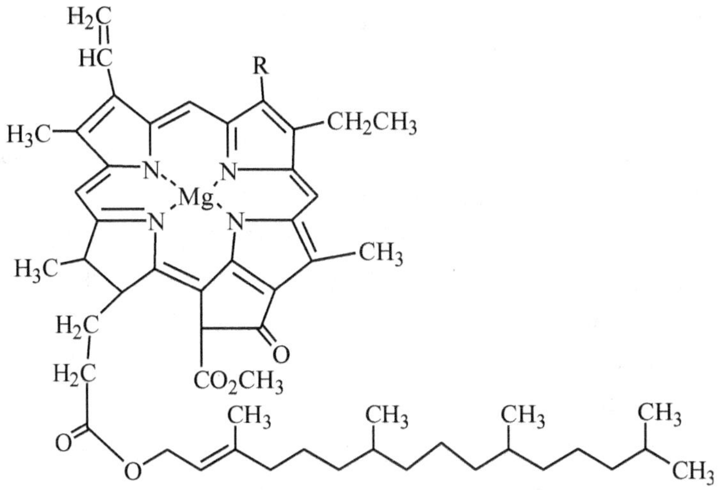

R＝CH₃：叶绿素 a；R＝CHO：叶绿素 b

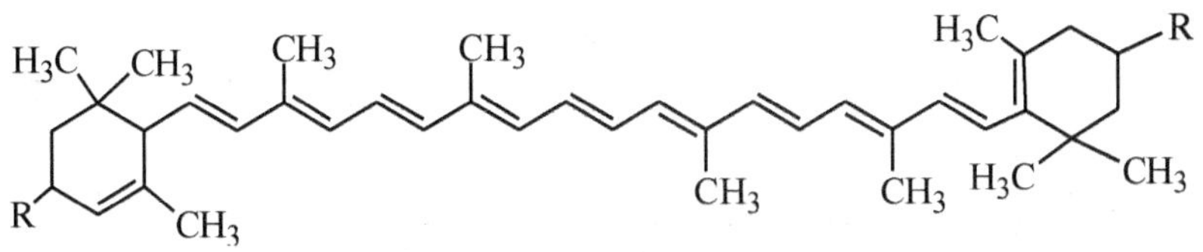

R＝H：β-胡萝卜素；R＝OH：叶黄素

本实验是从菠菜叶中提取以上色素,用柱层析分离后用薄层层析检测,并测定其中 β-胡萝卜素的紫外吸收。

柱层析分离原理参见第三篇"十七、色谱法简介"中的相关内容。

【仪器和试剂】

仪器：研钵,布氏漏斗,抽滤瓶,分液漏斗,展开槽,层析柱,载玻片,循环水真空泵

试剂：硅胶 H,羧甲基纤维素钠,中性氧化铝(150～160 目),甲醇,95％乙醇,丙酮,石油醚(30～60℃),菠菜叶

【实验步骤】

1. 菠菜叶色素的提取

将菠菜叶洗净,甩去叶面上的水珠,摊在通风橱中抽风干燥至叶面无水迹。称取 20 g,用剪刀剪碎,置于研钵中,加入 20 mL 甲醇,研磨 5 min,转入布氏漏斗中抽滤[1],弃去滤液。

将布氏漏斗中的糊状物放回研钵,加入体积比为 3∶2 的石油醚-甲醇混合液 20 mL,研磨,抽滤[1]。再取另一份 20 mL 混合液重复操作,抽干。合并 2 次滤液,转入分液漏斗,每次用 10 mL 水洗涤 2 次[2],弃去水－醇层,将石油醚层用无水硫酸钠干燥后滤入蒸馏瓶中,水浴加热蒸馏至剩约 1 mL 残液。

2. 柱色谱分离

将选好的层析柱竖直固定在铁架台上,加石油醚约 15 cm 深。将一小团脱脂棉用石油醚润湿,轻轻挤出气泡,用一根洁净的玻棒将其推入柱底狭窄部位,再将一张直径略小于柱内径的圆滤纸片推入底部,水平覆盖在棉花上。把 20 g 中性氧化铝(150～160 目)通过玻璃漏斗缓缓加入,同时从柱下慢慢放出石油醚,使柱内液面高度大体保持不变。必要时

用装在玻棒上的橡皮塞轻轻敲击柱身,以使氧化铝均匀沉降。始终保持沉积面上有一段液柱。氧化铝加完后小心控制柱下活塞使液面恰恰降至氧化铝沉积面相平齐,关闭活塞,在沉积面上再加盖一张小滤纸片。用滴管吸取上步制得的色素溶液,除留下一滴作薄层层析用之外,其余部分加入柱中。开启活塞使液面降至滤纸片处,关闭活塞。将数滴石油醚贴内壁加入以冲洗内壁,再放出液体至液面与滤纸片处,关闭活塞。将数滴石油醚贴内壁加入以冲洗内壁,再放出液体至液面与纸相平齐。重复冲洗操作2～3次,然后改用9∶1(体积比)的石油醚-丙酮混合溶剂淋洗。当第一个色带(橙黄色)开始流出时更换接收瓶接收,当第一色带完全流出后再更换接收瓶并改用体积比7∶3的石油醚-丙酮混合液淋洗第二色带[3]。最后改用体积比为3∶1∶1的正丁醇-乙醇-水混合液淋洗第三和第四色带。

3. 薄层色谱检测柱效

铺制羧甲基纤维素钠硅胶板6块,用平口毛细管汲取原提取液和各色带收集液点样,用体积比为8∶2的石油醚-丙酮混合液作展开剂,展开后计算各样点的R_f值,观察各色带样点是否单一,以认定柱中分离是否完全。建议按下表次序点样。

表4-37 点 样 次 序

薄板序号	一		二		三		四		五		六
样点序号	1	2	3	4	5	6	7	8	9	10	
点样物质	原提取液	原提取液	原提取液	第一色带	原提取液	第二色带	原提取液	第三色带	原提取液	第四色带	备补

各样点的R_f值因薄层厚度及活化程度不同而略有差异。大致次序为:第一色带β-胡萝卜素(橙黄色,$R_f = 0.75$);第二色带叶黄素(黄色,$R_f = 0.7$)[3];第三色带叶绿素a(蓝绿色,$R_f = 0.67$);第四色带叶绿素b(黄色,$R_f = 0.5$)。在原提取液(浓缩)的薄层板上还可以看到另一个未知色素的斑点($R_f = 0.2$)。

4. 紫外光谱测定

将第2步操作中接收到的第一色带用石油醚稀释后加到1 cm比色皿中,以石油醚作空白对照,用UV-240型紫外分光光度计或72型分光光度计测定其400～600 nm范围内的吸收。β-胡萝卜素的λ_{max}值为481(123 027),453(141 254)。

【实验记录及结果】

1. 柱色谱分离过程中的现象及结果。
2. 记录薄层色谱检测柱效过程中的展开剂前沿至样点中心的距离、样品最高浓度中心至样点中心的距离及展开后斑点形状。
3. 记录最大吸收波长处紫外光谱测定不同浓度溶液的吸光度。

【实验指导】

1. 色谱柱必须填装紧密均匀,不能有气泡或断层,否则会造成样品的带扩散发生交叉,影响分离效果。
2. 上样或加洗脱剂时,不能冲击色谱柱顶层的氧化铝,使表面凹凸不平,否则亦会降低分离效果。
3. 在整个洗脱过程中,不能让色谱柱中洗脱剂流干使柱身干裂,影响渗滤和样品带的均一性。

4. 对无色样品的分离应当按一定体积分步收集,利用薄层色谱确定每个收集管中的组分后,相同者分别并后待进一步处理。

【思考题】

1. 改变洗脱剂洗脱第三、第四色带的目的是什么?
2. 层析柱中吸附剂顶端不平或倾斜,在洗脱时会出现什么现象?

【注释】

[1] 抽滤不宜太厉害,稍抽一下即可。

[2] 水洗时摇振宜轻,避免严重乳化。

[3] 叶黄素易溶于醇而在石油醚中溶解度较小。波菜嫩叶中叶黄素含量本来不多,经提取洗涤损失后所剩更少,故在柱层析中不易分得黄色带,在薄层层析中样点很淡,可能观察不到。

(杨 旭)

实验三十 柱色谱法分离荧光黄和亚甲基蓝

【实验目的】

1. 了解分离有机物的色谱法种类。
2. 理解柱色谱分离、纯化有机混合物的原理和应用;理解固定相和流动相的作用。
3. 掌握色谱柱的填装方法、柱色谱的分离操作法以及样品的收集、浓缩和纯化技术。

【实验原理】

荧光黄为橙红色,商品一般是二钠盐,稀的水溶液带有荧光黄色。碱性湖蓝BB又称为亚甲基蓝,深绿色的有铜光的结晶,其稀的水溶液为蓝色。它们的结构式如下:

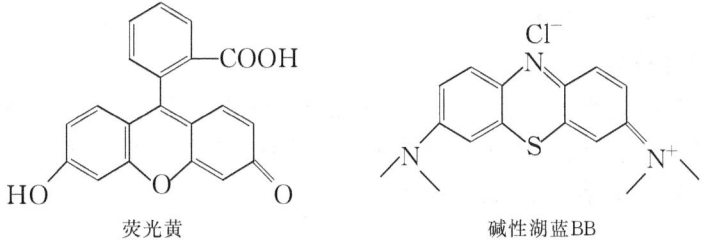

荧光黄　　　　　碱性湖蓝BB

柱色谱法分离原理参见第三章"十七、色谱法简介"中的相关内容。

【仪器和试剂】

仪器:层析柱1支,锥形瓶4个,滴管,漏斗

试剂:中性氧化铝(100~200目),1 mL溶有1 mg荧光黄和1 mg碱性湖蓝BB的95%乙醇溶液,邻硝基苯胺和对硝基苯胺混合液,石英沙,95%乙醇,0.15 mol·L^{-1}的醋酸溶液,苯,乙醚

【实验步骤】

1. 荧光黄和碱性湖蓝BB的分离

(1) 装置

装置见图4-13。

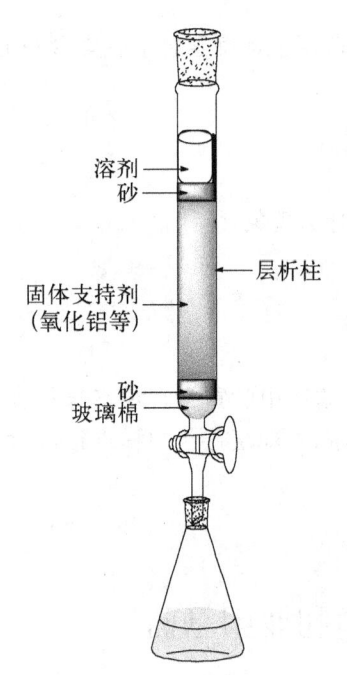

图 4-13 柱色谱装置图

取 15 cm×1.5 cm 色谱柱一根[1],用镊子取少许脱脂棉(或玻璃毛)放于干净的色谱柱底部,轻轻塞紧,再在脱脂棉上盖一层厚 0.5 cm 的石英沙(或用一张比柱内径略小的滤纸代替),或直接用底部带玻沙的色谱柱,垂直装置,以 25 mL 锥形瓶作洗脱液的接受器。

(2) 装柱

通过一干燥的玻璃漏斗慢慢加入色谱中用的中性氧化铝 9 g(或用湿法,将 95% 乙醇与中性氧化铝先调成糊状,再徐徐倒入柱中)。用木棒或带橡皮塞的玻棒轻轻敲打柱身下部,使填装紧密[2],当装柱至 3/4 时,再在上面加一层厚 0.5 cm 的石英沙(或用一张比柱内径略小的滤纸代替)[3]。先缓慢滴加 95% 乙醇 6 mL,打开活塞,控制流出速度为 1 滴/s,润洗色谱柱。

当溶剂液面刚好流至石英沙面时,立即沿柱壁加入 1 mL 已配好的含有 1 mg 荧光黄与 1 mg 碱性湖蓝 BB 的 95% 的乙醇溶液。

(3) 洗脱

当此溶液流至接近氧化铝面时,立即用 0.5 mL 95% 乙醇溶液洗下管壁的有色物质,如此连续 2~3 次,直至洗净为止。然后在色谱柱上装置滴液漏斗,用 95% 乙醇作洗脱剂进行洗脱,控制流出速度如前①。

蓝色的碱性湖蓝 BB 因极性小,首先向柱下移动,极性较大的荧光黄则留在柱的上端。当蓝色的色带快洗出时,更换另一接受器,继续洗脱,至滴出液近无色为止,再换一接受器。改用醋酸作洗脱剂至黄绿色的荧光黄开始滴出,用另一接受器收集至绿色全部洗出为止,分别得到两染料的溶液。

【实验记录及结果】

1. 柱色谱分离荧光黄和碱性湖蓝 BB 的洗脱剂条件及其相对应的现象和结果。
2. 柱色谱分离邻硝基苯胺和对硝基苯胺的洗脱剂条件及其相对应的现象和结果。
3. 邻硝基苯胺和对硝基苯胺的熔点。

【实验指导】

1. 色谱柱必须填装紧密均匀,不能有气泡或断层,否则会造成样品的带扩散发生交叉,影响分离效果。

2. 上样或加洗脱剂时,不能冲击色谱柱顶层的氧化铝,使表面凹凸不平,否则亦会降低分离效果。

3. 在整个洗脱过程中,不能让色谱柱中洗脱剂流干使柱身干裂,影响渗滤和样品带的均一性。

4. 对无色样品的分离应当按一定体积分步收集,利用薄层色谱确定每个收集管中的组分后,相同者分别并后待进一步处理。

【思考题】

1. 柱色谱中为什么极性大的组分要用极性较大溶剂洗脱?

2. 柱中若留有空气或填装不匀,对分离效果有何影响? 如何避免?

3. 试解释为什么荧光黄比碱性湖蓝 BB 在色谱柱上吸附得更加牢固。

【注释】

［1］色谱柱的大小,取决于被分离物的量和吸附性。一般的规格是:柱的直径为其长度的 1/10～1/4,实验室中常用的色谱柱,其直径在 0.5～10 cm 之间。当吸附物的色带占吸附剂高度的 1/10～1/4 时,此色谱柱已经可作色谱分离了。色谱柱或酸式滴定管的活塞不应涂润滑脂。

［2］色谱柱填装紧密与否,对分离效果很有影响。若柱中留有气泡或各部分松紧不匀(更不能有断层或暗沟)时,会影响渗滤速度和显色的均匀。但如果填装时过分敲击,又会因太紧密而流速太慢。

［3］加入石英沙或滤纸的目的是,在加料时不致把吸附剂冲起,影响分离效果。

［4］若流速太慢,可将接受器改成小吸滤瓶,安装合适的塞子,安上水泵,用水泵减压保持适当的流速。也可在柱子上端安一导气管,后者与气袋或双链球相连,中间加螺旋夹。利用气袋或双链球的气压对柱子施加压力。用螺旋夹调节气流的大小,这样可加快洗脱的速度。

（杨　旭）

实验三十一　乙酰苯胺的重结晶

【实验目的】

1. 了解重结晶溶剂选择的基本原则。
2. 理解重结晶的原理和应用。
3. 掌握重结晶的操作及注意事项。

【实验原理】

参见第三章"七、重结晶及过滤"中的相关内容。

【仪器和试剂】

仪器:200 g 电子秤,烧杯(250 mL),量筒(100 mL),抽滤瓶,洗瓶,表面皿,布氏漏斗,酒精灯,石棉网,玻棒,循环水真空泵,红外灯,隔热板,药匙,称量纸,回收瓶,火柴,小镊子

试剂:粗乙酰苯胺,活性炭

【实验步骤】

取 2 g 粗乙酰苯胺,放于 250 mL 烧杯中,加入 85 mL 水。石棉网上加热至沸,并用玻棒不断搅动,使固体溶解,这时若有尚未完全溶解的固体,可继续加入少量热水[1],至完全溶解后,再多加 2～3 mL 水[2]（总量不超过 90 mL）。移去火源,稍冷后加入少许活性炭[3],稍加搅拌后继续加热微沸 5～10 min。

用布氏漏斗趁热抽滤(滤纸先用少量冷水润湿,抽气吸紧)。每次倒入漏斗中的液体不要太满,也不要等溶液全部滤完后再加。待所有的溶液过滤完毕后,用少量蒸馏水洗涤锥形瓶和滤纸。滤毕,用表面皿将盛滤液的烧杯盖好,放置一旁,稍冷后,用冰水冷却使结晶完全。如要获得较大颗粒的结晶,可在滤完后将滤液中洗出的晶体,重新加热使其溶解,于室温下放置,让其慢慢冷却。

结晶完成后,用布氏漏斗再次抽滤,使结晶与母液分离,并用玻塞挤压,使母液尽量除去。拔下抽滤瓶上的橡皮管(或打开安全瓶上的活塞),停止抽气。加少量冷水至布氏漏斗中,使晶体润湿(可用刮刀使结晶松动),然后重新抽干,如此重复1~2次,最后用刮刀将晶体移至表面皿上,摊开成薄层,置空气中晾干或放置在隔热板上并置于红外灯下烘干。称重并计算收率。测定干燥后精制产物的熔点,并与粗产物熔点作比较。

【实验记录及结果】

1. 记录重结晶得到的乙酰苯胺的晶型、颜色、质量和熔点。
2. 计算收率,分析影响收率的因素。
3. 总结重结晶操作的关键。

【实验指导】

1. 在热滤过程中,对热溶液适时地进行小火加热,以防析出晶体。
2. 滤纸大小要合适,先用少量溶剂湿润并抽气,使之贴紧后再过滤;抽滤时应先将上层清液倾入,最后将晶体倾入(这样可加快抽滤速度),留下的晶体要用母液全部转移到布氏漏斗中。
3. 停止抽滤前一定要先打开安全活塞,否则会使水泵中的水倒流入抽滤瓶中。
4. 要注意样品是否有不溶性杂质,以防加入过量的溶剂使回收率降低。
5. 用水重结晶乙酰苯胺时,往往会出现油珠。这是因为当温度高于83℃时,未溶于水但已熔化的乙酰苯胺会形成另一液相所致,这时只要加入少量水或继续加热,此种现象即可消失。

【思考题】

1. 加热溶解重结晶粗产物时,为何先加入比计算量(根据溶解度数据)略少的溶剂,然后渐渐添加至恰好溶解,最后再多加少量溶剂?
2. 为什么活性炭要在固体物质完全溶解后加入?为什么不能在溶液沸腾时加入?
3. 将溶液进行热过滤时,为什么要尽可能减少溶剂的挥发?如何减少其挥发?
4. 用抽气过滤收集固体时,为什么在关闭水泵前,先要拆开水泵和抽滤瓶之间的连接或先打开安全瓶通大气的活塞?
5. 在布氏漏斗中溶剂洗涤固体时应注意些什么?
6. 用有机溶剂重结晶时,在哪些操作上容易着火?应该如何防范?

【注释】

[1] 乙酰苯胺在水中的溶解度如下:

表 4-38　乙酰苯胺在水中溶解度

T/℃	20	25	50	80	100
溶解度/(g·100 mL^{-1})	0.46	0.56	0.84	3.45	5.5

[2] 每次加入3~5 mL热水,若加入溶剂加热后并未能使未溶物减少,则可能是不溶性杂质,此时可不必再加溶剂。但为了防止过滤时有晶体在漏斗中析出,溶剂用量可比沸腾时饱和溶液所需的用量适当多一些。

[3] 活性炭绝对不能加到正在沸腾的溶液中,否则将造成暴沸现象。加入活性炭的量约相当于样品量的 1%~5%。

(赵华文)

实验三十二　乙酰水杨酸(阿司匹林)的制备

【实验目的】

1. 了解阿司匹林的用途。
2. 理解酯化反应的原理。
3. 掌握阿司匹林的制备方法。
4. 巩固固体有机物重结晶、过滤和熔点测定的实验操作方法。

【实验原理】

阿司匹林是一种解热镇痛药,用于解热镇痛、抗风湿,促进痛风患者尿酸的排泄,抗血小板聚集及胆道蛔虫治疗,是日常生活中常用到的药品之一。

乙酰水杨酸由水杨酸(邻羟基苯甲酸)和乙酸酐,在少量浓硫酸(或干燥的氯化氢,有机强酸等)催化下,脱水而制得。

1. 反应式

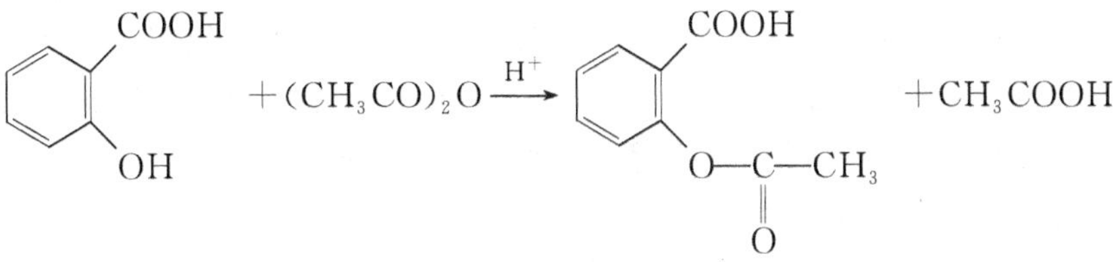

2. 副反应

水杨酸在酸性条件下受热,还可发生缩合反应,生成少量聚合物。

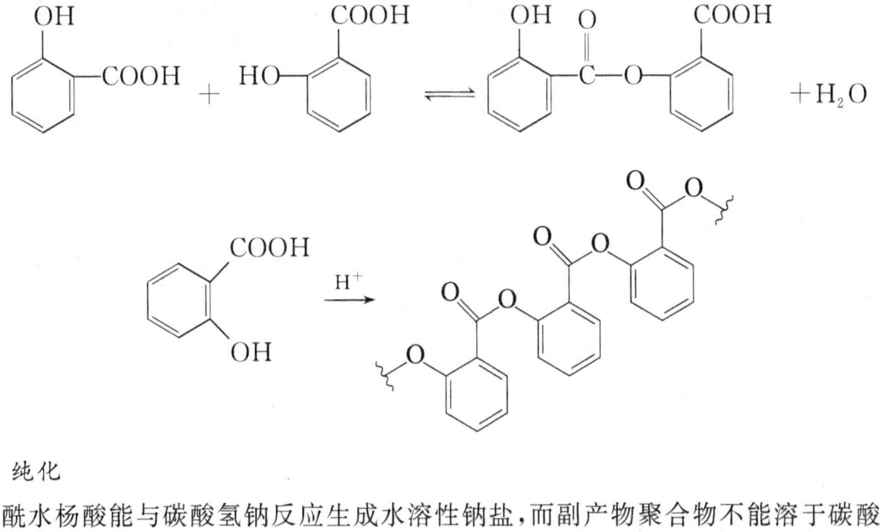

3. 纯化

乙酰水杨酸能与碳酸氢钠反应生成水溶性钠盐,而副产物聚合物不能溶于碳酸氢钠,这种性质上的差别可用于阿司匹林的纯化。

$$\underset{\text{(水杨酸乙酰基)}}{\begin{array}{c}\text{COOH}\\ \diagdown\\ \text{O-C-CH}_3\\ \|\\ \text{O}\end{array}} \xrightarrow{\text{NaHCO}_3} \underset{}{\begin{array}{c}\text{COONa}\\ \diagdown\\ \text{O-C-CH}_3\\ \|\\ \text{O}\end{array}} \xrightarrow[\text{HCl}]{(\text{CO}_2+\text{H}_2\text{O})} \begin{array}{c}\text{COOH}\\ \diagdown\\ \text{O-C-CH}_3\\ \|\\ \text{O}\end{array}$$

可能存在于最终产物中的杂质是水杨酸本身,这是由于乙酰化反应不完全或由于产物在分离步骤中发生水解造成的。它可以在各步纯化过程和产物的重结晶过程中被除去。与大多数酚类化合物一样,水杨酸可与三氯化铁形成深色络合物;阿司匹林因酚羟基已被酰化,不再与三氯化铁发生颜色反应,因此杂质很容易被检出。

【仪器和试剂】

仪器:布氏漏斗,表面皿,玻璃钉,循环水真空泵,抽滤瓶,温度计,水浴锅(烧杯),锥形瓶,熔点测定仪,红外灯,烧杯,试管,量筒,圆形滤纸,台秤,烘箱

试剂:水杨酸,乙酸酐,乙酸乙酯,浓盐酸,浓硫酸,饱和碳酸氢钠水溶液,1%三氯化铁溶液

【实验步骤】

在 125 mL 锥形瓶中加入 2 g 水杨酸、5 mL 乙酸酐[1]和 5 滴浓硫酸,旋摇锥形瓶使水杨酸全部溶解后,在水浴上加热 5~10 min,并控制浴温在 85~90℃。从水浴中取出锥形瓶,冷至室温,即有乙酰水杨酸结晶析出。如不结晶,可用玻棒摩擦瓶壁并将反应物置于冰水中冷却使结晶产生。加入 50 mL 水,将混合物继续在水中冷却使结晶完全。真空抽滤,用滤液反复洗涤锥形瓶,直至所有晶体被收集到布氏漏斗里。然后用少量冷水洗涤晶体几次,继续抽吸将溶剂尽量抽干。

将粗产物转移至 150 mL 烧杯中,在搅拌下加入 25 mL 饱和碳酸氢钠溶液,加完后继续搅拌几分钟,直至无二氧化碳气泡产生(必要时可进行温热)。真空抽滤,副产物聚合物应被滤出。用 5~10 mL 水冲洗漏斗,合并滤液,倒入预先盛有 4~5 mL 浓 HCl 和 10 mL 水配成溶液的烧杯中,均匀搅拌,即有乙酰水杨酸沉淀析出。将烧杯置于冰浴中冷却,使结晶完全。真空抽滤,用洁净的玻塞挤压滤瓶,尽量抽出滤液,再用冷水洗涤 2~3 次,抽干水分。将晶体移至表面皿上,在红外灯下小心干燥后称重(约 1.5 g)。取几粒结晶加入盛有 5 mL 水的试管中,加入 1~2 滴 1%三氯化铁溶液,观察有无颜色反应。

为了得到更纯的产品,可将上述晶体的一半溶于最少量的乙酸乙酯中(约需 2~3 mL),溶解时应在水浴上小心加热。如有不溶物出现,可用预热过的玻璃漏斗趁热过滤。将滤液冷至室温,阿司匹林晶体析出。如不析出晶体,可在水浴上稍加浓缩,并将溶液置于冰水中冷却,或用玻棒摩擦瓶壁,抽滤收集产物,干燥后测熔点[2]。

乙酰水杨酸为白色针状晶体,熔点 135~136℃。

【实验记录及结果】

1. 记录制备得到的乙酰水杨酸的晶型、颜色、质量和熔点。
2. 记录滴加 1%三氯化铁溶液的颜色。
3. 总结制备得到纯度好、质量多的乙酰水杨酸的关键。

【实验指导】
1) 将粗产品溶于饱和碳酸氢钠溶液中,应搅拌直至无 CO_2 气体逸出为止,否则会因产品未溶完而造成较大损失。
2) 过滤时应尽量抽干溶液,才能得到纯度较高的产品。

【思考题】
1) 制备阿司匹林时,加入浓硫酸的目的何在?
2) 反应中有哪些副产物?如何除去?
3) 阿司匹林在沸水中受热时,分解而得到一种溶液,后者对三氯化铁呈阳性试验,试解释之,并写出反应方程式。

【注释】
[1] 乙酸酐应是新蒸的,收集 139~140℃ 馏分。
[2] 乙酰水杨酸易受热分解,因此熔点不很明显,它的分解温度为 128~135℃。测定熔点时,应先将热载体加热至 120℃ 左右,然后放入样品测定。

(赵华文)

实验三十三 乙酸乙酯的制备

【实验目的】
1. 了解乙酸乙酯制备反应的副反应。
2. 理解乙酸乙酯的制备、分离、提纯原理;
3. 掌握乙酸乙酯的制备、分离、提纯及干燥方法;
4. 掌握滴液漏斗、常压蒸馏操作技术。

【实验原理】
羧酸酯是一类在工业和商业上用途广泛的化合物。可由羧酸和醇在催化剂存在下直接酯化来进行制备,或采用酰氯、酸酐的醇解来制备。

酸催化的直接酯化是工业和实验室制备羧酸酯最重要的方法,常用的催化剂有硫酸、氯化氢和对甲苯磺酸等。

$$R-\underset{\underset{O}{\parallel}}{C}-OH + H-OR' \underset{}{\overset{H^+}{\rightleftharpoons}} R-\underset{\underset{O}{\parallel}}{C}-O-R' + H_2O$$

酯化反应是可逆的,为了使反应向有利于生成酯的方向移动,通常采用过量的羧酸或醇,或者除去反应中生成的酯和水,或二者同时采用。但究竟使用过量的酸或是过量的醇,则取决于原料是否易得、价格及过量的原料与产物容易分离与否等因素。

在实践中,提高反应收率常用的方法是除去反应中形成的水,特别是在大规模的工业制备中,可以在反应体系加入能与水、醇形成恒沸物的第三组分,如苯、四氯化碳等,以除去反应中不断生成的水,达到提高酯产量的目的,这种方法一般称为共沸酯化。

酰氯和酸酐能迅速地与伯醇及仲醇反应生成相应的酯;叔醇在碱存在下,与酰氯反应生成卤代烷,但在叔胺(吡啶、三乙胺)存在下,可顺利地与酰氯发生酯化反应。酸酐的活性低于酰氯,但在加热的条件下可与大多数醇反应,酸(硫酸、二氯化锌)和碱(叔胺、醋酸钠等)的催化可促进酸酐进行酰化。

低级酯一般是具有芳香气味或特定水果香味的液体。自然界许多水果和花草的芳香气味就是由于酯存在的缘故。酯在工业和商业上大量用作溶剂。

本实验用浓硫酸作催化剂,乙酸和乙醇直接进行酯化生成乙酸乙酯。

$$CH_3COOH + CH_3CH_2OH \xrightarrow[110\sim125℃]{浓 H_2SO_4} CH_3COOCH_2CH_3 + H_2O$$

浓硫酸除了起催化剂作用外,还吸收反应生成的水,有利于酯的生成。若反应温度过高,则促使副反应发生,生成乙醚。

$$2CH_3CH_2OH \xrightarrow[140\sim150℃]{浓 H_2SO_4} CH_3CH_2OCH_2CH_3 + H_2O$$

为了提高酯的产量,本实验采取加入过量乙醇及不断把反应中生成的酯和水蒸出的方法。在工业生产中,一般采用加入过量的乙酸,以便使乙醇转化完全,避免由于乙醇和水及乙酸乙酯形成二元或三元恒沸物给分离带来困难。

【仪器和试剂】

仪器:蒸馏装置 1 套,三颈瓶,恒压滴液漏斗,分液漏斗,锥形瓶,茄形瓶,温度计,烧杯,量筒,加热套,折光仪

试剂:冰醋酸,无水乙醇,浓硫酸,饱和碳酸钠溶液,饱和氯化钙溶液,饱和氯化钠溶液,无水硫酸镁

【实验步骤】

在 100 mL 三颈瓶中,加入 9 mL 乙醇,摇动下慢慢加入 12 mL 浓硫酸使混合均匀,并加入几粒沸石。三颈瓶一侧口插入温度计,并使水银球浸入液面以下;中间口连接蒸馏装置,另一侧口安装滴液漏斗,漏斗末端应浸入液面以下,距瓶底约 0.5~1 cm。

仪器装好后,在滴液漏斗内加入由 14 mL 乙醇和 14.3 mL 冰醋酸组成的混合液,先向瓶内滴入 8 mL(约 120 滴),然后将三颈瓶在石棉网上用小火加热到 110~120℃左右,这时蒸馏管口应有液体流出,再自滴液漏斗慢慢滴入其余的混合液,控制滴加速度与馏出速度大致相等,并维持反应液温度在 110~120℃之间[1]。滴加完毕后,继续加热 15 min,直至温度升高到 130℃不再有馏出液为止。

馏出液中含有乙酸乙酯及少量乙醇、乙醚、水和醋酸,在摇动下,慢慢向粗产物中加入饱和的碳酸钠溶液(约 10 mL),至无二氧化碳气体逸出,酯层用 pH 试纸试验呈中性。然后移入分液漏斗,充分振摇(注意及时放气!)后静置,分去下层水相。酯层用 10 mL 饱和食盐水洗涤后[2],再每次用 10 mL 饱和氯化钙溶液洗涤 2 次。弃去下层液体,酯层自漏斗上口倒入干燥的锥形瓶中,用无水硫酸镁干燥[3]。

将干燥好的粗乙酸乙酯滤入 50 mL 蒸馏瓶中,加入沸石后在水浴上进行蒸馏,收集 73~78℃馏分[4](产量约 10~12 g),测定其折光率。

纯乙酸乙酯的沸点为 77.06℃,折光率 n_D^{20} 1.372 7。

【实验记录及结果】

1. 记录制备得到乙酸乙酯的质量、折光率。
2. 分析乙酸乙酯每一步纯化的原理及注意事项。
3. 总结实验成功的关键。

【实验指导】

1. 硫酸的用量为醇用量的3％时即能起催化作用。本实验中硫酸用量较多，它还可起脱水作用而增加酯的产量。但若硫酸用量过多，由于氧化作用对酯化反应反而不利。

2. 若滴加速度太快则乙醇和醋酸可能来不及完全反应就随着酯和水一起蒸出，从而影响酯的收率。

3. 在分液漏斗中振摇时，要注意及时放气。

4. 乙酸乙酯与水和乙醇分别生成共沸混合物，若三者共有则会生成三元共沸混合物[4]，因此要充分洗涤除去乙醇，并要充分干燥除去水分。若洗涤不净或干燥不够，都会使沸点降低。

【思考题】

1. 酯化反应有什么特点？本实验如何创造条件促使酯化反应尽量向生成物方向进行？

2. 本实验中采用乙醇过量的做法是否合适？为什么？

3. 本实验可能有哪些副反应？

【注释】

[1] 温度不宜过高，否则会增加副产物乙醚的含量。滴加速度太快会使醋酸和乙醇来不及作用而被蒸出。

[2] 必须洗去碳酸钠，否则下一步用饱和氯化钙溶液洗去醇时，会产生絮状的碳酸钙沉淀，造成分离的困难。为减少酯在水中溶解度（每17份水溶解1份乙酸乙酯），故这里用饱和食盐水洗。

[3] 由于水与乙醇、乙酸乙酯形成三元恒沸物，故在未干燥前已是清亮透明溶液。因此，不能以产品是否透明作为是否干燥好的标准。应以干燥剂加入后吸水情况而定，并放置30 min，其间要不时摇动。若洗涤不净或干燥不够时，会使沸点降低，影响产率。

[4] 乙酸乙酯与水或醇形成二元和三元共沸物的组成及沸点如下表：

表4-39　乙酸乙酯与水或酯形成共沸物的组成及沸点

沸点/℃	组成％		
	乙酸乙酯	乙醇	水
70.2	82.6	8.4	9.0
70.4	91.9		8.1
71.8	69.0	31.0	

（赵华文）

实验三十四　甲基橙的制备

【实验目的】

1. 学习重氮盐的制备与芳香叔胺的偶联反应。

2. 掌握甲基橙的合成方法和实验操作。
3. 巩固重结晶的实验原理和操作。

【实验原理】

偶氮染料是印染工艺中应用最广泛的一类合成染料,用于多种天然和合成纤维的染色和印花,也用于油漆、塑料、橡胶等的着色。它是指偶氮基(—N=N—)连接两个芳环形成的一类化合物。为了改善颜色和提高染色效果,偶氮染料必须含有成盐的基团如酚羟基、氨基和磺酸基等。偶氮染料可以通过重氮基与酚类或芳胺发生偶联反应来进行制备,反应速率受溶液 pH 影响较大。重氮盐与芳胺偶联时,在高 pH 介质中,重氮盐易变成重氮酸盐;而在低 pH 介质中,游离芳胺则容易转变为铵盐,二者都会影响反应物的浓度,使反应速率降低。

$$ArN_2^+ + H_2O \rightleftharpoons ArN=N-O^- + 2H^+$$

$$ArNH_2 + H^+ \rightleftharpoons ArNH_3^+$$

只有当溶液的 pH 在合适的范围内使两种反应物都具有足够的浓度时,才能有效地发生偶联反应。胺的偶联反应,通常在中性或弱酸性介质(pH = 4~7)中进行;酚的偶联反应与胺相似,但为了使酚成为反应活性更高的酚氧基负离子与重氮盐发生偶联,反应必须在中性或弱碱性介质(pH = 7~9)中进行。

甲基橙[4-(4-二甲氨基苯基偶氮)苯磺酸钠]是一种常用的酸碱指示剂,通常配制成 0.01% 的水溶液使用。甲基橙的变色范围是 pH = 3.1~4.4,在中性或碱性溶液中是以黄色的磺酸盐形式存在的,在酸性溶液中则转变成为红色的内盐,成对苯醌结构:

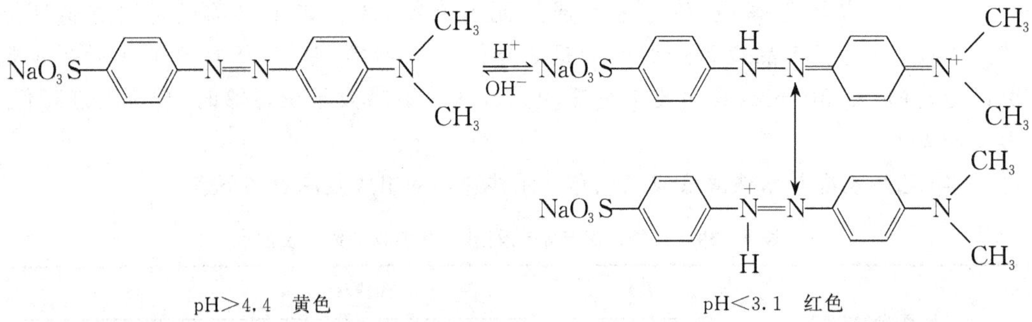

pH>4.4 黄色　　　　　　　　　　　　　　　pH<3.1 红色

本实验以对氨基苯磺酸为原料,通过重氮化反应与 N,N-二甲基苯胺偶联生成甲基橙,反应方程式如下:

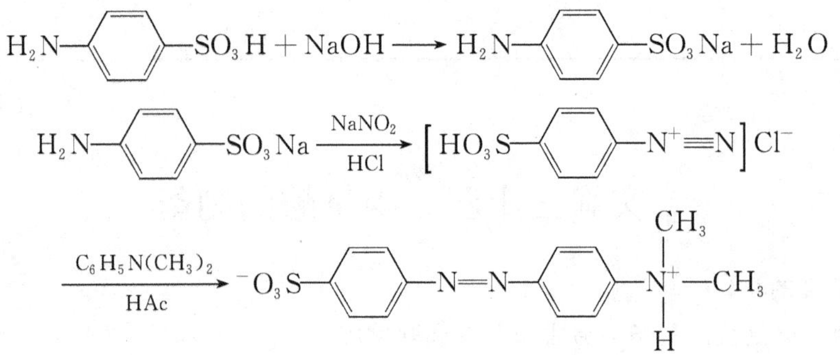

$$\xrightarrow{\text{NaOH}} \text{NaO}_3\text{S}-\!\!\left\langle\begin{array}{c}\\\end{array}\right\rangle\!\!-\text{N}=\text{N}-\!\!\left\langle\begin{array}{c}\\\end{array}\right\rangle\!\!-\text{N}\!\!\begin{array}{c}-\text{CH}_3\\|\\-\text{CH}_3\end{array}$$

【仪器和试剂】

仪器：烧杯（100 mL），试管，布氏漏斗，抽滤瓶，循环水真空泵，加热套

试剂：对氨基苯磺酸，亚硝酸钠，N,N-二甲基苯胺，浓盐酸，氢氧化钠，冰醋酸，淀粉 KI 试纸

【实验步骤】

1. 重氮盐的制备

在 100 mL 烧杯中加入 5 mL 5% NaOH 和 1 g 对氨基苯磺酸[1]，微热使其溶解。另取一个刻度试管加入 0.4 g $NaNO_2$ 及 3 mL H_2O 溶解，倒入烧杯中，冰水浴，溶液中有少许晶体析出。在不断搅拌下，将 1.5 mL 浓盐酸和 5 mL 水配成的溶液缓缓滴加到上述混合液中，控制温度始终保持在 5℃以下，约滴加 10 min，滴加完后用淀粉 KI 试纸检验[2]，置冰水浴中继续反应 15 min 以保证反应完全[3]。

2. 偶合

在试管内混合 N,N-二甲基苯胺和冰醋酸各 1 mL（约 20 滴），在不断搅拌下，将此溶液缓慢加到上述冷却的重氮盐溶液中，加完后继续搅拌 10 min。再将 12.5 mL 5% NaOH 溶液滴加至反应液中，直至溶液变成橙色，此时反应液呈碱性，粗制的甲基橙呈细颗粒状沉淀析出[4]。将反应物在沸水浴加热溶解，自然冷至室温后，再置于冰水中冷却，使甲基橙晶体析出完全。抽滤，用少量水洗涤滤饼，得到甲基橙粗品。

在小烧杯中加入 5% NaOH 3 mL 和 25 mL 水，加入甲基橙粗品，加热溶解，重结晶[5]，抽滤，烘干后得橙色片状的甲基橙晶体，产量约 1.4 g。

3. 检验

溶解少许甲基橙于水中，加几滴 0.1 mol·L^{-1} HCl，再滴加 0.1 mol·L^{-1} NaOH，观察颜色变化。

【实验记录及结果】

1. 甲基橙的晶型、颜色、质量，并计算产率。
2. 滴加 0.1 mol·L^{-1} HCl 和 0.1 mol·L^{-1} NaOH 后的颜色变化。
3. 记录实验过程中主要的实验现象，总结制备过程中的注意事项。

【实验指导】

1. 重氮化反应是放热反应，而且大多数重氮盐极不稳定，室温下即会分解，所以必须严格控制反应温度。重氮盐溶液不宜长期保存，最好制备后立即使用。通常无须分离，可直接用于下一步合成。

2. 必须让亚硝酸钠略微过量，保证对氨基苯磺酸全部转化为重氮盐。

【思考题】

1. 什么叫偶联反应？试结合本实验讨论一下偶联反应的条件。
2. 在本实验中，制备重氮盐时为什么要控制温度在 5℃以下？
3. N,N-二甲基苯胺与重氮盐的偶联为什么发生在氨基的对位上？

【注释】

[1] 对氨基苯磺酸是两性化合物，酸性比碱性强，能形成酸性内盐，它能与碱作用成

盐而不能与酸作用成盐,因而不溶于酸。但是重氮反应通常在弱酸性介质中完成,因此本实验首先将对氨基苯磺酸与碱作用,生成溶解性较大的对氨基苯磺酸钠。

〔2〕如果试纸不显蓝色,还需补充亚硝酸钠溶液。

〔3〕在此时往往析出对氨基苯磺酸的重氮盐。这是因为重氮盐在水中可以电离,形成中性的内盐,在低温时难溶于水而形成细小晶体析出。

〔4〕若反应物中含未作用的 N,N-二甲基苯胺醋酸盐,在加入氢氧化钠后,就会有难溶于水的 N,N-二甲基苯胺析出,影响产品纯度。湿的甲基橙在空气中受光的照射后,颜色很快变深,所以一般得紫红色粗产物。

〔5〕重结晶操作应迅速,否则由于产物呈碱性,在温度高时易使产物变质,颜色变深,通常可在 65~75℃烘干。

(李兰兰)

实验三十五　环己烯的制备

【实验目的】
1. 学习在酸催化下醇脱水制取烯烃的原理和方法。
2. 了解简单蒸馏和分馏的原理,初步掌握简单蒸馏和分馏的装置及操作。
3. 掌握分液漏斗的使用方法及用干燥剂干燥液体的方法。

【实验原理】

天然气和石油是烷烃的主要天然来源。工业上由石油烃的高温裂解和催化脱氢制取烯烃,低碳烯烃的混合物经过分离提纯可获得单一的烯烃。在实验室中,烯烃主要是由醇脱水和卤代烷脱卤化氢两种方法制得。

在由醇脱水制备烯烃的反应过程中,常用的脱水剂有浓硫酸、浓磷酸、氧化铝等等。例如乙醇蒸汽在 350~400℃ 下通过三氧化二铝或分子筛催化脱水,可制取乙烯。不同结构的醇脱水反应的难易程度明显不同,其速率为:叔醇＞仲醇＞伯醇。

卤代烷在碱的醇溶液作用下脱卤化氢也是实验室中常见的制备烯烃的方法。一般认为反应遵循双分子消除反应机理(E2),采用反式共平面消除,符合 Zaitsev 规则。

本实验采用磷酸作为催化剂,是一个可逆反应,为提高反应产率,利用一边反应一边分馏的方法,将环己烯不断蒸出,从而使平衡向右移动。环己稀的制备反应如下:

$$\text{环己醇} \underset{}{\overset{H_3PO_4}{\rightleftharpoons}} \text{环己烯} + H_2O$$

副反应:

$$2\,\text{环己醇} \underset{}{\overset{H_3PO_4}{\rightleftharpoons}} \text{二环己醚} + H_2O$$

【仪器和试剂】

仪器:圆底烧瓶(50 mL),蒸馏头,分馏柱,尾接管,磨口锥形瓶,温度计套管,温度计,

直形冷凝管,普通漏斗,分液漏斗,加热套

试剂：环己醇,浓磷酸,氯化钠,5%碳酸钠溶液,无水氯化钙

【实验步骤】

在 50 mL 干燥的圆底烧瓶中,加入 10 g 环己醇及 5 mL 85%磷酸[1],充分摇荡使两种液体混合均匀。投入几粒沸石,安装好分馏装置(见教材第三章化学实验基本操作中的简单分馏部分)。用磨口锥形瓶作接收器,置于碎冰浴里。用加热套慢慢加热混合物至沸腾,以较慢速度进行蒸馏[2],并控制分馏柱顶部温度不超过 73 ℃[3]。当无液体蒸出时,调高电压,继续蒸馏。当烧瓶中只剩下很少量的残渣时,停止加热。馏出液为环己烯和水的混浊液。

将小锥形瓶中的粗产物用食盐饱和(约 1 g),再加入 5 mL 5%的碳酸氢钠溶液中和微量的酸,将液体转入分液漏斗中,振摇后静置分层[4],分出有机相转移到干燥的小锥形瓶中,加入少量的无水氯化钙干燥约 20 min[5]。待液体完全澄清透明后,滤入蒸馏瓶中,加入两粒沸石后水浴蒸馏[6],收集 80~85℃ 的馏分于一个已称重的小锥形瓶中。若蒸出的产物混浊,必须重新干燥后再蒸馏。

产量：4~5 g,测折光。纯环己烯为无色透明液体,沸点 83℃,折光率 n_D^{20} 1.446 5。

【实验记录及结果】

1. 环己烯的性状、质量、折光率,并计算产率。
2. 记录实验过程中主要的实验现象,分析每一步纯化的目的。
3. 总结得到纯净、高产率环己烯,减少副反应的关键。

【思考题】

1) 用磷酸做脱水剂比用浓硫酸做脱水剂有什么优点？
2) 在粗制的环己烯中,加入食盐使水层饱和的目的何在？
3) 在分液的时候,如何确认有机相？

【注释】

[1] 环己醇在室温下为黏稠的液体(熔点 25.2℃),量筒内的环己醇难以倒净,会影响产率。采用称量法可避免损失。

[2] 当蒸气上升到分馏柱顶部,开始有液体馏出时,应密切注意调节浴温,控制馏出液的速度为每 2~3 s 一滴。如果分馏速度太快,产品纯度下降;若速度太慢,会造成上升的蒸气时断时续,馏出温度波动。同时,分馏柱应用石棉绳包裹起来,以减少柱内热量的损失。

[3] 反应中环己醇和水、环己烯和水皆形成二元共沸物,因此在加热时温度不可过高,蒸馏速度不宜太快,以减少未作用的环己醇蒸出。

表 4-40 环己醇、环己烯与水形成共沸物的组成及沸点

	沸 点/℃		共沸物的组成/%
	组 分	共沸物	
环己醇	161.5	97.8	~20.0
水	100.0		~80.0
环己烯	83.0	70.8	90
水	100.0		10

[4] 分液漏斗的使用详见教材第三章化学实验基本操作中的萃取部分。

[5] 干燥剂的用量应适量,过少,水没去除尽,蒸馏中前馏分较多;过多,干燥剂会吸附产品,降低产率。一般每 10 mL 液体约需干燥剂 0.5～1.0 g。本实验用无水氯化钙干燥比较适宜,因为它还可以除去少量的环己醇(氯化钙与醇生成配合物)。

[6] 产品是否清亮透明,是衡量产品是否合格的外观标准。因此在蒸馏已干燥的产物时,所用的蒸馏装置必须是干燥的。

(李兰兰)

实验三十六　丁二酸酐的制备

【实验目的】

1. 熟悉和巩固羧酸衍生物的制备原理。
2. 掌握丁二酸酐的制备方法和操作步骤。
3. 掌握易水解物质的回流、结晶和洗涤技术。

【实验原理】

丁二酸酐是 GB2760-90 规定的食品加工助剂,在医药、农药、酯类和树脂的合成中都有广泛的应用。在合成树脂工业中被用于制造醇酸树脂、离子交换树脂。塑料工业中用于制造玻璃纤维增强塑料。农药工业中用于制造植物生长调节剂等。

一般用羧酸作原料来制备其衍生物,本实验采用丁二酸作原料制备丁二酸酐,反应方程式如下:

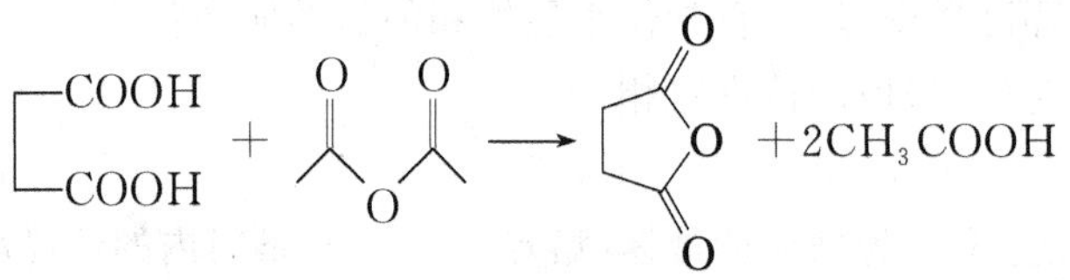

$$\begin{matrix}CH_2COOH\\CH_2COOH\end{matrix} + (CH_3CO)_2O \longrightarrow \text{(丁二酸酐)} + 2CH_3COOH$$

【仪器和试剂药品】

仪器:圆底烧瓶(50 mL),球形冷凝管,干燥管,布氏漏斗,抽滤瓶,循环水真空泵,磁力搅拌器

试剂:丁二酸,乙酸酐,甲基叔丁基醚

【实验步骤】

在 50 mL 干燥的圆底烧瓶里加入 4 g 丁二酸和 6.4 mL 乙酸酐,装上球形冷凝管及氯化钙干燥管。在沸水浴上加热搅拌,待丁二酸完全溶解后(约 10 min),再继续加热 1 h 以促使反应完全。

移去水浴,冷至室温后,换成冷水浴,有晶体析出,再用冰水浴充分冷却。抽滤,用玻塞将粗产物中的液体挤压出去,再用甲基叔丁基醚洗涤晶体两次,每次 5 mL。得到丁二酸酐晶体约 2.4～2.6 g,红外灯烘干,测熔点。

纯的丁二酸酐为无色针状晶体,熔点为 119.6 ℃。

【实验记录及结果】

1. 丁二酸酐的质量、熔点并计算产率。

2. 分析影响产率的因素,总结易水解物质回流、结晶和洗涤的关键点。

【实验指导】

1. 丁二酸必须是干燥的,乙酸酐在使用前需要蒸馏除水。
2. 防止水蒸气进入反应体系。
3. 冷却时若没有晶体析出,可加入少量晶核或用玻棒摩擦烧瓶内壁。
4. 氯化钙干燥管使用完毕后,应该立即把其中的干燥剂除去,并洗刷干净后放置。

【思考题】

1. 还可以用什么方法从丁二酸制丁二酸酐?
2. 为什么要用甲基叔丁基醚洗涤晶体?

(李兰兰)

实验三十七　五乙酸 α-葡萄糖酯的制备

【实验目的】

1. 了解催化剂在手性合成中的用途。
2. 掌握五乙酸 α-葡萄糖酯的制备方法和操作步骤。
3. 巩固旋光度测定的实验原理和基本操作。

【实验原理】

自然界中 D-(+)-葡萄糖是以环形半缩醛形式存在的,有 α、β 两种异构体。葡萄糖上的羟基与乙酸或乙酸酐反应可以使5个羟基都被乙酰化。相应的生成 α 和 β 五乙酸葡萄糖酯。但是使用不同的催化剂时,所生成的主产物不同。如当用无水氯化锌作催化剂时,α 构型为主要产物;当使用无水乙酸钠作催化剂时,β 构型为主要产物。从立体构型来看 β 异构体比 α 异构体更稳定,但是在无水氯化锌的作用下 β 异构体也能转化为 α 异构体。

五乙酸 α-葡萄糖酯的制备方程式如下:

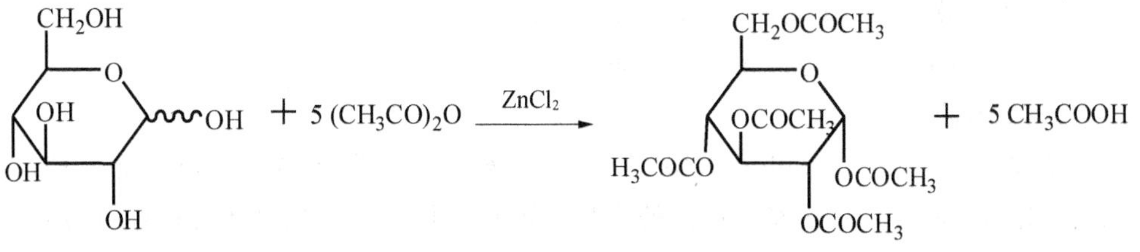

$$\text{葡萄糖} + 5(CH_3CO)_2O \xrightarrow{ZnCl_2} \text{五乙酸}\alpha\text{-葡萄糖酯} + 5 CH_3COOH$$

【仪器和试剂】

仪器:圆底烧瓶(50 mL),球形冷凝管,干燥管,烧杯(250 mL),布氏漏斗,抽滤瓶,磁力搅拌器,循环水真空泵

试剂:葡萄糖,乙酸酐,无水氯化锌,活性炭,氯仿

【实验步骤】

在 50 mL 干燥的圆底烧瓶里加入 2.5 g 葡萄糖[1]、0.7 g 无水氯化锌[2]和 12.5 mL 乙酸酐[3],装上球形冷凝管及氯化钙干燥管。在沸水浴上加热搅拌,待固体完全溶解后(约 10 min),再继续加热 1 h。

将产物转入盛有 125 mL 冰水的烧杯中,调大磁力搅拌速率,搅拌约 10 min 使油滴固化,抽滤,用玻塞将粗产物中的液体挤压出去,再用冷水洗涤两次,每次 5 mL。粗产物用约 15~20 mL 无水乙醇重结晶[4],必要时加少许活性炭脱色,直到熔点不变化为止,测其旋光度[5]。得到白色针状晶体 2.7 g 左右。五乙酸 α-葡萄糖酯熔点 112~113℃,$[\alpha]_D^{20}=101.6°$。

【实验记录及结果】
1. 五乙酸 α-葡萄糖酯的质量、熔点、旋光度并计算产率。
2. 总结得到纯净、高产率的五乙酸 α-葡萄糖酯,减少其他构型生成的关键。

【思考题】
1. 葡萄糖分子中的五个羟基酯化反应活性相同吗?为什么?
2. 还可以用什么方法制备五乙酸 α-葡萄糖酯?

【注释】
[1] 葡萄糖应在真空干燥箱中干燥除水后再取用。
[2] 氯化锌极易潮解,反应前应在坩埚中加热融熔冷却成固体,碾碎待用。取用时,在红外灯下称量。
[3] 乙酸酐在使用前需要蒸馏除水。
[4] 用乙醇重结晶时,应在回流装置中制备饱和溶液。活性炭脱色的操作见第三章化学实验基本操作中的重结晶及过滤部分。
[5] 测旋光度时配制 1% 的五乙酸 α-葡萄糖酯氯仿溶液。

(李兰兰)

实验三十八 磺胺(对-氨基苯磺酰胺)的合成

【实验目的】
1. 了解氯磺化、氨解、水解反应的原理和应用。
2. 学习氯磺化、氨解、水解反应的实验操作方法。
3. 复习巩固回流、脱色、重结晶等基本操作。

【实验原理】
磺胺类药物(Sulfonamides,SAs)是具有对-氨基苯磺酰胺结构的合成抗菌药物的总称,能抑制革兰阳性菌及一些阴性菌的生长和繁殖,用于预防和治疗细菌感染性疾病。磺胺类药物临床应用已有几十年的历史,它具有较广的抗菌谱,而且疗效确切、使用简便、价格便宜,又便于长期保存,目前是仅次于抗生素的一大类药物。磺胺类药物的一般结构为:

$$H_2N-\underset{}{\underline{\bigcirc}}-SO_2NHR$$

由于磺胺基上氮原子的取代基不同而形成的磺胺药物,其品种繁多,合成的磺胺药物多达一千种以上。本实验合成的磺胺(对-氨基苯磺酰胺)是最简单的一种磺胺药,由乙酰苯胺经氯磺化、氨解、水解得到。其反应方程式如下:

$$\text{C}_6\text{H}_5\text{-NHCOCH}_3 + 2\text{HOSO}_2\text{Cl} \longrightarrow \text{ClO}_2\text{S-C}_6\text{H}_4\text{-NHCOCH}_3 + \text{H}_2\text{SO}_4 + \text{HCl}$$

$$\text{ClO}_2\text{S-C}_6\text{H}_4\text{-NHCOCH}_3 + \text{NH}_3 \longrightarrow \text{H}_2\text{NO}_2\text{S-C}_6\text{H}_4\text{-NHCOCH}_3 + \text{HCl}$$

$$\text{H}_2\text{NO}_2\text{S-C}_6\text{H}_4\text{-NHCOCH}_3 + \text{H}_2\text{O} \xrightarrow{\text{H}^+} \text{H}_2\text{NO}_2\text{S-C}_6\text{H}_4\text{-NH}_2 + \text{CH}_3\text{COOH}$$

【仪器和试剂】

仪器：锥形瓶(100 mL)，圆底烧瓶(50 mL)，循环水真空泵，抽滤瓶，烧杯，布氏漏斗，气体吸收装置，加热套

试剂：乙酰苯胺，氯磺酸，浓氨水，浓盐酸，碳酸钠

【实验步骤】

1. 对-乙酰氨基苯磺酰氯的制备

在 100 mL 干燥的锥形瓶中，加入 5.4 g 干燥的乙酰苯胺，微热使其熔化。若瓶壁上有少量水汽凝结，应用干净的滤纸吸去。冷至室温，使乙酰苯胺凝结成块，再将锥形瓶置于冰浴中。充分冷却后，迅速倒入 12.5 mL 氯磺酸[1]，立即塞上带有氯化氢导气管的塞子(图 4-14)。若反应过于剧烈，可用冰水浴冷却。待反应缓和后，旋摇锥形瓶使固体全部溶解，然后在温水浴(约 60℃)中加热 10 min 使反应完全。将反应瓶在冰水浴中充分冷却后，在充分搅拌下，将反应液慢慢倒入盛有 75 g 碎冰的烧杯中[2]，用约 10 mL 冷水洗涤反应瓶，洗涤液并入烧杯中。搅拌数分钟，使其形成颗粒细小均匀的白色固体[3]。抽滤，用少量冷水洗涤、压紧抽干，立即进行下一步反应[4]。

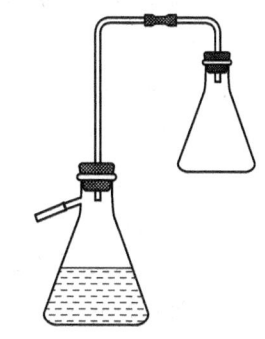

图 4-14 制备对乙酰氨基苯磺酰氯装置图

2. 对-乙酰氨基苯磺酰胺的制备

将上述粗产物移入 50 mL 圆底烧瓶中，在搅拌下缓慢加入 17.5 mL 浓氨水，立即发生放热反应并生成白色糊状物。加完浓氨水后继续搅拌 15 min，使反应完全。然后加入 10 mL 水，用加热套加热 10 min，控制温度在 70℃左右，并不断搅拌，以除去多余的氨。如不能完全将氨赶净，可加入微量的盐酸中和。

3. 对-氨基苯磺酰胺(磺胺)的制备

将上述反应物放入圆底烧瓶中，加入 3.5 mL 浓盐酸，加入沸石后装上冷凝管，加热回流 0.5 h。冷却后，应得到几乎澄清的溶液，若有固体析出[5]，应继续加热，使反应完全。如溶液呈黄色，并有极少量不溶物存在时，需加入少量活性炭脱色，趁热过滤，在滤液中小心加入碳酸钠至恰呈碱性(约 4 g)。在冰水浴中冷却，抽滤收集固体，用少量冰水洗涤，压紧抽干，得到粗品磺胺。用水重结晶(每克产物约需 12 mL 水)后得到 3～4 g 产品，测熔点。

纯的对-氨基苯磺酰胺为白色针状晶体，熔点 163～164℃。

【实验记录及结果】

1. 对-氨基苯磺酰胺的颜色、晶型、质量、熔点并计算产率。

2. 实验过程中主要的实验现象,分析每一步纯化的目的及注意事项。

3. 总结得到较高产率对-氨基苯磺酰胺的关键点。

【实验指导】

1. 若氯磺化反应过于剧烈,可用冰水浴冷却。

2. 磺胺是一种两性化合物,在过量的碱溶液中易变成盐类而溶解,故中和操作必须仔细进行,溶液刚呈碱性即可,以免降低产量。

【思考题】

1. 为什么在氯磺化反应完成后处理反应混合物时,必须在充分搅拌下缓缓倒入碎冰中?直接倒入水中可以吗?为什么?

2. 为什么苯胺要乙酰化后再氯磺化?可以直接氯磺化吗?

3. 如何理解对氨基苯磺酰胺是两性物质?试用反应式表示磺胺与稀酸和稀碱的作用。

【注释】

[1] 氯磺酸对皮肤和衣服有强烈的腐蚀性,遇水会发生猛烈的放热反应,甚至爆炸,取用时须加小心。

[2] 加入速度必须缓慢,并须充分搅拌,以免局部过热而使对乙酰氨基苯磺酰氯水解,这是实验成功的关键。

[3] 尽量洗去固体所夹杂和吸附的盐酸,否则产物在酸性介质中放置过久,会很快水解。因此在洗涤后,应尽量压干。

[4] 粗制的对氨基苯磺酰氯久置容易分解,甚至干燥后也不可避免。

[5] 对乙酰氨基苯磺酰胺在稀酸中水解成磺胺,后者又与过量的盐酸形成水溶性的盐酸盐,所以水解完成后,反应液冷却时应无晶体析出。由于水解前溶液中氨的含量不同,加 3.5 mL 盐酸有时不够。因此,在回流至固体全部消失前,应测一下溶液的酸碱性,若酸性不够,应补加盐酸继续回流一段时间。

(李兰兰)

实验三十九　对乙酰氨基苯酚 (扑热息痛)的制备

【实验目的】

1. 了解酰化反应的原理和对乙酰氨基苯酚的制备方法。

2. 掌握固体有机物重结晶、过滤和熔点测定等实验操作。

【实验原理】

对乙酰氨基苯酚又叫扑热息痛(Paracetamol),是常用的非抗炎解热镇痛药。它是以对氨基苯酚为原料,经酰化反应合成的。酰化后,不仅能降低对氨基苯酚的毒性,还能增加药物的脂溶性,便于吸收。

对氨基苯酚的氨基和羟基都能被酰化,如酰化反应中有水存在,乙酐的酰化能力下降,可选择性地酰化氨基而不与酚羟基作用。

$$\underset{\underset{OH}{\bigodot}}{NH_2} \xrightarrow[H_2O]{(CH_3CO)_2O} \underset{\underset{OH}{\bigodot}}{HN-\overset{O}{\overset{\|}{C}}-CH_3}$$

产物中可能存在的杂质是对氨基苯酚,主要是对乙酰胺基苯酚合成中酰化反应不完全而导致的,可以通过重结晶的方法除去。

【仪器和试剂】

仪器:锥形瓶(50 mL、100 mL),布氏漏斗,量筒(10 mL、25 mL),烧杯(250 mL),抽滤瓶,循环水真空泵,熔点仪

试剂:对氨基乙酰苯酚、乙酐、亚硫酸氢钠、活性炭

【实验步骤】

1. 对乙酰氨基苯酚的制备

称取 5.5 g 对氨基苯酚[1],置于 100 mL 锥形瓶中,加入 6 mL 乙酐和 15 mL 水,轻轻振摇使成均相,再于 80℃ 水浴中加热反应 30 min,冷却析出结晶,抽滤,滤饼以 5 mL 冷水分二次洗涤,抽干,60℃ 干燥,得到白色对乙酰氨基苯酚粗品,产量 6 g。

2. 精制

将粗品移至 50 mL 锥形瓶中,每克加水 5 mL,加热使其溶解,稍冷后加入 0.5 g 活性炭,煮沸 5 min。在抽滤瓶中先加入 0.5 g 亚硫酸氢钠[2],趁热抽滤。滤液放冷,析出结晶,抽滤,滤饼用 5 mL 冷水分 2 次洗涤,抽干,60℃ 干燥,得白色对乙酰氨基苯酚晶体,产量约 4 g,m.p. 168~170℃。

【实验记录及结果】

1. 记录对乙酰氨基苯酚粗品产量。
2. 观察对乙酰氨基苯酚精制品外观性状,测定熔点,计算收率。

【思考题】

1) 为什么酚羟基氧上乙酰化比氨基氮上乙酰化难?
2) 为什么产品要在 60℃ 下干燥?

【注释】

[1] 对氨基苯酚的质量是影响对乙酰氨基苯酚产量、质量的关键,购得的对氨基苯酚应是白色或淡黄色颗粒状结晶,m.p. 183~184℃。

[2] 亚硫酸氢钠为抗氧化剂,但浓度不宜太高。

(季卫刚)

实验四十 维生素 K_3 的制备

【实验目的】

1. 了解维生素 K_3 的制备方法。
2. 了解亚硫酸氢钠加成物在药物结构修饰中的作用。

3. 掌握固体有机物重结晶、过滤和熔点测定等实验操作。

【实验原理】

维生素 K_3 又名亚硫酸氢钠甲萘醌,是一种促凝血药,可由 β-甲基萘制备。

β-甲基萘因 2 位甲基的超共轭效应,甲基所在环的电子云密度较高,在温和条件下,可被铬酸(一般用三氧化铬的醋酸溶液或重铬酸盐的稀硫酸溶液)氧化,形成甲萘醌。甲萘醌的 2,3-位双键再与亚硫酸氢钠加成,即得维生素 K_3。

$$\text{β-甲基萘} \xrightarrow[H_2SO_4]{Na_2Cr_2O_7} \text{甲萘醌} \xrightarrow[C_2H_5OH]{NaHSO_3} \text{维生素 } K_3 \cdot 3H_2O$$

【仪器和试剂】

仪器:三颈瓶(250 mL),布氏漏斗,量筒(100 mL),烧杯(250 mL),抽滤瓶,循环水真空泵,熔点仪,球形冷凝管,恒压滴液漏斗。

试剂:β-甲基萘,丙酮,重铬酸钠,亚硫酸氢钠,活性炭,硫酸,95%乙醇。

【实验步骤】

1. 甲萘醌的制备

在装有搅拌器、球形冷凝管、恒压式滴液漏斗的 250 mL 三颈瓶中,加入 14 g β-甲基萘、36 mL 丙酮,搅拌至溶解。将 70 g 重铬酸钠溶于 105 mL 水中,与 46 mL 浓硫酸混合[1]后,于 38~40℃ 慢慢滴加至反应瓶中,加毕,再于 40℃ 反应 30 min,然后将水浴温度升至 60℃ 反应 1 h。趁热将反应物倒入大量水中,使甲萘醌完全析出,抽滤,滤饼用水洗 3 次,抽干,得甲萘醌[2]结晶。

2. 维生素 K_3 的制备

在装有搅拌器、球形冷凝管的 250 mL 三颈瓶中,加入上步所得甲萘醌和 8.7 g 亚硫酸氢钠(溶于 13 mL 水中),40℃ 水浴加热,搅拌均匀,再加入 22 mL 95%乙醇[3]搅拌 30 min,冷却至 10℃ 以使结晶析出,抽滤,滤饼用少量冷乙醇洗涤,抽干,得维生素 K_3 粗品。

3. 精制

将粗品移至 100 mL 圆底烧瓶中,加 4 倍量 95%乙醇及 0.5 g 亚硫酸氢钠,在 70℃ 以下回流溶解,稍冷,加入粗品量 1.5% 的活性炭,水浴 70℃ 保温脱色 15 min,趁热抽滤,滤液冷却至 10℃ 以下,析出结晶,抽滤,结晶用少量冷乙醇洗涤,抽干,60℃ 下干燥,得维生素 K_3 纯品。m.p. 105~107℃。

【实验记录及结果】

1. 记录甲萘醌产量,计算产率。
2. 观察维生素 K_3 精制品外观性状,测定熔点,记录产量,计算产率(以甲萘醌计)。

【思考题】

1. 氧化反应中为何要控制反应温度?温度高了对产品有何影响?
2. 本反应中硫酸与重铬酸钠属哪种类型的氧化剂?药物合成中常用的氧化剂有哪些?

【注释】

[1] 氧化剂混合时,需将浓硫酸缓慢加入到重铬酸钠水溶液中。
[2] 甲萘醌对皮肤有强烈刺激,操作时要注意。
[3] 加入乙醇,可增加甲萘醌的溶解度,有利于反应进行。

(季卫刚)

实验四十一 盐酸普鲁卡因的制备

【实验目的】

1. 了解盐酸普鲁卡因的制备方法。
2. 掌握共沸蒸馏除水的方法及分水器的使用方法。
3. 掌握普鲁卡因的成盐条件和水溶性大的盐类的精制方法。

【实验原理】

盐酸普鲁卡因是一种常用的局麻药物。其合成工艺原理:以对硝基苯甲酸为原料,与二乙胺基乙醇脱水缩合成酯,酯化所生成的水通过与二甲苯共沸蒸馏而分出,使反应完成。再用铁粉在盐酸中将硝基还原成氨基,得盐酸普鲁卡因,最后用盐析法分离精制。

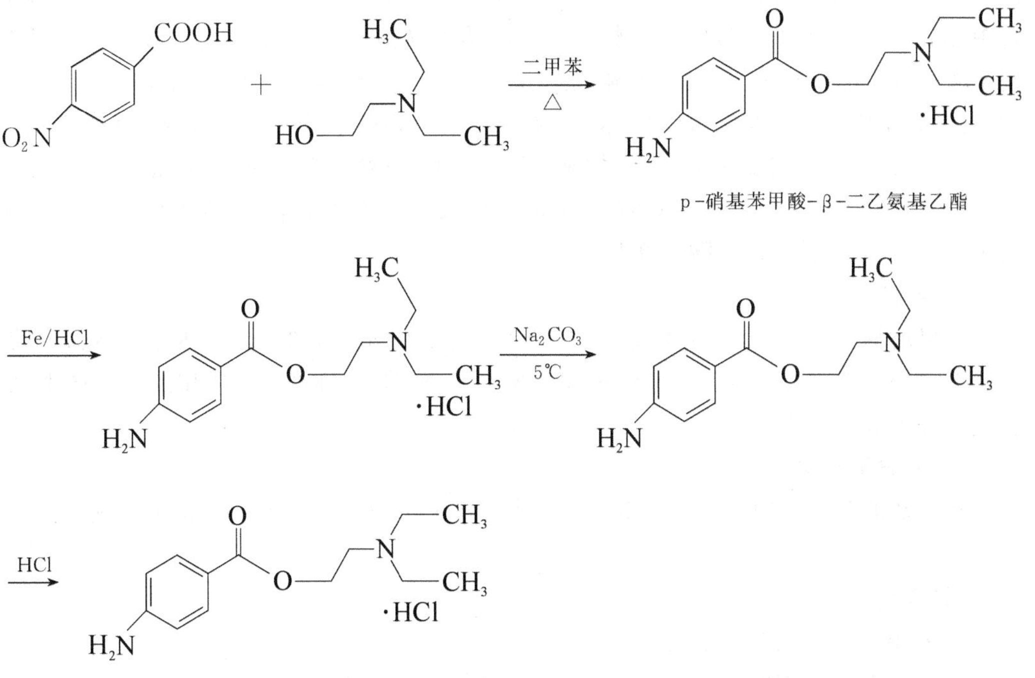

【仪器和试剂】

仪器:三颈瓶(500 mL),布氏漏斗,量筒(100 mL),熔点仪,恒压滴液漏斗,恒温水浴锅,球形冷凝管,分水器,温度计,酸度计

试剂:对硝基苯甲酸,二甲苯,β-二乙氨基乙醇,盐酸,活性炭,饱和碳酸钠溶液,95% 乙醇,铁粉,饱和硫化钠溶液,氯化钠,保险粉

【实验步骤】

1. p-硝基苯甲酸-β-二乙氨基乙酯(硝基卡因)的制备

在装有搅拌器、温度计、球形冷凝管、分水器的 500 mL 三颈瓶中,加入 38 g 对硝基苯甲酸、240 mL 二甲苯[1],于搅拌下加入 25 g β-二乙氨基乙醇,先加热升温至 110～120℃反应 30 min,继续搅拌,升温至 145℃,保温反应 6 h。反应完毕,稍冷后,将反应液转移至锥形瓶中备用。

将锥形瓶中的清液移至 250 mL 圆底瓶中,装上减压蒸馏装置,水浴加热,水泵减压蒸去二甲苯。残留物与原锥形瓶中析出的固体合并,加入 265 mL 3%盐酸搅拌溶解,使未反应的对硝基苯甲酸[2]析出,过滤除去。滤液移至 250 mL 锥形瓶中,以饱和碳酸钠溶液调节 pH 至 4.0(用酸度计精密测之)。得 p-硝基苯甲酸-β-二乙氨基乙酯盐酸盐溶液,备用。

2. 盐酸普鲁卡因的制备

在装有搅拌器、温度计的 500 mL 三颈瓶中加入硝基卡因盐酸盐溶液,25℃充分搅拌下分次加入 88 g 铁粉[3]。加毕,水浴加热慢慢升高温度,保持在 40～45℃,搅拌反应 2 h。反应毕,抽滤,滤渣用少量水洗涤 2 次,洗液合并于滤液中,以少量稀盐酸酸化至 pH=5,再用饱和硫化钠溶液调节 pH 至 8,将反应中的铁盐沉淀除尽,抽滤,滤渣用少量水洗涤 2 次,合并洗液与滤液,滤液以稀盐酸酸化至 pH=5,加 0.5 g 活性炭[4],于 50～60℃保温脱色 10 min。趁热抽滤,滤渣用少量水洗涤 1 次,合并洗液与滤液,放冷至室温,用冰浴冷却至 10℃以下,再用饱和碳酸钠溶液碱化至 pH=9.5,析出结晶,抽滤,尽量抽干。50℃干燥,得普鲁卡因固体。将普鲁卡因称重,移至 50 mL 烧杯中,冰浴冷却,缓慢滴加浓盐酸调 pH 至 5.5[5]。水浴加热至 50℃,加氯化钠至饱和,继续升温至 60℃,加保险粉[6](普鲁卡因投料量的 1%),在 65～70℃时趁热抽滤,滤液移至锥形瓶中,冷却结晶,待晶体完全析出,抽滤,50℃干燥,得盐酸普鲁卡因粗品。

3. 精制

将粗品移至 100 mL 圆底烧瓶中,加蒸馏水至恰好溶解,加入少量活性炭与保险粉,加热至 65～70℃,趁热抽滤。将滤液冰浴冷却,析出结晶,抽滤。固体用少量乙醇洗涤,得盐酸普鲁卡因纯品,m.p. 154～157℃。

【实验记录及结果】

观察盐酸普鲁卡因精制品外观性状,测定熔点,记录产量,计算产率(以对硝基苯甲酸计)。

【思考题】

1. 硝基还原成氨基有哪些常用方法?
2. 还原反应结束时产品即为普鲁卡因盐酸盐,为何还要碱化后再与盐酸成盐?

【注释】

[1] 酸与醇脱水生成酯的反应是一个可逆反应。利用二甲苯与水形成共沸混合物的原理,将水除去以打破平衡,使酯化反应更完全。

[2] 未反应完全的原料对硝基苯甲酸需除尽,否则影响产品质量。

[3] 还原时,铁粉需分次加入,以免反应剧烈而冲料。注意反应液的变化,如反应液不转成棕黑色,表示反应尚未完成,可补加适量铁粉,使反应完全。

[4] 多余的铁粉用硫化钠除去。多余的硫化钠加酸使成胶体硫析出,再加活性炭过滤除去。

[5] 普鲁卡因结构中有两个碱性中心,成盐时控制盐酸的用量至 pH=5.5,可避免芳氨基成盐,以便形成脂氨基单盐酸盐。

[6] 保险粉为强还原剂,可防止游离芳氨基氧化,并可除去有色杂质。

(季卫刚)

实验四十二 从橙皮中提取柠檬烯

【实验目的】
1. 了解柠檬烯的结构与性质。
2. 理解植物中挥发性成分的提取原理,进一步熟悉气相色谱的原理与应用。
3. 掌握从橙皮中提取柠檬烯的操作方法。
4. 掌握水蒸气蒸馏的原理、操作与萃取分离操作技术。

【实验原理】
工业上常用水蒸气蒸馏的方法从植物组织中获取挥发成分,这些挥发成分的混合物统称精油,其大都具有令人愉快的香味。从柠檬、橙子和柚子等水果的果皮中提取的精油 90% 以上是柠檬烯。

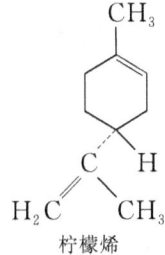
柠檬烯

柠檬烯是一种单环萜,分子中有一个手性中心。其 S-(−)异构体存在于松针油、薄荷油中;R-(+)异构体存在于柠檬油、橙皮油中;外消旋体存在于香茅油中。本实验是先用水蒸气蒸馏法把柠檬烯从橙皮中提取出来,再用二氯甲烷萃取,然后蒸去二氯甲烷,留下的残液为橙油,主要成分是柠檬烯。分离得到的产品可以通过测定折射率、旋光度和红外、核磁共振谱进行鉴定,同时用气相色谱分析分离产品的纯度。

水蒸气蒸馏的原理和实验装置详见第三章"十二、水蒸气蒸馏"中的相关内容。

【仪器和试剂】
仪器:水蒸气蒸馏装置1套,分液漏斗,气相色谱仪
试剂:二氯甲烷,橙子皮

【实验步骤】
将 2~3 个橙子皮[1]剪成细碎的碎片,投入 250 mL 三口烧瓶中,加入约 30 mL 水,按照第三章第十二部分中的图 3-35 所示,安装水蒸气蒸馏装置。

松开弹簧夹 G,加热水蒸气发生器 A 至水沸腾,T 形管的支管口有大量水蒸气冒出时夹紧弹簧夹 G,打开冷凝水,水蒸气蒸馏即开始进行,可观察到在馏出液的水面上有一层

很薄的油。当馏出液收集约 60～70 mL 时，松开弹簧夹 G，然后停止加热。

将馏出液加入分液漏斗中，每次用 10 mL 二氯甲烷萃取 3 次。合并萃取液，置于干燥的 50 mL 锥瓶中，加入适量无水硫酸钠干燥 0.5 h 以上。

将干燥好的溶液滤入 50 mL 蒸馏瓶中，用水浴加热蒸馏。二氯甲烷基本蒸完后，再用水泵减压抽去残余的二氯甲烷[2]，瓶中留下少量橙黄色液体即为橙油。

测定橙油的折光率、比旋光度，并用气相色谱法测定橙油中柠檬烯的含量[3]。

纯的柠檬烯 b.p. 176℃，n_D^{20} 1.472 7，$[\alpha]_D^{20}$ +126.6°。

【实验记录及结果】

1. 记录柠檬烯的颜色、状态、气味、折光率和气相色谱分析的含量。
2. 总结水蒸气蒸馏操作的关键。

【实验指导】

橙皮提取物的气相色谱分析：

1. 开启仪器，设定实验操作条件。操作条件为：柱温 120℃，汽化温度为 200℃，检测器温度 200℃，载气流量 30～40 mL/min。
2. 开启色谱工作站，进入"样品采集"窗口。
3. 当色谱仪温度达到设定值后，氢火焰离子化检测器点火。待仪器的电路、气路系统达到平衡，工作站采样窗口显示的基线平直后即可进样。
4. 测定橙皮提取物。将实验中得到的橙皮提取物用乙醇释数倍。用微量进样器吸取 0.1～0.2 μL 样品进样，用色谱工作站采集记录色谱数据并记录谱图文件名。重复进样两次。
5. 测定柠檬烯标样。在相同的条件下，吸取 0.3 μL 柠檬烯标样（已稀释）进样测定。用色谱工作站采集色谱数据，并记录谱图文件名。重复进样两次。
6. 数据处理和记录。进入色谱工作站的数据处理系统，依次打开色谱图文件并对色谱图进行处理，同时记下各色谱峰的保留时间和峰面积。
7. 实验完毕，用乙醚抽洗微量进样器数次，并关闭仪器和计算机。

【思考题】

1. 能用水蒸气蒸馏提纯的物质应具备什么条件？
2. 在水蒸气蒸馏过程中，出现安全管的水柱迅速上升，并从管上口喷出来等现象，这表现蒸馏体系中发生了什么故障？
3. 在水蒸气发生器与蒸馏器之间需用连接一个 T 形管，在 T 形管下口再接一根带有螺旋夹的橡皮管，请说明此装置有何用途。
4. 在停止水蒸气蒸馏时，为什么一定要先打开螺旋夹，然后再停止加热？

【注释】

[1] 橙皮最好是新鲜的。如果没有，干的亦可，但效果较差。

[2] 产品中二氯甲烷一定要除净，否则会影响产品的纯度。

[3] 测定比旋光度可将几组所得柠檬烯合并起来，用 95% 乙醇配成 5% 溶液进行测定，用纯柠檬烯同样浓度的溶液进行比较。

（赵华文）

实验四十三　从茶叶中提取咖啡因

【实验目的】

1. 了解咖啡因的结构、主要理化性质。
2. 理解脂肪提取器工作原理及升华法提纯物质的原理。
3. 掌握脂肪提取器的使用和升华的实验操作。

【实验原理】

茶叶中含有多种生物碱,其中以咖啡因(又称咖啡碱)为主,约占 1%～5%。另外还含有 11%～12% 的丹宁酸(又名鞣酸),0.6% 的色素、纤维素、蛋白质等。咖啡碱是弱碱性化合物,易溶于氯仿(12.5%)、水(2%)及乙醇(2%)等。在苯中的溶解度为 1%(热苯为 5%)。丹宁酸易溶于水和乙醇,难溶于苯。

咖啡因是杂环化合物嘌呤的衍生物,它的化学名称是 1,3,7-三甲基-2,6-二氧嘌呤,其结构如下:

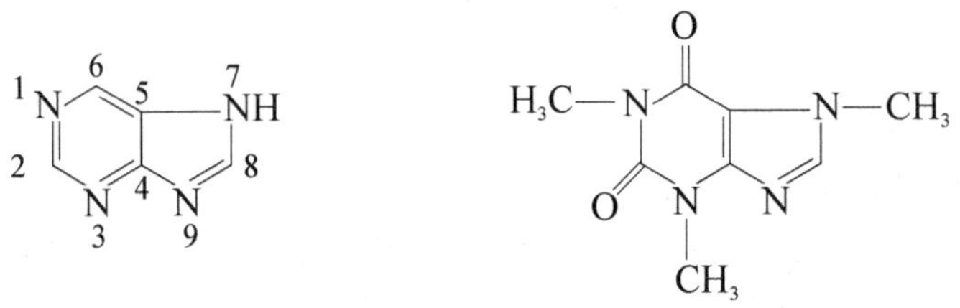

嘌呤　　　　咖啡因

为了提取茶叶中的咖啡因,往往利用适当溶剂(氯仿、乙醇、苯等)在脂肪提取器中连续抽提,然后蒸去溶剂,即得粗咖啡因。粗咖啡因还含有其他一些生物碱和杂质,利用升华可以进一步提纯。

工业上,咖啡因主要通过人工合成制得。它具有刺激心脏、兴奋大脑神经和利尿等作用,因此可以为中枢神经兴奋药。它也是复方阿司匹林(APC)等药物的组分之一。

含结晶水的咖啡因系无色针状结晶,味苦,能溶于水、乙醇、氯仿等。在 100℃ 时即失去结晶水,并开始升华,120℃ 时升华相当显著,至 178℃ 时升华很快。无水咖啡因的熔点为 234.5℃。

咖啡因可以通过测定熔点及光谱法加以鉴别。此外,还可以通过制备咖啡因水杨酸盐衍生物进一步得到确证。咖啡因作为碱,可与水杨酸作用生成水杨酸盐,此盐的熔点为 137℃。

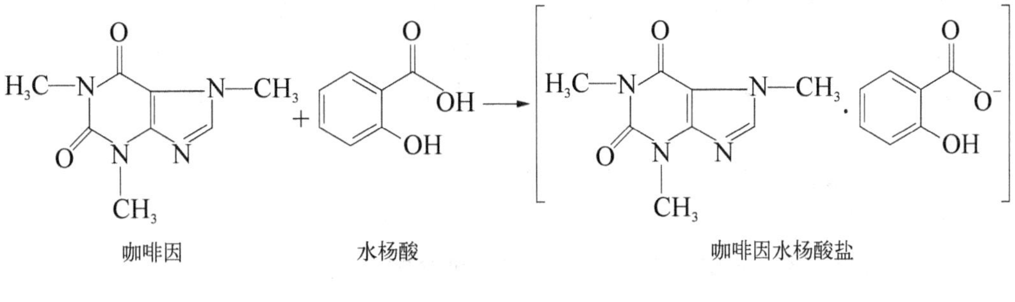

咖啡因　　　水杨酸　　　咖啡因水杨酸盐

萃取和升华的原理参见第三章第"十五、萃取"和"十六、升华"中的相关内容。

【仪器和试剂】

仪器：脂肪提取器，圆底瓶，冷凝管，蒸发皿，玻璃漏斗，石棉网

试剂：茶叶，95％乙醇，生石灰

【实验步骤】

按第三章十五部分中的图 3-52d 安装提取装置[1]。称取 6 g 茶叶末，放入脂肪提取器的滤纸套筒中[2]，在圆底烧瓶中加入 50 mL 95％乙醇，用水浴加热，连续提取 1～1.5 h[3]。待冷凝液刚刚虹吸下去时，立即停止加热。稍冷后，改成蒸馏装置，回收提取液中的大部分乙醇[4]。趁热将瓶中的残液倒入蒸发皿中，拌入 2～3 g[5]生石灰粉，使成糊状，在蒸汽浴上蒸干，其间应不断搅拌，并压碎块状物。最后将蒸发皿放在石棉网上，用小火焙炒片刻，使水分全部除去。冷却后，擦去沾在边上的粉末，以免在升华时污染产物。取一只口径合适的玻璃漏斗，罩在隔以刺有许多小孔的滤纸的蒸发皿上，用沙浴小心加热升华[6]。控制沙浴温度在 220℃左右。当滤纸上出现许多白色毛状结晶时，暂停加热，让其自然冷却至 100℃。小心取下漏斗，揭开滤纸，用刮刀将纸上和器皿周围的咖啡因刮下。残渣经拌和后用较大的火再加热片刻，使升华完全。合并两次收集的咖啡因，称重并测定熔点。

纯咖啡因的熔点为 234.5℃。

附：咖啡因水杨酸盐衍生物的制备

在试管中加入 50 mg 咖啡因、37 mg 水杨酸和 4 mL 甲苯，在水浴上加热振摇使其溶解，然后加入约 1 mL 石油醚（60～90℃），在冰浴中冷却结晶。如无晶体析出，可用玻棒或刮刀摩擦管壁。用漏斗过滤收集产物，测定熔点。纯盐的熔点为 137℃。

【实验记录及结果】

1. 记录提取到的咖啡因的性状、质量和熔点。
2. 记录每一步实验现象，总结实验成功的关键所在。

【实验指导】

1. 脂肪提取器易损坏，取用和安装时要特别小心。
2. 进行升华前应除尽水分，否则无法得到针状晶体。

【思考题】

1. 升华前加入生石灰的作用是什么？
2. 从茶叶中提取的粗咖啡因有绿色光泽，为什么？
3. 升华装置中，为什么要在蒸发皿上覆盖刺有小孔的滤纸？漏斗颈为什么塞棉花？

【注释】

[1] 脂肪提取器虹吸管极易折断，安装仪器和取拿时须特别小心。

[2] 滤纸套大小既要紧贴器壁，又能方便取放，其高度不得超过虹吸管；滤纸包茶叶末时要细心，防止茶叶末漏出堵塞虹吸管；纸套上面折成凹形，以保证回流液均匀浸润被萃取物。

[3] 若提取液颜色很淡时，即可停止提取。

[4] 瓶中乙醇不可蒸得太干，否则残液很黏，转移时损失较大。

[5] 生石灰起吸水和中和作用，以除去部分酸性物质。

[6] 在萃取回流充分的情况下,升华操作是实验成败的关键。升华过程中,始终都需用小火间接加热。如温度太高,会使产物发黄。

(赵华文)

实验四十四　红辣椒色素的分离

【实验目的】
1. 了解吸附柱色谱分离的原理和应用。
2. 学习柱色谱的实验操作技术和方法。
3. 掌握红辣椒色素的提取和分离方法。

【实验原理】

色素作为一种着色剂,广泛应用于食品、化妆品等与日常生活密切相关的行业。天然植物色素与人工合成色素相比,因其原料来源充足,对人体无毒副作用,日益受到人们的重视,有着广阔的发展前景。

红辣椒中含有多种色素,已知的有辣椒红、辣椒玉红素和 β-胡萝卜素,它们都属于类胡萝卜素类化合物,从结构上看则都属于四萜化合物。其中辣椒红是以脂肪酸酯的形式存在的,它是辣椒显深红色的主要因素。辣椒玉红素可能也是以脂肪酸酯的形式存在的。

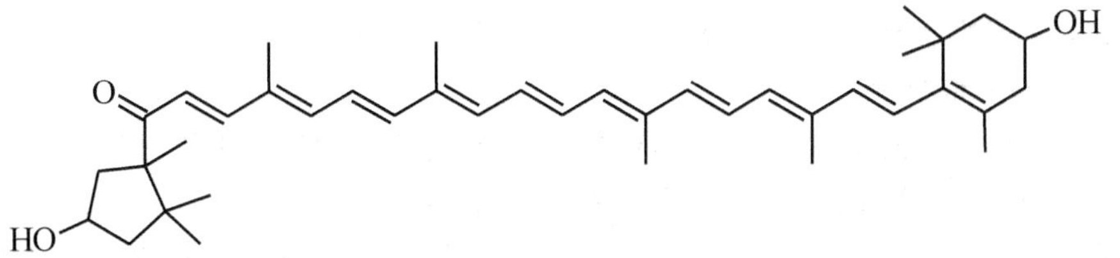

辣椒红

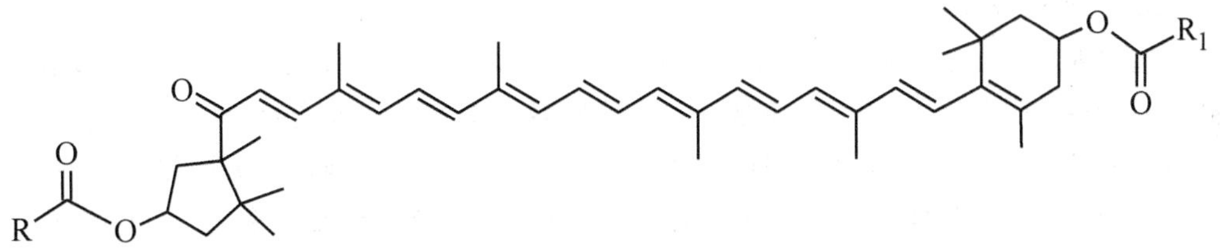

辣椒红脂肪酸酯

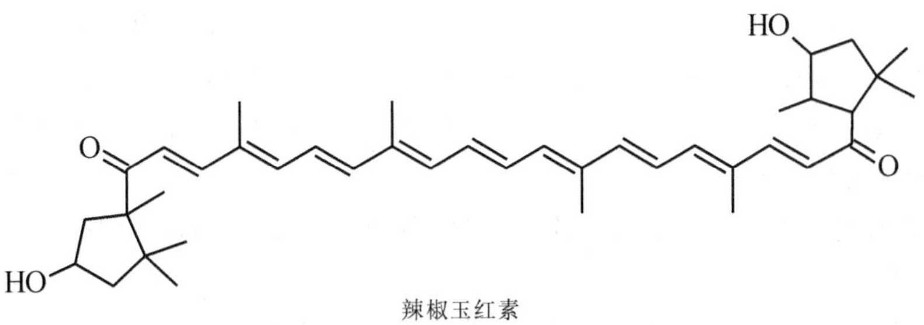

辣椒玉红素

β-胡萝卜素

这些色素可以通过色谱法加以分离。本实验以二氯甲烷作萃取剂,从红辣椒中提取红色素。然后采用薄层色谱分析,确定各组分的 R_f 再经柱色谱分离,分段接收并蒸除溶剂,即可获得各个单组分。

柱色谱分离原理详见第三章"十七、色谱法简介"中的相关内容。

【仪器和试剂】

仪器:圆底烧瓶(25 mL),球形冷凝管,布氏漏斗,抽滤瓶,循环水真空泵,展开槽,点样毛细管,色谱柱

试剂:硅胶 G 板,硅胶 G,二氯甲烷,30～60℃ 石油醚

【实验步骤】

1. 色素的萃取和浓缩

将干的红辣椒剪碎研细,称取 1 g 置于 25 mL 圆底烧瓶中,加入 10 mL 二氯甲烷和 2～3 粒沸石,装上回流冷凝管,水浴加热回流 20 min。冷至室温后抽滤。将所得滤液用水浴加热蒸馏浓缩至剩约 1 mL 残液,即为混合色素的浓缩液。

2. 薄层色谱分析

铺制硅胶薄层板(2.5 cm×7.5 cm)6 块,晾干并活化后取出 1 块,用点样毛细管汲取前面制得的混合色浓缩液点样[1],用 1 体积石油醚(30～60℃)与 3 体积二氯甲烷的混合液作展开剂[2],展开后记录各斑点的大小、颜色并计算其 R_f 值。已知 R_f 值最大的 3 个斑点是辣椒红的脂肪酸酯、辣椒玉红素和 β-胡萝卜素,试根据它们的结构分别指出这 3 个斑点的归属。

3. 色素的分离

选用内径 1 cm,长约 20 cm 的层析柱,按照第三章"十七、色谱法简介"的方法,用 10 g 硅胶(100～200 目)在二氯甲烷中装柱。柱装好后用滴管汲取混合色素的浓缩液[3],将混合液加入柱顶。小心冲洗柱内壁后改用体积比为 3∶8 的石油醚/二氯甲烷混合液淋洗,用不同的接收瓶分别接收先流出柱子的 3 个色带。当第 3 个色带完全流出后停止淋洗。

4. 柱效和色带的薄层检测

取三块硅胶薄层板,画好起始线,用不同的毛细管点样[4]。每块板上点两个样点,其中一个是混合色素浓缩液,另一个分别是第一、第二、第三色带,用体积比为 1∶3 的石油醚/二氯甲烷混合液作展开剂展开。比较各色带的 R_f 值,指出各色带是何种化合物。观察各色带样点展开后是否有新的斑点产生,评估柱层析分离是否达到了预期效果。

【实验记录及结果】

测定薄层色谱分析中主要组分的 R_f,确定色带的归属,评估色谱柱分离效果。

【思考题】

1. 在洗脱剂中二氯甲烷比例增大时,柱中各色带有何变化?

2. 若待分离样品中含有无色组分时应该如何处理？

【注释】

[1] 点样斑点直径不超过 3 mm，样点过大，易造成拖尾、扩散等现象，影响分离效果。

[2] 本展开剂一般能获得良好的分离效果。如果样点分不开或严重拖尾，可酌减点样量或稍增二氯甲烷比例。

[3] 混合色素浓缩应留出 1~2 滴作第 4 步使用。

[4] 不可用同一支毛细管汲取不同的样液。

（季卫刚）

实验四十五　从烟叶中提取烟碱

【实验目的】

1. 了解生物碱的提取原理。
2. 学习烟碱的纯化方法。
3. 掌握萃取、分液、熔点测定等实验操作。

【实验原理】

烟碱又名尼古丁，是烟草中主要的生物碱，于 1928 年首次被分离出来。它是具有吡啶、吡咯两种杂环的含氮碱，天然尼古丁是左旋体。烟碱在商业上用作杀虫剂以及兽医药剂中寄生虫的驱除剂。

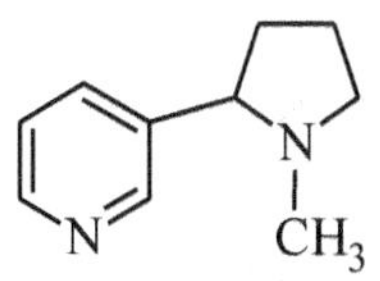

烟碱为无色油状液体(b.p. 246℃)，能溶于水和许多有机溶剂。由于分子中 2 个氮原子都显碱性，故一般能与 2 mol 的酸成盐。

本实验从干燥的烟叶中离析出烟碱，它在烟叶中约含 2%~3%，并与柠檬酸及苹果酸结合在一起。用强碱溶液(5% 氢氧化钠)萃取烟叶，使产生游离碱，再用乙醚将它从碱溶液中萃取出来，并进一步精制。由于烟碱是液体，加之从 1 支雪茄烟中离析出的量很少，不易纯化和操作。因此在萃取后溶液中加入苦味酸，使烟碱成为二苦味酸盐的结晶而析出，并通过测定衍生物的熔点加以鉴定。

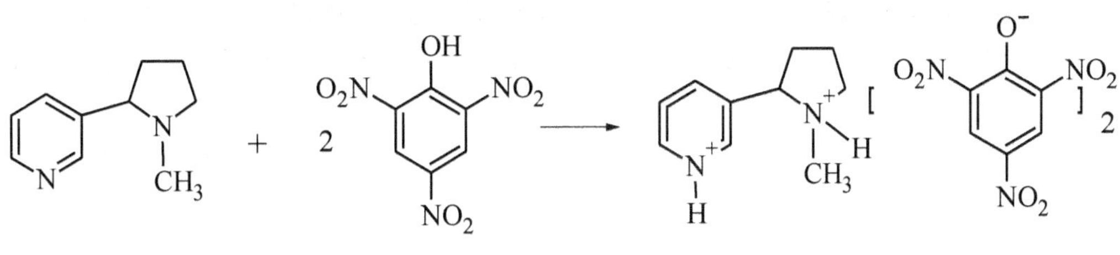

【仪器和试剂】

仪器：布氏漏斗，循环水真空泵，抽滤瓶，分液漏斗，水泵，圆底瓶，玻璃漏斗，锥形瓶，烧杯，玻璃钉

试剂：烟叶,5％氢氧化钠溶液,乙醚,饱和苦味酸甲醇溶液,甲醇,50％乙醇

【实验步骤】

在 250 mL 烧杯中加入 8.5 g 碾碎的雪茄烟叶[1]和 100 mL 15％氢氧化钠溶液,搅拌 15 min。然后用布氏漏斗抽气过滤,勿放置滤纸（滤纸在碱液中会立即膨胀并失去作用）,用干净的玻塞或小烧杯的底部挤压过滤的烟叶,挤出所有的碱提取液后,用 20 mL 水洗涤烟叶,并再次抽滤挤压。将抽滤后的碱提取液通过在颈口放置有玻璃毛的短颈漏斗,以除去少量穿过漏斗的烟叶碎片,用少量水洗涤玻璃毛并将洗涤液合并至碱提取液中。

将黑褐色的滤液移入 250 mL 分液漏斗中,用 25 mL 乙醚萃取。萃取时应轻轻旋荡,但不要振荡漏斗,以免形成乳浊液而难以分层,分出水相于烧杯中并予以保留,当醚层趋近活塞时,可能在漏斗尖底部出现少量黑色乳状液,小心从漏斗上口将醚层倾滗于 100 mL 圆底烧杯瓶中与乳浊液分离,水层再用 25 mL×2 乙醚萃取。

合并醚萃取液,在水浴上蒸去乙醚[2]后,用水泵将残存溶剂抽干。残余物[3]中加入 1 mL 水,轻轻旋摇使残渣溶解,再加入 4 mL 甲醇,然后将溶液通过放有玻璃毛或一小团棉花的短颈漏斗过滤到小烧杯中,并用 5 mL 甲醇淋洗烧瓶和玻璃毛,合并至小烧杯中[4]。在搅拌下向烧杯中加入 10 mL 苦味酸的甲醇饱和溶液,立即析出浅黄色的二苦味酸烟碱盐沉淀。用玻璃钉漏斗过滤,干燥后称重并计算所提取烟碱的产率,测熔点[5]。

用刮刀将粗产物移入 50 mL 锥形瓶中,加入 20 mL 50％乙醇-水（体积比）溶液,小心加热至沸使粗产物溶解,放置让其自然冷却。观察亮黄色长形棱状结晶的生成[6]。抽滤、干燥后称重并测定熔点。

【实验记录及结果】

观察烟碱苦味酸衍生物外观性状,测定熔点,记录产量。

【思考题】

1）提取烟碱时,加入氢氧化钠的作用是什么？

2）你还了解哪些天然产物有效成分提取的方法？

【注释】

[1] 也可用普通香烟烟丝或市售的干燥烟叶代替雪茄。

[2] 乙醚易挥发、易燃,使用时注意安全。

[3] 烟碱剧毒,致死量为 60 mg,操作时务必小心。如不慎手上沾上烟碱提取液,应用水冲洗后用肥皂擦洗。

[4] 此时溶液应是清亮的,否则须重新过滤。

[5] 纯二苦味酸烟碱盐的熔点为 222～223℃,此时制得的烟碱盐熔点可能稍低。

[6] 结晶过程有时是缓慢的,可用刮刀摩擦瓶壁促使结晶或塞住瓶子放置至下次实验。

（季卫刚）

第5章

设计性实验

实验四十六 氯化钠的精制及杂质检验

【实验目的】

1. 查阅相关文献资料,了解固体物质分离提纯的一般方法。

2. 理解粗食盐提纯和有关离子鉴定的原理。

3. 学习实验方案设计的基本方法和步骤,设计出粗食盐提纯、有关离子鉴定的实验方案。

4. 提纯粗食盐并对有关离子进行鉴定,掌握溶解、过滤、蒸发、浓缩、结晶和干燥等基本操作。

【实验背景】

粗食盐原料非常丰富,由海水、岩盐、盐湖盐水、地下盐水和井盐为原料,经处理可制得粗食盐。粗食盐精制后可得到纯的 NaCl 晶体。NaCl 用途极为广泛。工业上以 NaCl 为原料制取纯碱、火碱、氯气和盐酸等,农业上可以用 NaCl 溶液来选种,将 NaCl 撒在积雪的路面上可清除积雪,生活中食盐用做调味品和腌渍食品等。Na 和 Cl 是生命元素,Na^+ 和 Cl^- 在生命过程中起着十分重要的作用。经高度精制的 NaCl 可用来配制生理盐水,用于临床治疗和生理实验。食盐水还可以灭菌,外用可用于冲洗伤口、创面、鼻或眼等患处。

粗食盐中通常含有泥沙等不溶性杂质及 K^+、Ca^{2+}、Mg^{2+}、Fe^{3+} 和 SO_4^{2-} 等可溶性杂质。泥沙等可利用溶解和过滤的方法除去,而 Ca^{2+}、Mg^{2+}、Fe^{3+} 和 SO_4^{2-} 等离子可选择适当的沉淀剂使之转化成难溶物,过滤除去。用沉淀剂不能除去的 K^+ 离子,由于 KCl 的溶解大于 NaCl 的溶解度,而且在粗食盐中的含量较少,所以在蒸发结晶的过程中仍留在母液中而与 NaCl 分离。

【仪器和试剂】

仪器:电子天平,水泵,加热套,砂芯漏斗,布氏漏斗,抽滤瓶,量筒,烧杯,蒸发皿

试剂:粗食盐,$BaCl_2$,HAc,Na_2CO_3,镁试剂,NaOH,HCl,$(NH_4)_2C_2O_4$,乙醇,H_2SO_4,pH 试纸

【实验要求】

1. 根据上述提供的主要仪器与试剂设计出一个较优的实验方案。方案包括实验原

理、仪器与试剂、氯化钠的提纯和有关离子鉴定方法及具体步骤、实验记录等,实验前一周完成实验方案设计。

2. 规范、流畅地完成实验并得到纯度高的 NaCl 晶体,掌握溶解、过滤、蒸发、浓缩、结晶和干燥等基本操作。

3. 实验结束后,对实验设计方案、实验过程及实验结果进行分析和讨论,认真总结实验经验,写一篇质量较高的实验研究报告。

【思考题】

1. 可否用重结晶的方法提纯粗食盐?
2. 为什么用毒性较大的 $BaCl_2$ 除 SO_4^{2-},而不用无毒的 $CaCl_2$?
3. 根据实验过程和结果,你认为自己设计的实验方案有何不足,如何改进?

(刘毅敏)

实验四十七　药用醋酸中总酸度的测定

【实验目的】

1. 通过所学知识并查阅有关文献资料,了解测定醋酸的常用方法。
2. 巩固化学常量分析法定量测定酸性物质含量的实验技能。
3. 学习设计性实验的一般方法和步骤。

【实验背景】

醋酸是最早从自然界直接得到的有机物之一,早在 2 000 多年前,人类已用发酵法制造食用醋酸。食用醋酸根据原料可分为粮食醋酸、水果醋酸;按生产工艺可分为酿造醋酸、配制醋酸;按醋酸含量可分为普通醋酸和高浓度醋酸。

醋酸作为调味剂,具有开胃健脾、帮助消化吸收、增加食欲的作用;醋酸作为美容剂,对皮肤、头发有很好的保护作用。此外,醋酸在临床上也有着广泛的应用:① 醋酸具有杀菌作用,因此能有效预防肠道疾病、流行性感冒和呼吸道疾病;② 醋酸可以软化血管,降低胆固醇,因此是高血压、冠心病等心血管病人的一剂良药;③ 醋酸还具有抗真菌、防腐、消毒及腐蚀作用,可用于浅部真菌病,如手足癣、体癣、花斑癣等,外涂或浸泡,较好的效果,也可用于甲癣的治疗,供外涂用。由于醋酸具有较强的腐蚀性,所以酸度的测定十分重要。

【仪器和试剂】

仪器:pHs-25 型数字酸度计,pH 复合电极,电子天平,容量瓶,锥形瓶,酸式滴定管,碱式滴定管,移液管,吸量管,量筒,称量瓶等

试剂:药用 HAc 溶液,无水 Na_2CO_3,浓 HCl,NaOH,酚酞指示剂,甲基橙指示剂

【实验要求】

1. 根据上述提供的主要仪器与试剂提前一周完成实验方案设计,讨论后完善实验方案。实验方案应包括实验原理、仪器与试剂、实验步骤、数据记录。

2. 根据所设计的实验方案,认真完成实验。实验过程中应仔细观察并如实记录实验现象和实验数据,并注意整个实验的规范性、条理性和流畅性。

3. 实验结束后,对实验结果进行分析和讨论,总结实验经验。最后完成一份质量较高的实验研究报告。

【思考题】

1. 确定药用醋酸溶液量取体积的依据是什么?
2. 如何确定基准物质碳酸钠溶液的浓度?

(赵先英)

实验四十八 蛋壳中钙、镁总量的测定

【实验目的】

1. 通过所学知识并查阅有关文献资料,了解碳酸盐中钙、镁含量测定的常用方法,并设计合理、可行的实验方案。
2. 巩固化学常量分析法定量测定钙、镁含量的实验技能。
3. 培养在实验中发现问题、在讨论中解决问题的综合实验能力。

【实验背景】

蛋壳主要由无机物组成,约占整个蛋壳的 94%~97%,主要成分为 $CaCO_3$,其次为 $MgCO_3$ 及少量的铁和铝等元素。由于蛋壳中含有丰富的 $CaCO_3$,因此是一种天然的钙源。将蛋壳经过壳和膜的分离处理以后,高温煅烧蛋壳,再使它与有机酸反应,可以制成食品钙添加剂。因为蛋壳是生物组织,没有毒性,所以用蛋壳制备的有机钙安全无毒,可作为食品的钙强化剂,用于食品的添加。由于蛋壳为不规则的多孔结构,因此蛋壳粉的钙吸收率高于普通钙源。此外,从绿色、环保的角度考虑,利用蛋壳制备有机钙既可缓解或消除废弃蛋壳对环境的污染,又避免了用生石灰制备同类产品时除杂过程中带入的化学污染,可以将对人体有害的物质降低到最低限度,同时又充分利用了蛋壳中的钙资源。所以对蛋壳的开发和研究具有重要意义。对蛋壳中钙、镁含量的测定,可选择不同的化学常量分析方法。

【仪器和试剂】

仪器:电子天平,容量瓶,酸式滴定管,碱式滴定管,锥形瓶,称量瓶,酒精灯,研钵,量筒等

试剂:鸡蛋壳,浓 HCl,浓 H_2SO_4,NaOH,Na_2CO_3,三乙醇胺水溶液,$NH_3 \cdot H_2O$,$NH_4Cl-NH_3 \cdot H_2O$ 缓冲溶液,EDTA,$KMnO_4$,$(NH_4)_2C_2O_4$,甲基橙指示剂,铬黑 T 指示剂

【实验要求】

1. 根据上述提供的主要仪器与试剂提前一周完成实验方案设计,讨论后完善实验方案。实验方案应包括实验原理、仪器与试剂、实验步骤、数据记录。
2. 根据所设计的实验方案,认真完成实验。实验过程中应仔细观察并如实记录实验现象和实验数据,并注意整个实验的规范性、条理性和流畅性。
3. 实验结束后,对实验结果进行分析和讨论,总结实验经验。最后完成一份质量较高的实验研究报告。

【思考题】

1. 确定鸡蛋壳称量范围的依据是什么?
2. 溶解蛋白质时应注意什么?

3. 如何表示鸡蛋壳中钙、镁的总量?

(赵先英)

实验四十九　血清总胆固醇的测定

【实验目的】

1. 查阅相关文献资料,了解测定血清总胆固醇的临床意义和几类方法。
2. 学习实验方案设计的基本方法和步骤,设计出用分光光度法测定血清总胆固醇的实验方案。
3. 用分光光度法测出血清总胆固醇的含量。
4. 巩固分光光度法的基本原理和分光光度计的使用方法。

【实验背景】

胆固醇是环戊烷多氢菲的衍生物,它不仅参与血浆蛋白的组成,而且也是细胞的必要结构成分,在神经组织和肾上腺中含量特别丰富,在肝、肾和表皮组织含量也很多。胆固醇可以转化成胆汁酸盐、肾上腺皮质激素和维生素 D_3 等。血清胆固醇水平基本能够反映胆固醇的摄取、合成及转送情况。血清胆固醇升高与动脉粥样硬化、肾病综合征、肝细胞性黄疸、阻塞性黄疸及重症糖尿病等有一定关系;血清胆固醇降低提示可能患有恶性贫血、溶血性贫血、甲状腺机能亢进、急性感染,营养不良等。因此,血清中胆固醇含量具有临床诊断意义。

胆固醇在体内以游离胆固醇及胆固醇酯两种形式存在,统称总胆固醇。总胆固醇的测定方法目前已超过 200 种,可分为化学试剂比色法、酶分析法、荧光法、气相和高效液相法等五大类。临床实验室最常用的是化学试剂法和酶法。

化学试剂比色法有三种方法。其中之一是胆固醇及其酯在硫酸存在下与邻苯二甲醛作用,产生紫红色物质,此物质在 553 nm 有最大吸收,可用分光光度法定量测定。胆固醇含量在 400 mg/100 mL 之内与吸光度呈良好线性关系。此法的优点是操作简便(无需将样品中的胆固醇抽提出来或去除样品中的蛋白质),灵敏,稳定。

【仪器和试剂】

仪器:电子分析天平,分光光度计,离心机,离心试管,容量瓶,微量进样器,移液管,量筒,具塞试管

试剂:邻苯二甲醛,冰醋酸,浓硫酸,无水乙醇,胆固醇(C.P.),大鼠血

【实验要求】

1. 根据上述提供的主要仪器与试剂设计出一个较优的实验方案。方案包括实验原理、仪器与试剂、实验方法及具体步骤、实验记录等,实验前一周完成实验方案设计。
2. 规范、流畅地完成实验并测出血清总胆固醇的含量,掌握分光光度计的使用方法。
3. 实验结束后,对实验设计方案、实验过程及实验结果进行分析和讨论,认真总结实验经验,写一篇质量较高的实验研究报告。

【思考题】

1. 血清用量太高或太低时对测定结果会有什么影响?
2. 实验过程中哪些因素会影响测定的准确性?如何予以注意?

3. 目前临床上最常用的测定血清总胆固醇的方法有哪些？与本实验方法比较，有何优势与不足？

4. 根据实验过程和结果，你认为自己设计的实验方案有何不足，如何改进？

(刘毅敏)

实验五十　饮料中山梨酸和苯甲酸的测定

【实验目的】

1. 了解山梨酸和苯甲酸的定量分析检测方法，熟悉山梨酸和苯甲酸结构、性质与应用。

2. 通过设计实验进一步熟悉色谱分析原理和巩固色谱仪器的操作。

3. 学习和掌握色谱定量分析中标准液的制备、色谱测定条件（色谱柱、进样温度、柱温、检测器温度等）的确定，流动相、固定相、展开剂、显色剂的选择及解析图谱。

【实验背景】

防腐剂是抑制物质腐败的药剂，它对以腐败物质为代谢底物的微生物的生长具有持续的抑制作用。食品防腐剂能抑制微生物活动，防止食品腐败变质，从而延长食品的保质期。我国允许使用的食品添加剂主要有苯甲酸及其盐和山梨酸防腐剂。

苯甲酸又称安息香酸，以游离酸、酯或其衍生物的形式广泛存在于自然界中。例如，在安息香胶内以游离酸和苄酯的形式存在；在一些植物的叶和茎皮中以游离的形式存在；在香精油中以甲酯或苄酯的形式存在。苯甲酸及其钠盐可用作乳胶、牙膏、果酱或其他食品的抑菌剂，也可作染色和印色的媒染剂。

山梨酸是一种不饱和脂肪酸，又名2,4-己二烯酸、2-丙烯基丙烯酸。与其他天然的脂肪酸一样，山梨酸在人体内参与新陈代谢过程，并被人体消化和吸收，产生二氧化碳和水。山梨酸是一种国际公认安全的防腐剂，能有效地抑制霉菌、酵母菌和好氧性细菌的活性，还能防止肉毒杆菌、葡萄球菌、沙门氏菌等有害微生物的生长和繁殖，从而达到有效地延长食品的保存时间，并保持原有食品的风味。山梨酸对人体不会产生致癌和致畸作用，安全性很高。由于山梨酸在水中的溶解度不是很高，影响了它在食品中的应用，所以，食品添加剂生产企业通常将山梨酸制成溶解性能良好的山梨酸钾，以扩大山梨酸类产品的应用范围。

薄层色谱法原理上属吸附层析法。以玻璃板、塑料板或铝基片为载体，在载体上涂布均匀的固定相，把要分析或分离的样品点在薄层板上，用展开剂展开，再用显色剂显色的分配色谱。将要分离的混合物点在用固定相均匀涂布的薄层板上，用适当的展开剂在密闭的层析缸中展开，被分离的组分不随展开剂流动，而是选择性地保留在原点和溶剂前沿之间，被分离的化合物在薄层板上的位置用比移值（R_f）表示，置紫外灯下或直接喷显色剂即可观察。该方法的优点是操作、显色比较方便。

气相色谱法形式上属于柱色谱，按原理可分为吸附及分配色谱。流动相为气体（载气），色谱柱内装吸附剂、高分子多孔小球或涂有固定液的载体。注入进样口的供试品被加热汽化，被载气带入色谱柱内分离后，各组分先后进入检测器，用记录仪记录色谱图。其优点是高效能、高选择性、高灵敏度、用量少、分析速度快，并可制备高纯物质。

【仪器和试剂】

仪器：气相色谱仪，容量瓶，移液管，微量注射器，吹风机，层析缸，玻璃板，喷雾器，其他常规玻璃仪器

试剂：乙醚，石油醚，盐酸(浓，AR)，无水硫酸钠，氯化钠，异丙醇，正丁醇，氨水，无水乙醇，聚酰胺粉(200目)，溴甲酚紫-乙醇(50%)溶液(pH=8)

【实验指导】

可用适当试剂提取苯甲酸、山梨酸。将样品提取液浓缩，点于聚酰胺薄层板上，展开。显色后，根据薄层板上苯甲酸、山梨酸的比移值，与标准比较，进行定性和概略定量。

准确的定性和定量分析可采用氢火焰离子化检测器的气相色谱仪进行。

【实验要求】

1. 查阅资料，拟定详细实验方案并交实验指导教师审核。
2. 独立完成实验，仔细观察实验现象，认真作好实验记录。及时与指导教师交流实验中存在的问题和出现的异常现象。
3. 认真分析处理实验数据，写出翔实的实验报告。

【思考题】

1. 薄层色谱的原理是什么？有何特点？操作时应注意的关键点有哪些？
2. 如何选择最佳的气相色谱分析条件？气相色谱进行定性和定量分析的方法有哪些，各有什么优缺点？

(赵华文)

实验五十一　牛奶中酪蛋白和乳糖的分离及纯度测定

【实验目的】

1. 查阅相关文献，学习从牛奶中分离提纯酪蛋白和乳糖的原理及操作方法。
2. 理解分光光度计和旋光仪的工作原理。
3. 掌握标准曲线法测定酪蛋白和乳糖含量的原理与实验操作。

【实验背景】

牛奶是一种乳状液，主要由水、脂肪、蛋白质、乳糖(lactose)和盐组成。

牛奶中的蛋白质主要有酪蛋白(casein)、白蛋白、球蛋白和乳蛋白，其中酪蛋白是一类含磷蛋白质，等电点为4.8。当调节牛奶的pH达到酪蛋白等电点时，蛋白质所带正、负电荷相等，呈电中性，此时酪蛋白的溶解度最小，会从牛奶中沉淀出来，因此，可以利用等电点将酪蛋白从牛奶中分离出来。

乳糖是一种还原性二糖，主要以 α-乳糖和 β-乳糖两种同分异构体形态存在。α-乳糖的比旋光度 $[\alpha]_D^{20} = +86°$，β-乳糖的比旋光度 $[\alpha]_D^{20} = +35°$，水溶液中两种乳糖可互相转变，因此其水溶液有变旋光现象。乳糖不溶于乙醇，当向含有乳糖的水溶液中加入乙醇时，乳糖会结晶出来，从而达到分离的目的。

【仪器和试剂】

仪器：恒温水浴锅，尼龙布，研钵，抽滤瓶，布氏漏斗，蒸发皿，烧杯，加热套，滤纸，玻

璃棒,具塞锥形瓶,分析天平,分光光度计,旋光仪

试剂:新鲜牛奶,10%醋酸,碳酸钙,乙醇(无水、95%),乙醇与乙醚等体积混合液,$2\ mg \cdot mL^{-1}$ 的酪蛋白,乳糖,双缩脲试剂,浓氨水

【实验要求】

1. 拟定分离和纯化牛奶中酪蛋白和乳糖的详细操作步骤。
2. 确定酪蛋白和乳糖纯度的测定方法和具体操作步骤。
3. 分离和纯化出的酪蛋白和乳糖纯度须大于90%。

【思考题】

1. 如何利用等电点分离牛奶中的酪蛋白?
2. 怎样测定和计算酪蛋白的纯度?
3. 如何分离牛奶中的乳糖?
4. 怎样测定和计算乳糖的纯度?

(周小霞)

实验五十二 尿样中苯酚含量的测定

【实验目的】

1. 通过查阅资料,了解尿液的组成、HPLC仪的基本结构及分析条件的选择。
2. 熟悉 HPLC 仪的使用方法。
3. 掌握用保留时间定性和归一化法定量的分析方法。

【实验背景】

尿是人类和脊椎动物为了新陈代谢的需要,经由泌尿系统及尿路排出体外的液体排泄物。排出的尿液可调节机体内水和电解质的平衡以及清除代谢废物,尤其是退化变性的蛋白质和核苷酸所产生的含氮化合物。正常人每昼夜排出的尿量在 1 000～2 000 mL 之间,一般为 1 500 mL 左右,其组成为:含水分约 96 %～97 %,固体物 3 %～4 %。正常成人每天由尿中排出总固体约 60 g,其中无机盐约 25 g,有机物约 35 g。无机盐中约1/2 是钠和氯离子;有机物中主要是尿素、尿酸、肌酐、氨等非蛋白氮化合物以及种类繁多的代谢产物,如苯酚。

空气中的苯或苯酚经胃肠道及破溃皮肤迅速吸收,酚类引起黏膜坏死、脑水肿、肝及肾脏的病理变化,许多酚类代谢产物能抑制线粒体呼吸,从而阻止高铁血红蛋白的合成。因此,测定尿中苯酚的含量对于评价人体对空气中的苯和苯酚的吸收具有一定的意义。

高效液相色谱(HPLC)是在经典液相色谱的基础上发展起来的,以液体作为流动相的一种色谱分析方法。由于采用了高压输液泵和小粒度填料,高效液相色谱可获得很高的分离效果。它的基本概念及理论基础,如保留值、塔板理论、速率理论、容量因子、分离度等与气相色谱法基本一致。与气相色谱法相比,高效液相色谱同样具有高灵敏、高效能和高速度的特点,但其应用范围更加广泛。高效液相色谱的定性和定量分析方法与气相色谱分析相似。

【仪器和试剂】

仪器:高效液相色谱仪,C-18烷基键合相柱,紫外检测器(254 nm),其他常规玻璃

仪器

试剂：甲醇，盐酸(浓，AR)，无水乙醚

【实验要求】

1. 查阅资料，拟定详细实验方案并交实验指导教师审核。

2. 在指导教师协助下操作实验仪器，仔细观察实验现象，认真作好实验记录。

3. 认真分析处理实验数据，写出翔实的实验报告。

【思考题】

1. 如何选择最佳的分析条件？若实验中的色谱峰无法完全分离，应如何改善实验条件？

2. 紫外检测器是否适用于所有的有机化合物，为什么？

3. 色谱分析的特点是什么？试比较气相色谱法与高效液相色谱法的相同点和区别。

(赵华文)

实验五十三　未知阴离子混合液的分析

【实验目的】

1. 了解不同阴离子共存体系。

2. 理解阴离子的特征性质以及阴离子的分离、检出原理。

3. 掌握 SO_4^{2-}、SO_3^{2-}、$S_2O_3^{2-}$、S^{2-}、PO_4^{3-}、Cl^-、Br^-、I^-、NO_2^-、NO_3^- 等常见阴离子的检出方法。

【实验背景】

水溶液中，离子的分离与检出是以各离子对于试剂的不同反应为依据的，这种反应常伴有特殊的现象，如沉淀的生成或溶解，特殊颜色的出现，气体的产生等。各离子对试剂作用的相似性和差异性构成了离子分离方法和检出方法的基础。

在化学实验中常见的阴离子并不很多，有的阴离子具有氧化性，有的具有还原性，它们互不相容，所以多种氧化还原性不同的阴离子很少共存。在大多数情况下，阴离子彼此不妨碍鉴定，因此通常采用个别鉴定的方法。为了简化鉴定手续，一般先通过初步试验判断溶液中不可能存在的阴离子，然后对可能存在的阴离子进行个别检出。

1. 阴离子的初步检验

(1) 溶液酸碱性的检验

用 pH 试纸测定未知液的酸碱性。如果溶液呈强酸性，则不可能存在 CO_3^{2-}、NO_2^-、S^{2-}、SO_3^{2-}、$S_2O_3^{2-}$，如有 PO_4^{3-}，也只能是以 H_3PO_4 形式存在。

(2) 稀硫酸试验

如果试液是碱性，在试液中加入 3 mol·L^{-1} 的 H_2SO_4 酸化，稍微加热，观察有无气泡生成；若有气泡生成，表示可能有 CO_3^{2-}、S^{2-}、SO_3^{2-}、$S_2O_3^{2-}$、NO_2^-，如有气体产生应注意气体的颜色和气味。

(3) $BaCl_2$ 试验

在试液中加入 6 mol·L^{-1} 的 $NH_3·H_2O$，使溶液呈碱性，然后加入 1.0 mol·L^{-1}

$BaCl_2$ 溶液,若有白色沉淀生成,则可能含有 CO_3^{2-}、S^{2-}、SO_3^{2-}、SO_4^{2-}、$S_2O_3^{2-}$ 等。

(4) $AgNO_3$ 试验

取未知液 3~4 滴,加入数滴 0.1 mol·L^{-1} 的 $AgNO_3$ 溶液,如果立即生成黑色沉淀,表示有 S^{2-} 存在,如果生成白色(或黄色)沉淀,且沉淀迅速变黄,变棕,最后变黑,表示有 $S_2O_3^{2-}$ 存在。离心分离,在沉淀中加入一定量 6 mol·L^{-1} 的 HNO_3,搅拌,若沉淀不溶或部分溶解,表示可能有 Cl^-、Br^-、I^- 存在。

(5) 还原性阴离子的检验

用 3 mol·L^{-1} H_2SO_4 使试液酸化,加入数滴 $KMnO_4$ 溶液,若 MnO_4^- 的紫红色褪去,表示可能有 SO_3^{2-}、$S_2O_3^{2-}$、S^{2-}、Br^-、I^-、NO_2^- 等还原性离子存在。

用 6 mol·L^{-1} 的 NaOH 溶液使试液碱化,加入数滴 $KMnO_4$ 溶液,若 MnO_4^- 的紫红色褪去,表示可能有 SO_3^{2-}、$S_2O_3^{2-}$、S^{2-}、NO_2^- 等还原性离子存在。

检出还原性离子后,再用淀粉-碘溶液进一步检验是否存在强还原性离子,若加入淀粉-碘溶液后,蓝色褪去,表示可能存在 S^{2-}、SO_3^{2-}、$S_2O_3^{2-}$ 等离子。

(6) 氧化性阴离子的检验

在用 H_2SO_4 酸化后的试液中加入 CCl_4 和 1~2 滴 1 mol·L^{-1} KI 溶液,振荡试管,如果 CCl_4 层呈紫色,表示溶液中存在 NO_2^-。

经过初步实验,可以判断哪些离子可能存在,哪些离子不可能存在,对可能存在的阴离子,利用阴离子的特征反应分别检出,最后确定溶液中有哪些阴离子。

2. 常见阴离子的个别鉴定

(1) S^{2-} 的检出

取 1 滴碱性试液于点滴板中,加入 1 滴 1%亚硝酰铁氰化钠试剂,溶液变为紫色,表示有 S^{2-} 离子。

(2) SO_3^{2-} 的检出

1) S^{2-} 的分离 S^{2-} 在碱性溶液中能与亚硝酰铁氰化钠作用而呈紫色,因而对 SO_3^{2-} 的鉴定有干扰,应先除去。

取 10 滴试液于试管中,加入少量 $PbCO_3$,搅拌。若沉淀为纯黑色,需继续加入少量 $PbCO_3$,直到固体呈灰色为止。离心分离,取 1 滴清液检查 S^{2-} 是否除尽。弃沉淀,保留清液。

2) SO_3^{2-} 的鉴定   在点滴板上加入饱和 $ZnSO_4$ 溶液、0.1 mol·L^{-1} $K_4[Fe(CN)_6]$、0.1 mol·L^{-1} $Na_2[Fe(CN)_5NO]$ 和 2 mol·L^{-1} 的 $NH_3·H_2O$ 各 1 滴,最后加 1 滴步骤 1)得到的清液,生成红色沉淀,表示有 SO_3^{2-}。

(3) $S_2O_3^{2-}$ 的检出

在与干扰离子 S^{2-} 分离后,加入过量的 $AgNO_3$,若生成白色沉淀,很快变为棕色,最后变成黑色,表示有 $S_2O_3^{2-}$ 离子。

(4) SO_4^{2-} 的检出

试液用 HCl 溶液酸化,在所得清液中加入 $BaCl_2$ 溶液,生成白色沉淀,表示有 SO_4^{2-} 存在。

(5) PO_4^{3-} 的检出

取 4 滴试液,加入浓 HNO_3 3~4 滴,煮沸,将还原性阴离子氧化,以消除干扰离子的干扰,再加钼酸铵试剂 8~10 滴,微热,用玻棒摩擦试管内壁,生成黄色沉淀,表示有 PO_4^{3-} 离子。

(6) Cl^-、Br^-、I^- 的检出

1) 取 10 滴试液于试管中,加入 5 滴 6.0 mol·L^{-1} HNO$_3$ 和 15~20 滴 0.1 mol·L^{-1} AgNO$_3$,在水浴上加热 2 min。离心分离,弃去清液,保留沉淀,并用 2 mL 去离子水洗涤沉淀 2~3 次,使溶液的 pH 接近中性。

2) AgCl 的溶解和 Cl^- 的鉴定:在步骤 1)所得的沉淀中,加入 10 滴 12% (NH$_4$)$_2$CO$_3$ 溶液,并在水浴上温热 1 min,离心分离,保留沉淀。在清液中加入 1~2 滴 2.0 mol·L^{-1} HNO$_3$ 溶液,若有白色沉淀生成,表示有 Cl^- 存在。

3) 在步骤 2)所得的沉淀中,加入 1 mL 6.0 mol·L^{-1} HAc 溶液和少量锌粉,振摇 1 min,沉降片刻后,将清液转移到另一个试管中。

4) Br^-、I^- 的鉴定:在步骤 3)所得的清液中,加入 1 滴 2.0 mol·L^{-1} H$_2$SO$_4$ 溶液和 1 mL CCl$_4$,再加入 1 滴氯水,充分振荡。CCl$_4$ 层显紫红色,示有 I^-。继续滴加氯水并振荡,CCl$_4$ 层紫红色褪去,又呈现出棕黄色或黄色,表示有 Br^-。

(7) NO_2^- 的检出

取数滴试液加入 0.5 mL KI 溶液和一定量 CCl$_4$,用 H$_2$SO$_4$ 酸化,震荡试管,CCl$_4$ 层呈紫色,表示有 NO_2^- 离子。

(8) NO_3^- 的检出

在点滴板中加入 1 滴试液和一小粒 FeSO$_4$·7H$_2$O 晶体,然后沿晶体边缘加 1 滴浓硫酸,在 FeSO$_4$ 晶体四周形成棕色圆环,示有 NO_3^- 离子,NO_2^- 有干扰,用尿素和 H$_2$SO$_4$ 加热,可以消除 NO_2^- 的干扰。

【仪器和试剂】

仪器:离心机,离心管,水浴锅,试管,烧杯,点滴板,滴管

试剂:

酸:HCl(2.0 mol·L^{-1}、6.0 mol·L^{-1}),H$_2$SO$_4$(浓、3.0 mol·L^{-1}),HNO$_3$(浓、2.0 mol·L^{-1}、6.0 mol·L^{-1}),HAc(浓、2.0 mol·L^{-1}、6.0 mol·L^{-1})

碱:饱和 Ba(OH)$_2$,NH$_3$·H$_2$O(浓、2.0 mol·L^{-1}、6.0 mol·L^{-1}),NaOH(浓、2.0 mol·L^{-1}、6.0 mol·L^{-1})

盐:1.0 mol·L^{-1} BaCl$_2$,12% (NH$_4$)$_2$CO$_3$,3% (NH$_4$)$_2$MoO$_4$,0.1 mol·L^{-1} AgNO$_3$,0.02 mol·L^{-1} Ag$_2$SO$_4$,0.1 mol·L^{-1} FeCl$_3$,饱和 ZnSO$_4$,0.1 mol·L^{-1} K$_4$[Fe(CN)$_6$],1% Na$_2$[Fe(CN)$_5$NO],0.02 mol·L^{-1} KMnO$_4$,0.5 mol·L^{-1} KI,0.1 mol·L^{-1} PbAc$_2$

固体:PbCO$_3$,Zn 粉,FeSO$_4$·7H$_2$O,尿素

其他:CCl$_4$,3% H$_2$O$_2$,饱和氯水,淀粉-碘溶液,阴离子分析试液(每种阴离子 5 mg·L^{-1}),pH 试纸

【实验要求】

1. 根据初步试验结果判断试液中可能存在的阴离子。

2. 采用个别鉴定法检出试液中的阴离子。

3. 用简表分别列出 S^{2-}、SO_3^{2-}、$S_2O_3^{2-}$ 混合离子和 Cl^-、Br^-、I^- 混合离子的分离和鉴定方案。

【思考题】

1. 本实验中初步试验有什么意义？与个别鉴定有何不同？二者是否可以相互代替？

2. 为了提高分析的正确性,防止离子的"过度检出"和"失落",应进行"空白实验"与"对照实验","空白实验"是以蒸馏水代替试液,在同样条件下进行实验,与未知试液的试验结果进行比较。请考虑对本实验如何进行"空白实验"和"对照实验"？

3. 试设计下列两组阴离子混合溶液的分析方案。

① S^{2-}、SO_3^{2-}、SO_4^{2-}、Cl^-；

② SO_4^{2-}、PO_4^{3-}、Br^-、I^-。

(周小霞)

实验五十四　从黄连中提取黄连素

【实验目的】

1. 查阅文献资料,了解黄连素提取工艺方法研究及发展现状。

2. 学会从结构分析性质,理解提取黄连素的原理。

3. 学习设计性实验的一般方法和步骤,设计一种提取实验方案,并通过正交实验确定最佳工艺条件。

【实验背景】

黄连素(berberine),俗称小檗碱,为黄色针状结晶,纯净的黄连素熔点约145℃。微溶于水和乙醇,较易溶于热水和热乙醇中,几乎不溶于乙醚。黄连素是一种重要的生物碱,是我国应用很久的中药,黄连素在临床中一直作为非处方药用于治疗腹泻,但是现代药理学研究证实黄连素具有显著的抗心力衰竭、抗心律失常、降低胆固醇、抗炎等作用,因而在心血管系统和神经系统疾病方面将可能有广泛、重要的应用前景,日益受到重视。黄连素存在下列三种互变异构体:

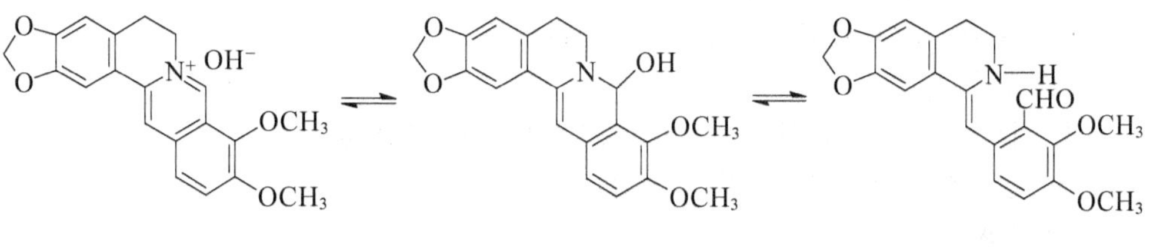

黄连素为毛茛科植物黄连根茎中所含的一种主要生物碱,可由黄连、黄柏或三棵针中提取,也可人工合成。

【仪器和试剂】

仪器：圆底烧瓶,球形冷凝管,试管,分液漏斗等

试剂：黄连,乙醇,乙酸,盐酸,石灰乳

【实验要求】

1. 提前查阅文献,比较不同提取方法的差异,结合实验室提供的条件设计实验方案。

2. 实验方案和实验报告中需要阐述纯化方法和检测手段。

3. 写一篇质量较高的实验报告。

【思考题】

1. 黄连素为何种生物碱类的化合物？

2. 为何要用石灰乳来调节 pH，用强碱氢氧化钾（钠）行不行？为什么？

3. 减压浓缩的操作能否使用油泵减压？

（杨　旭）

实验五十五　微波法从果皮中提取果胶

【实验目的】

1. 查阅文献资料，了解果胶提取工艺方法研究及发展现状。

2. 学习微波知识及用途，掌握微波炉的操作使用方法。

3. 选择一种果皮原料，设计实验方案，在微波条件下提取果胶，并通过正交实验确定最佳工艺条件。

【实验背景】

微波是一种频率在 300 MHz～300 GHz（即波长 1 mm～1 m）的电磁波，位于电磁波谱的红外辐射和无线电波之间。微波的基本性质通常呈现为穿透、反射、吸收三个特性。对于玻璃、塑料和瓷器，微波几乎是穿越而不被吸收。对水和食物等就会吸收微波而使自身发热。

果胶通常为白色至淡黄色粉末，稍带酸味，溶于水。果胶物质是复杂的高分子聚合物，平均相对分子质量大约在 50 000～180 000 之间。分子中有半乳糖醛酸、乳糖、阿拉伯糖、葡萄糖醛酸等，但基本结构是半乳糖醛酸以 $\alpha-1,4$-苷键聚合形成的聚半乳糖醛酸。果胶存在于果蔬类植物（如橘皮、柠檬皮、香蕉皮、柚子皮、西瓜皮、南瓜皮、脐橙皮等）组织中，是构成植物细胞的主要成分之一。

果胶是高档的天然食品添加剂和保健品，在食品上作胶凝剂，增稠剂，稳定剂，悬浮剂，乳化剂，增香增效剂，在医药保健品上可显著降低血糖、血脂，减少胆固醇，疏通血管。对糖尿病、高血压、便秘及解除铅中毒都存有明显作用，并可用于化妆品，对保护皮肤，防止紫外线辐射，治疗创口，美容养颜都有一定的作用。

【实验仪器】

仪器：微波炉，烧杯，圆底烧瓶，试管，漏斗等常用玻璃仪器

试剂：硫酸铝，乙醇，盐酸等常用试剂

【实验要求】

1. 进入实验室操作前完成实验的设计与可行性论证。

2. 操作前了解微波炉使用注意事项。

3. 写一篇质量较高的实验报告。

【思考题】

1. 有哪些条件会影响对果胶得率？最主要的因素是什么？

2. 如何计算果胶得率？

（杨　旭）

实验五十六 止痛药物的制备

【实验目的】

1. 查阅资料,了解微波辐射辅助有机合成的知识。
2. 理解设计性实验的一般方法和步骤。
3. 制备非那西汀或醋氨酚止痛药。
4. 巩固分离、提纯、鉴定产品的实验操作。

【实验背景】

微波(microwave,MW)是指波长 1 mm～1 m,频率 300 MHz～300 GHz 的超高频电磁波。微波最早被人们认识并应用在军事通讯领域,20 世纪 40 年代后期逐渐应用于工业、农业、医疗、科学研究等各种领域。1986 年,加拿大化学家 Gedye 等在研究 4-氰基苯氧离子与氯苄的 SN_2 亲核取代反应时,发现微波辐射下的反应速率提高 1 240 倍,产率也有提高。这一发现引起了化学界的极大兴趣,微波辐射促进有机化学反应的研究已成为有机化学领域中的一个热点。

微波加速有机反应的原理,传统的观点认为是对极性有机物的选择性加热,即微波的致热效应。极性分子由于分子内电荷分布不平衡,在微波场中能迅速吸收电磁波的能量,通过分子偶极作用以每秒 4.9×10^9 次的超高速振动,提高了分子的平均能量,使反应温度与速度急剧提高。与传统加热相比,微波加热可使反应速率大大加快,可以提高几倍、几十倍甚至上千倍,同时由于微波为强电磁波,产生的微波等离子体中常可存在热力学方法得不到的高能态原子、分子和离子,因而可使一些热力学上不可能发生的反应得以发生。

参考微波辐射促进有机化学反应相关内容,设计分别以苯胺、4-乙氧基苯胺、4-羟基苯胺为反应物,以乙酐为酰化剂,利用微波辐射技术制备相应的乙酰苯胺、非那西汀和醋氨酚止痛药:

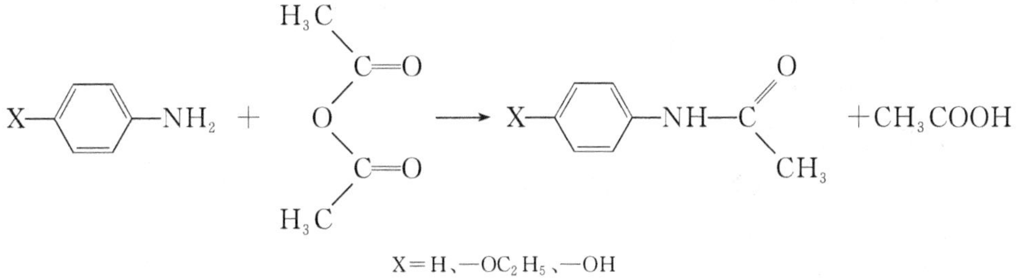

$$X-C_6H_4-NH_2 + (CH_3CO)_2O \longrightarrow X-C_6H_4-NH-CO-CH_3 + CH_3COOH$$

$$X = H、-OC_2H_5、-OH$$

【仪器和试剂】

仪器:微波反应器,量筒,回流冷凝管,三颈瓶,温度计

试剂:苯胺,对-乙氧基苯胺,对-氨基苯酚,乙酐

【实验要求】

1. 了解微波辐射促进有机化学反应的基本知识。
2. 确定实验规模和各种反应物的量,选择反应所用的溶剂。
3. 阅读微波炉产品说明书,确定微波炉的功率和加热时间。

4. 自行设计实验方案并完成实验。

【思考题】

1. 微波辐射促进反应有哪些优点？
2. 微波辐射促进反应适用于哪些反应？

（季卫刚）

实验五十七　乙酸戊酯的制备

【实验目的】

1. 了解羧酸酯制备的方法。
2. 理解设计性实验的一般方法和步骤。
3. 巩固回流、分液、蒸馏等实验操作。

【实验背景】

有机化学实验中的一个重要的问题是反应条件的确定。一个化学反应的实验条件主要包括反应物投料比、反应温度、反应时间、催化剂等。反应条件直接影响反应物的转化率和产物的收率。反应条件的优化是一项繁琐的工作。适当的反应条件，需要通过查阅资料，设计实验参数，然后通过实验比较、筛选，才能确定。

酯化反应是可逆平衡反应，反应物酸、醇的结构、配料比、催化剂、温度等都影响平衡、反应速率以及转化率。要得到高收率的酯，还可将反应物之一过量或将产物分出反应体系。本实验研究乙酸和正戊醇制备乙酸戊酯中影响收率的因素。

【仪器和试剂】

仪器：三颈瓶，恒压滴液漏斗，回流冷凝管，蒸馏头，温度计，直形冷凝管，尾接管，分水器，量筒。

试剂：乙酸，正戊醇，苯，饱和碳酸钠溶液，浓硫酸。

【实验要求】

1. 查阅乙酸戊酯相关物性常数，分析反应体系组成成分，设计合理方案提纯乙酸戊酯，并以它的得量计算近似平衡常数。
2. 设计实验方案

1) 计算该反应的平衡常数。
2) 研究乙酸或正戊醇过量时，对反应的影响（平衡常数、转化率等）。
3) 研究催化剂（如浓硫酸）对反应的影响。
4) 研究从体系中移出产物（如水）对反应的影响。

【思考题】

1. 如何计算该酯化反应的近似平衡常数？
2. 实验中可采取哪些方法对产物乙酸戊酯进行定性？

（季卫刚）

附　录

附录一　弱酸(弱碱)在水中的解离常数

化合物	化学式	温度/℃	分　步	K_a^*(或K_b)	pK_a(或pK_b)
砷　酸	H_3AsO_4	25	1	5.5×10^{-3}	2.26
		25	2	1.7×10^{-7}	6.76
		25	3	5.1×10^{-12}	11.29
亚砷酸	H_2AsO_3	25	—	5.1×10^{-10}	9.29
硼　酸	H_3BO_3	20	1	5.4×10^{-10}	9.27
		20	2		>14
碳　酸	H_2CO_3	25	1	4.5×10^{-7}	6.35
		25	2	4.7×10^{-11}	10.33
铬　酸	H_2CrO_4	25	1	1.8×10^{-1}	0.74
		25	2	3.2×10^{-7}	6.49
氢氰酸	HCN	25	—	6.2×10^{-10}	9.21
氢氟酸	HF	25	—	6.3×10^{-4}	3.20
氢硫酸	H_2S	25	1	8.9×10^{-8}	7.05
		25	2	1.2×10^{-13}	12.90
过氧化氢	H_2O_2	25	—	2.4×10^{-12}	11.62
次溴酸	HBrO	25	—	2.0×10^{-9}	8.55
次氯酸	HClO	25	—	3.9×10^{-8}	7.40
次碘酸	HIO	25	—	3×10^{-11}	10.5
碘　酸	HIO_3	25	—	1.6×10^{-1}	0.78
高碘酸	HIO_4	25	—	2.3×10^{-2}	1.64
亚硝酸	HNO_2	25	—	5.6×10^{-4}	3.25
磷　酸	H_3PO_4	25	1	6.9×10^{-3}	2.16
		25	2	6.1×10^{-8}	7.21
		25	3	4.8×10^{-13}	12.32
亚磷酸	H_3PO_3	20	1	5.0×10^{-2}	1.3
		20	2	2.0×10^{-7}	6.70
焦磷酸	$H_4P_2O_7$	25	1	1.2×10^{-1}	0.91
		25	2	7.9×10^{-3}	2.10
		25	3	2.0×10^{-7}	6.70
		25	4	4.8×10^{-10}	9.32

续 表

化合物	化学式	温度/℃	分步	K_a^*（或 K_b）	pK_a（或 pK_b）
叠氮酸	HN_3	25		2.5×10^{-5}	4.6
硫 酸	H_2SO_4	25	2	1.0×10^{-2}	1.99
亚硫酸	H_2SO_3	25	1	1.4×10^{-2}	1.85
		25	2	6×10^{-7}	7.2
硒 酸	H_2SeO_4	25	2	2.0×10^{-2}	1.7
亚硒酸	H_2SeO_3	25	1	2.4×10^{-3}	2.62
		25	2	4.8×10^{-8}	8.32
正硅酸	H_4SiO_4	30	1	1.2×10^{-10}	9.9
		30	2	1.6×10^{-12}	11.8
		30	3	1×10^{-12}	12
		30	4	1×10^{-12}	12
乙 酸	CH_3COOH	25	1	1.75×10^{-5}	4.756
丙 酸	C_2H_5COOH	25	1	1.3×10^{-5}	4.87
氯乙酸	$CH_2ClCOOH$	25	1	1.4×10^{-3}	2.85
草 酸	$C_2H_2O_4$	25	1	5.6×10^{-2}	1.25
		25	2	1.5×10^{-4}	3.81
乳 酸	$C_3H_6O_3$	25	1	1.4×10^{-4}	3.86
柠檬酸	$C_6H_8O_7$	25	1	7.4×10^{-4}	3.13
		25	2	1.7×10^{-5}	4.76
		25	3	4.0×10^{-7}	6.40
L-酒石酸	$C_4H_6O_6$	25	1	1.0×10^{-3}	2.98
		25	2	4.6×10^{-5}	4.34
苯甲酸	C_6H_5COOH	25	1	6.25×10^{-5}	4.204
邻苯二甲酸	$C_8H_6O_4$	25	1	1.14×10^{-3}	2.943
		25	2	3.70×10^{-6}	5.432
苯 酚	C_6H_5OH	25	1	1.0×10^{-10}	9.99
巴比土酸	$C_4H_4N_2O_3$	25	1	9.8×10^{-5}	4.01
甲 胺	CH_3NH_2	25	1	2.2×10^{-11}	10.66
二甲胺	$(CH_3)_2NH$	25	1	1.9×10^{-11}	10.73
吗 啡	C_4H_9NO	25		3.2×10^{-9}	8.50
乙 胺	$C_2H_5NH_2$	20	1	2.2×10^{-11}	10.65
腺嘌呤	$C_5H_5N_5$		1	5×10^{-5}	4.3
			2	1.5×10^{-10}	9.83
鸟嘌呤	$C_5H_5N_5O$	40		1.2×10^{-10}	9.92
胸腺嘧啶	$C_5H_6N_2O_2$	25		1.1×10^{-10}	9.94
Tris-HCl		37	1	1.4×10^{-8}	7.85
氨基乙酸	H_2NCH_2COOH	25	1	4.5×10^{-3}	2.35
		25	2	1.6×10^{-10}	9.78
氨 水	NH_3	25	—	1.8×10^{-5}	4.75
氢氧化钙	$Ca(OH)_2$	25	2	4×10^{-2}	1.4
氢氧化铝	$Al(OH)_3$	25	—	1×10^{-9}	9.0
氢氧化银	$AgOH$	25	—	1.0×10^{-2}	2.00
氢氧化锌	$Zn(OH)_2$	25	—	7.9×10^{-7}	6.10
羟 胺	NH_2OH	25		1.07×10^{-8}	7.97

本表数据主要录自 Weast RC. CRC Handbook of Chemistry and Physics, 88th ed., CRC Press, 2008~2009。

注 *：K_a（或 K_b）是从 pK_a（或 pK_b）换算过来的。

附录二　一些难溶化合物的溶度积(298 K)

化合物	K_{sp}	化合物	K_{sp}	化合物	K_{sp}
AgAc	1.94×10^{-3}	$CdCO_3$	1.0×10^{-12}	Li_2CO_3	8.15×10^{-4}
AgBr	5.35×10^{-13}	CdF_2	6.44×10^{-3}	$MgCO_3$	6.82×10^{-6}
$AgBrO_3$	5.38×10^{-5}	$Cd(IO_3)_2$	2.5×10^{-8}	MgF_2	5.16×10^{-11}
AgCN	5.97×10^{-17}	$Cd(OH)_2$	7.2×10^{-15}	$Mg(OH)_2$	5.61×10^{-12}
AgCl	1.77×10^{-10}	CdS	8.0×10^{-27}	$Mg_3(PO_4)_2$	1.04×10^{-24}
AgI	8.52×10^{-17}	$Cd_3(PO_4)_2$	2.53×10^{-33}	$MnCO_3$	2.24×10^{-11}
$AgIO_3$	3.17×10^{-8}	$Co_3(PO_4)_2$	2.05×10^{-35}	$Mn(IO_3)_2$	4.37×10^{-7}
AgSCN	1.03×10^{-12}	CuBr	6.27×10^{-9}	$Mn(OH)_2$	1.9×10^{-13}
Ag_2CO_3	8.46×10^{-12}	CuC_2O_4	4.43×10^{-10}	MnS	2.5×10^{-13}
$Ag_2C_2O_4$	5.40×10^{-12}	CuCl	1.72×10^{-7}	$NiCO_3$	1.42×10^{-7}
Ag_2CrO_4	1.12×10^{-12}	CuI	1.27×10^{-12}	$Ni(IO_3)_2$	4.71×10^{-5}
Ag_2S	6.3×10^{-50}	CuS	6.3×10^{-36}	$Ni(OH)_2$	5.48×10^{-16}
Ag_2SO_3	1.50×10^{-14}	CuSCN	1.77×10^{-13}	α-NiS	3.2×10^{-19}
Ag_2SO_4	1.20×10^{-5}	Cu_2S	2.5×10^{-48}	$Ni_3(PO_4)_2$	4.74×10^{-32}
Ag_3AsO_4	1.03×10^{-22}	$Cu_3(PO_4)_2$	1.40×10^{-37}	$PbCO_3$	7.40×10^{-14}
Ag_3PO_4	8.89×10^{-17}	$FeCO_3$	3.13×10^{-11}	$PbCl_2$	1.70×10^{-5}
$Al(OH)_3$	1.3×10^{-33}	FeF_2	2.36×10^{-6}	PbF_2	3.3×10^{-8}
$AlPO_4$	9.84×10^{-21}	$Fe(OH)_2$	4.87×10^{-17}	PbI_2	9.8×10^{-9}
$BaCO_3$	2.58×10^{-9}	$Fe(OH)_3$	2.79×10^{-39}	$PbSO_4$	2.53×10^{-8}
$BaCrO_4$	1.17×10^{-10}	FeS	6.3×10^{-18}	PbS	8.0×10^{-28}
BaF_2	1.84×10^{-7}	HgI_2	2.9×10^{-29}	$Pb(OH)_2$	1.43×10^{-20}
$Ba(IO_3)_2$	4.01×10^{-9}	HgS	4×10^{-53}	$Sn(OH)_2$	5.45×10^{-27}
$BaSO_4$	1.08×10^{-10}	Hg_2Br_2	6.40×10^{-23}	SnS	1.0×10^{-25}
$BiAsO_4$	4.43×10^{-10}	Hg_2CO_3	3.6×10^{-17}	$SrCO_3$	5.60×10^{-10}
CaC_2O_4	2.32×10^{-9}	$Hg_2C_2O_4$	1.75×10^{-13}	SrF_2	4.33×10^{-9}
$CaCO_3$	3.36×10^{-9}	Hg_2Cl_2	1.43×10^{-18}	$Sr(IO_3)_2$	1.14×10^{-7}
CaF_2	3.45×10^{-11}	Hg_2F_2	3.10×10^{-6}	$SrSO_4$	3.44×10^{-7}
$Ca(IO_3)_2$	6.47×10^{-6}	Hg_2I_2	5.2×10^{-29}	$ZnCO_3$	1.46×10^{-10}
$Ca(OH)_2$	5.02×10^{-6}	Hg_2SO_4	6.5×10^{-7}	ZnF_2	3.04×10^{-2}
$CaSO_4$	4.93×10^{-5}	$KClO_4$	1.05×10^{-2}	$Zn(OH)_2$	3×10^{-17}
$Ca_3(PO_4)_2$	2.07×10^{-33}	$K_2[PtCl_6]$	7.48×10^{-6}	α-ZnS	1.6×10^{-24}

本表资料主要引自 Weast RC. CRC Handbook of Chemistry and Physics,88th ed.,CRC Press,2008～2009。硫化物的 K_{sp} 引自 Lange's Handbook of Chemistry,16th ed.,2005:1.331-1.342。

附录三　一些电对的标准电极电位(298.15 K)

半反应	φ^θ / V	半反应	φ^θ / V
$Sr^+ + e^- \rightleftharpoons Sr$	-4.10	$K^+ + e^- \rightleftharpoons K$	-2.931
$Li^+ + e^- \rightleftharpoons Li$	-3.0401	$Ba^{2+} + 2e^- \rightleftharpoons Ba$	-2.912
$Ca(OH)_2 + 2e^- \rightleftharpoons Ca + 2OH^-$	-3.02	$Ca^{2+} + 2e^- \rightleftharpoons Ca$	-2.868

续 表

半 反 应	φ^θ/V	半 反 应	φ^θ/V
$Na^+ + e^- \rightleftharpoons Na$	-2.71	$Pb^{2+} + 2e^- \rightleftharpoons Pb$	$-0.126\ 2$
$Mg^{2+} + 2e^- \rightleftharpoons Mg$	-2.372	$O_2 + H_2O + 2e^- \rightleftharpoons HO_2^- + OH^-$	-0.076
$Mg(OH)_2 + 2e^- \rightleftharpoons Mg + 2OH^-$	-2.690	$Fe^{3+} + 3e^- \rightleftharpoons Fe$	-0.037
$Al(OH)_3 + 3e^- \rightleftharpoons Al + 3OH^-$	-2.31	$Ag_2S + 2H^+ + 2e^- \rightleftharpoons 2Ag + H_2S$	$-0.036\ 6$
$Be^{2+} + 2e^- \rightleftharpoons Be$	-1.847	$2H^+ + 2e^- \rightleftharpoons H_2$	$0.000\ 00$
$Al^{3+} + 3e^- \rightleftharpoons Al$	-1.662	$Pd(OH)_2 + 2e^- \rightleftharpoons Pd + 2OH^-$	0.07
$Mn(OH)_2 + 2e^- \rightleftharpoons Mn + 2OH^-$	-1.56	$AgBr + e^- \rightleftharpoons Ag + Br^-$	$0.071\ 33$
$ZnO + H_2O + 2e^- \rightleftharpoons Zn + 2OH^-$	-1.260	$S_4O_6^{2-} + 2e^- \rightleftharpoons 2S_2O_3^{2-}$	0.08
$H_2BO_3^- + 5H_2O + 8e^- \rightleftharpoons BH_4^- + 8OH^-$	-1.24	$[Co(NH_3)_6]^{3+} + e^- \rightleftharpoons [Co(NH_3)_6]^{2+}$	0.108
$Mn^{2+} + 2e^- \rightleftharpoons Mn$	-1.185	$S + 2H^+ + 2e^- \rightleftharpoons H_2S(aq)$	0.142
$2SO_3^{2-} + 2H_2O + 2e^- \rightleftharpoons S_2O_4^{2-} + 4OH^-$	-1.12	$Sn^{4+} + 2e^- \rightleftharpoons Sn^{2+}$	0.151
$PO_4^{3-} + 2H_2O + 2e^- \rightleftharpoons HPO_3^{2-} + 3OH^-$	-1.05	$Cu^{2+} + e^- \rightleftharpoons Cu^+$	0.153
$SO_4^{2-} + H_2O + 2e^- \rightleftharpoons SO_3^{2-} + 2OH^-$	-0.93	$Fe_2O_3 + 4H^+ + 2e^- \rightleftharpoons 2FeOH^+ + H_2O$	0.16
$2H_2O + 2e^- \rightleftharpoons H_2 + 2OH^-$	$-0.827\ 7$	$SO_4^{2-} + 4H^+ + 2e^- \rightleftharpoons H_2SO_3 + H_2O$	0.172
$Zn^{2+} + 2e^- \rightleftharpoons Zn$	$-0.761\ 8$	$AgCl + e^- \rightleftharpoons Ag + Cl^-$	$0.222\ 33$
$Cr^{3+} + 3e^- \rightleftharpoons Cr$	-0.744	$As_2O_3 + 6H^+ + 6e^- \rightleftharpoons 2As + 3H_2O$	0.234
$AsO_4^{3-} + 2H_2O + 2e^- \rightleftharpoons AsO_2^- + 4OH^-$	-0.71	$HAsO_2 + 3H^+ + 3e^- \rightleftharpoons As + 2H_2O$	0.248
$AsO_2^- + 2H_2O + 3e^- \rightleftharpoons As + 4OH^-$	-0.68	$Hg_2Cl_2 + 2e^- \rightleftharpoons 2Hg + 2Cl^-$	$0.268\ 08$
$SbO_2^- + 2H_2O + 3e^- \rightleftharpoons Sb + 4OH^-$	-0.66	$Cu^{2+} + 2e^- \rightleftharpoons Cu$	$0.341\ 9$
$SbO_3^- + H_2O + 2e^- \rightleftharpoons SbO_2^- + 2OH^-$	-0.59	$Ag_2O + H_2O + 2e^- \rightleftharpoons 2Ag + 2OH^-$	0.342
$Fe(OH)_3 + e^- \rightleftharpoons Fe(OH)_2 + OH^-$	-0.56	$[Fe(CN)_6]^{3-} + e^- \rightleftharpoons [Fe(CN)_6]^{4-}$	0.358
$In^{3+} + e^- \rightleftharpoons In^{2+}$	-0.49	$[Ag(NH_3)_2]^+ + e^- \rightleftharpoons Ag + 2NH_3$	0.373
$B(OH)_3 + 7H^+ + 8e^- \rightleftharpoons BH_4^- + 3H_2O$	-0.481	$O_2 + 2H_2O + 4e^- \rightleftharpoons 4OH^-$	0.401
$S + 2e^- \rightleftharpoons S^{2-}$	$-0.476\ 27$	$H_2SO_3 + 4H^+ + 4e^- \rightleftharpoons S + 3H_2O$	0.449
$Fe^{2+} + 2e^- \rightleftharpoons Fe$	-0.447	$IO^- + H_2O + 2e^- \rightleftharpoons I^- + 2OH^-$	0.485
$Cr^{3+} + e^- \rightleftharpoons Cr^{2+}$	-0.407	$Cu^+ + e^- \rightleftharpoons Cu$	0.521
$Cd^{2+} + 2e^- \rightleftharpoons Cd$	$-0.403\ 0$	$I_2 + 2e^- \rightleftharpoons 2I^-$	$0.535\ 5$
$PbSO_4 + 2e^- \rightleftharpoons Pb + SO_4^{2-}$	$-0.358\ 8$	$I_3^- + 2e^- \rightleftharpoons 3I^-$	0.536
$Tl^+ + e^- \rightleftharpoons Tl$	-0.336	$AgBrO_3 + e^- \rightleftharpoons Ag + BrO_3^-$	0.546
$[Ag(CN)_2]^- + e^- \rightleftharpoons Ag + 2CN^-$	-0.31	$MnO_4^- + e^- \rightleftharpoons MnO_4^{2-}$	0.558
$Co^{2+} + 2e^- \rightleftharpoons Co$	-0.28	$AsO_4^{3-} + 2H^+ + 2e^- \rightleftharpoons AsO_3^{2-} + H_2O$	0.559
$H_3PO_4 + 2H^+ + 2e^- \rightleftharpoons H_3PO_3 + H_2O$	-0.276	$H_3AsO_4 + 2H^+ + 2e^- \rightleftharpoons HAsO_2 + 2H_2O$	0.560
$PbCl_2 + 2e^- \rightleftharpoons Pb + 2Cl^-$	$-0.267\ 5$	$MnO_4^- + 2H_2O + 3e^- \rightleftharpoons MnO_2 + 4OH^-$	0.595
$Ni^{2+} + 2e^- \rightleftharpoons Ni$	-0.257	$Hg_2SO_4 + 2e^- \rightleftharpoons 2Hg + SO_4^{2-}$	$0.612\ 5$
$V^{3+} + e^- \rightleftharpoons V^{2+}$	-0.255	$O_2 + 2H^+ + 2e^- \rightleftharpoons H_2O_2$	0.695
$Cu(OH)_2 + 2e^- \rightleftharpoons Cu + 2OH^-$	-0.222	$[PtCl_4]^{2-} + 2e^- \rightleftharpoons Pt + 4Cl^-$	0.755
$CO_2 + 2H^+ + 2e^- \rightleftharpoons HCOOH$	-0.199	$BrO^- + H_2O + 2e^- \rightleftharpoons Br^- + 2OH^-$	0.761
$AgI + e^- \rightleftharpoons Ag + I^-$	$-0.152\ 24$	$Fe^{3+} + e^- \rightleftharpoons Fe^{2+}$	0.771
$O_2 + 2H_2O + 2e^- \rightleftharpoons H_2O_2 + 2OH^-$	-0.146	$Hg_2^{2+} + 2e^- \rightleftharpoons 2Hg$	$0.797\ 3$
$Sn^{2+} + 2e^- \rightleftharpoons Sn$	$-0.137\ 5$	$Ag^+ + e^- \rightleftharpoons Ag$	$0.799\ 6$
$CrO_4^{2-} + 4H_2O + 3e^- \rightleftharpoons Cr(OH)_3 + 5OH^-$	-0.13	$ClO^- + H_2O + 2e^- \rightleftharpoons Cl^- + 2OH^-$	0.841

续 表

半 反 应	$\varphi^{\ominus}$/V	半 反 应	$\varphi^{\ominus}$/V
$Hg^{2+}+2e^- \rightleftharpoons Hg$	0.851	$HCrO_4^-+7H^++3e^- \rightleftharpoons Cr^{3+}+4H_2O$	1.350
$2Hg^{2+}+2e^- \rightleftharpoons Hg_2^{2+}$	0.920	$Cl_2(g)+2e^- \rightleftharpoons 2Cl^-$	1.35827
$NO_3^-+3H^++2e^- \rightleftharpoons HNO_2+H_2O$	0.934	$Cr_2O_7^{2-}+14H^++6e^- \rightleftharpoons 2Cr^{3+}+7H_2O$	1.36
$Pd^{2+}+2e^- \rightleftharpoons Pd$	0.951	$HClO+H^++2e^- \rightleftharpoons Cl^-+H_2O$	1.482
$Br_2(l)+2e^- \rightleftharpoons 2Br^-$	1.066	$MnO_4^-+8H^++5e^- \rightleftharpoons Mn^{2+}+4H_2O$	1.507
$Br_2(aq)+2e^- \rightleftharpoons 2Br^-$	1.0873	$MnO_4^-+4H^++3e^- \rightleftharpoons MnO_2+2H_2O$	1.679
$2IO_3^-+12H^++10e^- \rightleftharpoons I_2+6H_2O$	1.195	$Au^++e^- \rightleftharpoons Au$	1.692
$ClO_3^-+3H^++2e^- \rightleftharpoons HClO_2+H_2O$	1.214	$Ce^{4+}+e^- \rightleftharpoons Ce^{3+}$	1.72
$MnO_2+4H^++2e^- \rightleftharpoons Mn^{2+}+2H_2O$	1.224	$H_2O_2+2H^++2e^- \rightleftharpoons 2H_2O$	1.776
$O_2+4H^++4e^- \rightleftharpoons 2H_2O$	1.229	$Co^{3+}+e^- \rightleftharpoons Co^{2+}$	1.92
$Tl^{3+}+2e^- \rightleftharpoons Tl^+$	1.252	$S_2O_8^{2-}+2e^- \rightleftharpoons 2SO_4^{2-}$	2.010
$2HNO_2+4H^++4e^- \rightleftharpoons N_2O+3H_2O$	1.297	$F_2+2e^- \rightleftharpoons 2F^-$	2.866
$HBrO+H^++2e^- \rightleftharpoons Br^-+H_2O$	1.331	$XeF+e^- \rightleftharpoons Xe+F^-$	3.4

本表数据主要摘自 Weast RC. CRC Handbook of Chemistry and Physics,88th ed.,CRC Press,2008~2009。

附录四 不同温度下 KCl 溶液的电导率 $L_0/(10^2 S \cdot m^{-1})$

$t/^\circ C$	0.0100/(mol·L^{-1})	0.0200/(mol·L^{-1})	0.1000/(mol·L^{-1})
10	0.001020	0.00194	0.00933
11	0.001045	0.002043	0.00956
12	0.001070	0.002093	0.00979
13	0.001095	0.002142	0.01002
14	0.001021	0.002193	0.01025
15	0.001147	0.002243	0.01048
16	0.001173	0.002294	0.01072
17	0.001199	0.002345	0.01095
18	0.001225	0.002397	0.01119
19	0.001251	0.002449	0.01143
20	0.001278	0.002501	0.01167
21	0.001305	0.002553	0.01191
22	0.001332	0.002606	0.01215
23	0.001359	0.002659	0.01239
24	0.001386	0.002712	0.01246
25	0.001413	0.002765	0.01288
26	0.001441	0.002819	0.01313
27	0.001468	0.002873	0.01337
28	0.001496	0.002927	0.01362

续表

$t/℃$	0.010 0/(mol·L^{-1})	0.020 0/(mol·L^{-1})	0.100 0/(mol·L^{-1})
29	0.001 524	0.002 981	0.013 87
30	0.001 552	0.003 036	0.014 12
31	0.001 581	0.003 091	0.014 37
32	0.001 609	0.003 146	0.014 62
33	0.001 638	0.003 201	0.014 88
34	0.001 667	0.003 256	0.015 13
35	—	0.003 312	0.015 39

附录五　常用酸、碱

溶　液	相对密度 d_4^{20}	质量分数	mol·L^{-1}	g·100 mL^{-1}
浓盐酸	1.19	0.37	12.0	44.0
恒沸点盐酸(252 mL 浓盐酸＋200 mL 水),沸点 110℃	1.10	0.202	6.1	22.2
10％盐酸(100 mL 浓盐酸＋320 mL 水)	1.05	0.10	2.9	10.5
5％盐酸(50 mL 浓盐酸＋380.5 mL 水)	1.03	0.05	1.4	5.2
1 mol/L 盐酸(41.5 mL 浓盐酸稀释到 500 mL)	1.02	0.036	1	3.6
恒沸点氢溴酸(沸点 126℃)	1.49	0.475	8.8	70.7
恒沸点氢碘酸(沸点 127℃)	1.7	0.57	7.6	97
浓硫酸	1.84	0.96	18	177
10％硫酸(25 mL 浓硫酸＋398 mL 水)	1.07	0.10	1.1	10.7
0.5 mol/L 硫酸(13.9 mL 浓硫酸稀释到 500 mL)	1.03	0.047	0.5	4.9
浓硝酸	1.42	0.71	16	101
10％氢氧化钠	1.11	0.10	2.8	11.1
浓氨水	0.9	0.284	15	25.9

附录六　常用酸碱溶液密度及组成

盐　酸

HCl 质量分数	相对密度 d_4^{20}	100 mL 水溶液中含 HCl 克数	HCl 质量分数	相对密度 d_4^{20}	100 mL 水溶液中含 HCl 克数
0.01	1.003 2	1.003	0.12	1.057 4	12.69
0.02	1.008 2	2.006	0.14	1.067 5	14.95
0.04	1.018 1	4.007	0.16	1.077 6	17.24
0.06	1.027 9	6.167	0.18	1.087 8	19.58
0.08	1.037 6	8.301	0.20	1.098 0	21.96
0.10	1.047 4	10.47	0.22	1.108 3	24.38

续 表

HCl 质量分数	相对密度 d_4^{20}	100 mL 水溶液中含 HCl 克数	HCl 质量分数	相对密度 d_4^{20}	100 mL 水溶液中含 HCl 克数
0.24	1.1187	26.85	0.34	1.1691	39.75
0.26	1.1290	29.35	0.36	1.1789	42.44
0.28	1.1392	31.90	0.38	1.1885	45.16
0.30	1.1492	34.48	0.40	1.1980	47.92
0.32	1.1593	37.10			

硫 酸

H_2SO_4 质量分数	相对密度 d_4^{20}	100 mL 水溶液中含 H_2SO_4 克数	H_2SO_4 质量分数	相对密度 d_4^{20}	100 mL 水溶液中含 H_2SO_4 克数
0.01	1.0051	1.005	0.65	1.5333	101.0
0.02	1.0118	2.024	0.70	1.6105	112.7
0.03	1.0184	3.055	0.75	1.6692	125.2
0.04	1.0250	4.100	0.80	1.7272	138.2
0.05	1.0317	5.159	0.85	1.7786	151.2
0.10	1.0661	10.66	0.90	1.8144	163.3
0.15	1.1020	16.53	0.91	1.8195	165.6
0.20	1.1394	22.79	0.92	1.8240	167.8
0.25	1.1783	29.46	0.93	1.8279	170.2
0.30	1.2185	36.56	0.94	1.8312	172.1
0.35	1.2599	44.10	0.95	1.8337	174.2
0.40	1.3028	52.11	0.96	1.8355	176.2
0.45	1.3476	60.64	0.97	1.8364	178.1
0.50	1.3951	69.76	0.98	1.8361	179.9
0.55	1.4453	79.49	0.99	1.8342	181.6
0.60	1.4983	89.90	1.00	1.8305	183.1

硝 酸

HNO_3 质量分数	相对密度 d_4^{20}	100 mL 水溶液中含 HNO_3 克数	HNO_3 质量分数	相对密度 d_4^{20}	100 mL 水溶液中含 HNO_3 克数
0.01	1.0036	1.004	0.35	1.2140	42.49
0.02	1.0091	2.018	0.40	1.2463	49.85
0.03	1.0146	3.044	0.45	1.2783	57.52
0.04	1.0201	4.080	0.50	1.3100	65.50
0.05	1.0256	5.128	0.55	1.3393	73.66
0.10	1.0543	10.54	0.60	1.3667	82.00
0.15	1.0842	16.26	0.65	1.3913	90.43
0.20	1.1150	22.30	0.70	1.4134	98.94
0.25	1.1469	28.67	0.75	1.4337	107.5
0.30	1.1800	35.40	0.80	1.4521	116.2

续 表

HNO₃ 质量分数	相对密度 d_4^{20}	100 mL 水溶液中含 HNO₃ 克数	HNO₃ 质量分数	相对密度 d_4^{20}	100 mL 水溶液中含 HNO₃ 克数
0.85	1.4686	124.8	0.95	1.4932	141.9
0.90	1.4826	133.4	0.96	1.4952	143.5
0.91	1.4850	135.1	0.97	1.4974	145.2
0.92	1.4873	136.8	0.98	1.5008	147.1
0.93	1.4892	138.5	0.99	1.5056	149.1
0.94	1.4912	140.2	1.00	1.5129	151.3

醋 酸

CH₃COOH 质量分数	相对密度 d_4^{20}	100 mL 水溶液中含 CH₃COOH 克数	CH₃COOH 质量分数	相对密度 d_4^{20}	100 mL 水溶液中含 CH₃COOH 克数
0.01	0.9996	0.9996	0.65	1.0666	69.33
0.02	1.0012	2.002	0.70	1.0685	74.80
0.03	1.0025	3.008	0.75	1.0696	80.22
0.04	1.0040	4.016	0.80	1.0700	85.60
0.05	1.0055	5.028	0.85	1.0689	90.86
0.10	1.0125	10.13	0.90	1.0661	95.95
0.15	1.0195	15.29	0.91	1.0652	96.93
0.20	1.0263	20.53	0.92	1.0643	97.92
0.25	1.0326	25.82	0.93	1.0632	98.88
0.30	1.0384	31.15	0.94	1.0619	99.82
0.35	1.0438	36.53	0.95	1.0605	100.7
0.40	1.0488	41.95	0.96	1.0588	101.6
0.45	1.0534	47.40	0.97	1.0570	102.5
0.50	1.0575	52.88	0.98	1.0549	103.4
0.55	1.0611	58.36	0.99	1.0524	104.2
0.60	1.0642	63.85	1.00	1.0498	105.0

氢 氧 化 钠

NaOH 质量分数	相对密度 d_4^{20}	100 mL 水溶液中含 NaOH 克数	NaOH 质量分数	相对密度 d_4^{20}	100 mL 水溶液中含 NaOH 克数
0.01	1.0095	1.010	0.26	1.2848	33.40
0.02	1.0207	2.041	0.28	1.3064	36.58
0.04	1.0428	4.171	0.30	1.3279	39.84
0.06	1.0648	6.389	0.32	1.3490	43.17
0.08	1.0869	8.695	0.34	1.3696	46.57
0.10	1.1089	11.09	0.36	1.3900	50.04
0.12	1.1309	13.57	0.38	1.4101	53.58
0.14	1.1530	16.14	0.40	1.4300	57.20
0.16	1.1751	18.80	0.42	1.4494	60.87
0.18	1.1972	21.55	0.44	1.4685	64.61
0.20	1.2191	24.38	0.46	1.4873	68.42
0.22	1.2411	27.30	0.48	1.5065	72.31
0.24	1.2629	30.31	0.50	1.5253	76.27

氢 氧 化 钾

KOH 质量分数	相对密度 d_4^{15}	100 mL 水溶液中含 KOH 克数	KOH 质量分数	相对密度 d_4^{15}	100 mL 水溶液中含 KOH 克数
0.01	1.008 3	1.008	0.28	1.269 5	35.55
0.02	1.017 5	2.035	0.30	1.290 5	38.72
0.04	1.035 9	4.144	0.32	1.311 7	41.97
0.06	1.054 4	6.326	0.34	1.333 1	45.33
0.08	1.073 0	8.584	0.36	1.354 9	48.78
0.10	1.091 8	10.92	0.38	1.376 5	52.32
0.12	1.110 8	13.33	0.40	1.399 1	55.96
0.14	1.129 9	15.82	0.42	1.421 5	59.70
0.16	1.149 3	19.70	0.44	1.444 3	63.55
0.18	1.168 8	21.04	0.46	1.467 3	67.50
0.20	1.188 4	23.77	0.48	1.490 7	71.55
0.22	1.208 3	26.58	0.50	1.514 3	75.72
0.24	1.228 5	29.48	0.52	1.538 2	79.99
0.26	1.248 9	32.47			

氨 水

NH_3 质量分数	相对密度 d_4^{20}	100 mL 水溶液中含 NH_3 克数	NH_3 质量分数	相对密度 d_4^{20}	100 mL 水溶液中含 NH_3 克数
0.01	0.993 9	9.94	0.16	0.936 2	149.8
0.02	0.989 5	19.79	0.18	0.929 5	167.3
0.04	0.981 1	39.24	0.20	0.922 9	184.6
0.06	0.973 0	58.38	0.22	0.916 4	201.6
0.08	0.965 1	77.21	0.24	0.910 1	218.4
0.10	0.957 5	95.75	0.26	0.904 0	235.0
0.12	0.950 1	114.0	0.28	0.898 0	251.4
0.14	0.943 0	132.0	0.30	0.892 0	267.6

附录七 常用缓冲溶液

常用普通缓冲溶液的配制

pH	配 制 方 法
0.0	c_B 为 1 mol·L^{-1} 的 HCl 溶液
1.0	c_B 为 0.1 mol·L^{-1} 的 HCl 溶液
2.0	c_B 为 0.01 mol·L^{-1} 的 HCl 溶液
3.6	8 g $CH_3COONa·3H_2O$ 溶于适量水中,加入 c_B 为 6 mol·L^{-1} 的 CH_3COOH 134 mL,再用水稀释至 500 mL
4.0	20 g $CH_3COONa·3H_2O$ 溶于适量水中,加入 c_B 为 6 mol·L^{-1} 的 CH_3COOH 134 mL,再用水稀释至 500 mL

续 表

pH	配 制 方 法
4.5	32 g CH$_3$COONa·3H$_2$O 溶于适量水中,加入 c_B 为 6 mol·L^{-1} 的 CH$_3$COOH 68 mL,再用水稀释至 500 mL
5.0	50 g CH$_3$COONa·3H$_2$O 溶于适量水中,加入 c_B 为 6 mol·L^{-1} 的 CH$_3$COOH 34 mL,再用水稀释至 500 mL
5.7	100 g CH$_3$COONa·3H$_2$O 溶于适量水中,加入 c_B 为 6 mol·L^{-1} 的 CH$_3$COOH 13 mL,再用水稀释至 500 mL
7.0	77 g CH$_3$COONH$_4$ 用水溶解后,稀释至 500 mL
7.5	60 g NH$_4$Cl 溶于适量水中,加 c_B 为 15 mol·L^{-1} 的 NH$_3$·H$_2$O 1.4 mL,用水稀释至 500 mL
8.0	50 g NH$_4$Cl 溶于适量水中,加 c_B 为 15 mol·L^{-1} 的 NH$_3$·H$_2$O 3.5 mL,用水稀释至 500 mL
8.5	40 g NH$_4$Cl 溶于适量水中,加 c_B 为 15 mol·L^{-1} 的 NH$_3$·H$_2$O 8.8 mL,用水稀释至 500 mL
9.0	35 g NH$_4$Cl 溶于适量水中,加 c_B 为 15 mol·L^{-1} 的 NH$_3$·H$_2$O 24 mL,用水稀释至 500 mL
9.5	30 g NH$_4$Cl 溶于适量水中,加 c_B 为 15 mol·L^{-1} 的 NH$_3$·H$_2$O 65 mL,用水稀释至 500 mL
10.0	27 g NH$_4$Cl 溶于适量水中,加 c_B 为 15 mol·L^{-1} 的 NH$_3$·H$_2$O 197 mL,用水稀释至 500 mL
10.5	9 g NH$_4$Cl 溶于适量水中,加 c_B 为 15 mol·L^{-1} 的 NH$_3$·H$_2$O 175 mL,用水稀释至 500 mL
11.0	3 g NH$_4$Cl 溶于适量水中,加 c_B 为 15 mol·L^{-1} 的 NH$_3$·H$_2$O 207 mL,用水稀释至 500 mL
12.0	c_B 为 0.01 mol·L^{-1} 的 NaOH 溶液
13.0	c_B 为 0.1 mol·L^{-1} 的 NaOH 溶液

醋酸-醋酸钠缓冲溶液的配制

0.2 mol·L^{-1} 的 NaAc 和 HAc 的毫升数混合,即得相应的 pH

pH	NaAc/mL	HAc/mL	pH	NaAc/mL	HAc/mL
3.6	1.5	18.5	4.8	12.0	8.0
3.8	2.4	17.6	5.0	14.1	5.9
4.0	3.6	16.4	5.2	15.8	4.2
4.2	5.3	14.7	5.4	17.1	2.9
4.4	7.4	12.6	5.6	18.1	1.9
4.6	9.8	10.2			

氨-氯化铵缓冲溶液的配制

0.2 mol·L^{-1} 的 NH$_3$ 和 NH$_4$Cl 的毫升数混合,即得相应的 pH

pH	NH$_3$/mL	NH$_4$Cl/mL	pH	NH$_3$/mL	NH$_4$Cl/mL
8.0	1.1	18.9	9.25	10.0	10.0
8.2	1.7	18.3	9.4	11.7	8.3
8.4	2.5	17.5	9.6	13.8	6.2
8.6	3.7	16.3	9.8	15.6	4.4
8.8	5.2	14.8	10.0	17.0	3.0
9.0	7.2	12.8			

25℃时几种缓冲溶液的 pH

1. 25 mL 0.2 mol·L^{-1} KCl + x mL 0.2 mol·L^{-1} HCl,稀释至 100 mL

pH	x	pH	x
1.00	67.0	1.60	16.2
1.20	42.5	1.80	10.2
1.40	26.6	2.00	6.5

2. 50 mL 0.1 mol·L^{-1} 邻苯二甲酸氢钾 + x mL 0.1 mol·L^{-1} HCl,稀释至 100 mL

pH	x	pH	x
2.20	49.5	3.20	15.7
2.40	42.2	3.40	10.4
2.60	35.4	3.60	6.3
2.80	28.9	3.80	2.9
3.00	22.3	4.00	0.1

3. 50 mL 0.1 mol·L^{-1} 邻苯二甲酸氢钾 + x mL 0.1 mol·L^{-1} NaOH,稀释至 100 mL

pH	x	pH	x
4.20	3.0	5.20	28.8
4.40	6.6	5.40	34.1
4.60	11.1	5.60	38.8
4.80	16.5	5.80	42.3
5.00	22.6		

4. 50 mL 0.1 mol·L^{-1} KH$_2$PO$_4$ + x mL 0.1 mol·L^{-1} NaOH,稀释至 100 mL

pH	x	pH	x
5.80	3.6	7.00	29.1
6.00	5.6	7.20	34.7
6.20	8.1	7.40	39.1
6.40	11.6	7.60	42.8
6.60	16.4	7.80	45.3
6.80	22.4	8.00	46.7

5. 50 mL H$_3$BO$_3$ 和 HCl 各为 0.1 mol·L^{-1} 的溶液中加入 x mL 0.1 mol·L^{-1} NaOH,稀释至 100 mL

pH	x	pH	x
8.00	3.9	9.20	26.4
8.20	6.0	9.40	32.1
8.40	8.6	9.60	36.9
8.60	11.8	9.80	40.6
8.80	15.8	10.00	43.7
9.00	20.8	10.20	46.2

6. 50 mL 0.1 mol·L^{-1} 三羟甲基氨基甲烷 + x mL 0.1 mol·L^{-1} HCl,稀释至 100 mL

pH	x	pH	x
7.00	46.6	8.20	22.9
7.20	44.7	8.40	17.2
7.40	42.0	8.60	12.4
7.60	38.5	8.80	8.5
7.80	34.5	9.00	5.7
8.00	29.2		

7. 50 mL 0.025 mol·L^{-1} Na$_2$B$_4$O$_7$ + x mL 0.1 mol·L^{-1} HCl 稀释至 100 mL

pH	x	pH	x
8.00	20.5	8.60	13.5
8.20	18.8	8.80	9.4
8.40	16.6	9.00	4.6

8. 50 mL 0.025 mol·L^{-1} Na$_2$B$_4$O$_7$ + x mL 0.1 mol·L^{-1} NaOH 稀释至 100 mL

pH	x	pH	x
9.20	0.9	10.20	20.5
9.40	6.2	10.40	22.1
9.60	11.1	10.60	23.3
9.80	15.0	10.80	24.25
10.00	18.3		

附录八　滴定分析中常用的指示剂

酸碱滴定用指示剂

指示剂	变色范围(pH)	配制方法
甲基紫	黄 0.1~1.5 蓝	0.25 g 溶于 100 mL 水
间甲酚紫	红 0.5~2.5 黄	0.10 g 溶于 13.6 mL 0.02 mol·L^{-1} 氢氧化钠溶液中,用水稀释至 250 mL
对二甲苯酚蓝	红 1.2~2.8 黄	0.10 g 溶于 250 mL 乙醇
百里酚蓝(麝香草酚蓝)	红 1.2~2.8 黄	0.10 g 溶于 10.75 mL 0.02 mol·L^{-1} 氢氧化钠中,用水稀释至 250 mL
(第一次变色)		0.1 g 溶于 100 mL 20% 乙醇
二苯胺橙(橘黄 IV)	红 1.3~3.0 黄	0.10 g 溶于 100 mL 水
苯紫 4B	蓝紫 1.3~4.0 红	0.10 g 溶于 100 mL 水
茜素黄 R	红 1.9~3.3 黄	0.10 g 溶于 100 mL 温水
2,6-二硝基酚(β)	无色 2.4~4.0 黄	0.10 g 溶于 20 mL 乙醇中,再用水稀释至 100 mL
2,4-二硝基酚(α)	无色 2.6~4.0 黄	0.10 g 溶于 20 mL 乙醇中,再用水稀释至 100 mL
对二甲氨基偶氮苯(二甲基黄)	红 2.9~4.0 黄	0.10 g 溶于 200 mL 乙醇

续表

指示剂	变色范围(pH)	配制方法
溴酚蓝	黄 3.0~4.6 蓝	0.10 g 溶于 7.45 mL 0.02 mol·L^{-1}氢氧化钠溶液中,用水稀释至 250 mL
刚果红	蓝 3.0~5.2 红	0.10 g 溶于 100 mL 水
甲基橙	红 3.0~4.4 黄	0.10 g 溶于 100 mL 水
溴氯酚蓝	黄 3.2~4.8 蓝	0.10 g 溶于 8.6 mL 0.02 mol·L^{-1}氢氧化钠溶液中,用水稀释至 250 mL
茜素磺酸钠	黄 3.7~5.2 紫	1.0 g 溶于 100 mL 水
2,5-二硝基酚(γ)	无色 4.0~5.8 黄	0.10 g 溶于 20 mL 乙醇中,用水稀释至 100 mL
溴甲酚绿	黄 3.8~5.4 蓝	0.10 g 溶于 7.15 mL 0.02 mol·L^{-1}氢氧化钠溶液中,用水稀释至 250 mL
甲基红	红 4.2~6.2 黄	0.10 g 溶于 18.60 mL 0.02 mol·L^{-1}氢氧化钠溶液中,用水稀释至 250 mL
氯酚红	黄 5.0~6.6 红	0.10 g 溶于 11.8 mL 0.02 mol·L^{-1}氢氧化钠溶液中,用水稀释至 250 mL
对硝基酚	无色 5.0~7.6 黄	0.25 g 溶于 100 mL 水
溴甲酚紫	黄 5.2~6.8 紫	0.10 g 溶于 9.25 mL 0.02 mol·L^{-1}氢氧化钠溶液中,用水稀释至 250 mL
溴酚红	黄 5.2~7.0 红	0.10 g 溶于 9.75 mL 0.02 mol·L^{-1}氢氧化钠溶液中,用水稀释至 250 mL
溴百里酚蓝(溴麝香草酚蓝)	黄 6.0~7.6 蓝	0.10 g 溶于 8.0 mL 0.02 mol·L^{-1}氢氧化钠溶液中,用水稀释至 250 mL
姜黄	黄 6.0~8.0 棕红	饱和水溶液
酚红	黄 6.8~8.4 红	0.10 g 溶于 14.20 mL 0.02 mol·L^{-1}氢氧化钠溶液中,用水稀释至 250 mL
中性红	红 6.8~8.0 黄	0.10 g 溶于 70 mL 乙醇中,用水稀释至 100 mL
树脂质酸(玫红酸)	黄 6.8~8.2 红	1.0 g 溶于 100 mL 50% 乙醇中
喹啉蓝	无色 7.0~8.0 紫蓝	1.0 g 溶于 100 mL 乙醇
甲酚红	黄 7.2~8.8 红	0.10 g 溶于 13.1 mL 0.02 mol·L^{-1}氢氧化钠溶液中,用水稀释至 250 mL
1-萘酚酞	玫瑰色 7.3~8.7 绿	0.1 g 溶于 100 mL 50% 乙醇中
间甲酚紫	黄 7.4~9.0 紫	0.10 g 溶于 13.1 mL 0.02 mol·L^{-1}氢氧化钠溶液中,用水稀释至 250 mL
百里酚蓝(麝香草酚蓝)	黄 8.0~9.6 蓝	0.1 g 溶于 10.75 mL 0.02 mol·L^{-1}氢氧化钠溶液中,用水稀释至 250 mL
(第二次变色)		0.1 g 溶于 100 mL 20% 乙醇
酚酞	无色 7.4~10.0 红	1.0 g 溶于 60 mL 乙醇中,用水稀释至 100 mL
邻甲酚酞	无色 8.2~10.4 红	0.10 g 溶于 250 mL 乙醇
1-萘酚	黄 8.5~9.8 绿	1.0 g 溶于 100 mL 乙醇
百里酚酞(麝香草酚酞)	无色 9.3~10.5 蓝	0.10 g 溶于 100 mL 乙醇
茜素黄 GG	黄 10.0~12.0 紫	0.10 g 溶于 100 mL 50% 乙醇
泡依蓝 C_4B	蓝 11.0~13.0 红	0.20 g 溶于 100 mL 水
橘黄 I	黄 11.0~13.0 橙	0.10 g 溶于 100 mL 水
硝胺	黄 11.0~13.0 橙棕	0.10 g 溶于 100 mL 70% 乙醇
1,3,5-三硝基苯	无色 11.5~14.0 橙	0.10 g 溶于 100 mL 乙醇
靛蓝二磺酸钠(靛红)	蓝 11.6~14.0 黄	0.25 g 溶于 100 mL 50% 乙醇

常用氧化还原指示剂及其配制方法

名 称	E^0/V	颜色变化		配制方法	主要用途
		氧化态	还原态		
亚甲基蓝	0.53	蓝色	无色	0.1%水溶液	
二苯胺	0.76	紫色	无色	0.1% H_2SO_4 溶液可长期保存	重铬酸钾法 高锰酸钾法
二苯胺磺酸钠	0.85	红紫色	无色	0.2%水溶液	重铬酸钾法
苯代邻氨基苯甲酸	0.89	紫红色	无色	0.2 g 指示剂溶于 100 mL 0.2% Na_2CO_3 溶液,加热	重铬酸钾滴定铁
对硝基二苯胺	0.99	紫色	无色	c_B 为 0.05 mol·L^{-1} 浓 H_2SO_4 溶液,使用时用浓 H_2SO_4 稀释至 c_B 为 0.005 mol·L^{-1},用量 3～5 滴	
邻二氮菲亚铁络合物	1.06	浅蓝色	红色	c_B 为 0.025 mol·L^{-1} 水溶液	高锰酸钾法 硫酸铈法
硝基邻二氮菲亚铁络合物	1.25	浅蓝色	紫红色	c_B 为 0.025 mol·L^{-1} 水溶液	
淀粉溶液			遇碘变蓝	取 1 g 可溶性淀粉与少量冷水调成糊状,将所得糊状物倒入 100 mL 沸水中,煮沸数分钟,冷却	碘量法

常用金属离子指示剂及其配制方法

指示剂名称及化学式	配制方法	EDTA 直接滴定的主要条件和终点颜色变化
红紫酸铵(骨螺紫)(Murexide)P-PAN $C_8H_8N_6O_6$	指示剂与氯化钠以(1+100)混合并研细混匀	Ca^{2+},pH=12,氢氧化钠 红～紫
2-(2-吡啶偶氮)-1-苯酚 $C_{15}H_{11}N_2O$	0.1 g 指示剂溶于 100 mL 纯水中	Ca^{2+},pH=4.5,乙盐缓冲液 红～黄
钙指示剂(钙红) 2-羟基-1-(2-羟基-4-磺基-1-萘偶氮)-3-萘甲酸 $C_{21}H_{14}N_2O_7S$	指示剂与氯化钠或硝酸钾中性盐(1+100)混合并研细	Ca^{2+},pH=12～12.5, 红～黄
锌试剂 2-羟基-2'-羟基-5'-磺基偕苯偶氮苯 $C_{20}H_{16}N_4O_6S$	0.1 g 指示剂溶于 2 mL 1 mol·L^{-1} 氢氧化钠中,加纯水至 100 mL;或与氯化钠(1+50)混合并研细	Zn^{2+},pH=8.5～9.5, 氨缓冲液 蓝～红
铬黑 T(EBT)(羊毛铬黑 T) 1-(1-羟基-2-萘偶氮)-6-硝基-4-磺基-2-萘酚(钠盐) $C_{20}H_{12}N_3O_7S$	0.5 g 指示剂,4.5 g 盐酸羟胺,用无水乙醇溶解并加至 100 mL;或与氯化钠(1+100)混合并研细	Zn^{2+},pH=6.8～10, 氨缓冲液 红～蓝; Ca^{2+},Mg^{2+},pH=10, 氨缓冲液,红～蓝; Ca^{2+},pH=6.8～11.5, 氨缓冲液,红～蓝
二甲酚橙 3,3'-双(N,N-二羧基甲基)-邻甲酚磺肽 $C_{31}H_{32}N_2O_{13}S$	0.5 g 指示剂溶解在 100 mL 纯水中;或与硝酸钾(1+100)混合并研细	pH=10.5,氨缓冲液, Ca^{2+},蓝紫～灰; Mn^{2+},紫～淡灰; Mg^{2+},红～淡灰

附录九 水的蒸气压(0~100℃)

温度/℃	压力/kPa	温度/℃	压力/kPa	温度/℃	压力/kPa	温度/℃	压力/kPa
−15.0	0.191	20.0	2.332	55.0	15.699	90.0	69.926
−10.0	0.286	25.0	3.160	60.0	19.867	95.0	84.309
−5.0	0.421	30.0	4.233	65.0	24.943	100.0	101.08
0.0	0.609	35.0	5.609	70.0	31.082	105.0	120.507
5.0	0.870	40.0	7.358	75.0	38.450	110.0	142.916
10.0	1.224	45.0	9.560	80.0	47.228	115.0	168.641
15.0	1.700	50.0	12.301	85.0	57.669	120.0	198.056

附录十 常用有机溶剂沸点、密度表(0.101 MPa)

名称	沸点/℃	密度/(g·cm^{-3})	名称	沸点/℃	密度/(g·cm^{-3})
甲 醇	64.96	0.7914	苯	80.1	0.87865
甲 烷	−164	0.5547(0℃)	甲 苯	110.6	0.8669
乙 醇	78.5	0.7893	甲 醛	−21	0.815(−20℃)
乙 烷	−88.63	0.572(−108℃)	甲 酸	100.7	1.220
乙 烯	−103.71	1.260	邻二甲苯	144.4	0.8802
乙 炔	−84.0 升华	0.6208(−82℃)	间二甲苯	139.1	0.8642
乙 醚	34.51	0.71378	对二甲苯	138.35	0.8611
乙 酸	117.9	1.0492	氯 仿	61.7	1.4832
乙 酐	139.55	1.0820	四氯化碳	76.54	1.8940
丙 酮	56.2	0.7899	二硫化碳	46.25	1.2632
乙酸乙酯	77.06	0.9003	硝基苯	210.8	1.2073
二氧六环	101.0	1.337	正丁醇	117.25	0.8098

附录十一 共沸物的组成(0.101 MPa)

组分A	沸点/℃	组分B	沸点/℃	恒沸混合物 A组分的含量(质量)%	沸点/℃
H_2O	100	C_2H_5OH	78.3	4.0	77
H_2O	100	$C_2H_5COC_2H_5$	79.6	11.3	73.41
CCl_4	76.81	CH_3OH	64.7	79.44	55.7

续 表

组分 A	沸点/℃	组分 B	沸点/℃	恒沸混合物 A组分的含量（质量）%	沸点/℃
CS_2	46.25	CH_3COCH_3	56.14	67	39.25
$CHCl_3$	61.3	CH_3OH	64.7	87.4	33.43
HCl	−85	H_2O	100	20.2	108.6
HNO_3	86	H_2O	100	68	120.5
CH_3OH	64.7	CH_3COCH_3	56.14	22.1	55.7
C_6H_5OH	182.2	$C_6H_5NH_2$	183.8	42	222.2
C_6H_6	80.1	C_2H_5OH	78.3	67.6	67.8
C_6H_6	80.1	H_2O	100	91.1	69.4
CH_3COOH	117.9	H_2O	100	3.0	76.6
CH_3COOH	117.9	C_6H_6	80.1	2.0	80.1
HBr	−67	H_2O	100	47.5	126.0
HF	19	H_2O	100	35.6	111.4
HI	−35	H_2O	100	57.0	127.0
$CH_3CH_2CH_2OH$	97.2	H_2O	100	71.8	88.1
CH_3COCH_3	56.14	H_2O	100	88.5	56.1
CCl_4	76.81	C_2H_5OH	78.3	84.2	65.0
CCl_4	76.81	H_2O	100	95.9	66.8
$CHCl_3$	61.3	C_2H_5OH	78.3	93	59.4
$CHCl_3$	61.3	H_2O	100	97.0	56.3

附录十二　不同温度下水的折光率

温度/℃	水的折光率 n_D^t
14	1.333 48
16	1.333 33
18	1.333 17
20	1.332 99
22	1.332 81
24	1.332 62
26	1.332 41
28	1.332 19
30	1.331 92
32	1.331 64
34	1.331 36